U0136130

中國傳統孝道的歷史考察

朱嵐 著

蘭臺出版社

目　錄

序

方立天

在中國傳統倫理道德體系中，孝是一項極其重要的規範，被認爲是百善之先，諸德之本，百行之始，敎化之源，從古至今一直受到中國人的重視。

孝的涵義有一個歷史演變的過程，由尊祖敬宗、崇拜祖先到善事父母、敬愛雙親；由厚葬久喪、祭祀先人到鼓勵多子、延續宗族；由道德規範而與政治、法律、宗教相融通，內涵不斷拓展，不斷豐厚。孝是人類血親關係的反映，個體家庭關係的必然要求，也是古代宗法等級關係的反映，帶有父家長制的深刻烙印。孝作爲建立在人類血緣關係上的愛，是最眞誠、最深沈、最持久的情感表現，同時也具有絕對順從、人格依附，乃至重男輕女、安下順上等流弊。所以，對孝進行客觀的理性的研究，具有重要的理論意義和實踐意義。

朱嵐在中國人民大學攻讀博士學位期間，刻苦勤奮，好學深思，撰寫的研究中國傳統孝道的博士論文，獲得了參加論文評議和答辯的專家的一致好評。畢業後，她又精益求精，對論文進行了修改加工。如今論文即將正式出版，可喜可賀，我感到由衷的高興。

本書的寫作頗有特色，這主要體現在思路與內容兩個方面：

在思路方面，本書立足於中國古代社會、傳統文化的大背景，以孝道理論的歷史演進爲主線，輔之以孝道對中國社會政治、法律、宗教以及道德等方面的影響，縱橫交織，點面結合，凸顯了各個歷史時期孝道的不同特點，梳理了傳統孝道發展演變的思想脈絡和歷史軌跡。

在內容方面，一是深入追溯、探尋了傳統孝道產生和發展的文化生態根源。既著力於總體上探究，揭示了孝道產生於中國古代社會的深層

根源和內在必然性；又注意緊密聯繫不同歷史發展階段的不同社會環境，解析了孝道發展變化的社會歷史動因。

二是客觀、理性地考察了傳統孝道的發展演進過程。全書論述了商周時代孝觀念的確立、春秋戰國時代儒道墨法諸家的孝道思想、漢代封建孝道的理論建構與實踐途徑、魏晉至隋唐五代道教的孝道論證、宋明理學對孝道的哲學論證以及佛教的孝道建構等，使人對傳統孝道發展的歷史軌跡有一個全面、系統、清晰的認識。

三是拓展了傳統孝道的研究領域。本書沒有拘泥於儒家學說，而是把對傳統孝道的研究置於一個更為深廣的背景和視域，縱論古代法律中的孝道、道教的孝道倫理、佛教的孝道觀，以及孝與仁、孝與禮、孝與忠等關係，剖析孝道與中國古代政治、法律、宗教、道德的相互作用、相互滲透、相互融會，展現了孝道在中國古代社會廣泛而深遠的影響，開掘了現代化境遇中孝道的道德資源意義。

總之，本書對中國傳統孝道的產生、形成及演進的歷史，作了全面系統的考察和論述，立論精當，見解獨到，論述嚴密，具有重要的學術價值。

朱嵐本人天資聰穎，為人和善，是個很講孝道的年輕人。她在人大期間的言行舉止，給我留下了良好印象。論文出版之際，我樂為之序，並想借此機會，祝願她在今後的科學研究中，不斷地取得新的成就。

二○○二·六·十八於北京·中國人民大學

前　言

一

　　中國傳統文化是倫理本位的德性文化，孝是中國倫理精神、人文精神典型的表達，崇尚孝道是中國文化最突出的特色之一。在傳統倫理道德體系中，孝居於核心和基礎地位：既爲百善之先，諸德之本，又是百行之始，敎化之源。孝觀念通過禮樂敎化根植於民族心理之中，對中國古代社會產生了廣泛而深遠的影響。正是在這種意義上，學者們把中國文化稱爲「孝的文化」，認爲「孝在中國文化上作用至大，地位至高；談中國文化而忽視孝，即非於中國文化眞有所知」。①也有學者認爲，孝是中國傳統道德學說中的主要內容，「沒有它，在中國沒有倫理道德可言」。②美國人在介紹關於中國孝道故事的紀念郵票時也說，「中國社會裏孝道的美德，其意義不僅是孝子與慈父，而是倫常道德的基礎，在政治上、社會上都扮演著重要的角色。瞭解孝道的美德，將可以幫助你領悟數千年來中國歷史發展的秘密。」③可以說，只有對孝道的產生、發展、流變歷程及其對中國社會的影響有一個全面的、深層次的瞭解和把握，才能對中國社會倫理本位的特質有深刻的體認，才能登傳統文化之堂奧，得傳統文化之眞髓。

　　自新文化運動以後，孝道作爲封建道德的核心內容，基本上處於被批判和被否定的地位，孝道研究領域少有人問津。尤其是「文革」時期，大陸上對孝道學術意義上的研究幾乎中絕。港臺方面雖然一直持續進行著孝道研究的努力，但除少數學者之外，多數研究者主要停留在推行敎化的實踐目的上，理論層次的系統探討不夠深入。二十世紀八十年代中後期，隨著傳統文化研究的漸次展開，孝道以「該不該繼承」的問題被提出來重新加以審視。此後，

①　謝幼偉《孝與中國文化》，轉引自梁漱溟〈中國文化要義〉，《梁漱溟文選》（上），中國文聯出版公司一九九六年版，第七九頁。
②　楊向奎《宗周社會與禮樂文明》，人民出版社一九九七年版，第二二一頁。
③　臺灣《今日郵政》，一九七五年第十二期。

林安弘的《先秦儒家孝道思想研究》、康學偉的《先秦孝道研究》兩本專著同時在臺灣問世，大陸上寧業高等的《中國孝文化漫談》也撰就出版，一批比較有分量的論文陸續見諸報刊。這些論著對孝道的內涵、孝道的發展及其對中國社會的影響等方面所作的理論分析，使孝道的研究開始向縱深方向邁進，並成為學術界關注的問題。但是，迄今為止，已有的論著大多只是對傳統孝道「段」或「點」的研究，即多集中在先秦階段，主要是對孔子、孟子、《孝經》等人物和典籍的重點剖析，而對於孝道產生、發展、演變整個歷史過程的系統、全面、深入的考察，尚嫌不足，尤其是對漢代以後孝道歷史發展的研究，幾乎付之闕如。應該說，無論是從孝道對中國古代社會的巨大影響，還是從傳統文化的現代價值來看，目前對傳統孝道的研究都是遠遠不夠的。

基於此，本書試圖從邏輯與歷史相統一的原則出發，以傳統社會、傳統文化為總體背景，以孝道理論上的歷史演進為主軸，以孝道對中國社會政治、法律、宗教、道德等方面的影響為輔翼，突出不同歷史時期孝道實踐上的不同特點，縱橫交織，點面結合，梳理出傳統孝道發展演進的歷史脈絡。

二

考察傳統孝道的發展流變歷程，時間跨度大，空間涉及面廣。研究這樣大的課題，如何兼顧全面性與深刻性，是一個以我的學力還難以駕馭的難題。因此，本書不求面面俱到，而是重點從以下幾個方面進行一些探索：

第一，對傳統孝道的發展演進作整體性的歷史考察。在一定意義上講，這是一項創新性的工作。為此，本書在借鑒吸收已有研究成果的基礎上，從研讀原著入手，充分挖掘史料，力求比較全面、客觀地描述傳統孝道發展的歷史軌跡，概括孝道在各個歷史時期的不同特徵，並從中抽繹出一些具有普遍性、規律性的東西。

第二，從深層次上追溯孝道產生和發展的文化生態根源。一方面，從總體上探究傳統孝道產生的文化生態根源。我們認為，就物質生產方式講，孝是農業文明社會的道德結晶；以社會組織結構言，孝是血緣宗法社會的直接

產物；從社會心理基礎看，孝是祖先崇拜觀念的集中反映。另一方面，把不同歷史發展階段中的孝道置放於相應的社會大背景下，與各個歷史時期的政治、經濟、文化相聯繫，探究孝道發展變化的社會歷史根源。這種探討旨在揭示孝道產生和發達於中國古代社會的內在必然性，對理解傳統文化的獨特意蘊也具有參考意義。

第三，對傳統法律中的孝道、佛教的孝道觀、道教的孝道倫理以及孝與仁、孝與禮、孝與忠等問題進行專題討論，剖析孝道與中國古代政治、法律、宗教、道德相互作用、相互滲透的關係，多維度地闡發傳統孝道的豐富內涵，展現孝道對中國古代社會的廣泛影響。

三

中國傳統孝道的歷史發展源遠流長。從殷周孝觀念的形成到先秦儒家孝道的確立，從漢代封建孝道的理論建構，至封建社會後期孝道趨於絕對化、愚昧化，傳統孝道在不同歷史時期呈現出不同的時代特徵。以此為依據，本書分為十章。

對傳統孝道進行歷史考察，首先要弄清孝觀念的基本涵義、孝在傳統倫理道德體系中的地位，特別是要回答孝觀念何以在中國古代社會尤為發達的問題。因此，我們把「孝的內涵及其文化生態根源」作為第一章。

殷人對祖先的崇拜和祭祀體現了孝觀念的最初形態；至西周，孝觀念的人文意義凸顯出來，發展為完整的、倫理意義上的道德準則。孝是西周意識形態的基本綱領和最高道德原則，是西周禮樂文化的精神基礎。把對殷周時期孝觀念的研究作為第二章，就是要把握傳統孝觀念確立階段的基本風貌。

儒家孝道是傳統孝道的核心和主體。孔子是儒家孝道的創始人，他的孝道思想對傳統孝道具有定型導向的意義。孟子、荀子從不同的方向，進一步豐富發展了儒家孝道。道家、墨家、法家從不同角度對孝的詮釋，也是傳統孝道的重要組成部分。第三章的重點放在先秦儒家的孝道思想上，同時也對道、墨、法等家關於孝的論述作簡要考察。

　　漢代是中國封建社會從經濟到文化全面定型的時期，也是孝道發展演進歷程中至關重要的一個歷史階段。在理論上，移孝爲忠，孝從家庭倫理上升爲政治倫理、從家庭道德觀念擴展爲社會道德觀念。特別是「三綱」理論的提出，使孝由倫理道德變爲封建綱常，從而完成了從先秦儒家孝道向封建孝道的理論轉構。在實踐上，漢王朝確定了中國封建社會「以孝治天下」的政治綱領。兩漢以後的歷代封建統治者都繼承漢代孝道的基本精神，採取了許多「褒孝」、「旌孝」、「勵孝」、「勸孝」的措施，極力宣揚和倡行孝道，把孝道倫理融匯於治世實踐之中。有鑒於此，我們用兩章的篇幅，分別對漢代的孝道理論和孝道實踐進行討論。其中，第四章以《孝經》、《禮記》、《春秋繁露》、《白虎通義》等典籍爲依據，分析封建孝道倫理的理論化、系統化、綱常化、神秘化過程；第五章以儒家倫理全面社會化的過程爲背景，概述漢代「以孝治天下」的實踐活動，並以孝與忠的關係作爲切入點，揭示孝道與封建專制政治的聯姻。

　　魏晉至隋唐五代，孝道基本上是沿著漢代的路數發展的。從總體上看，道教的孝道倫理和傳統法律中的孝道思想，是這一時期孝道發展史上最富有特色的內容。道教的孝道倫理及其教化方式促進了儒家孝道觀念的宗教化和世俗化，是對儒家孝道倫理的重要補充。孝道的歷史發展與每個時期的社會經濟、政治、文化背景息息相關，魏晉家族倫理的興盛、隋唐孝道倫理的相對弱化，正是這一規律性的體現。第六章對此進行了研究。

　　《唐律》是中國古代社會第一部系統完備的封建法典。法律的倫理化、儒家化，是以《唐律》爲代表的傳統法律的主要特徵，其實質就是把孝道滲透、揉和到立法和司法實踐中。第七章從法律對孝道的保護、對「不孝」的懲罰、對爲父母復仇者的縱容和彰勵幾個方面，討論孝道對傳統法律立法理論和司法實踐的巨大影響。

　　宋明理學家，特別是二程、朱熹從宇宙論、人性論、認識論等方面對孝道所展開的哲學論證，使以忠孝爲核心的封建道德規範體系完全定型，孝的專一性、絕對性、片面性更爲增強，並在一定程度上導致了孝道實踐中愚孝

行爲的泛濫。第八章著重研析宋明理學家的孝道思想，勾勒兩宋至明清孝道發展的輪廓。

　　佛教的孝親觀也是封建孝道的重要內容。孝道既是儒佛衝突的焦點，也是儒佛融合的契點。考察中國佛教孝道觀形成、發展和成熟的過程，力求對佛教孝親觀的總體特徵有一個比較全面的認識，是第九章的主要任務。

　　本著理性的態度，我們在最後一章力求客觀地分析了傳統孝道的內在矛盾，考察了陳獨秀、吳虞、魯迅等對傳統孝道的批判、新儒家對孝道的重建，同時對傳統孝道的現代價值進行了積極的思考闡發。

四

　　知古是爲鑒今。文化批判的意義，一方面要析理清除傳統文化中腐朽過時的東西，更爲重要的則在於挖掘其中的積極成分，使之經過創造性的轉換，成爲建構現代新文化的借鑒。以孝道而言，家庭是基本的社會細胞組織，親子、長幼關係是基本的社會關係，出生、成長、衰老、死亡是人生的自然過程。因而，從理論上來說，任何時代、任何階層、任何年齡的人都可以在孝道中找到適合自己的內容。特別是就協調代際關係、建立人際和諧這一點而論，中國傳統孝道對於人類道德境界的提升具有普遍的倫理價值，對於現代文明具有普遍的精神資源意義。從中國的具體國情來看，傳統孝道中養親、敬親的基本內涵不僅要保留、繼承，而且要大力提倡和弘揚。孝道對於當代中國倫理道德體系，特別是家庭倫理體系的建構，更具有特殊寶貴的價值。我們相信，以時代精神爲主導，經過創造性的轉換，傳統孝道會煥發新的活力，獲得廣闊的自我延伸和自我發展空間。對傳統孝道進行系統深入歷史考察的目的，誠在於斯。

第一章　孝的內涵及其文化生態根源

文化的發展，是一個自然歷史過程。中國傳統文化以家族、家庭爲本位，重視親情倫理，西方文化以個人爲本位，重視個人的自由和權利，這是東西方文化的根本差異之一。從文化發生學的視角看，這種文化之間的根本差異，或者說，每種文化所具有的獨特的精神風貌和內在氣質，是與其所處的特殊的文化生態環境，即其所賴以生發、成長的自然環境和人文環境密切相關的，「地理環境的、物質生產方式的、社會組織的綜合格局，決定了中華民族社會心理諸特徵，而中國人，包括中國的文化匠師們便以這種初級思想材料作原料進行加工，創制了富於東方色彩的，儀態萬方的中華文化」①。傳統孝道是傳統文化中最富有特色的內容，對傳統孝道的探討，首先必然涉及到的就是對其內涵的闡釋，以及對其產生、發展的文化生態根源的追溯。

第一節　孝的內涵

一、孝的內涵

中國傳統孝觀念的內涵十分豐富，從行孝對象及行孝內容來講，主要有以下四層含義：

孝的基本含義是「善事父母」，即子女對父母的孝養。《說文解字》釋曰：「孝，善事父母者。從老省，從子，子承老也。」②這種「善事」包括物質上的「養」和精神上的「敬」兩個方面，孝敬的對象是在世的或已故的父母。這也就是《論語》所謂：「生，事之以禮；死，葬之以禮，祭之以禮」③；《孝經》所謂：「居則致其敬，養則致其樂，病則致其憂，喪則致其哀，祭則致其

---

① 馮天瑜等，《中華文化史》，上海人民出版社一九九〇年八月版，第十八頁。
② 許慎《說文解字》，中華書局一九六三年版，第一七三頁。
③ 《論語・爲政》，楊伯峻《論語譯注》，中華書局一九八〇年十二月版。下引《論語》，版本同此。

嚴」④；《禮記》所謂：「孝子之事親也有三道焉：生則養，沒則喪，喪畢則祭。」⑤也即馮友蘭先生所謂：「孝之在精神方面者，在吾人之親存時，須順其志意，不獨養其口體，且養其志，有過並規勸之，使歸於正。在吾人之親歿後，一方面爲致祭祀而思慕之，使吾人之親，在吾人之思慕記憶中得不朽。」⑥對在世或已故父母的孝敬，是孝的內涵的第一層面，也是最基本的層面。

　　孝的內涵的第二個層面是「追孝」、「孝享」，即對先祖先公的追念祭祀。如《尚書》云：「追孝於前文人」⑦；《詩經》說：「於乎皇考，永以世克孝。念茲皇祖，陟降庭止」⑧，「遹追來孝」⑨；《論語》講：「菲飲食，而致孝乎鬼神」。⑩對先祖先公的孝，主要是通過祭祀活動來表達的。《禮記》謂：「修宗廟，敬祀事，教民追孝也」⑪，「祭者，所以追養繼孝也」⑫，就是對已故祖先的孝。據考證，三代依存的金文中，出現「孝」字者一百多條，沒有一條是涉及健在父母的。⑬追孝、孝享，是孝的最原始的意義，也是孝的內涵的第二個層面。

　　孝的含義的第三個層面是對君王天子的孝。這是孝的基本內涵在政治領域的擴展和延伸。君主專制的宗法制社會裏，國即家，君即父，在這個意義上，「孝」的實質即是「忠」，亦即忠孝相通。《禮記》講：「孝者，所以事君

---

④　《孝經・紀孝行》，汪受寬《孝經譯注》，上海古籍出版社一九九八年七月版，第五三頁。下引《孝經》，版本同此。

⑤　《禮記・祭統》，《十三經注疏》，中華書局一九八〇年版。下引《禮記》，版本同此。

⑥　馮友蘭《中國哲學史》（上冊），中華書局一九六一年版，第四三四頁。

⑦　《尚書・文侯之命》，《書經》，上海古籍出版社一九八七年三月版，第一三七頁。下引《尚書》，版本同此。

⑧　《詩經・周頌・冥予小子》。譯為：我的先父啊，一生一世都孝順，念念不忘先祖父，來來往往在家門。黃典誠《詩經通譯新詮》，華東師範大學出版社一九九二年版，第四六二頁。下引《詩經》，版本同此。

⑨　《詩經・大雅・文王有聲》，第三七一頁，意為對祖先用心用力於孝道。

⑩　《論語・泰伯》。

⑪　《禮記・坊記》。

⑫　《禮記・祭統》。

⑬　查昌國〈西周「孝」義試探〉，《中國史研究》一九九三年第二期。

也」⑭，「事君不忠，非孝也」⑮，都是直接把君作爲孝的對象，把忠君作爲孝的內容。對君王天子的忠心耿耿、盡職盡責，如同對父母的愛敬奉養一樣，皆爲孝之內涵中應有之義。這也是中國封建社會「以孝治天下」的道德理論基礎。

　　孝的內涵的第四個層面是繼承先祖德業、立身揚名，以耀族榮宗、光前裕後。這是對祖先父母精神生命的延續，也是孝的最高層次。宗法社會裏的個人不屬於自己，而是屬於家族、家庭的。所以，立身的宏旨，不在於成就一己之小我，而是要光耀門庭，顯揚宗族。正是在這個意義上，《禮記》謂：「顯揚先祖，所以崇孝也」⑯，「夫孝者，善繼人之志，善述人之事也」⑰；《孝經》說：「立身行道，揚名於後世，以顯父母，孝之終也」⑱；黃宗羲言：「孝，父之有子，原欲使其繼我之志，我之所未盡而子盡之，我之所未爲而子爲之」⑲；也正是在這個意義上，武王、周公被譽爲「達孝」：「蓋善繼文王之志，善述文王之事。故修其祖廟，所以繼文王事親之志；序爵序事，所以述文王事親之事也。追王之禮，下達於士庶人，繼志述事，上達乎祖，此之謂達孝。」⑳在孝道的這種最高形式裏面，蘊涵著人類代代相續、承前啓後、繼往開來的精神。

　　廣義的孝觀念是孝的基本內涵的泛化。作爲傳統倫理體系的根本和道德修養、道德實踐的起點，「孝」由親及疏、由近及遠，從家庭道德推廣爲社會道德，幾乎涵攝了一切合乎傳統倫理道德的行爲規範，「居處不莊，非孝也；事君不忠，非孝也；莅官不敬，非孝也；朋友不信，非孝也；戰陣不勇，非

⑭　《禮記・大學》。
⑮　《禮記・祭義》。
⑯　《禮記・祭統》。
⑰　《禮記・中庸》。
⑱　《孝經・開宗明義章》，第二頁。
⑲　《孟子師說》，《黃宗羲全集》第一冊，浙江古籍出版社一九八五年十一月版，第九八頁。
⑳　《二程集・經說》卷八，王孝魚點校，中華書局一九八一年七月版，第一一五六頁。下引《二程集》，版本同此。

孝也」㉑，「言而不誠，期而不信，臨難不勇，事君不忠，不孝之大者也。」
㉒孟子把酗酒、遊惰、私愛妻子、好勇鬥狠等不軌行為歸於「不孝」之列，
㉓《孝經》中的「五等之孝」把天子的君臨天下、諸侯的治國牧民、卿士大
夫的事君敬上、庶人的耕耘稼穡都融納到孝的規範之中，甚至連「斷一樹，
伐一木，不以其時」，也是「不孝」。㉔總之，一切不善的行為皆被視為不孝，
相反，一切善的行為都可歸為孝：「舉凡增進人格，改良世風，研求政治，保
衛國土之義，無不賅於孝道。」㉕這種意義上的孝涵蓋了為子、為人者一生
的行為。所以，有學者認為，「古人所謂孝道，只有很少的一部分是直接以父
母為對象的，而更多的部分是讓一般人能透過良好的親子關係來促進子女健
全人格的發展、人際關係的適應，實際上乃是子女立身處事之道，不過古人
以孝道統稱之而已。」㉖廣義的孝是儒家倫理泛道德化傾向在孝道上的體現，
也就是所謂的泛孝道主義。

　　總起來講，孝作為一種基本的道德意識和倫理規範，是以調適以親子關
係為核心的縱向血緣關係，以及長幼、君臣等社會、政治關係作為基本職能
的道德觀念體系和倫理行為規範的紐結。仔細分析孝的內涵的四個方面，我
們似可將其比擬為這樣一個圈層結構：圈層結構的內核是對父母和先祖的
孝，外圍是對君王的孝，中間的游離層是繼志述事、立身揚名。由內核而外
圍而游離層，是孝之內涵、孝之意義逐步擴展的過程，也是孝道踐行對個體
生命價值逐漸放大的過程。換言之，隨著孝的內涵每一層級的向外擴展，孝
的道德意義、社會意義在逐級提升，個體人生價值也隨之而得到更高的實現。

㉑　《禮記‧祭義》。

㉒　桓寬《鹽鐵論‧孝養》，張之象注，上海古籍出版社一九九〇年十月版，第九二頁上。

㉓　《孟子‧離婁上》：「世俗所謂不孝者五：惰其四支，不顧父母之養，一不孝也；博奕好
　　飲酒，不顧父母之養，二不孝也；好貨財，私妻子，不顧父母之養，三不孝也；從（縱）
　　耳目之欲，以為父母戮，四不孝也；好勇鬥狠，以危父母，五不孝也。」楊伯峻《孟子
　　譯注》，中華書局一九八四年版。下引《孟子》，版本同此。

㉔　《禮記‧祭義》。

㉕　柳詒徵《中國文化史》上卷，東方出版中心一九八八年版，第八二頁。

㉖　黃堅厚〈現代生活中孝的實踐〉，楊國樞、黃光國主編《中國人的心理》，臺灣桂冠圖書
　　公司一九九一年版，第二五－二六頁。

反過來，由游離層而外圍而內核，則是孝的涵義逐漸內斂的過程。內層相對於外層而言，其涵義更具有穩定性。也就是說，儘管事君之孝在歷史發展中有不同的界說，立身之孝在不同人、不同時期有不同的表現形態，但作為內核的對父母及先祖的孝，其涵義則幾乎沒有改變，特別是就敬愛、贍養父母這一點而言，至今猶然。

孝在一定意義上可以說是儒家全部理論的歸結點。它不僅是一個倫理觀念，還包括了儒家的政治原則和宗教觀念。我們固然可以從不同方面對孝的內涵作出種種界定，但就最內在的本質而言，孝是對個體生命、對家族生命的安頓，孝道中寄託了中國人超越短暫和有限、追求永恒和無限的宗教情懷，涵蘊著儒家對人類的終極關懷。在儒家這裏，父母祖先是家族生命的化身和符號，對祖先父母的孝敬就是對生命創造者的膜拜，就是對生命的膜拜，恰如西方人對上帝的崇拜一樣。只不過西方人認為生命的創造者是上帝，中國人則把此功歸於被他們神化了的祖先以及給予他們生命的生身父母。高曾祖，父而身，身而子，子而孫，作為家族生命鏈條中的一個環節，個體擔負著光前裕後、繼往開來、使家族生命生生不息的義務和責任，這也就是「孝」。只有在延續家族生命鏈的孝道中，個人才能分享他自己的成就，個體自身的永恒價值才得以確立。正如梁漱溟所說，個人「所努力者，不是一己的事，而是為老少全家，乃至為了先人為了後代。或者是光大門庭，顯揚父母；或者是繼志述事，無墜家聲；或者積德積財，以遺子孫。」㉗每個人在其家庭中盡其人生之義務，其人生也隨其家庭而佔據一價值之時間與空間。由現實的家庭縱向推之，上溯及祖先，下延及百世，人的生命，包括生物性生命和精神性生命因之而在時間上得到無限的安頓；由現實的家庭橫向推之，則睦宗收族，乃至「四海之內皆兄弟」，人的生命因之而在空間上得到無限的安頓。

由此也可以說，愛護、保護自己的生物性生命，「父母全而生之，子全而歸之」㉘，這是孝的起碼要求，是最低層次的孝；生子立嗣，焚香續火，以延續家族的生物性生命，是孝的第二層次；繼志述事，立身行道，以延續

㉗　《中國人：社會與人生》，中國文聯出版公司一九九六年版，第一〇七頁。

㉘　《大戴禮記‧曾子大孝》，《大戴禮記解詁》，王聘珍點校，中華書局一九八三年版，第八五頁。下引《大戴禮記》，版本同此。

家族的精神性生命，是孝的最高層次。對生命所自出的追溯和崇敬，是對父母和祖先的孝的倫理來源，即報本反始；對君主、社稷的孝（忠）乃是實現個體及家族生命價值所必需。再推而廣之，「乾稱父，坤稱母」㉙，天地為萬物之父母，由親親、仁民而愛惜眾生萬物的生命，這是對人的宇宙生命的追溯，是對天地「生生」之「大德」㉚的報答。這是廣義的、泛化的孝。孝道成為中國人心靈的歸宿。

　　跳出我們平庸的日常生活的圈子，去追求某種對於生活具有永恆價值或絕對意義的東西，這是人類共同的願望和精神需求。孝道所表達的正是這樣一種願望，所滿足的正是這樣一種需求。僅就這一點而論，我們也許的確可以說，「孝道在中國文化傳統中，實在是居於與西方文化中的宗教相同的地位。」㉛孝道的精神就是中國人的宗教精神，踐履、實現孝道時的心靈慰藉感、歸屬感就是中國人的宗教情懷。馬克斯・韋伯認為：「儒教倫理中完全沒有拯救的觀念。儒教徒並不希望得到拯救，不管是從靈魂的轉世，還是從彼世的懲罰中得到拯救。……只有對作為社會基本義務的孝的侵害，才是儒教徒的『罪孽』。」㉜韋伯的後一句話是對的，前一句話卻還值得商榷。其實，儒家並非完全沒有拯救的觀念，只是儒家的拯救是現世的自我拯救，即通過自我道德修養和道德完善來實現生命的價值，通過恪盡孝道來追求肉體和靈魂的不朽，「西方人的不朽是在宗教中實現的，而中國人的不朽則是在倫理中實現的。」㉝這也是為什麼孝道雖然並不具備宗教的形式，卻具有收拾、置放中國人身心性命的宗教功用的原因所在。把握住孝道的這種深層意蘊，我

㉙　《張載集・正蒙・乾稱》，章錫琛點校，中華書局一九七八年版，第六二頁。下引《張載集》，版本同此。

㉚　《周易・繫辭下》：「天地之大德曰生。」高亨《周易大傳今注》，齊魯書社一九七九年六月版，第五五八頁。

㉛　曾昭旭〈骨肉相親，志業相承——孝道觀念的發展〉，《中國文化新論・天道與人道》，三聯書店一九九二年版，第二一一頁。

㉜　馬克斯・韋伯《儒教與道教》，洪天富譯，江蘇人民出版社一九九五年版，第一八二—一八三頁。

㉝　樊浩〈倫理精神與宗教境界〉，《孔子研究》一九九七年第四期。

們就不至於對孝道中種種繁瑣、細緻的禮儀規定不耐其煩，或是對愚孝行為的發生困惑不解了。

二、孝在傳統倫理道德體系中的地位

　　從孝的幾個層面的涵義來看，作為一種倫理道德準則，孝既是對親子、君臣等倫常關係的規範，也體現了人生倫理行為的基本價值取向。它是人們最基本的行為規範，也是涵攝面極廣、功能性極強的道德實踐。在傳統倫理道德體系中，孝居於超乎尋常的核心和基礎地位：既為眾善之先，諸德之本，又是百行之源，教化之基。

　　首先，孝為眾善之先。

　　反觀傳統倫理思想的發展，「孝」是諸多的倫理規範中最早出現的規範之一。

　　任何道德都是特定歷史時期人們共同生活的準則和行為的規範。中國古代文明肇創於原始社會晚期，亦即傳說中的三皇五帝時期，她是一種以血緣宗法為根基的農業文明。對此，在後文中將進行探討。這裏需要指出的是，對於以血緣宗法為紐結的農業社會而言，整合宗族內部人際關係，協調宗族內部種種矛盾，是最基本的道德要求。一夫一妻制、個體家庭私有制的確立，又使家庭成為最基本的社會單位。這樣，承載和展現血緣宗法農業社會最本初道德要求的，必然是一個既能滿足宗族共同體特殊凝聚需要，又能滿足家庭共同體特殊凝聚需要的倫理規範。觀之於傳統倫理道德體系，這個範疇只能是孝。只有「孝」才能把家庭內部的親子關係，以及宗族內部的代際、群際關係成功地統攝起來，規範起來。所以，從道德產生的自然邏輯判斷，孝乃是傳統倫理道德規範之最早出現者。

　　歷史和邏輯是相統一的。邏輯的開端也正是歷史的開端。有關的研究表明，「中國古代最早也最突出的倫理規範應推『孝』。」㉞我們所見的先秦史籍文獻中，關於堯、舜、禹重視孝道、篤行孝德的記載也不少。雖然我們不

㉞　陳來《古代宗教與倫理》，三聯書店一九九六年版，第三○○頁。

能據此講孝是傳統倫理道德規範中先於其他規範而產生的唯一範疇，但若講孝是諸多傳統倫理道德規範中最早產生者之一，應是毫無問題的。

其次，孝爲諸德之本。

通過規範個人的行爲來調節特定社會人與人之間的相互關係，這是道德的基本功能和主要目的。血緣宗法社會裏，最根本的就是處理以親子關係爲基點的血緣宗法關係，無論是修養內在心性，還是規範社會行爲，都要以血緣的維繫爲價值方位，作爲宗族共同體最高道德準則的孝觀念也由此而被突出，成爲傳統倫理道德體系的核心和基礎，即道德之本，「孝，至矣乎！一言而該，聖人不加焉。」[35]

孝之所以成爲個人所可能有的一切道德的根本，最重要的在於，孝是實現道德自我完善的必要條件。古人對於孝爲德本的理解可謂精闢：「德謂己之所得，道謂人所共由。蓋己之所得，人所共由者，其理曰仁、義、禮、智，而仁兼統之。仁之發爲愛，而愛先於親。故孝爲德之至，道之要也。」[36]因而，《孝經》開篇就把「孝」稱爲「至德要道」，認爲「聖人之德無以加於孝」[37]，並借孔子之口明確地說：「夫孝，德之本也。」[38]

第三，孝爲百行之源。

孝爲道德之根本，這一點內在地決定了孝是一切美好德性和倫理規範的源頭：「孝，德之始也。」[39]朱熹與弟子討論孝道時講：「孝者，百行之源，只爲他包得闊故也」，「只如守著一個『孝』字，便後來無往而不通，所謂『推而放諸四海而準』，與夫居敬、戰陣，無不見得是這道理。」[40]也就是說，從

[35]　汪榮寶撰，陳仲夫點校《法言義疏》卷十三《孝至》，中華書局一九八七年三月版，第五二三頁。

[36]　吳澄注《孝經・開宗明義章》，轉引自《忠經・孝經精解》，北京燕山出版社一九九一年版，第七九頁。

[37]　《孝經・聖治章》，第四二頁。

[38]　《孝經・開宗明義章》，第二頁。

[39]　《大戴禮記・衛將軍文子篇》，第一一○頁。

[40]　《朱子語類》卷三十《論語十二》，黎靖德編，王星賢點校，中華書局一九八一年版，第七七四頁。下引《朱子語類》，版本同此。

個體道德、家庭道德到社會道德，從道德修養、道德實踐到人生事功，都是以孝爲立足點的，篤行孝道是人生至爲根本的道德實踐。本固則葉繁，源遠則流大。由孝推及於一切道德，猶如草木之有本，江河之有源，「凡百善行，發原於孝。何也？孝根於天性。……推廣此愛親之天性，及於兄弟，即謂之悌；及於同族，即謂之敦睦；及於朋友，即謂之信義；及於鄰里鄉黨，即謂之慈善；及於一名一物，不忍毀傷，一絲一粟，不忍拋棄，一草一木，不忍殘害，即謂之公德。皆自愛親之心推之，故曰孝爲百行之源也。」㊶凡是「孝」的行爲，無不助益於德性修養的提升，凡是道德的行爲，無不助益於孝行的擴展。孝既然是最基本的，因而也是最重要的，「不孝，則不能弟。不孝而能弟，弟亦何用！不孝不弟，縱行謹言信，愛眾親仁，亦何用！」㊷

　　第四，孝爲教化之基。

　　道德觀念和道德規範只有通過道德教化才能被民眾普遍接受並付諸行爲，才能發揮道德的社會功用和政治功用：「教化立而奸邪皆止者，其堤防完也；教化廢而奸邪並出，刑罰不能勝者，其堤防壞也。古之王者明於此，是故南面而治天下，莫不以教化爲大務。」㊸

　　人皆有父母，皆有回報父母養育之恩、贍養敬事父母的責任和義務。以孝道的教化提升道德的境界，既簡捷便易，又效果卓著，使民絕惡於未萌，起敬於微渺，無意識當中徙善遠惡。因而，孝養之道是人生啓蒙教育的重要一課，也是道德教育最切近、最便當的入口處：

　　　　敦敘風俗，以人倫爲先；人倫之教，以忠孝爲主。㊹

　　　　聖賢千言萬語，無非教人以孝而已。夫豈無他道之可言哉？蓋以
　　孝之道，大而能周，約而能博，微而能著，積厚而生生不息，足以與

<hr>

㊶　民國江衡《人道須知・論孝》，一九二七年刊，轉引自向燕南、張越編注《勸孝・俗約》，中央民族大學出版社一九九六年版，第一三二頁。

㊷　《朱子語類》卷二一《論語三》，第四九八頁。

㊸　漢・班固撰，唐・顏師古注《漢書》（八），卷五六〈董仲舒傳〉，中華書局一九六二年六月版，第二五〇三頁。下引本書版本同此。

㊹　唐・房玄齡等撰《晉書》（五），卷五〇〈庾純傳〉，中華書局一九七四年十一月版，第一三九九頁。下引本書版本同此。

天地而無蔽也。譬諸樹木之根本，黍稷之有嘉種，枝幹飾節葉華實，無不於此具焉。㊺

　　字源學表明，「甚至漢語中代表『文化』或『宗教』的『教』字，也是從孝演變而來的」㊻，「教」也就是「孝」字加使役的偏旁，意思是「使……孝」。有的學者認爲，殷周時期，「『政』與『教』是合一的，行政即所以施教。殷人既以『孝』來達到某種行政上的目的，亦即以『孝』爲教。」㊼因此，古人把孝德教育作爲人生教化的源頭活水和必由之路。《禮記》云：「眾之本教曰孝」㊽，《孝經》認爲孝是「教之所由生也」㊾，是「德教」的基礎，教善的根本：「教民親愛，莫善於孝。」㊿《呂氏春秋》對孝的教化功能也有透徹的論述：「民之本教曰孝」[51]，「夫孝，三皇五帝之本務，萬事之綱紀也。執一術而百善至、百邪去、天下順者，其唯孝乎！」[52]

　　孝德教育的最終指向是政治，教孝是孝治天下綱領的重要組成部分：

　　　　君子之教以孝也，非家至而日見之也。教以孝，所以敬天下之為人父者也；教以悌，所以敬天下之為人兄者也；教以臣，所以敬天下之為人君者也。[53]

　　　　孝之為德至矣，其為道遠矣，其化人深矣。故聖帝明王行之於四海，則與天地合其德，與日月齊其明；諸侯卿大夫行之與國家，則永葆其宗社，長守其祿位；匹夫匹婦行之於閭閻，則播徽烈於當年，揚

㊺　《朱舜水集》卷十三〈孝說為伊藤友次作〉，中華書局一九八一年版，第四三八頁。

㊻　林語堂《中國人》，浙江人民出版社一九八八年版，第一五四頁。

㊼　楊榮國《中國古代思想史》，人民出版社一九七三年版，第十二頁。

㊽　《禮記·祭義》。

㊾　《孝經·開宗明義章》，第二頁。

㊿　《孝經·廣要道章》，第六一頁。

[51]　《呂氏春秋·孝行覽》，陳奇猷《呂氏春秋校釋》，學林出版社一九八四年四月版，第七三二頁。

[52]　《呂氏春秋·孝行覽》，陳奇猷《呂氏春秋校釋》，學林出版社一九八四年四月版，第七三二頁。

[53]　《孝經·廣至德章》，第六五頁。

休名於千載。是故堯、舜、湯、武居帝王之位，垂至德以敦其風；孔、墨、荀、孟稟聖賢之資，弘正道以勵其俗。觀其所由，在此而已矣。(54)

中國有悠久的孝道教化的歷史。在中國古代德治、禮治傳統下，一個朝代的興衰存亡，也常常被歸結爲道德是否淨化，人心是否澆漓。在標榜以孝治天下的封建社會，統治者無不在以孝教化百姓上煞費苦心。《尚書·堯典》曰：「帝曰：契！百姓不親，五品不遜，汝作司徒，敬敷五教，在寬」；荀子也講：「契爲司徒，民知孝弟，尊有德。」(55)所謂「五教」，就是《左傳》講的：「父義，母慈，兄友，弟共，子孝」(56)，「孝」爲「五教」之一。《禮記》把父子之親作爲人倫教化之首：「七教：父子、兄弟、夫婦、君臣、長幼、朋友、賓客。」(57)漢代孝治天下方針的確立，使孝道教化發展到新的階段，從朝廷敬老教孝政策的制定，各級官吏的身體力行，到民間鄉規族約家法的孝列題首，孝道教化的昌盛景象歷久不衰。(58)

綜上所述，「中華文化精神之所寄託者，厥爲五倫八德。而五倫首父子之關係，八德先孝德之踐行，足證孝爲人倫之綱紀，道德之冠冕，萬善之先驅，百行之根本。」(59)

第二節　傳統孝道的文化生態根源

研析傳統孝道的文化生態根源，我們認爲，從社會經濟環境即物質生產方式上講，孝是農業文明社會的道德結晶；從社會制度環境即社會組織結構

---

(54) 唐·李延壽著《北史》(九)，卷八四〈孝行傳·序〉，中華書局一九七四年版，第二八二五－二八二六頁。下引本書版本同此。

(55) 《荀子·成相》，梁啟雄《荀子簡釋》，中華書局一九八三年一月版。下引《荀子》，版本同此。

(56) 《左傳·文公十八年》，嶽麓書社一九八八年版，第一一六頁。下引《左傳》，版本同此。

(57) 《禮記·王制》。

(58) 歷代循吏，特別是兩漢循吏，多有孝道教化政績。參《漢書·循吏列傳》。

(59) 林安弘《儒家孝道思想研究》，文津出版社一九九二年版，第二七八頁。

而言，孝是血緣宗法社會的直接產物；從狹義的文化環境即社會心理基礎來看，孝是祖先崇拜觀念的突出反映。

一、農業文明社會的道德結晶

人類的精神生活及精神產品，都是以一定的自然環境、自然條件爲基礎和前提的，是由特定的生產方式以及由此所產生的社會結構所決定的。正如恩格斯指出的那樣：「在歷史上出現的一切社會關係和國家關係，一切宗教制度和法律制度，一切理論觀點，只有瞭解了每一個與之相對應的時代的物質生活條件，並且從這些物質生活條件中被引申出來的時候，才能理解。」(60)

中國古代文明是以黃河流域爲輻射源的農業文明。黃河流域濕潤半濕潤的溫帶氣候，肥沃豐饒的土壤，充沛的水資源，爲農耕生產提供了良好的條件。大量的考古發現和文獻資料也一再說明，中國古代農業文明相對早熟，而且比較繁榮和發達。距今約六千年左右的仰韶文化遺址中，發現有穀殼的遺跡；距今約四、五千年的龍山文化、河姆渡文化遺址中，發現石斧、石鏟、骨鏟、雙齒木耒、石刀、蚌刀、石鐮、蚌鐮等農具。這些都表明，在仰韶文化、河姆渡文化時期，鋤耕農業發育成熟，已成爲當時社會最爲重要的生產方式。中國古代社會農業文明的原初狀況，也見之於大量典籍。三皇五帝的傳說，大多與農業生產關係甚密，像神農教民耕作，軒轅氏改良農具，堯、舜、禹爲發展農業、治理水患奔走辛勞，等等。進入階級社會，「以農立國」成爲社會發展的基石。中國古代把國家政權稱爲「社稷」，社是土地神，稷是五穀神，表明農業是國家、政權的命脈，農業生產是社會政治、經濟、文化生活的頭等大事，「是時也，王事唯農是務。」(61)

農業文明是中華民族觀念文化的母體，她陶鑄了獨特的民族文化－心理結構，孕育出傳統的倫理型文化。正如馮友蘭先生所指出的，農的眼界限制著中國哲學的內容，限制著中國哲學的方法論。中國哲學，特別是儒家哲學，

(60)　《馬克思恩格斯選集》第二卷，人民出版社一九七二年五月版，第一一七頁。

(61)　《國語・周語上》，《國語・戰國策》，嶽麓書社一九八八年九月版，第五頁。下引《國語》，版本同此。

是對「農的渴望和靈感」的表達。(62)孝觀念的產生和發達，恰好成爲馮先生這一觀點的注腳。

首先，農業的早熟與繁盛，爲人們生活提供了穩定的保障，也爲尊老、養老以及孝觀念的產生創造了必要的物質基礎。

史料顯示，世界許多民族在歷史上都曾有過食殺老人、父母的現象。達爾文訪問火地島原始部落時看到，在冬季食物嚴重匱乏時，當地土人竟殺食老年婦女，而且先食老婦，然後再食獵狗。在解釋之所以如此的原因時，火地島人稱：「獵狗能捕捉水獺，而老太婆卻什麼也幹不了。」(63)澳洲懷德灣的部落也是如此，他們「不只食戰陣上所殺死的敵人，而且食他們被殺死的夥伴，甚至於老死者，只要還可供食用，他們也是吃掉的。」(64)「中央亞非利加的土人將與他部落開戰的時候，必先食其親」，「老人反以被自己的兒子所食爲福，兒子亦以食其親爲孝。」(65)《史記》記載，匈奴民族曾經「自君王以下，咸食畜肉，……壯者食肥美，老者食其餘。貴壯健，賤老弱。」(66)值得注意的是，有食殺老人父母習俗的這些原始部落，大多是以狩獵、捕魚爲生的。由於他們的生活缺乏穩定的保障，當老年人失去了勞動能力時，就成爲純粹的勞動成果的消耗者，成爲部落生存的負擔，因而，「賤老弱」就成爲無可非議的行爲選擇。

與遊牧民族不同，農業文明的優勢恰恰在於，她爲人們的生存提供了穩定的、持續不斷的食物資源，提供了供養老人所必需的剩餘勞動產品。正因爲如此，在中國歷史上，很早就形成了「尚齒」、「養老」的傳統。在傳說或記載的上古文化中，養老愛幼的觀念有極遠的根源，《禮記》中對此多有述及：

---

(62) 馮友蘭《中國哲學簡史》，北京大學出版社一九八五年版，第三〇、二五頁。

(63) 李塔連科《馬克思主義倫理學》，中國人民大學出版社一九八〇年版，第五八頁。

(64) 摩爾根《古代社會》第二冊，商務印書館一九七一年版，第六四三頁。

(65) 李大釗〈物質變動和道德變動〉，《中國現代思想史資料簡編》第一卷，浙江人民出版社一九八二年版，第八六頁。

(66) 《史記・匈奴列傳》，嶽麓書社一九八八年版，第七八五頁。

有虞氏養國老於上庠，養庶老於下庠；夏后氏養國老於東序，養庶老於西序；殷人養國老於右學，養庶老於左學；周人養國老於東郊，養庶老於虞庠。⑥

凡養老，有虞氏以燕禮，夏后氏以饗禮，殷人以食禮，周人修而兼用之。五十養於鄉，六十養於國，七十養於學，達於諸侯。⑥⑧

有虞氏皇而祭，深衣而養老；夏后氏收而祭，燕衣而養老，殷人冔而祭，縞衣而養老；周人冕而祭，玄衣而養老。⑥⑨

昔者有虞氏貴德而尚齒，夏后氏貴爵而尚齒，殷人貴富而尚齒，周人貴親而尚齒。⑦⓪

「國老」即有爵位的老人，「庶老」即普通百姓中的老人。《禮記》這幾段記述很有價值，從中我們可以看出，自有虞氏至夏、商、周，雖然隨著歷史的進步與發展，養老、尚齒的內涵也在不斷地調整、變化和發展，但四代「養老」、「尚齒」的傳統卻是一以貫之的，直到孟子還把「齒」與「爵」、「德」並稱爲三「達尊」。⑦①法律也對八、九十歲的老人網開一面：「雖有罪，不加刑焉。」⑦②這種群體尊老意識和行爲規範是孕育孝觀念的重要的民族心理土壤。

其次，從本質上講，尊老、養老也是農耕生產的內在要求。

古代農業生產的一個顯著特點，就是它不需要過多的知識或技巧，但卻離不開日積月累的生產經驗。事實上，許多農業生產的規律性的東西，都是大量實踐經驗的概括和總結。尤其是在上古時期，歲時節律、天象氣候的變化，沒有什麼工具、儀器去測度把握，只能依賴勞動者經驗的積累，閱歷的增長。有沒有豐富的農時農事經驗，對於農業收成的豐欠多寡，起著十分關

---

⑥⑦　《禮記‧王制》。

⑥⑧　《禮記‧內則》。

⑥⑨　《禮記‧王制》。

⑦⓪　《禮記‧祭義》。

⑦①　《孟子‧公孫丑下》。

⑦②　《禮記‧曲禮上》。

鍵的作用。「順天時，量地利，則用力少而成功多；任情返道，勞而無獲。」
⑦所以，在農業社會裏，老人既是德的楷模，更是智的化身。後輩敬重和愛
戴具有豐富經驗的前輩長者，年輕者服從、侍奉老年人，乃是順理成章的事
情。從這個意義上說，「對祖先的崇拜，就是人類自身對於歷久以來的勞動經
驗的崇拜。」⑦周代的政治家都以尊老親舊爲善政，比如，當「宣王欲得國
之能導訓諸侯者」時，樊穆宗向他推薦了魯孝公，理由是孝公「肅恭明神而
敬事耆老，賦事行刑，必問於遺訓而咨於故實。」⑦叔向也說：「吾聞國有大
事，必順於典型，而訪諮於耇老而後行之。」⑦這從一個方面反映了經驗之
於農業生產的重要性。事實上，傳統思維方式中，人們總是「向後看」，留戀、
美化過去，按舊規矩、老道道行事，其根源也正在於農業文明的特殊性。即
使到今天，我們在廣大的農村地區還可以看到，那些諳熟農耕規律的「老把
式」的威望仍然是很高的。

　　進而，當家庭成爲社會最基本的生產單位時，包括農業生產在內的家庭
的大的事項，自然而然要由父親、祖父或曾祖父來決定。對有生產經驗的長
者的尊從，對父親、祖父、曾祖父的服從，內化爲心理情感和道德準則，便
是「孝」。所以，就由氏族群體的尊老進而衍生出父權制下的孝親這一點而言，
尊老養老對於中華文化具有本原的意義。古人於此有明確論述：

　　　　堯命羲和以欽授民時，東作西成，使民知耕之勿失其時；舜命羲
　　　　和以黎民阻饑，播時百穀，使民內知種之各得其益。……承五代之弊，
　　　　循漢唐之舊，追虞周之盛，列聖相繼，惟在務農桑，足衣食。此禮義
　　　　之所以起，孝悌之所以成，人情之所以固也。⑦

　　「民知尊老、養老，而後乃入孝弟。」⑦歷代統治階級深明此道，無不
把尊老、養老作爲推行孝道、治國安邦的有效手段：

---

⑦　　繆君愉《齊民要術校釋》，農業出版社一九八二年版，第四三頁。

⑦　　楊榮國《中國古代思想史》，人民出版社一九七三年版，第三頁。

⑦　　《國語・周語上》，第六頁。

⑦　　《國語・晉語八》，第一三〇頁。

⑦　　陳敷《農書・序》，知不足齋叢書本。

⑦　　《禮記・鄉飲酒義》。

養耆老以致力孝。⑦

上老老而民興孝。⑧

朝廷敬老而民作孝。⑧

民入孝弟，出尊長養老，而後成教，成教而後國可安也。⑧

　　這種尊老重老傳統在以農業為經濟基礎的封建社會得到繼承和進一步發揚，從而對祖先崇拜以及孝觀念的發展起到了推波助瀾的作用。

　　第三，農業自然經濟是孝觀念產生和發展的經濟基礎。

　　農業生產的發展，農業自然經濟的形成，使作為家庭倫理的孝觀念的產生有了深厚的經濟土壤。從歷史上看，隨著農業生產力水平的逐步提高，孝觀念有一個由家族而家庭、由族權而父權、內涵不斷變化的過程。

　　孝是以家族、家庭中的先祖、尊長為對象的特殊的道德範疇。作為規範長幼親情倫理的孝觀念，其載體便是由血緣而存在的家族和由婚姻而組成的家庭。值得注意的是，個體核心家庭雖然在原始社會晚期父系氏族公社時期就已經萌生，但是，強有力的氏族血緣紐帶，使得個體家庭經濟一直到西周還沒有完全形成。

　　西周時期家族群體已經形成家族和家庭兩個層次。始自於夏、發展於殷商、完備於西周的中國古代早期婚姻家庭制度，由於直接脫胎於原始社會後期的父系氏族制度及形成未久的一夫一妻制，所以在一開始，個體家庭的機制還不健全，父系大家族在社會生活和經濟活動中佔據十分重要的地位。與奴隸社會初期落後的社會生產力發展水平相適應，人們只有依賴集體的力量，才能抵禦洪澇災害，才能應對族外勢力、遊牧民族的侵擾，也才能完成墾荒闢壤、疏浚河渠等大的工程。家族、族群的集體耕作，是當時社會基本的生產方式。《詩經》中有這樣的描繪：「載芟載柞，其耕澤澤。千耦其耘，

---

⑦　《禮記‧王制》。

⑧　《禮記‧大學》。

⑧　《禮記‧坊記》。

⑧　《禮記‧鄉飲酒義》。

徂隰徂畛」⑧；「率時農夫，播厥百穀。⋯⋯亦服爾耕，十千維耦。」⑧千耦
（兩千人）、十千維耦（兩萬人）的耕作場面，蔚爲壯觀。這表明《詩經》時
代的農業生產仍然是以原始協作式集體耕作爲主的。

《商周家族形態研究》一書的研究成果證實了這一點。該書作者認爲，
周初的家庭「是由包括兩三代人的幾個有血緣關係的核心家庭結合而成的」
⑧，個體家庭還包容在宗族共同體當中，作爲獨立經濟單位的也是這種宗族
共同體。在這種情況下，「孝」的對象不可能首先是個體家庭中的父母，而只
能首先是家族的祖先；孝的形式也不可能是「養」，而只能是「祭」。這正是
殷周孝觀念的主要形態。

春秋時期，鐵器的廣泛運用，牛耕的逐漸普及，使生產力水平進一步提
高。隨著井田制的瓦解，家庭寄寓於家族共同體的局面終於得以改變，個體
家庭逐步發展起來，成爲擁有包括土地在內的財產所有權、能夠自主地組織
生產和生活的基本社會單位和經濟主體。個體家庭的確立，不僅意味著社會
生產基本單位的變化，同時也意味著私有財產親子繼承制的確立。

社會經濟秩序的這種歷史性進步，對孝觀念由孝祖先到孝父母的轉型，
對孝觀念的完全確立起了決定性的作用。作爲父母，有撫養教育子女的責任
和義務，同時也有要求子女贍養的權利；作爲子女，得到父母的養育並繼承
父母的財產是其權利，相應地，他們也必須承擔起贍養父母的責任和義務。
父母與子女這種雙向度的權利與義務關係，反映在倫理規範上，就是「父慈
子孝」。如果沒有生產力的發展，沒有個體家庭對父系大家族依賴關係的擺
脫，沒有自給自足的自然經濟的形成，也就沒有父子之間權利、義務關係的
確立，最終也就沒有完備的倫理道德意義上的孝觀念。對祖先神的強調，顯
示了對家族力量的依賴，善事父母則是個體家庭經濟的必然產物。孝的內涵

---

⑧　《詩經·周頌·載芟》，第四六五頁。意譯爲：動手拔草砍樹木，耕耘土地夠忙碌。千
　　人併肩把草鋤，或下新田或上陸。

⑧　《詩經·周頌·噫嘻》，第四五五頁。

⑧　朱鳳瀚《商周家族形態研究》，天津古籍出版社一九八九年版，第一二七頁。

的這一變化過程，是與生產力的發展、與個體家庭發展的歷史軌跡相一致、相吻合的。

　　春秋戰國以降，農業自然經濟逐步確立。西周時期大規模的集體耕作，到春秋時期演變爲「二十五家爲一社」的小規模集體耕作，至戰國時發展爲「百畝之田，匹夫耕之，八口之家，可以無饑」⑧⑥的家庭耕作；秦漢以後，則成爲「一夫挾五口，治田百畝」⑧⑦的小家庭耕作制度。從此，「男子力耕」，「女子紡績」，「一夫不耕，或受之饑；一女不織，或受之寒」⑧⑧的自給自足的自然經濟，就成爲中國社會的基本經濟細胞。據研究，歷史上個體家庭的規模一般不超過三代，人口平均在五至七人左右。古代法律也以這樣的「戶」，作爲徵收稅賦和勞役的依據。封建家長制正是適應這種經濟結構所建立的社會細胞組織，家長所擁有的支配家庭財產、管理家庭成員的權力，正是這種封建小生產經濟存在和發展的內在要求，這就是父家長權力的根本來源。封建自然經濟的閉塞性和保守性，使得封建家長制得以長期存在，從而使孝觀念因其經濟基礎的穩固而經久不衰。孝觀念的逐步強化和上升，正是與這個過程相始終的。

　　經濟基礎決定上層建築，上層建築則服務並反作用於經濟基礎。一方面，自給自足的農業自然經濟，爲孝觀念提供了滋生、成長的溫床；另一方面，孝道也恰恰適應了農業文明的要求，並爲之提供上層建築的保障和支持，反過來進一步促進農業自然經濟基礎的完善和穩固。這種保障和支持是通過倫理與政治的相互滲透，從觀念上層建築和政治上層建築兩個方面來實現的。農業社會的特點就在於，「由千百個彼此雷同、極端分散而又少有商品交換關係的村落和城鎮組成的社會，需要產生高高在上、君臨一切的集權政體和統治思想，這便是所謂的『東方專制主義』。」⑧⑨其實，這種「東方專制主

---

⑧⑥　《孟子・盡心上》。

⑧⑦　《漢書》（四），卷二四〈食貨志上〉，第一一二五頁。

⑧⑧　《漢書》（四），卷二四〈食貨志上〉，第一一二六、一一二八頁。

⑧⑨　馮天瑜、周積明《中國古文化的奧秘》，湖北人民出版社一九八六年十二月版，第六四頁。

義」不僅僅指政治領域的君主專制主義，它同樣也適用於家庭關係領域。歸根結底，孝「不外乎維護傳統農業社會所奉行的父權家長制」⑨，而家長制、君主制的存在，則起著維繫農業個體經濟再生產的目的。從「國」的角度看，高度分散的農業自然經濟需要以君主專制的集權形式，把眾多各自爲陣的小家庭、家族聯繫起來，把人們的意志統一起來，臣民必須維護君主的權威，這就是「忠」；從「家」的角度看，農業自然經濟生產方式下，獨立的個體家庭同樣也需要一個專制的家長來組織、管理生產，並負責調整家庭內部成員之間的關係，子女必須服從家長，這就是「孝」。忠孝二者彼此相通，雙管齊下，共同維護和鞏固著傳統社會的農業經濟基礎。

總之，農業文明是孝觀念孳長的息壤。宗法制的形成和興盛，也與農業文明密不可分，如農業的集體協作與群體意識，農業生產的穩定性與聚族而居等等。宗法制是孝觀念得以萌生、成長的又一個根本性的因素，這正是我們下面所要討論的問題。

二、血緣宗法社會的直接產物

孝觀念固然是農業文明的道德結晶，但是，如果僅僅看到這一點，就不免會產生這樣的疑惑：從世界歷史上看，農業是整個古代世界的決定性生產部門，四大文明古國都是農業文明，文明發育較晚的國家中也不乏農業國家，爲何獨獨中國古代孝觀念特別發達呢？如果從親子之間的自然情感而言，或者說，從人性的角度而言，孝應當具有普遍的心理基礎，爲何只有在中國，孝被抽象、提升爲最基本的倫理道德規範，並且具有極大的影響力呢？於此，我們不能不注意中國古代社會的特殊性。這就是，中國古代社會是血緣宗法社會。血緣宗法制度是中國古代社會的一塊基石，也是孝觀念產生的社會基礎。作爲儒家倫理核心的孝道，集中地反映了中國宗法社會的特徵。

宗法制度起源於未充分解體的氏族社會血緣紐帶。黃土地適宜農耕的自然條件，以及四周繁盛的人口部落即豐富的勞動力資源等，使中國古代文明

---

⑨　張德勝《儒家倫理與秩序情結》，臺灣巨流圖書公司一九八九年版，第八九頁。

「可能在溫室似的環境下成長，而有異於自然生長的希臘文明。」㉙事實也正是如此。中國進入文明社會的方式與西方是不同的，西方是從家族到私產再到國家，國家代替了家族，中國是以農業社會的形態經歷著氏族制度的解體過程，是帶著從氏族社會遺留下來的、由血緣家族組合而成的農村公社進入階級社會的。早熟的文明沒來得及徹底清算氏族制度，就在它的廢址上建立了「公族國家」，階級社會直接由血緣部族脫胎而來，部族首領一變而爲國家君主。前者是新衝破舊的新陳代謝，後者則缺乏一個質變的環節，新舊糾葛，國家混合在家族裏面，因而氏族社會的解體完成得很不充分，氏族社會的宗法制度及意識形態的殘餘大量積澱下來。比如，宗法觀念、祖先崇拜以及其他一些氏族倫理觀念等就作爲中華文化的因子而沈積下來，進而又作爲一種社會「遺傳基因」，成爲培育中國文化的獨特土壤，成爲中國古代社會意識、社會心理的普遍根據。

在政權更迭的政治鬥爭中，統治者看到了親族血緣聯繫與社會政治等級的關係及其價值所在，遂自覺地把它作爲強化政治統治的重要資源凸顯出來，上升爲社會政治制度的基礎。商朝已初步形成宗法，但並不嚴密，宗法制到了周代才全面確立。殷亡周興的社會大變革，用王國維的話說：「自其表言之，不過一姓一家之興亡與都邑之移轉；自其裏言之，則舊制度廢而新制度興，舊文化廢而新文化興。」㉚這裏的「新制度」、「新文化」，也就是指周代宗法制度的完善和禮樂文化的興起。具體而言，「周人制度之大異於商者，一曰立子立嫡之制，由是而生宗法及喪服之制，並由是而有封建子弟之制，君天子臣諸侯之制。二曰廟數之制。三曰同姓不婚之制。此數者皆周之所以綱紀天下。」㉛立宗子、固大宗、別嫡庶、定繼統、正尊卑、分貴賤、序世系、敬祖宗，周代以井田制爲基礎、以血緣宗族爲紐帶、以世襲分封爲政治結構、以宗廟社稷爲權利象徵的奴隸制血緣宗法制度的確立，奠定了中國古代延續幾千年的宗法傳統和家長制統治的基礎。

㉙　侯外廬等《中國思想通史》第一卷，人民出版社一九五七年版，第十七頁。

㉚　王國維《觀堂集林‧殷周制度論》，中華書局一九五九年版，第四五三頁。

㉛　王國維《觀堂集林‧殷周制度論》，中華書局一九五九年版，第四五三—四五四頁。

　　宗法制度的確立和完善對孝觀念的產生起了決定性的作用。

　　首先，血緣宗法制特殊的組織體系，使孝觀念的產生成爲必然。血緣宗法制度的組織體系，是一個塔層結構，社會的最高統治者「天子」居於塔頂，政權與族權、君統與宗統、政治身份與血緣身份合爲一體。從政治關係看，天子是天下的共主；從宗法關係看，天子又是天下之大宗。天子之位，由嫡長子繼承，世代保持大宗的地位，「別子」即其他嫡子和庶子被封爲諸侯。對於嫡長子而言，他們是小宗；在其封國內，他們又是大宗，其位同樣由嫡長子繼承，餘子爲小宗，封爲卿大夫。卿大夫以下及至一般宗族，依此類推，由此又形成無數個小的塔層結構。很顯然，這是一個秩序嚴明、結構龐大的組織體系。要保證小宗對大宗的歸依和服從，維持這樣一個組織體系的穩定，除了政治強制力外，還必須依靠道德向心力乃至宗教約束力。這是集政治、倫理、宗教於一身的「孝」觀念得以產生的最重要的社會歷史根源。

　　其次，血緣宗法制度，決定了孝觀念，尤其是早期孝觀念的基本內涵。一者，血緣宗法制度最根本的倫理道德要求表現在兩個方面：一是「尊祖」，即對祖先權威的服膺以及由此而來的對尊長的絕對服從。在卑幼與尊長、父母與子女的關係中，處於從屬地位的卑幼子女服從敬奉父母尊長，是自然而然的。二是「敬宗」，即對血親關係的本能維護以及由此而來的對親子傳承的極端重視。宗有大宗、小宗之別，即《禮記・大傳》所謂「有百世不遷之宗，有五世則遷之宗」。在宗族之中，大宗處於核心地位，是整個宗族的代表，因此，宗奉大宗也就是宗奉祖先。其實，大宗、小宗的拜祭是相互促進的，如《禮記》中就多次講到：「尊祖故敬宗，敬宗所以尊祖禰也」⑭，「尊祖故敬宗，敬宗，尊祖之義也」⑮。而尊祖和敬宗恰恰是早期孝觀念的主要內涵。從理論上講，無論是時間上還是空間上的血緣紐帶，都可以以「父」爲原點無限地擴展，祖、宗可以無限地向上追溯。但是，鑒於實際上隨著血緣紐帶縱向和橫向的逐漸延伸和展開，血緣情感因素也逐漸弱化、淡漠，所以，以

---

⑭　《禮記・喪服小記》。

⑮　《禮記・大傳》。

父家長爲中心，又有時間上上下九代即「九族」⑯以及空間上左右「五服」
的範圍規定。這樣就保證了父家長在宗法網絡中的核心地位。二者，嫡長子
繼承制是宗法制度的核心。一方面，由此而決定了對於財產以及父輩一切的
繼承權，都是以男系傳承爲主的，女性的繼承權微乎其微。這是父家長權力
的直接來源，是孝道的經濟支柱。另一方面，由此而決定了父系血緣傳承原
則成爲宗族延續的唯一方式，家庭結構以男性爲中心、以父子關係爲主軸。
兒子作爲父親血脈當然的法定的繼承人，必須承當傳宗接代、延續家族的責
任和義務。這兩個方面是後世孝觀念的核心內容。

　　再次，血緣宗法制的發展路向，影響著孝觀念的發展路向，決定了孝在
傳統倫理道德體系中的核心地位。春秋戰國時代，血緣宗法制受到重創，嚴
格意義上的宗法制度趨於瓦解。但不管如何，兼具政治權力統治和血親道德
制約一箭雙鵰之功能的宗法制度，已經奠定了中國傳統社會結構的定勢，血
緣紐帶數千年間始終是維繫中國社會穩定和發展的基石。由一個男性先祖的
子孫團聚而成的家族，形成穩固的社會實體，成爲社會有機體生生不息的細
胞。與此相一致，儘管朝代更替、社會變遷，孝觀念的內涵及其表現形態也
有相應的發展變化，但是，作爲宗法制度的產物和維護宗法社會基礎的手段，
孝觀念在傳統道德體系中的核心地位從未發生根本的動搖，尤其是當它再次
與政治聯姻後，歷代統治者對孝觀念在維護社會穩定中的巨大作用更是青目
有加。

　　西周以降，血緣宗法制主要表現爲由血緣紐帶維繫著的宗族、家族。宗
族、家族是宗法制度、宗法社會的原生體，在一個橫斷面上反映了中國傳統

---

⑯　九族：漢代就有不同的說法，如有以為包括父族四、母族三、妻族二等；後孔安國、馬
　　融、鄭康成等皆認為九族僅限父宗，上自高祖，下至玄孫。後儒如陸德明、顧炎武等皆
　　從此說。一般多以《禮記・喪服小記》為據，幾為定論。明清律明確制定九族五服圖，
　　九族專指父宗，更為定制矣。詳參瞿同祖《中國法律與中國社會》，中華書局一九八一
　　年版，第二頁。

社會及傳統文化的精神風貌。⑰《白虎通義》中講：「族者何也？族者湊也、聚也，謂恩愛相流湊也。上湊高祖下至玄孫，一家有吉，百家聚之，合而爲親。生相親愛，死相哀痛，有會聚之道，故謂之族。」⑱以血緣關係爲紐帶的同一宗族、家族的人，世世代代「聚族而居」，因此，常常有這樣一種現象，「兄弟析煙，亦不遠徙，祖宗廬墓，永以爲依。故一村之中，同姓者至數十家或數百家，往往以姓名其村巷焉。」⑲宗族、家族一般都有供奉共同祖先的宗廟、祠堂，有記載宗族或家族世系源流、子嗣系統、婚配關係、祖宗墓地、族規家法的族譜、家譜，有的還有共同的族產公田。這些都爲在宗族、家族內强化孝道觀念，提供了堅實的基礎。尤其是，宗族、家族都自覺地把孝觀念作爲維繫上下長幼倫理關係、增强內聚力的法寶，並通過族約家規的形式把孝規範予以制度化，從而最大限度地發揮孝的道德、社會、政治功能。所以，「在傳統的中國家族主義下，人自然會、也必須要實行孝。孝不必一定是一種美德，而是一種當然的事，也是作子女者的一種義務，或一種應當扮演的家族角色。」⑳

　　血緣宗法制還有一個重要特徵，就是它有著嚴格的宗廟祭祀制度。具有嚴密的組織、系統的理論和完善的配套設施的宗廟祭祀制度，既是宗法制度的內容，也是祖先崇拜觀念的物化形態。「宗」，《說文解字》釋云：「尊祖廟也，从宀从示。」㉑　「廟」，《說文解字》釋云：「尊先祖貌也。」㉒宗廟是宗族、家族供奉和祭祀祖先的重要場所。《尚書·甘誓》上有「賞于祖」的記

㉗　美籍華人學者許烺光在《宗族·種姓·俱樂部》（華夏出版社一九九〇年版）一書中，對中國、印度、美國文化進行比較，以種姓代表印度，俱樂部代表美國，而代表中國文化的則是宗族。

㉘　漢·班固《白虎通德論·宗族篇》，上海古籍出版社一九九〇年十一月版，第六二頁上。下引本書，版本同此。

㉙　《同治蘇州府志》卷三引〈縣區志〉，轉引自馮天瑜等《中華文化史》，上海人民出版社一九九〇年八月版，第二〇一頁。

㉚　楊懋春〈中國的家族主義與國民性格〉，《文化危機與展望》（上），中國青年出版社一九八九版，第三五一頁。

㉛　《說文解字》，中華書局一九六三年版，第一五一頁。

㉜　《說文解字》，中華書局一九六三年版，第一九三頁。

載，「祖」即祖廟。殷商時期，宗族中頻繁地進行著祭祀活動，如殷代的祖廟
有宗、升、家、室、亞等多種稱謂。[103]逮至西周，宗廟祭祀制度更加完備繁
雜。《禮記·王制》中對西周廟祭制度有所記載：

> 天子七廟：三昭三穆，與大祖之廟而七。諸侯五廟；二昭二穆，
> 與大祖之廟而五。大夫三廟：一昭一穆，與大祖之廟而三。士一廟。
> 庶人祭祀於寢。

所謂「昭」、「穆」，是宗廟排列的次序。始祖廟居中，以下按照父子的
輩分排列爲昭、穆，昭居左，穆居右。士以上有專門祭祖的「廟」，庶人無廟，
就在擺放祖先牌位和遺物的「寢」中祭祀祖先。這也是等級制度在廟祭制度
上的體現。在古人心目中，祭祀是至爲神聖、至關重大的事，其制度之嚴密、
儀式之繁多，鮮有堪與相比的。宗族的宗廟祖先祭祀活動，不僅對孝觀念的
產生具有直接的影響，而且是早期孝觀念及孝行的主要內容。

總之，作爲中國古代文明獨特的組成部分和表現形態，宗法制度是孝道
產生、發展不可或缺的社會基礎。它的派生物宗族、家族是宣傳和實施孝道
的重要主體，它的物化形態宗廟、祠堂則是闡揚孝道的有力的物質載體。由
西周到清代，宗法制以不同的形式和不同的強度綿延貫穿於整個中國古代社
會，並作爲民間宗族制度而遍及城鄉村鎮，爲孝文化的滋生、蔓延提供了得
天獨厚的人文環境。

三、祖先崇拜觀念的集中反映

對宗廟祭祀的重視，與古人祖先崇拜的觀念緊密相關。追溯孝觀念產生
的文化心理根源，不難發現，孝與祖先崇拜是直接關聯的。祖先崇拜觀念不
僅使古代中國社會帶著氏族制的臍帶跨進了文明社會的門檻，進而由氏族制
發展到宗法制，它還深刻地影響了中國的家庭結構、社會結構、社會心理和
意識形態。錢穆先生講：「儒家的孝道，有其歷史上的依據，這根據，是在殷
商時代幾已盛行的崇拜祖先的宗教。上古的祖先教，演變出儒家的孝道；在

---

[103]　陳夢家《殷墟卜辭綜述》，中華書局一九八八年版，第六四三頁。

秦漢以後的兩千年，儒家的孝道，又維繫了這個古老的宗教。」[104]這深刻地揭示了祖先崇拜觀念與孝道的內在聯繫。

祖先崇拜根源於上古時代的生殖崇拜和圖騰崇拜。原始人低下的生產力及由此而決定的高死亡率，以及對自然界的畏懼，使得生殖崇拜、圖騰崇拜的原始宗教普遍地存在於原始先民當中。生殖崇拜與圖騰崇拜相結合，使得先民們總是把某一動物或某一物件認作他們的祖先，因此，最早的祖先應當是圖騰祖先。在古代典籍中，有許多關於圖騰祖先崇拜的記載。如玄鳥被視為商民族的圖騰祖先，「天命玄鳥，降而生商。」[105]隨著人類自我意識的提升，人們逐漸把把人類自身與自然界、與其他物種區別開來，「萬物本乎天，人本乎祖。」[106]由祭天神到祭人鬼，從自然崇拜轉向人類自身崇拜，圖騰祖先崇拜被祖先崇拜所代替，這是人類文明發展歷史上一個極大的進步。

祖先崇拜觀念在中國古代起源很早。從考古學的發現來看，在仰韶文化、馬家窰文化、大汶口文化、龍山文化等史前文化遺址中，都有雕刻的石祖、木祖和燒製的陶祖，說明在這一時期祖先崇拜就已經萌芽。遼寧牛河梁紅山文化遺址，距今約五千年左右。該遺址房屋基址上，有彩繪的牆壁畫，泥塑的女人群像等。研究者認為這座房屋原是女神廟。這是迄今為止發現的古人祭祀女性祖先的最早實物證據。對於我們追溯孝觀念萌生的根源來講，這則資料相當寶貴。我們由此可以推斷，祖先崇拜以及孝的觀念，早在母系氏族時代，已經有了苗頭。而且，牛河梁女神廟是專為「廟祭」而營建的獨立的祠廟，在積石塚群中還建有專用於墓祭的圓壇，從而形成一個設施齊全、規模宏大的祭祀「列祖列宗」的中心場所。所以研究者斷定，「這絕非一個氏族甚至一個部落所能擁有，而是一個更大的文化共同體崇拜共同祖先的聖地。」[107]這表明當時的祖先崇拜觀念已經相當發達。

---

[104] 錢穆〈中國文化導論〉，《文化危機與展望》（下），中國青年出版社一九八九年版，第五一頁。

[105] 《詩經・周頌・玄鳥》，第四八八頁。

[106] 《禮記・郊特性》。

[107] 〈牛河梁紅山文化女神頭像的發現與研究〉，《文物》一九八六年第八期。

　　不過，祖先崇拜觀念的完全確立，當是父家長制時期的事情，「父權制
家庭的神就是祖宗的神靈。因為這種家庭的成員把對自己家長的那種親屬間
的眷戀之情轉移到祖宗神靈身上。」⑩作為中華民族祖先來崇拜的神農氏、
有巢氏、燧人氏、后稷以至黃帝等，都是父系氏族公社的領袖。

　　祖先崇拜有一個範圍日臻縮小的過程。最早的祖先崇拜是崇拜氏族團
體、部族團體的共同祖先，後來隨著血緣家族和個體家庭的產生及完善，才
出現了家族、家庭的祖先崇拜。

　　淵源於生殖崇拜的祖先崇拜，對孝觀念的形成有巨大的催生作用。古人
把生殖崇拜觀念與對祖先靈魂的迷信觀念相結合，把祖先的生殖行為神秘
化、神聖化，以為不僅人的生命由祖先而來，人的命運也由祖先主宰，祖先
的靈魂可以蔭佑本族成員，由此而產生了祭祖、孝祖的觀念。率先把生殖崇
拜和孝觀念明確地聯繫起來加以考察的是周予同先生。周先生在〈「孝」與「生
殖器崇拜」〉一文中講到：「就我現在的觀察，我敢大膽地說，儒家的根本思
想出發於『生殖崇拜』；就是說，儒家哲學的價值論或倫理學的根本觀念是
『仁』，而本體論或形而上學的根本觀念是『生殖崇拜』。因為崇拜生殖，所
以主張仁孝；因為主張仁孝，所以探源於生殖崇拜；二者密切的關係，絕對
不能隔離。」⑩周先生立論的出發點與我們不同，但其見解是有道理的。「先
祖者，類之本也」，「無先祖焉出？」⑩人類自身的再生產使得人們從血緣關
係上崇敬祖先。從這個意義上講，「祖先崇拜的產生是人為追索其祖源而展現
的對生命本質與價值意識的一種外在形式。」⑪

　　有的學者認為孝觀念的產生所依賴的條件有兩個，其中之一就是氏族社
會古老而自然的親親關係：「基於血緣而產生的『親親』關係，這是人類一種
古老的感情，氏族社會是依靠它來維繫的。在那時，生產力水平極其低下，
人類還無法掌握自己的命運，這種感情便以對祖先神的崇拜表現出來，祈求

⑩　《普列漢諾夫哲學著作選集》第三卷，三聯書店一九六二年七月版，第三九六頁。

⑩　《古史辨》第二冊中編，上海古籍出版社一九八二年版，第二三九頁。

⑩　《大戴禮記·禮三本》，第十七頁。

⑪　王祥齡《中國古代崇祖敬天思想》，臺灣學生書局一九九二年版，第七一頁。

祖先神保佑後代，保佑本氏族的繁榮。這種基於血緣的『親親』之情，後來成為維繫『孝』的感情紐帶，而使家族繁榮與綿延，又成為『孝』的一個重要目的。」⑫這種以祖先崇拜形式表現的「親親」之情是孝觀念產生的重要的自然情感基礎。

　　從心理根源上講，祖先崇拜觀念的產生大致是出於這樣幾個方面的因素：其一是戒慎恐懼，惟恐得罪了祖先靈魂，祖先會降禍於己；其二是乞求佑護，希冀祖先保護、降福於己；其三是慎終追遠，表達緬懷祖先的情懷；其四是崇德法祖，追念彰顯祖先的功德以勵後人。這四個方面對祖先崇拜的影響作用，是隨著歷史發展的進程依次遞進的。也就是說，時代越往前追溯，前面的因素主導作用越大；時代越晚，後面的因素主導作用越大。在一般情況下，上述四個方面往往又膠著在一起，共同發揮著作用。從這四個方面，我們也可以看出，早期的孝觀念，除了表達感恩戴德、「慎終追遠」、「報本返始」的道德情感外，更多地表達的是祈福避難的宗教需求，具有準宗教的意義。

　　正因為如此，祖先崇拜以及由此生發的早期孝觀念，總是通過祭祀活動來表達的，「祭者，所以追養繼孝也。」⑬在祭祀活動中，祭祀所指的對象是十分明確的，「神不歆非類，民不祀非族」⑭，「非其鬼而祭之，諂也。」⑮顯然，祭祀所指的對象，正是孝觀念所設定的對象。換言之，只有崇拜者或行孝者自己的祖先，才能成為祭祀的對象，也才能成為崇拜或行孝的對象。基於血緣關係而施及後世子孫以福佑，是被崇拜的先祖所具有的、神性化了的特性。祖先只掌管自己子孫的休咎，而不管別人子孫的休咎。

　　崇拜祖先的觀念，從殷代延續到現代，這也是中國文化的一個特點。祖先崇拜所牽涉的一套信仰與儀式是制度化的。祭祀的對象不同，儀禮規程相異；主祭者身份不同，祭祀的方式和祭品有嚴格區別；祭祀的時令地點，也

---

⑫　沈善洪、王鳳賢《中國倫理學史》上卷，浙江人民出版社一九八五年版，第五六頁。

⑬　《禮記·祭義》。

⑭　《左傳·僖公十年》，第六十頁。所謂「歆」，是指祭祀時鬼神時來享用祭品的香氣。

⑮　《論語·為政》。「諂」即諂媚。

是不能混淆的。由於祖先的神靈是能夠左右子孫的利害福禍的，因此，舉凡生死悠關、利害相繫的大小事務，古人都要舉行祭祀之禮，以祈求祖先的佑護，「國之大事，在祀與戎。」⑯祭祀祖先的活動，是人們社會生活的重要內容。記載殷商社會生活的最重要的文獻資料是甲骨文，而十萬片甲骨文字，大部分是爲祭祀用的，祭祀比戰爭更爲重要。

進一步說，由祖先崇拜而來的祭祀祖先的活動，就是早期孝觀念的宗教表達形式，「一個人，對於其祖宗所引發的思慕虔敬之情，其本身即係一種道德之自然流露」⑰；求卜和祭祖的活動，除去其宗教意義之外，就是尊祖孝親意識的表現和活動形式。有學者在考察殷周金文中的「孝」時，列舉了關於孝的鼎器共六十四件，其中涉及祭祀祖先的累計五十八器，占到六十四器的九〇％。⑱這個統計數據表明，早期的孝行在很大程度上都是借助祀祖活動體現出來的。

西周春秋時代祭祀祖先用「尸」，也就是找活人裝扮成祖先的樣子來受祭。他們認爲祖先的魂靈可以附到「尸」的身上。按禮的規定，祭祖必須用同姓爲「尸」，而且必須是孫一輩的人，即「孫爲王父尸。」⑲戰國時代，「尸禮廢而像事興」⑳，開始用畫像來代替「尸」。如《楚辭・招魂》就有「像設君室」的說法。祭祀「神主」也是一種比較普遍的形式。至今民間仍保留著供奉「神主」的習俗，即把寫有祖先和已逝父母名字的木製神牌置放於堂上與生人長相左右，逢年過節家長率全家老少馨香膜拜。

實質上，這種形式上是宗教迷信、內容上卻充滿倫理意義的祖先祭祀，既滿足了生者追念亡人的感情需求，又使子孫與祖先的血脈象徵性地聯繫在一起，個體的生命在這一瞬間獲得了無限延伸，實現了永恒和不朽。這就是在孝的倫理學要求背後所潛藏著的巨大的宗教心理動因。尤其是對於那些立

⑯　《左傳・成公十三年》，第一六二頁。

⑰　《徐復觀集》，群言出版社一九九三年版，第四三頁。

⑱　李裕民〈殷周金文中的『孝』和孔丘『孝道』的本質〉，《考古學報》一九七四年第二期。

⑲　《禮記・祭統》。

⑳　黃汝成《日知錄集釋》卷十四《像設》，嶽麓書社一九九四年五月版，第五二八頁。

德、立言、立功「三不朽」於其都不現實的普通百姓而言，「不朽」只能在世代繁衍的血脈相連中實現。子孫的傳承、生命的延續，不僅是穩定父權家長制社會的中流砥柱，而且是對個體有限生命的超越，是對死亡的超越。血脈傳承中任何一個個體生命的中斷，都可能會導致整個血脈的斷流。家族香火的永恒延續和族類生命的無限傳承，正是以祖先崇拜形式表達的孝道的實質性內涵。只有從這個意義上，我們才能深刻理解「不孝有三，無後爲大」在中國人心目中的分量。

在個體小農自然經濟和宗法封建制的社會中，祖先崇拜是人們感情的一種歸依。它遠比一般的神靈崇拜更爲普遍和深入，同時也更合乎人情。經過春秋戰國時期社會思潮的洗禮，祖先崇拜中的宗敎因素逐漸減弱，人文因素日趨增強。尤其是兩漢以後，祖先崇拜觀念更加廣泛地深入民間，走向平民化和社會化，祭祖已融入人們的日常生活之中，成爲一般老百姓生活和心靈的寄託，成爲全年歲時節令中不可缺少的一件極爲普通的禮俗。祭祖有廟祭和墓祭兩種形式。廟祭是在固定的祖廟裏祭祖，即「禮行於祖廟，而孝慈復焉。」[121]墓祭即到祖先墓前祭祀，這是後世民間廣泛採用的祭祀先人的形式。各地墓祭的名稱和形式不同，如有墓祀、上塚、上墳、上食、上飯、祭掃、拜掃、掃墓、拜墓、添土等名稱。清明掃墓就是盡人皆知的祭祖追先禮俗。農曆正月初一、二月初二、夏至、七月七、冬至、臘月都要行祭祖之禮，「漢代的祭祖習俗，在內涵及形式上大體已奠下後世的基礎。」[122]及至宋代以後，祭祖的禮俗日趨繁縟和制度化，如冬至祭始祖，立春祭先祖等等。尤其是宋代宗族制度發達，興建祠堂、祖廟蔚然成風，宗祠不再僅是單純的祭祀場所，而儼然成爲維繫社會、道德、法律、傳統的重心。無論官宦人家還是平民百姓，都把祖先的牌位或祖先的畫像置放於祖廟、家廟或家族的祠堂中進行祭祀，以示孝道。所以有人說：「中國的家族是著重祖先崇拜的，家族的綿延，團結一切家族的倫理，都以祖先崇拜爲中心——我們甚至可以說，家族的存

---

[121]　《禮記‧禮運》。

[122]　洪德先〈俎豆馨香——歷代的祭祀〉，《中國文化新論‧敬天與親人》，三聯書店一九九二年版，第三七一頁。

在亦無非爲了祖先的崇拜 。」⑫這些祭祖禮俗在民間基本上都保存、沿續下來，至今許多地方仍有遺存。

不少學者認爲，中國古代祖先崇拜有兩個截然不同的思想範疇。一個是以儒家爲主流，以知識階層爲主體，以志意思慕、慎終追遠、報本反始爲內容，以理性主義爲特徵的所謂「大傳統」，即「禮」；一個是以墨家爲末流，以社會下層大眾爲主體，以鬼神信仰和神秘主義爲內容和特徵的「小傳統」，即「俗」。這兩個傳統並行不悖，綿延不絕，並且把孝道作爲共同的思想觀念去遵奉。祖先崇拜上的這大、小兩個傳統，繼而直接導致了喪禮和祭禮中的禮和俗兩個傳統，這兩個傳統直到明清以後才逐漸混融無跡。⑭事實上，自春秋之後，祖先崇拜只是以民間宗教的形式存在著。除了與封建社會土地所有制的分配和繼承息息相關之外，人文意義和倫理意義上的祖先崇拜也只剩下了兩個基本的目的：一爲聯絡血緣情感，增強宗族凝聚力，突出、強化現實世界的秩序意識和道德責任；二爲以先輩爲倫理範型，要求後人蹈其跡、承其業、弘其志。

從對孝觀念與祖先崇拜關係的析理中，我們可以看出：其一，從心理根源上講，孝觀念是直接脫胎於祖先崇拜觀念的。換言之，祖先崇拜是孝觀念產生的重要心理契機。其二，祖先崇拜隨著祭祀祖先活動的發達和制度化得以不斷強化，孝的觀念因之而不斷強化和提升，「禮行於祖廟，而孝慈服焉」⑮，「顯揚先祖，所以崇孝也」⑯。其三，祖先崇拜以及祖先祭祀，不僅催生了孝的觀念，而且成爲孝觀念的重要內容和表現形式。其四，隨著孝觀念的發展，原本作爲因果關係的祖先崇拜、祖先祭祀與孝的觀念、孝的實踐，逐漸演變爲膠著、伴生關係，並且在伴生發展的過程中互相強化、互相豐富，

⑫　瞿同祖《中國法律與中國社會》，中華書局一九八一年十二版，第五頁。

⑭　王祥齡《中國古代崇祖敬天思想》，學生書局一九九二年版；王明珂〈慎終追遠——歷代的喪禮〉，洪德先〈俎豆馨香——歷代的祭禮〉，《中國文化新論·敬天與親人》，三聯書店一九九二年版。

⑮　《禮記·禮運》。

⑯　《禮記·祭統》。

進而成爲中國古代社會生活、文化生活及至政治生活的重要內容，成爲傳統社會文化心理結構的基本要素。

在此需要交代的一個問題是，既然祖先崇拜是父家長制的產物，而父家長制乃是人類社會歷史發展的必經階段，因此可以說，它並非中國獨有的，在一切歷經父家長制的國家中，幾乎都存在過祖先崇拜，這是人類一種普遍的宗教、道德行爲。那麼，爲什麼孝的觀念在中國尤爲發達呢？全面地回答這一問題，是文化比較研究的一個重要課題。簡而言之，有這樣幾點值得重視：第一，不同國家和地區祖先崇拜的內涵是各不相同的。中國人崇拜的祖先，是崇拜者歷世的祖先，尤以始祖及有所建樹的祖先爲重，從而有一個完整的、以血緣爲主線的世代相傳的祖宗譜系，這在世界其他民族中是極爲少見的。就以受中國文化影響很深的日本來講，其祖先崇拜也說得上是源遠流長，但從嚴格的意義上講，日本人崇拜的只是近親而不是祖先，其血緣宗族性特徵是不明顯的。第二，祖先崇拜的發展路向有較大差異。在不少文明古國，如希臘、羅馬和希伯來等，雖然在歷史上曾經出現過祖先崇拜，但由於後來遭受到基督教、猶太教的衝擊，日漸衰落。而在中國，奴隸社會是由原始氏族公社的「平穩過渡」而來，農業經濟、宗法制度都未曾受到大的衝擊。祖先崇拜、孝觀念因此得以一脈相傳、一以貫之。第三，祖先崇拜、孝觀念在中國得到了歷代統治者、主流文化和民間社會各個層面的認同，因而不僅是政治倫理、社會倫理的核心，是每個人安身立命的行爲準則，而且是社會安定的重要資源，是文化傳承的一條主線。這一點，也是在世界古代社會、古代文明中絕無僅有的。

最後，還應當指出的是，「文化生態」是一個整體，是一個有機的系統，它的各個要素都是相互聯繫、相互作用的，孤立地看待任何一個要素，都不可避免地會走向片面。我們這裏探討孝觀念產生的文化生態根源，是從農業文明、宗法制度、祖先崇拜三個方面分別進行論述的，這只是爲了研究和敘述的方便。事實上，這三個因素是綜合作用、不可分開的，孝觀念的創生和流變都是在這個獨特的三維空間中進行的。其中，農業文明作爲中國古代社會的經濟基礎，無疑是最重要的因素。沒有農業文明，也就沒有宗法制和祖

先崇拜，進而也就不會有孝觀念的產生和孝道的發展。宗法制與祖先崇拜則是交織在一起的，它們都是氏族社會的遺留物，只不過一個是以制度的形式，一個是以心理沈澱的形式孕育和促發著孝觀念的產生，並在其後自身的發展演進歷程中與孝道緊緊地結合在一起，既作爲實施孝道的社會基礎和心理基礎，又表現爲實行孝道的具體形式和必要手段。另外，僅僅看到上述的三個要素也是不夠的，還必須把由上面幾個要素構成的小系統放在中國古代社會這個大系統之內，才能完整地理解孝觀念所產生和賴以存在、發展的深厚土壤。

第二章 商周：孝觀念的確立及其基本特徵

第一節 殷商：孝觀念的形成

殷商是中國傳統文化的發軔時期。但是，由於資料所限，對於殷商是否已經形成孝的觀念，學界肯定者有之，否定者有之，一直聚訟不已。許多學者雖然並沒有明確否認孝觀念在殷商已有萌芽，但至少是持懷疑態度的，代表性的觀點認為，「『孝』字最早見於商代卜辭，僅一處，用於地名。商代金文中還有以孝字作人名一例。但據目前已有的文物與資料來看，出現孝字還不足以證明商人已有了孝的觀念」①；「有孝字，並不等於就有了孝的觀念，……我們沒有直接的、確切的材料可以證明商代已有孝的觀念，更無從瞭解其具體內容」②。

上述懷疑雖然有一定的道理，但是，我們以為，對上古思想文化的研究，倘若單單憑藉「直接的、確切的材料」，是不全面的。以孝觀念的形成來說：

第一，漢字作為象形文字，其創制一開始就具備能指和所指的獨特內涵。雖然在甲骨卜辭中僅見孝用於地名者一例，商代金文中也僅見孝用於人名者一例，而沒有直接用於指孝的倫理或孝的行為的，但我們並不能由此就簡單地認為孝是專用於地名或人名的。在孝觀念相當發達的西周，孝用於人名或地名的例子也很多，如「伯孝鼓」③、「饅中孝」④等。

第二，殷墟甲骨卜辭只是商王朝卜祭活動的記載，卜辭形式和刻寫載體的限制，決定了卜辭不可能反映殷商時期人們社會生活內容的全部。所以，沒有文字遺存並不能說明孝觀念在殷商時代沒有形成。事實上，思想觀念、社會習俗的傳承，文字並不是唯一的途徑，特別是在上古時期。

---

① 沈善洪、王鳳賢《中國倫理學說史》上卷，浙江人民出版社一九八五年版，第五六頁。
② 陳蘇鎮〈商周時期孝觀念的起源、發展及社會原因〉，《中國哲學》第十輯，三聯出版社一九八三年十月版，第四○頁。
③ 「白孝鼓簋」，《三代吉金文存》一○·二三，中華書局一九八三年十二月版。
④ 「饅中孝簋」，《三代吉金文存》六·四七，中華書局一九八三年十二月版。

第三，從觀念、文化本身的傳承性上來說，周朝當時只是殷商的一個西隅小邦，「從文化上看，他們屬於殷商的一系」⑤。周文化的發達與其對殷商文化的繼承是分不開的，並且很可能「殷商其實是中國知識、思想與信仰的主流。」⑥這樣，如果說作爲西周道德體系核心和社會意識形態綱領的「孝」觀念在殷商時期尚未出現，顯然是不合乎思想自身發展邏輯的。

我們認爲，殷商時期孝觀念已經形成。可靠的依據在於，從文化生態根源上講，孝觀念所賴以產生的各項條件在殷商時期均已具備。

首先，我們前面曾經述及，孝觀念是農業文明的產物。卜辭的記載表明，農業是殷商社會的主要生產部門。比如，就耕地而言，有田、疇、疆、井、圃之分；從穀物的種植來看，不僅有禾、粟、麥、桑、樹、栗，還有絲、帛、酒等農產品的加工物。殷人甚至以農作物的始生和成熟來紀年載歲，例如以「五穀始生」代表春，以「五穀成熟」代表秋。由此可見，農業生產各部門在當時已經初步完備，發育相對成熟，孝觀念產生的社會物質生產條件已經具備。

其次，殷商王朝是在氏族血緣制殘餘的基礎上建立的宗族奴隸制國家，「宗」、「族」爲社會的基本單位。住在京都的爲「王族」，即「元宗」、「大宗」，那些被分派到被征服的異族地區的則是「子族」，即「小宗」。殷人種族、宗族觀念十分濃厚，宗法體系雖然不嚴密，但已經初具雛形。爲維護其宗法統治，「孝」德也爲統治者所需要。有學者通過對甲骨文的研究認爲，「在宗法制度已臻完備的殷代社會中，孝道是最重要的。」⑦

最後，從考古發現看，殷商時期不僅有厚葬習俗，而且有用「人牲」祭祖的陋俗。如河南安陽小屯墓隨葬器物中，青銅器和玉器約四○○餘件，海貝六千餘枚，另有人殉十五具之多。殷墟王陵附近有一二○○餘座小墓。考古工作者研究後確認，這些小墓是商代的祭祀坑，也就是殷王朝祭祖的祭祀

---

⑤　張光直〈殷周關係的再檢討〉，《中國青銅時代》，三聯書店一九八三年版，第一○五頁。

⑥　葛兆光《七世紀前中國的知識、思想與信仰世界》，復旦大學出版社一九九八年版，第一○五頁。

⑦　董作賓《甲骨文學五十年》，藝文印書館一九五五年版，第一五○頁。

場，坑中的死者是用於祭祀祖先的「人牲」。⑧殷墟卜辭，大多是與祭祀祖先相關的，殷商青銅器銘文中所記日期也多是祭祖之日。總之，殷人厚葬習俗及祭祀祖先活動的繁複和隆重，表明「商王朝祭祀祖先的制度和禮儀已相當發達，與之相適應的『孝』的觀念當已出現」⑨。

　　這裏附帶想提及的是，康學偉先生撰文提出「孝觀念形成於父系氏族公社時代」，他的依據是：「孝觀念的形成當具備兩個條件，一是基於血緣關係而產生的親親之情；二是個體婚制的建立。而這兩個條件的成熟，當在原始社會晚期，即父系氏族公社時期。」⑩這種觀點爲學界不少人所採納。我們認爲，他的看法基本上是正確的，但有幾點可以商榷：

　　其一，康先生所講的這兩個條件似乎不夠確切。最簡單的反駁思路是：如果滿足了這兩個條件，即有孝觀念的產生，那麼，孝觀念就應該是一個在世界各民族中都極爲普遍的觀念，但事實並非如此。孝觀念的形成，農業文明和宗法制度是不能忽略的根本性因素。

　　其二，康先生所講的「孝觀念」若改爲「孝意識」，似更準確些。康先生也強調，「此時的孝觀念還遠遠不同于後世作爲德目之一的孝道。……這時的孝觀念只是一種敬親愛親的感情，並未超出自然之性，尚不具備階級性。」其實，這時的「孝」不僅不同於後世的孝道，而且也不能說是一種「敬親愛親」的觀念，它只是在尊老和祖先崇拜基礎上所萌生的一種朦朧的敬祖愛親的意識，還沒有上升爲明確的觀念形態。所以，我們認爲，準確地說，孝意識萌芽於父系氏族公社時代，孝觀念則形成於殷商奴隸制時代。

　　其三，康先生所引徵的文獻史料多爲傳說，如三代以孝化民、養老之禮、虞舜孝行等等。我們並不主張否認傳說的價值，但在孝道方面，後世附會的可能性極大。顧頡剛先生早就注意到，「時代愈後，傳說中的中心人物愈放愈大。如舜，在孔子時只是一個『無爲而治』的聖君，到《堯典》就成了一個

---

⑧　楊錫璋、楊貴成〈從商代祭祀坑看商代奴隸社會的人牲〉，《考古》一九七七年第一期。

⑨　陳來《古代宗教與倫理》，三聯書店一九九六年版，第三○○－三○一頁。

⑩　〈論孝觀念形成於父系氏族公社時代〉，《松遼學刊》一九九二年第二期。

『家齊而後國治』的聖人，到孟子時就成了一個孝子的模範了。」⑪同樣，周文王、武王在西周金文、典籍中皆無孝行記載，但在《禮記》中卻被刻畫成爲大孝子。因而，這些傳說能否作爲可靠的證據，似乎該打個問號。

　　當然，殷商時期，農業生產力水平還相當低，集體耕作仍是農業生產的主要形式，氏族血緣紐帶仍然很牢固，個體家庭尚未完全獨立，其結果便是父權卑微地依附於宗權之下。因而，其時作爲個體家庭經濟中父子權利義務關係道德反映的孝觀念尚不可能十分明晰。另外，殷商時期，宗法制度也不完善。而且，個體家庭經濟因素的微弱與宗族勢力的強大形成的巨大反差，使得孝的對象指向宗族共同的先公先祖，而非個體家庭的父母或祖父母，以滿足宗族共同體凝聚的特殊需要。所有這些因素綜合在一起，就使得孝觀念在殷商時期僅僅處於初步形成階段。

　　殷商時期，孝觀念的宗敎意義是絕對性的。對祖先的祭祀是孝觀念的主要內容和主要形式。

　　殷人的天神崇拜與祖宗神崇拜是交織在一起、合而爲一的。殷人之先公先王死後升天，賓於帝所，被天神化，殷王也只有通過先王先公才能向上帝傳達自己的要求，「先公先王可上賓於天，上帝對於時王可以降禍福，示諾否，但上帝與人王並無血緣關係。人王通過先公先王或其他諸神而向上帝求雨祈年，或禱告戰役的勝利。」⑫殷俗尚鬼，鬼神主宰著殷人的政治生活和精神世界。因而，殷人是把自己的祖先當作與自己有某種血緣聯繫的「鬼」來侍奉的，祖靈是其信仰的重心，而上帝則退居次要位置。所以，陳夢家先生認爲，殷商時代「祖先崇拜的隆重，祖先崇拜與天神崇拜的逐漸接近、混合，已爲殷以後的中國宗敎樹立了規範，即祖先崇拜壓倒了天神崇拜。」⑬事實上，祖先崇拜不僅壓倒了天神崇拜，而且，自春秋以後，後者基本上就銷聲匿跡了，而祖先崇拜則延續下來，並隨著孝觀念地位的上升而日趨強化，成爲中國古代社會唯一的全民性的宗敎。

---

⑪　《中國古代社會研究》，科學出版社一九六○年版，第二五二頁。
⑫　陳夢家《殷墟卜辭綜述》，中華書局一九八八年版，第六一頁。
⑬　陳夢家《殷墟卜辭綜述》，中華書局一九八八年版，第五六一－五六二頁。

在殷人的世界觀裏，鬼即祖先神的世界與人的世界之間的差別，幾乎泯滅到了微不足道的程度。「殷人對祖先的看法，以爲他們雖然死了，但精靈依然存在，與活的時候完全一樣，地位、權威、享受、情感也是一樣。而且增加了一種神秘的力量，可以降禍於子孫。」⑭所以，殷人對祖先尊崇之至，他們制訂了一套煩瑣的祖先祭祀制度，「商人祭法，見於卜辭所紀者，至爲繁複。自帝嚳以下，至於先公先王先妣，皆有專祭。」⑮祭祀活動也非常頻繁。據研究，殷王幾乎每天都要舉行名目繁多的祭祀活動。⑯卜辭中有許多殷人誠惶誠恐地向祖先占問的例子。殷商人用盛大而漫長的祭禮來對群祖依次祭祀⑰，其目的就是通過虔誠的祭祀、卜問，來祈求祖先降令指引自己的行動，祈求祖先神靈的佑護以禳禍趨福。

　　侯外廬先生把殷代世系稱號排列成表、分析研究後認爲，殷代世王名字的共同特點就是都含有祖先崇祀的意義。從高祖夔以來之祖、示、王、父、土諸字都具有這種意義。⑱可見祀祖觀念對殷商社會生活和政治生活影響之深刻。

　　殷人對先王先公的這種祭祀，主要是一種宗教意義上的、祖先崇拜意義上的「追孝」行爲。殷人與不曾謀面的祖先之間遙遠的時間、空間和心理距離，使他們對祖先更多地是懷著一種敬畏乃至恐懼的情感。李亞農先生曾經指出，「殷人創造的上帝並不單是降福於人、慈悲爲懷的神，同時也是降禍於人、殘酷無情的憎惡的神。」⑲殷人的祖先神與至上神是同一的。對他們來說，祖先也同樣不是可以隨意親近的「人」，而是既可以降福，也可以作祟的喜怒無常、意志莫測的神靈。因而，他們既希望祖靈福佑自己，又害怕稍有

⑭　董作賓〈中國古代文化的認識〉，轉引自《中國哲學辭典》，水牛出版社一九九三年版，第五四六頁。

⑮　王國維《觀堂集林‧殷商制度論》，中華書局一九五九年版，第四六七頁。

⑯　李亞農《殷代社會生活》，上海人民出版社一九七八年版，第四一六頁。

⑰　陳夢家《殷墟卜辭綜述》，中華書局一九八八年版，第三八六－三八九頁；郭寶鈞《中國青銅時代》，三聯書店一九七八年版，第二二八頁。

⑱　侯外廬等《中國思想通史》第一卷，人民出版社一九五七年版，第六三頁。

⑲　《李亞農史論集》，上海人民出版社一九七八年版，第五六一頁。

不懼惹祖先動怒而招致禍端。這樣，對祖先情感上的親近也就只能是一種奢望了。《禮記・表記》上說：「殷人尊神，率民以事神，先罰而後賞，尊而不親。」這個概括是很精當的。這裏的「神」，既指天神，也指人鬼。所以，儘管在占卜、祭祀以及厚葬活動中，殷人處處表現出對祖先唯唯諾諾、畢恭畢敬的態度，但這些行爲都是有明確而强烈的功利性的目的，即是爲了求得祖靈的庇護保佑以維持其世襲統治地位。這一時期的祖先崇拜表達的主要是一種宗敎觀念，而在孝的倫理觀念方面，則表現得非常朦朧、淡漠，其行爲也是消極、被動的。

殷民對祖先的恐懼使得商王以祖靈爲幌子對他們的威嚇十分奏效，因而，「祖先崇拜以及由此而衍生的心理從屬感，成爲商王王權專制的操縱工具。」⑳如商王盤庚還以祖靈淫威相脅迫，威逼其部眾隨之遷都：

　　　茲予大享於先王，爾祖其從與享之，作禍作災，予亦不敢動用非德。㉑

意即你們的禍福皆由你們的祖先決定，你們如若違背了祖先的意願，冒犯了祖先的英靈，那麼「乃祖乃父乃斷棄如，不救乃死」㉒，你們的祖先就會置你們的生死於不顧了。不難看到，祖先崇拜使王權在神權的護佑下得到極大的膨脹，而當祖先崇拜由宗敎意義向倫理意義過渡時，政治與倫理的結合也就開始了。

不可否認的是，殷人對祖先的崇拜、祭祀，雖然不是後世完整意義上的孝，但它畢竟體現了「孝」的最初形式。我們據此恰恰應當肯定孝觀念在殷商時期的存在。當然，明確地把孝作爲倫理道德準則，不僅對死去的祖先行祭祀之禮，而且對在世的父母盡孝養之責，則是西周的事情了。

第二節　西周：孝觀念的內涵及其特徵

⑳　劉澤華主編《中國傳統政治思維》，吉林敎育出版社一九九一年版，第四頁。
㉑　《尚書・商書・盤庚上》，第五四頁。
㉒　《尚書・商書・盤庚中》，第五六頁。

　　西周是孝觀念確立和發展、成熟的重要時期。西周的孝觀念，對後世產生了極其重要的歷史影響。透過對西周孝觀念的基本內涵和主要特徵的析理，我們可以對傳統孝道思想的歷史源頭有一個較爲清晰的認識。

一、西周孝觀念的基本內涵

　　周人的孝觀念有明確的內涵，他們把對祖先虔誠而隆重的祭祀表述爲孝。這就是周人文獻和銘文中屢見的「追孝」、「享孝」、「孝享」、「孝祀」等概念。

　　周因於殷禮，周代的祭祀方式和祭祀體系與殷商相差無幾㉓，而且可以說較之於殷代更爲制度化、系統化。周公有一段話，很能說明這一點：

> 　　公曰：「汝惟仲子，惟終。汝其敬識百辟享，亦識其有不享。享多儀，儀不及物，惟曰不享，惟不役志於享。凡民惟曰不享，惟事其爽侮。」㉔

　　對先祖先王的祭祀，稱爲「享」，即獻犧牲祭祀鬼神。從周公這段話中可以看出，祖先崇拜對周人社會生活的影響仍然是巨大的。享祭祖靈時禮儀的繁簡隆輕，祭品的豐儉多寡，以及心意的誠敬與否，都會直接影響到先祖魂靈對生者的福佑。在周人這裏，祭祀活動的禮儀規範也更加詳細和專門化了。如《周禮》講：「以肆獻祼享先王，以饋食享先王，以祠春享先王，以礿夏享先王，以嘗秋享先王，以烝冬享先王。」㉕於周人對四季祖先祭祀的詳盡規範，可見其崇祖敬宗觀念的濃厚與發達。考古發現也證實了這一點。從陝西岐山鳳雛村的周代宗廟遺址看，其規模很大，設施也很齊全。中央有陳列神主的太廟、存放祖先衣冠遺物的「寢」，有配享祖靈的「廂」，還有群臣朝拜獻祭的「朝庭」。宗廟自內而外有三重門，即寢門、應門、皋門，皋門兩側又有專供休憩用的「塾」。

㉓　劉雨〈西周金文中的祭祖禮〉，《考古學報》一九八九年第四期。

㉔　《尚書・周書・洛誥》，第九九頁。

㉕　《春官宗伯第三・大宗伯》，《周禮・儀禮・禮記》，嶽麓書社一九八九年版，第五三頁。下引《周禮》，版本同此。

　　西周祖先祭祀的完備發達，對孝觀念的完全確立起了至關重要的作用。
祭享祖先的主要目的還是祈求祖先的福佑，如《詩經》中有這樣兩段祭祖祈
福的文字：「祀神孔明，先祖是皇，報以介福，萬壽無疆」㉖，「爲酒爲醴，
烝畀祖妣，以洽百禮，降福孔皆。」㉗意思都是希望先祖先宗來歆享犧牲，
降福於子孫後代。較之於殷商，西周時期「享孝」、「追孝」的涵義更爲明確、
更爲具體，對「孝」的重視程度也更爲強烈。據統計，《三代吉金文存》和《西
周金文辭大系考釋》兩書中，除去相重的，涉及「孝」的銘文共一百一十二
則，其中明確地爲「享孝」、「追孝」神祖考妣的四十三條，「享孝於宗室」即
在宗廟祭祀祖先的共十條，「追孝於前文人」的五條，追孝父母的兩條。另外，
只有「享孝」、「追孝」等簡單用語，省略了孝之對象的共三十四條。吳鎮烽
編著的《陝西金文彙編》中，孝的銘文有數十則，其對象竟然全是祖考。㉘
這表明，金文中絕大多數「孝」是明確指向先公先祖的，也即所謂「享孝」。

　　在反映西周時期思想文化的重要典籍《詩經》、《尚書》、《國語》中，同
樣有大量關於西周孝祖觀念的史料。譬如：

　　　　相維辟公，天子穆穆，於薦廣牡，相予肆祀。假哉皇考，綏予小
　　子。㉙

　　　　於乎皇考，永世克孝，念茲皇祖，徙降庭止。……於乎皇王，繼
　　序思不忘。㉚

㉖　《詩經・小雅・信南山》，第三〇五頁。意爲：祭禮完備又虔誠，祖宗神靈多高興。大
　　的福氣報答你，千秋萬歲永保命。孔明：堂皇、完備。

㉗　《詩經・周頌・豐年》，第四五六—四五七頁。意爲：釀造美酒獻祭先祖先妣，禮儀隆
　　重而恰當，願祖先降下大福大祿。孔皆：很好，極好。

㉘　查昌國〈西周「孝」義試探〉，《中國史研究》一九九三年第二期。

㉙　《詩經・周頌・雍》，第四五八頁。意爲：助祭的人是諸侯，莊嚴的天子做主祭。獻上
　　肥壯的公牲，諸侯幫我陳列祭品。偉大正確的先王啊，保佑我孝子永得安謐。

㉚　《詩經・周頌・閔予小子》，第四六二頁。意爲：偉大的先父啊，我一生一世都孝順您。
　　念念不忘先祖父，希望您常到家門口。……偉大的先王啊，世世代代不敢忘懷您。陟降
　　庭止：往來於庭院之中。

　　　　率見昭考，以孝以享。㉛

　　　　追孝於前文人。㉜

　　　　夫祀，昭孝也。各致齋敬於皇祖，昭孝之至也。㉝

　　　　言孝必及神。㉞

　　可見，尊祖敬宗依然是周人孝觀念的主要內容和最高價值。這種以「追孝」爲內涵的孝，其適用對象是已經亡故之人，施孝的方式是祭祀。

　　宗法制度下，道德與政治的結合是必然的。由於周天子、諸侯和宗子是宗法系統中的嫡長，只有他們才有繼承君位和宗子位的權利和資格，因而只有他們有維護君統和宗統延續不絕的責任和義務。相應地，也就只有他們才享有祭祀祖先的權利和資格。這樣，祭祖之孝就成爲他們的特權。從這種意義上可以說，孝在西周是重要的政治權力，是君德、宗德，而不是後代的子德。正如童書業先生所說：「在西周、春秋時，『孝』之道德最爲重要，『庶人』之孝固以孝事父母爲主，然貴族之『孝』則最重要者爲『尊祖敬宗』、『保族宜家』，僅孝事父母，則不以爲大孝。」㉟所以，《禮記》稱「宗廟有不順者爲不孝，不孝者君絀以爵。」㊱這樣，享孝的範圍就是相當有限的，其目的也是相當明確的，若子孫繼序、光大先王德業，「永言孝思」，祀祖不絕，則可借助祖先的力量保族宜宗，鞏固周天子、諸侯、宗子的統治地位，維繫宗法等級系統長存不衰，「孝子不匱，永賜爾類」，「君子萬年，永賜祚胤」㊲，即《禮記》所謂：

　　　　是故人道親親也，親親故尊祖，尊祖故敬宗，敬宗故收族，收族故宗廟嚴，宗廟嚴故重社稷，重社稷故愛百姓，愛百姓故刑罰中，刑

㉛　《詩經·周頌·載見》，第四六〇頁。意爲：帶著諸侯前往祖廟拜祭武王，獻上豐厚的祭品表示孝思。昭考：周代廟制，太祖居中，左昭（武王）右穆（文王）。

㉜　《尚書·周書·文侯之命》，第一三七頁。

㉝　《國語·魯語上》，第四一頁。

㉞　《國語·周語下》，第二三頁。

㉟　童書業《春秋左傳研究》，上海人民出版社一九八〇年版，第二六九頁。

㊱　《禮記·王制》。

㊲　《詩經·大雅·既醉》，第三八一頁。不匱：不遺餘力。祚胤：福及子孫，綿延不絕。

罰中故庶民安，庶民安故財用足，財用足故百志成，百志成故禮樂刑，禮樂刑然後樂。㊳

由親親、尊祖、敬宗而收族、重社稷、愛百姓，進而實現刑罰中、庶民安、財用足、天下太平、萬事大吉，統治者倡「孝」的目的昭然若揭，倫理與政治合而爲一。

二、西周孝觀念的主要特徵

人類總是一步一步由蒙昧走向自覺的。孝觀念發展的歷史進程，同樣也是人的主體性逐漸醒覺的過程。正如《詩經》所言，「周雖舊邦，其命維新」㊴，西周孝觀念在承繼殷商的基礎上，得到極大地豐富和發展。如果說，在殷商時期，孝觀念僅僅處於萌芽狀態的話，那麼到了宗法政治基本上取代了神學政治的西周時期，孝觀念已明確確立並逐漸強化，成爲西周道德規範體系中一個核心的範疇。

比較商周孝的觀念，二者的不同是很明顯的。

一方面，西周孝觀念展現了神性的退卻和人性的張揚。雖然我們上文講到，祈求祖靈的福佑依然是周人祭祖追孝的主要目的，但殷商與西周在祭祀祖先方面的區別在於，前者對能降福遣災的祖靈懷著恐懼的心情，甚至多少帶有一些無奈和怨恨的情緒，他們是站在消極、被動、功利性的立場上祭祖的，而後者所祭的是一個有著價值屬性的道德實體，周人對皇祖先考的享孝、追孝，從某種程度上講，是對祖先血緣親情的表達，是對祖先發自內心的景仰，他們的祭祖是積極、主動的。李澤厚先生注意到了以饕餮爲代表的殷商青銅器所凸顯的是神秘、恐懼、兇狠和猙獰㊵；陳夢家先生也指出，殷代青銅器的動物形象森嚴，而西周時期青銅器上的動物形象則比較溫和。㊶侯外廬先生比較商、周兩代君王的名字後，發現商王的名字都冠以甲、乙、丙、

㊳　《禮記‧大傳》。

㊴　《詩經‧大雅‧文王》，第三四五頁。

㊵　李澤厚《美的歷程》，文物出版社一九八二年版，第三六―三九頁。

㊶　陳夢家《殷墟卜辭綜述》，中華書局一九八八年版，第五六一頁。

丁等干號，這些只是忌日的標誌，不含有任何道德意義；而周王的名字自文王以後，都加以武、成、康、昭、穆、恭、懿、孝、惠等充滿道德色彩的字眼。㊷其實，這種區別一方面表明周人對德的重視，一方面也正是殷人和周人對於祖先不同情感的寫照。所謂「殷人尊鬼，尊而不親；周人親親，親而不尊」㊸，就是對這一差異的準確表述。殷商時代的社會思想，自然宗教佔據支配地位，殷人的祖先是自然化了的至上神，「祖宗一元神的思想支配了殷人的世界觀，這正是早期奴隸制時代父權確立的特徵。」㊹隨著社會生產力的進步，人類的自我意識也不斷強化。西周恰恰是一個思想大變革的時代。在這一時期，自然宗教消隱到歷史後臺，倫理宗教成為人文精神的主導。周人的祖先神，不再是異己的，不再是宗教的，而是道德化、人格化了的。可以說，德性智慧戰勝了神性智慧，道德理性代替了宗教信念。因此，在西周祭祀祖先的鼎器銘文中，我們見到的不再是如甲骨卜辭那樣對祖先神靈的被動依賴、戒愼恐懼，而多爲對祖先功德的歌頌讚美：「銘之義，稱美而不稱惡，此孝子孝孫之心也，唯賢者能之。銘者，論撰其先祖之有德善、功烈、勳勞、慶賞、聲名，列於天下，而酌之祭器，自成其名焉，以祀其先祖者也。」㊺《詩經・大雅》中的不少周族史詩如《生民》、《公劉》、《綿》、《皇矣》、《文王有聲》等等也都是周人對其祖先業績的追述和讚美。同時，他們認爲子孫有責任和義務去完成祖先的事業，「王親命之，纘戎祖考，……夙夜匪懈，虔共爾位」㊻，「以似以續，續古之人」。㊼銅器銘文中也常見「帥井（型）先文祖共明德」一類的字樣，表達了繼承祖先的「明德」的願望和決心。所以，西周的祖先祭享並非僅僅是一種簡單的對祖靈獻媚的宗教行爲，它更是對祖先的一種報本的孝行，是一種倫理行爲。

㊷　侯外廬等《中國思想通史》第一卷，人民出版社一九五七年版，第八七－九〇頁。

㊸　《禮記・表記》。

㊹　侯外廬等《中國思想史》，人民出版社一九八〇年版，第二四頁。

㊺　《禮記・祭統》。

㊻　《詩經・大雅・韓奕》，第四二九頁。「纘戎祖考」，意爲繼承你們先人的德業。

㊼　《詩經・大雅・良耜》，第四六七頁。意爲報答過去禱將來，繼承前人的業績。

　　另一方面，西周的孝觀念中增添了敬奉父母的新涵義。或者說，除了作為宗德、君德外，作為普通庶人之子德的孝觀念的意義也日漸突出。周代孝觀念有一個內涵不斷拓展的過程。尤其是到了西周末期，孝之內涵由狹義的祀祖追孝向普遍意義的善事父母的過渡趨勢更為明顯。在《尚書》、《詩經》等典籍中，有不少關於孝敬父母的文獻資料，比如下面一例：

　　　　武王曰：妹土嗣而股肱，純其藝黍稷，奔走事厥考厥長。肇牽車牛，遠服賈，用孝養厥父母。㊽

　　這是告誡殷人要勉力種田耕作、來往經商以事養父母。這種意義上的孝主要是針對庶人而言的。

　　孝觀念的內涵在西周時期的豐富和拓展，決非偶然。研析其經濟、政治和思想背景，有這樣幾點值得注意：

　　其一，一切社會道德歸根結蒂都是由一定社會的經濟發展水平所決定的。西周是我國奴隸制高度繁榮和文明昌盛的時期，青銅器製造業和手工業的發展，極大地提高了農業生產力發展水平，個體家庭經濟日漸擺脫宗族勢力的控制而走向獨立和成熟，父權也從宗權的壓迫下解放出來，從而在進一步強化財產私有觀念的同時，也大大強化了父母與子女間的情感關係。在個體家庭中，養育子女之責任完全落在父母的肩上，這就不僅從經濟上穩固了父母、子女的權利與義務，而且從心理情感上凸現了父母與子女的關係。對於子女而言，無論是經濟上還是情感上，善事父母，實際上是一種對父母養育之恩的「對等回報」。《詩經》中有一則資料，很有說服力：

　　　　哀哀父母，生我勞瘁。……無父何怙？無母何恃？……父兮生我，母兮鞠我。拊我畜我，長我育我。顧我復我，出入腹我。欲報之德，昊天罔極。㊾

㊽　《尚書‧周書‧酒誥》，第九一頁。「妹土」指殷故土。

㊾　《詩經‧小雅‧蓼莪》，第二八四—二八五頁。意為：想起父母就傷心，他們生養我是多麼辛苦。……沒有父親誰可依？沒有母親誰可靠？……父母生我、養我、愛我，教育我長大成人，他們時時照顧我、牽掛我，如今要報答他們的深恩大德，老天卻不給我這樣的機會。

　　這是對孝觀念產生的自然情感根源的相當深刻的反省和認識。從此，「罔極」之德就成爲父母恩德的代稱，「夫孝爲百行宗。人以父母遺體而生，乳哺鞠育，敎誨劬勞，其恩號罔極。」⑩

　　其二，在階級社會裏，統治階級總是從維護自己的統治地位出發，對有益於自己的道德規範予以特別的重視。血緣宗法制是西周社會最爲顯著的特徵，以血緣爲紐帶，整個社會都被納入宗法的網路之中，從而使君臣關係、上下關係等，都歸化爲宗族血緣關係。王國維在評議商周社會制度異同時講：「商人繼統之法，不合尊尊之義，其祭法又無遠邇尊卑之分，則於親親尊尊二義皆無當也」，而周人則「以尊尊之義經親親之義而立嫡庶之制，又以親親之義經尊尊之義而立廟制，此其所以爲『文』也。」⑪所謂 「親親尊尊」，說到底也就是「孝」，因爲孝本質上是反映宗族共同體特殊凝聚需要的倫理規範。追孝、享孝從宗族共同體之所以可能的根基處，爲凝聚族群找到了心理基礎；善事父母則立足於最基本的社會關係，爲凝聚族群奠定了現實基礎。周人以尊尊親親二義，上治祖禰，下治子孫，旁治昆弟。血緣宗法制只有以孝觀念爲倫理基石，方能發揮其整合功能。周王朝之所以特別重視孝，根源也正在於此。西周統治者利用血緣宗族關係，通過對祖先的祭祀追念來強化君臣上下的血緣情感，以鞏固其貴族統治秩序。尤其是周平王遷都後，王室的權威和力量大大弱化，強調孝以增強周王室的威懾力、控制力，更有突出的現實意義。從西周銘文記載中，我們可以清楚地看到這一趨勢。據統計，金文言及「孝」者，屬於周初的兩器，中期的五器，晚期的多達幾十器⑫。侯外廬講，「凡是動搖了的信仰，到了危機時代，反而被人們所重視」⑬，一種道德，只有在相應的權利與義務關係存在時才會隨之產生，而當這種關係遭到破壞時才會格外發達。西周晚期對孝德的強調，恰恰從反面表明了宗法等級關係已面臨危機，遭到破壞。

---

⑩　陶宗儀《南村輟耕錄》，中華書局一九五九年版，第七四頁。

⑪　王國維《觀堂集林‧殷周制度論》，中華書局一九五九年六月版，第四六八頁。

⑫　李裕民〈殷周金文中的『孝』和孔丘『孝道』的本質〉，《考古學報》一九七四年第二期。

⑬　侯外廬等《中國思想通史》第一卷，人民出版社一九五七年版，第五三頁。

其三，從思想自身的發展來看，人類的認識總是不斷地從蒙昧走向文明，由盲目自發走向自覺、自主。商亡周興的歷史大變革，在一定程度上動搖了人們對「天」、「神」的信仰。殷商王朝並未因其對「鬼神」的虔敬祭祀而代代相傳，倒是周王朝打著「敬德保民」的旗幟，把殷商王朝給推翻了。人們由此看到了道德力量的巨大，或者說人自身力量的巨大，從而為周代在一定意義上以宗法政治取代殷商的神權政治鋪平了道路。人性的覺醒意味著神性的退卻，與人文意識的增強相伴隨的必然是神靈意識的淡化。特別是西周末年，出現了一股疑天、怨天甚至咒天的社會思潮，其中包括對祖先神靈的公開責難：

> 天降喪亂，饑饉薦臻。靡神不舉，靡愛斯牲。……群公先王，則不我助。父母先祖，胡寧忍予！⑭

> 瞻仰昊天，則不我惠。孔填不寧，降此大厲。……人有土田，女反有之；士有民人，女反奪之。此宜無罪，女反收之；彼宜有罪，女覆說之。⑮

> 先祖匪人，胡寧忍予？……盡瘁以仕，寧莫我有？⑯

國家的衰敗，生活的困厄，起決定作用的因素到底是什麼呢？如果說是天神、是先祖，那麼我對天神、先祖如此虔敬，天神、先祖何以不佑護我呢？正是在這樣的對比反思中，周人認識到，道德的力量是巨大的，要得到天神、先祖的佑護，必須敬德、明德：

---

⑭　《詩經・大雅・雲漢》，第四一七－四一九頁。意為：死亡禍亂自天而降，連年饑荒不斷。所有的神明都已經祭過，所有的祭品都已經獻上，……先公先祖卻不肯來佑助我，先父先母，您們如何忍心看著我受盡苦難？

⑮　《詩經・大雅・瞻卬》，第四三九－四四○頁。意為：抬頭仰望老天爺，為何不肯給我恩惠。不安寧已經很久，降下這樣的大災禍。……我的田產、奴隸，你都強佔去，你顛倒是非，把沒有罪的投進牢房，有罪的卻逍遙法外。

⑯　《詩經・小雅・四月》，第二八九－二九○頁。意為：先祖又不是別人，怎麼忍心讓我遭受這樣的折磨？……我鞠躬盡瘁地勞作，怎麼還是不保佑我？

　　王敬所作，不可不敬德。㊼

　　惟不敬厥德，乃早墮厥命。㊽

　　無念爾祖，聿修厥德。永言配命，自求多福。㊾

　　不明爾德，時無背無側。爾德不明，以無陪無卿。㊿

　　孝是宗法倫理體系中重要的德目。周人敬德、明德，其中極爲重要的一個方面，就是要講求孝道，追隨先祖的功德，回報父母的恩情。可見，由宗教而道德，由敬天而敬人，由祭祀祖先而孝敬父母，乃是人類理性不斷進步，人文意識不斷增强的邏輯必然。

　　當然，西周個體家庭還沒有取代宗族而成爲獨立的經濟形式，收族聚黨、濟貧賑困還是整個宗族的事情。再者，如前所說，祭祖的宗法等級性決定了西周的「孝」具有明顯的等級特徵，孝是各級宗子的特權。所以，西周的「孝」主要是君子之孝，庶人之孝的「孝養」父母這層內涵雖然已經出現，但遠沒有成爲西周孝道的主流。祭祖敬宗依然是西周孝道的主導形式。

三、孝與西周禮樂文化

　　殷周之際，中華文明歷史進程中發生了一次引人注目的巨大的歷史變革，這種變革最爲典型的表現，就是史傳所謂周公「制禮作樂」，也就是西周禮樂文化的興起和成熟。西周的「孝」觀念集宗教、政治、倫理於一身，以孝爲基石的一整套宗法道德規範，是西周禮樂文化的重要組成部分。孝也由此而成爲西周意識形態的基本綱領和最高的道德原則，成爲周代禮樂文化的精神基礎，「孝，文之本也。」㊿

㊼　《尚書·周書·召誥》，第九六頁。

㊽　《尚書·周書·召誥》，第九七頁。

㊾　《詩經·大雅·文王》，第三四八頁。意爲：不要再寄希望於你的先祖，最重要的是修養自己的品德。永遠與天命爲配，自己來追求更多的幸福。聿：述，繼。

㊿　《詩經·大雅·蕩》，第四○二頁。意爲：不修養你們的道德，所以弄得自己無陪臣無卿士，無依無靠。

61　《國語·周語下》，第二三頁。

　　西周社會的根基，是氏族血緣組織。正是在這樣一種社會基礎之上，西周建立了以嫡長子繼承、餘子分封爲核心的血緣宗法等級制。與之相適應，西周對殷商文化進行了重大改造，重新建構了一系列調整宗族關係的典章制度和用於祭祀、人際交往、習俗慶典的禮儀規範等，以及宗教、道德體系。這些方面，共同構成了西周禮樂文化。《禮記‧大傳》有一段話，很好地說明了西周禮樂文化是如何對殷商文化進行改造的：

　　　　立權度量，考文章，改正朔，易服色，殊徽號，異器械，別衣服，此其所得與民變革者也。其不可變革者則有矣，親親也，尊尊也，長長也，男女有別，此其不得與民變革者也。

　　顯然，西周禮樂文化對殷商鬼神文化的改造，主要體現在物質文明和制度文明上。在更深層次上，亦即親親、尊尊、長長等倫理規範和道德觀念，雖然有所發展，但精神實質是一脈相傳的。「中國文化至周而具規模」[62]。由殷商鬼神文化而西周禮樂文化，對爾後中國傳統文化的發展路向起了轉型、定向的作用。所謂轉型，即傳統所講的「損益」；所謂定向，即傳統文化倫理本位的基本特徵，以及中國傳統文化獨特的人文信仰和道德觀念由此發端。「從人類已經走過的階級社會的歷史來看，形成一個時代或一個社會的上層建築之特點的文化，一般而言主要由三個方面的內容構成：宗教信仰－政治制度－道德認識。具體到周代貴族社會而言，從反映當時歷史的文獻材料來看，這三個方面的內容可以分別用神－禮－德來表示。」[63]進一步追究，我們就會發現，這三個方面都與孝密切相關，即分別是孝的對象、孝的制度形式和孝的觀念體系。

　　第一，從早期孝觀念所指的對象而言，孝首先是宗教的，然後才是倫理的。殷商時期的宗教，實質上也就是崇拜祖先的宗教。這與早期孝的觀念和形式是完全吻合的。殷末周初，天、上帝的觀念雖然出現了，但從表現形態看，是與祖先崇拜交織在一起的。享孝、追孝既是孝的主要內容，也是祖先

---

[62]　馮友蘭《中國哲學史》上冊，中華書局一九六一年版，第六一頁。

[63]　吳龍輝《原始儒家考述》，中國社會科學出版社一九九六年版，第三九頁。

崇拜的主要形式。只是到了西周時期，天、帝才逐漸與先祖先王分離開來。所以，「在宗敎意義上講來，周人的『維新』在於帝和祖的分離，由一元神變爲二元神。」㉞周人德孝並稱，就是天神與祖先神相分離的倫理表現，「德」的對象是天，「孝」的對象是祖，即敬德以配天，孝祖以宗祖。有學者在列舉了西周金文和典籍中「德」字的用例後指出：「德的實質仍然是孝，它包含著孝的內容。周人將奉養父母、祭享先人稱爲孝；而將崇敬上帝唯天命是從謂之德，其實質是對上天克盡孝道，……在周人的意識形態中，孝敬父母、先祖謂之孝；孝敬昊天上帝謂之德，亦稱敬天或敬德，可見德是對上天行孝的代名詞。」㉟

　　與孝觀念的轉換相一致，超人間的觀念、形式最終落實在了人間的觀念和形式上。換言之，一方面是孝親倫理走到前臺，孝主要成爲一種處理親子關係的倫理準則；另一方面，統治者成了天、帝在人間的代言人，國君被稱爲「天子」，神權成爲君權的保障。而且，崇祀先祖的宗敎儀軌，轉化爲社會習俗，很好地保存了下來。今天在廣大的農村地區，我們仍然不難發現它的蹤跡。「爲了維持宗法的統治，故道德觀念亦不能純粹，而必須與宗敎相結合」，以宗敎的形式來表達道德的內容，「在宗敎觀念上爲敬天，在倫理觀念上就延長而爲敬德。同樣地，在宗敎觀念上的尊祖，在倫理觀念上也就延長爲宗孝，也可以說『以祖爲宗，以孝爲本』。」㊱如果說殷周時期孝觀念是宗敎性的，春秋以後孝觀念是倫理性的，那麼，周代恰好處於二者的過渡時期。因而，倫理與宗敎的結合，是周代孝觀念的一個基本特徵。

　　第二，作爲禮樂文化的重要內容，西周孝道主要是通過禮來體現的。郭沫若先生認爲，「禮，大言之，便是一朝一代的典章制度；小言之，是一族一姓的良風美俗。這是從時代的積累所遞傳下來的人文進化的軌跡。」㊲周禮

㉞　侯外廬等《中國思想通史》第一卷，人民出版社一九五七年版，第二四頁。

㉟　王愼行〈論西周孝道觀的本質〉，《人文雜誌》一九九一年第二期。

㊱　侯外廬等《中國思想通史》第一卷，人民出版社一九五七年版，第九四頁。

㊲　郭沫若《十批判書》，人民出版社一九五四年版，第九三頁。

顯然是屬於前者。禮在西周是非常完備、發達的。「三禮」（即《周禮》、《儀禮》、《禮記》）雖然是後世的作品，但從一個側面反映了西周禮制的風貌。

宗法等級制是周禮產生的直接根源，周公制禮作樂的出發點就是「尊尊」和「親親」，前者旨在維護君權，即所謂「國無二君」，後者旨在維護父權，即所謂「家無二尊」，從而實現政治與倫理的統一。其根本目的就在於，試圖通過倫理關係的強化來維繫政治統治，穩固等級秩序。所以，周公制禮的主要成就，就是以「禮」的形式全面確立宗法等級制度，使國家的各項活動、人的各種行為、以及人與人之間的關係等都納入禮所調整的軌道。周代禮制的核心，是確立血緣與等級之間的同一秩序，並由這種秩序來建立社會的秩序。也就是說，親情以及親情的向外擴展是人際和諧的基礎，血緣關係中蘊涵的遠近親疏分別是社會秩序的本原，於是「禮」就成為社會認同的象徵性規則。以這套規則為範本，確立了社會的秩序和規則。

進一步說，「周禮在社會層面的意義是鞏固宗法秩序，培養宗族內的生活規範，強化宗族內的凝聚力。這些內容也可以一言以蔽之，就是『孝』。」[68]周禮包容廣泛，號稱「經禮三百，曲禮三千」[69]，大而言之有冠、昏（婚）、喪、祭、朝、聘、射、鄉等八類，分而言之又有春夏秋冬、貴賤上下之不同。然而，其中一以貫之的，則是孝的精神。比如，「冠者，禮之始也」[70]，冠禮是男子成人的標誌，即「為人子、為人弟、為人臣、為人少者」[71]的成人之禮，其目的是立「孝弟忠順之行」[72]，同時也意味著要擔負起獨立生活、贍養父母的義務；「昏禮者，禮之本也」[73]，婚姻與愛情是無關的，男女結合的全部意義僅僅在於「合二姓之好，上以事宗廟，而下以繼後世也」[74]，家族的生命、祖先的事業都要通過生育子女來薪傳，因而婚姻從這個意義上成為

---

[68]　陳來《古代宗教與倫理》，三聯書店一九九六年版，第三〇四頁。

[69]　《禮記·禮器》。

[70]　《禮記·冠義》。

[71]　《禮記·冠義》。

[72]　《禮記·冠義》。

[73]　《禮記·昏義》。

[74]　《禮記·昏義》。

「禮之本」；喪祭之禮則是爲了報本返始，追養繼孝；鄉飲酒之禮的實質也是教人尊長敬老，明長幼之序，立孝弟之行，「教之鄉飲酒之禮，而孝弟之行立矣。」⑦⑤所以《禮記・文王世子》講，由燕禮而使孝弟之道達，由守禰之禮可致孝愛之深，有守廟之禮可使君臣之道著。可見，禮是孝的制度形式，各種禮無不具備促進合親睦友等孝道教化的功能。

第三，血緣宗法社會的特殊性，使孝德成爲社會道德的必然選擇。孝既是西周道德規範體系的核心和基礎，也是道德教化的基礎性內容。侯外廬先生認爲，周代的倫理思想是以德、孝二字爲骨幹的，「德」就是對上天的「孝」，德和孝是貫通周代文明社會的道德綱領。⑦⑥通過各種史料的佐證，我們更能明瞭孝觀念在西周禮樂文化中的地位和作用。比如，《周禮》對道德規範體系的概括有「三德」、「三行」⑦⑦、「六行」⑦⑧、「六德」⑦⑨，《禮記》中有「七教」⑧⑩，《逸周書》中有「八政」⑧⑪等等，我們不妨錄列如下：

三德：至德、敏德、孝德。

三行：孝行、友行、順行。

六行：孝、友、睦、淵、任、恤；六德：中、和、祇、庸、孝、友。

七教：父子、兄弟、夫婦、君臣、長幼、朋友、賓客。

八政：夫、妻、父、子、兄、弟、君、臣。

可以看出，以上這些對德行的概括雖然有差異，但無不把「孝」、把父子關係羅列其間。這都說明了「孝」在西周道德體系中的極端重要性，說明

---

⑦⑤　《禮記・鄉飲酒義》。

⑦⑥　侯外廬等《中國思想通史》第一卷，人民出版社一九五七年版，第九三—九四頁。

⑦⑦　《周禮・地官・師氏》，第三七頁。

⑦⑧　《周禮・地官・大司徒》，第二九頁。

⑦⑨　《周禮・春官・大司樂》，第六一頁。

⑧⑩　《禮記・王制》。

⑧⑪　《逸周書・常訓》。

了周王朝對孝德的重視程度。據記載，周公在平定三監和武庚叛亂後，爲加強對殷族「頑民」的統治，在給康叔的誥文中，要求康叔用父慈子孝、兄友弟恭這一套宗法道德施行教化，並把它們提到「民彝」即民眾行爲大法的高度，認爲「不孝不友」，就是「元惡大憝」，必須嚴懲不貸，「刑茲無赦」⑧⑫。又比如，《易‧離》九四曰：「突如，其來如，焚如、死如、棄如。」《說文解字》注曰：「『突如，其來如。』不孝子突出，不容於內也。」⑧⑬　「突」即把不孝子驅逐出去。「來如」即不孝子又返回來，於是罪加一等，或焚之，或死之，或棄之。

在倫理本位的社會，抓住了孝，實際上就抓住了規範社會秩序的根本，抓住了孝道教化，也就抓住了道德教化的根本，《孝經》對此做了精當的概括，即「夫孝，德之本也，教之所由生也。」⑧⑭

---

⑧⑫　《尚書‧周書‧康誥》，第八九頁。
⑧⑬　許慎《說文解字》，中華書局一九六三年十二月版，第三一○頁。
⑧⑭　《孝經‧開宗明義章》，第一頁。

第三章　春秋戰國：

儒家及道、墨、法諸家的孝道思想

第一節　春秋時期的社會思潮對孝觀念的衝擊

周平王東遷之後，周王室國勢逐漸削弱，到後來更是不堪一擊，完全失去了對諸侯國的控制。諸侯揚塵逐鹿，群雄競武爭霸，中國歷史進入狼煙四起、烽火連綿的春秋戰國時期。意識形態領域，王綱解紐，禮壞樂崩，輝煌的西周禮樂文明也隨著西周王朝的覆滅而被拋擲於動蕩和危機之中。

這場「高岸爲谷，深谷爲陵」的滄桑巨變的發生，有其深刻的社會歷史根源。從經濟上看，這一時期鐵器、牛耕逐步推廣應用於農業生產，生產力得到進一步的解放和發展，各國的井田制都處在不斷的瓦解和崩潰之中，進而促進了農村公社的解體。生產力的發展爲封建生產關係的產生奠定了基礎。從政治上看，階級矛盾日益尖銳，各諸侯國奴隸和平民的逃亡、暴動事件此起彼伏。奴隸主貴族的統治處於風雨飄搖之中。

與之相伴隨，整個社會結構和上層建築領域也在發生著天翻地覆的變化。董仲舒描繪當時社會的情景是：

> 周衰，天子微弱，諸侯力政，大夫專國，士專邑，不能行度制法文之禮。諸侯背叛，莫修貢聘奉獻天子。臣弒其君，子弒其父，孽殺其宗，不能統理，更相伐銼以廣地。以強相脅，不能制屬。強掩弱，衆暴寡，富使貧，兼併無已。臣下上僭，不能禁止。①

概括地說，這種變化主要表現在三個方面：

一是作爲奴隸制政治制度的分封制遭到重創。根據文獻記載，春秋時代秦、楚、晉等國相繼設置郡、縣，郡縣首長不世襲，而是由國君直接控制。

---

① 《春秋繁露・王道》，上海古籍出版社一九八九年九月版，第二五頁下。下引《春秋繁露》，版本同此。

這就等於取消了分封采邑的世卿世祿制度，表明血緣關係已不是唯一的控制手段。

　　二是作爲奴隸制血緣制度的宗法制受到破壞。一方面，這種破壞是從王室與諸侯之間「親親」紐帶的解紐開始的。九族不親，骨肉相怨，周王室與諸侯間的親親關係日漸疏遠，王室的領導力每況愈下。另一方面，宗族勢力的不斷發展和壯大，使得宗統與君統由統一而走向了對峙。列國大世族如魯之三桓、鄭之七穆、晉之六卿等强族皆形成於春秋前期。這些强族不僅不再用族權來維護君權，反而借助宗族勢力與君權相抗衡。族權的增强和君權的削弱使得以族權來襲奪、取代君權成爲輕而易舉之事，「周之子孫日失其序」②。如晉獻公通過强化族權終於據君權而有之，魯國的三桓，鄭國的七穆等，也都公然不斷地侵犯公室，試圖取而代之。君權在族權的衝擊下岌岌可危，奴隸制宗法制度已近乎名存實亡。

　　三是作爲奴隸制意識形態集中體現的周禮也趨向解體。這是分封制和宗法制遭到破壞在意識形態領域的必然反映，也是西周禮樂文明走向崩潰的標誌。周禮的核心是「尊尊」、「親親」的等級制，而此時破壞最嚴重的也正是等級制。這種破壞來自外部和內部兩個方面。一方面，風起雲湧的奴隸、平民起義和暴動把尊卑貴賤的等級秩序打亂；另一方面，周室微而禮樂廢，更致命的打擊來自統治集團內部。東周天子大權旁落，在强大的諸侯國的圍攻下苟延殘喘。五霸迭興，不但自封爵位，而且挾天子以令諸侯，「禮樂征伐自諸侯出」③的局面已經形成，霸權完全代替了王權。「於是，各級統治者爭相僭越，如蠅逐臭，僭禮行爲從爵號開始，發展到宮室、車旗、喪葬、祭祀等各方面。」④諸侯相殘，滅國絕嗣；父子相篡，兄弟反目；陪臣執命，君臣易位。父子之親、君臣之義的宗法秩序已蕩然無存。即使在人稱「不棄周禮」⑤和以禮治國的魯國⑥，禮制也被棄如弊履。如穆伯爲襄仲迎婦而自娶之，

---

② 《左傳・隱公十一年》，第十二—十三頁。

③ 《論語・李氏》。

④ 康學偉《先秦孝道研究》，文津出版社一九九二年版，第一三八頁。

⑤ 《左傳・閔公元年》，第四五頁。

昭公因吳女貌美便置「同姓不婚」的要求於不顧，及至後來季氏「八佾舞於庭」⑦，也就見慣不怪了。等級制的破壞殆盡敲響了西周禮樂文化壽終正寢的喪鐘，由三代不斷發展而達到顛峰狀態的華夏傳統倫理文化，陡然跌入似乎是萬劫不復的深淵之中。

危機之中孕育著新生。禮壞樂廢的大動亂中，一股嶄新的社會思潮已經悄然氤氳、萌生。舊有的一切都在經受著前所未有的衝擊和洗禮。新舊雜陳、衝突、交替，是這一時期意識形態方面的明顯特點。

新思潮的衝擊表現於各個方面，如在「天道」與「人道」的關係上，有遠見的思想家提出「天道遠，人道邇」⑧，「吉凶由人」⑨，要求擺脫天道的束縛來處理人事；在神民問題上，「民」由對神俯首帖耳而變為「神之主也」，「是以聖王先成民而後致力於神」⑩，「國將興，聽於民；將亡，聽於神。」⑪總之，在春秋時期，人文主義、民本主義的興起，使得原來主宰、支配人們禍福的天神和鬼神，一步一步地被擠出了其世襲的神聖的領地。

不過，西周禮樂文化是以倫理道德為中心內容的，所謂「禮廢樂壞」，主要是指奴隸制宗法道德體系的崩潰。在新思潮中創生的新觀念噴薄而出，對舊道德具有摧枯拉朽的力量。宗法道德秩序的混亂使保守的奴隸主貴族惶惶不可終日，他們驚呼：

> 且夫賤妨貴，少陵長，遠間近，新間舊，小加大，淫破義，所謂六逆也。君義、臣行、父慈、子孝、兄愛、弟敬，所謂六順也。去順效逆，所以速禍也。⑫

---

⑥　「尊尊」「親親」是周禮的基本要求。《漢書·地理志》載：「太公曰：『何以治魯？』周公曰：『尊尊而親親。』」

⑦　《論語·八佾》。

⑧　《左傳·昭公十八年》，第三二四頁。

⑨　《左傳·僖公十六年》，第六六頁。

⑩　《左傳·桓公六年》，第十八頁。

⑪　《左傳·莊公三十二年》，第四四頁。

⑫　《左傳·隱公三年》，第五頁。

奴隸主貴族在絕望中猶然以「周禮未改」⑬自慰，他們徒勞地抱住周禮不放，但在洶湧而至的新思潮面前也已如癡人說夢。舊道德若不適應時代潮流，注入新的內容，實在是難以為繼了。

我們在前面已經講過，作為上層建築的組成部分，分封制、宗法制是孝觀念盛行的重要條件，而且，維護宗法血統的孝德是奴隸制宗法道德體系的基礎。所以，隨著分封制、宗法制的被破壞，隨著禮樂文化的崩潰，首當其衝受到株連的便是「孝」觀念。因而，在春秋時代天崩地坼的大變化中，孝觀念發生危機和動搖也就是自然而然的事情了。這從下面三個方面體現出來：

第一，孝德已經無力規範和約束人們的行為。

《左傳》記載的下面幾個例子，也許可以幫助我們從一個側面瞭解當時的人們對孝德的漠視乃至肆無忌憚的踐踏，進而管窺當時的道德狀況。

其一，「衛石共子（石買）卒，悼子不哀。孔成子曰：『是謂蹶其本，必不有其宗』。」⑭

其二，「五月，齊歸（昭公母）薨，大搜於比浦，非禮也。……九月，葬齊歸，公不戚。……叔向曰『君有大喪，國不廢搜；有三年之喪，而無一日之戚。國不恤喪，不忌君也；君無戚容，不顧親也。』」⑮

其三，「蔡景侯為太子般娶于楚，通焉。太子弒景侯。」⑯

其四，楚國的商臣因父王欲取消自己的太子資格，「以宮甲圍成王。王請食熊蹯而死，弗聽。丁未，王縊。」⑰

父母死了，做兒子的不但一點也不感到傷心哀痛，反倒興致勃勃地馳騁疆場，遊弋打獵，這種大不孝行為的出現，足以表明孝觀念在時人心目中的

---

⑬　《左傳‧僖公二十五年》，第七八頁。

⑭　《左傳‧襄公十九年》，第二一五頁。

⑮　《左傳‧昭公十一年》，第三〇四頁。

⑯　《左傳‧襄公三十年》，第二五五頁。

⑰　《左傳‧文公元年》，第九四頁。

淡薄。至於兵刃相加，威逼父王自縊，乃至弒父自立，這種既違「忠」又乖「孝」的大逆不道之事，在「禮樂征伐自天子出」⑱的西周時期是不可想像的，然而在春秋時代卻也司空見慣。《韓非子》載子夏言曰：「《春秋》之記臣殺君，子殺父者，以十數矣。」⑲。《論衡》曰：「春秋之時，弒君三十六。」⑳這個數據是接近真實的。更值得注意的是，他們這種臣弒君、子弒父、冒天下之大不韙的倒行逆施之舉，在當時不僅沒有招致譴責，還得到世人的理解和支持。例如對魯昭公被季氏驅逐而客死異鄉這件事，《左傳》中有很多袒護季氏之語，如晉國的史墨認為：

> 魯君世從其失，季氏世修其勤，民忘君矣。雖死於外，其誰矜之？社稷無常奉，君臣無常位，自古以然。㉑

另外，「弒君」的趙盾也被譽為「古之良大夫」㉒。「殺無道以立有道，仁矣」㉓，已經成為人們普遍的看法。於此足可見當時以「孝」為基礎的一套宗法道德觀念，已經失去其往昔那樣強大的社會規範力量。青銅器銘文中也顯示出孝觀念由西周到春秋的衰落趨勢。據統計，西周中晚期一百多年間有六、七十個青銅器銘文中談到「孝」。而春秋三百年間，「孝」字見於已經出土的列國金文者僅十國十八器。㉔

當然，社會意識與社會存在往往並不是同步的。傳統不是秋後黃葉，風吹即逝。特別是在新舊雜陳之時，傳統就越發顯示出其巨大的慣性力量。孝觀念的動搖並不意味著孝觀念的消失。相反，它依然在許多人的心中根深蒂固。即使到了戰國時期還是如此。當時的秦國社會變革比較徹底，宗族奴隸

---

⑱　《論語·季氏》。

⑲　《韓非子·外儲說右上》，陳奇猷《韓非子集釋》，學林出版社一九八四年八月版，第七一七頁。下引《韓非子》，版本同此。

⑳　王充《論衡·死偽》，上海人民出版社一九七四年九月版，第三二七頁。

㉑　《左傳·昭公三十二年》，第三六五頁。

㉒　《左傳·宣公二年》，第一二一頁。

㉓　《國語·晉語三》，第八九頁。

㉔　李裕民〈殷周金文中的「孝」和孔丘「孝道」的本質〉，《考古學報》一九七四年第二期。

主世襲特權被剝奪殆盡，再加上地理位置偏僻，受儒家思想熏染較少，所以經過商鞅的變法易俗，秦國明顯地比東方六國慢於禮義。傳世戰國時期秦國銅器銘文及石鼓文、詛楚文中都沒有「孝」字，證明荀子所說秦人「於父子之親、夫婦之義，不如齊魯之孝具敬之」㉕是實情。但即使這樣，秦公子扶蘇面對父皇「扶蘇爲人子不孝，其賜劍以自裁」的詔書，也只有一死：「父而賜子死，尚安復請？」㉖至於在東方六國，特別是在受儒家思想影響較深、宗族勢力強大的齊魯等國，孝觀念更依然是一股強有力的道德力量。我們從下面兩個例子中也可以看到當時父權、宗權乃至君權仍然發揮著強大的作用：

> 其一，衛國公子州吁弒桓公自立，石厚助州吁爲虐，後來趁州吁和石厚出訪陳國之際，石厚的父親派人「殺石厚於陳。」㉗

> 其二，晉國的知罃被楚軍俘虜後又被放逐回國時，對楚君說：「以君之靈，纍臣得歸骨於晉，寡君之以爲戮，死且不朽。若從君之惠而免之，以賜君之外臣首（「首」指他的父親荀首），首其請於寡君，而以戮於宗，亦死且不朽。……其竭力致死，無有二心，以盡臣禮，所以報也。」㉘

第二，與天命、鬼神觀念同時受到衝擊的，還有祖先神觀念。

我們知道，祖先神在殷周時期是至高無上的，西周時期的孝觀念也仍以對祖先神靈的祭祀和讚美爲主導方面。在春秋時期興起的人本主義、理性主義思潮的蕩滌下，人們不僅以人的眼光去審視天命，也以更爲理性的態度來對待祖先神。祭祀祖先的儀式依然有條不紊地進行著，但是祭祖的宗教意義已默默地消隱在政治、倫理意義的後面。讓我們先看一下《國語》上有關時人祭祖情形的一段令人忍俊不禁的記載：

㉕　《荀子·性惡》。

㉖　《史記·李斯列傳》，嶽麓書社一九八八年版，第六五一－六五二頁。

㉗　《左傳·隱公四年》，第五－六頁。

㉘　《左傳·成公三年》，第一四九頁。

> 百姓夫婦，擇其令辰，奉其犧牲，敬其粢盛，潔其糞除，愼其采服，其酒醴，帥其子姓，從其時享，虔其宗祝，道其順辭，以昭祀其先祖。肅肅濟濟，如或臨之。㉙

在選好的吉日裏，人們身著盛裝，恭恭敬敬地捧著犧牲酒醴，浩浩蕩蕩地去祭祖。最值得玩味的是最後一句話，「肅肅濟濟，如或臨之」，這說明他們很清楚祖先神是不會光臨的。明知祖先神不存在，卻還要煞有介事地「肅肅濟濟」，這頗有些調侃祖先神的味道。而且，與殷周時祭物的豐厚不同，這時所用的祭物「烝嘗不過把握」，面對「何其小也」的質問，又把神作爲擋箭牌，「夫神以精明臨民也，故求備物，不求豐大」，同時「敬不可久，民力不堪，故齊肅以承之。」㉚

既然如此，舉行這種大規模的祭祖活動的用意又何在呢？《國語》接下來道：

> 於是乎合其州鄉朋友婚姻，比爾兄弟親戚；於是乎弭其百苛，殄其讒慝，合其嘉好，結其親暱，億其上下，以申固其姓。上所以教民虔也，下所以昭事上也。㉛

原來是借祭祖之機使親族鄉黨聚濟一堂，增強宗族凝聚力，教訓正俗，使民虔敬。可見，人們是從社會學而非由神學的角度來所看重祭祀的禮儀。統治者深明祭祖對於鞏固宗族團結、維持社會秩序的重要性，所以即使在祖先神觀念無可避免地受到淘滌的春秋時期，在祭祖方面也毫不懈怠，只不過使之由「鬼事」變爲「人道」，由宗教而變爲藝術。

至此，祭祖才屈尊從殷商以及西周的宗教聖壇上走了下來，完全被賦予人文意義。這樣，既從感情上滿足了人的志意思慕之情，報本反始之意，又在理性上達到了「昭孝息民，撫國家，定百姓」㉜的目的。這種人文主義的

㉙　《國語・楚語下》，第一六二頁。

㉚　《國語・楚語下》，第一六一頁。

㉛　《國語・楚語下》，第一六二頁。

㉜　《國語・楚語下》，第一六一頁。

祭祖觀念後來被儒家繼承並發揚光大，作爲表達孝的一種重要形式而被納入孝道，成爲傳統孝道思想的一個重要方面，尤其對民間社會孝道禮俗的影響更巨。《禮記》對此有系統的論述。

第三，與上一點相聯繫，隨著孝觀念人文意義的强化和祖先神地位的下降，西周孝觀念中敬養父母這層涵義得到進一步豐富和發展，並逐漸取代追孝、享孝而成爲孝觀念的基本內涵。我們可以從兩方面來說明這個問題。

一方面是，迥異於殷周時期以祖先亡靈爲孝敬對象，春秋時期「孝」的對象基本上都是指向父母的。先看《詩經》中的幾例：

王事靡盬，不能蓺稷黍，父母何怙？……父母何食？……父母何嘗？㉝

取（娶）妻如之何？必告父母。㉞

將仲子兮，無逾我里，無折我樹杞。豈敢愛之，畏我父母。仲可懷也， 父母之言，亦可畏也。㉟

維桑與梓，必恭敬止。靡瞻匪父，靡瞻匪母。不屬於毛，不罹於裏？㊱

這裏，既有對父母的尊敬、服從、事養，也表達了對不能贍養父母、侍奉父母的傷心、憂慮、怨忿之情。很顯然，後世孝觀念的基本內涵，在此已基本確立。《國語》中也有很多孝父母的例子：

⑴齊桓公選用人才的條件之一是「慈孝於父母。」㊲這裏的「慈孝」指的是「孝」。

㉝ 《詩經・唐風・鴇羽》，第一四〇頁。意為：王家的差事無休無止，黃黍高梁樣樣都不能種，靠誰來奉養父母？

㉞ 《詩經・齊風・南山》，第一一七頁。

㉟ 《詩經・鄭風・將仲子》，第九三頁。意為：小二哥呀，請你別翻越我們的院牆，別折壞我家的杞樹！不是我私愛杞樹，而是害怕驚動我的爹娘。你固然叫我牽腸掛肚，可是父母的話，也不得不聽！

㊱ 《詩經・小雅・小弁》，第二七〇頁。意為：對於父母種下留給子孫的桑梓之木，一定要恭敬。每見父親都仰望，每見母親定牽情。膚髮豈非父母養，身體豈非父母生？

㊲ 《國語・齊語》，第六〇頁。

⑵晉太子申生在獻公廢己另立的時候，從子對父的倫理準則出發，作出了自己的選擇：「吾聞之羊舌大夫曰：『事君以敬，事父以孝。』受命不遷爲敬，敬順所安爲孝。」⑱

⑶晉獻公將殺杜原款，杜臨死前向申生進言曰：「守情悅父，孝也。」⑲

類似的例子很多。《左傳》中也處處可見「爲人子者患不孝」⑳、「如孝子之養父母也」㉑等說法，孝敬父母的事例也俯拾皆是。最有名的是鄭莊公「掘地見母」的故事：鄭莊公置母姜氏於城潁，並發誓「不及黃泉，無相見也。」事畢又懊悔不已。後來潁考叔獻計曰：「若闕地及泉，隧而相見，其誰曰不然？」莊公依計而行，母子和好如初。時人評曰：「潁考叔，純孝也，愛其母，施及莊公。」㉒

顯然，與春秋時期學術下移的趨勢相一致，宗法道德觀念在新思潮的衝擊下，也不得不調整自己的內涵，以適應社會、尤其是世俗社會的需要。唯其如此，才能擺脫困境，走向新生。具體到孝觀念，春秋時期它的內涵已由對祖先精神上的追念，轉變爲對在世父母物質上的奉養。西周到戰國的歷史，從家族、家庭發展的角度而言，正是宗法大家族由鼎盛而漸至衰微，個體小家庭由微弱而日趨壯大的演進過程。因而這一時期孝的內涵的轉變既是西周末年這種過渡趨勢的進一步發展和明朗化，也是春秋時期生產力進步、宗法制解體、個體家庭完善、父權強化、社會意識理性化的結果。其後，以奉養父母爲基本內涵的「孝」觀念獲得了全社會的普遍認同，特別是得到了世俗社會的積極響應，爲儒家對「孝」的哲理化提升奠定了廣泛的社會基礎。

另一方面，「父慈子孝」的對等觀念是春秋時期「孝」的一個突出特點。慈孝相對舉，是父子間相互的權利義務關係在道德上的反映。由於殷周時期

---

⑱　《國語・晉語一》，第六六頁。

⑲　《國語・晉語二》，第七六頁。

⑳　《左傳・襄公二十三年》，第二二四頁。

㉑　《左傳・文公十八年》，第一一六頁。

㉒　《左傳・隱公元年》，第二頁。

族權重於父權，孝觀念著重於調整宗族宗法關係，所以「慈」觀念並不顯眼，甚至很可能還沒有出現。據考，殷代卜辭及西周、春秋金文中皆未見「慈」字，《詩經》、《尚書》中亦不見此字。《說文解字》釋曰：「慈，愛也，從心茲聲。」⑷所以有學者推測，「慈字照文語義的構思，當與儒家主張仁愛的人本思想有關，很可能是春秋戰國之際創造的新字。」⑷　「孝」在西周更多地是與「友」連用的。「友」的古義與「孝」相近，只是層次不同，對象不同，善父母先祖爲孝，善兄弟爲友。孝、友是當時調整人倫關係和政治關係的重要道德規範。《周禮》中的「六行」有「孝」有「友」而無「慈」，「三行」中有「孝行」、「友行」但沒有「慈行」，「六德」中也只有「孝」、「友」而不見「慈」。⑷但是到了反映春秋時期思想狀況的典籍中，孝慈對舉不乏其例，如《左傳》中：

> 君義、臣行、父慈、子孝、兄愛、弟敬，所謂六順也。⑷

> 使布五教於四方：父義、母慈、兄友、弟共（恭）、子孝，內平外成。⑷

> 君令臣共，父慈子孝，兄愛弟敬，夫和妻尊，姑慈婦聽，禮也。⑷

> 父慈而教，子孝而箴，兄愛而友，弟敬而順。⑷

　　慈孝的對舉並用，也反映在諸子的著述中，《論語》上有：「孝慈，則忠」⑸；老子曰：「絕仁棄義，民復孝慈」⑸；墨子也說：「父子相愛則孝慈。」

⑷　許慎《說文解字》，中華書局一九六三年十二月版，第二一八頁。

⑷　劉翔《中國傳統價值觀詮釋學》，三聯書店一九九二年版，第一五六頁。

⑷　參第二章第二節。

⑷　《左傳·隱公三年》，第五頁。

⑷　《左傳·文公十八年》，第一一六頁。

⑷　《左傳·昭公二十六年》，第三五二頁。

⑷　《左傳·昭公二十六年》，第三五二頁。

⑸　《論語·爲政》。

⑸　《老子·十九章》，高亨《老子注譯》，河南人民出版社一九八〇年版。下引《老子》，版本同此。

⑫這些都表明，孝觀念在用於調整父子倫常關係之初，對父和子的道德要求是雙向的、平等的，這是父子之間平等的、相互的權利義務關係在道德領域的體現。父慈，才能要求子孝，反之，若爲父不慈不義，則不能單方面要求人子一味地敬順父母。這也是時人對一些「逆子」、「叛臣」抱同情乃至支持態度的原因所在。後來孔子所謂「君君，臣臣，父父，子子」，正是對這一思想的理論總結。但及至後來，孝觀念日益發達並理論化，而慈觀念則漸漸萎縮，最後只成爲對母親的德性要求了。

第二節　先秦儒家孝道

黑格爾曾經深刻地指出，「哲學開始於一個現實世界的沒落」，所以，「當小亞細亞的伊奧尼亞城邦沒落時，伊奧尼亞的哲學反而隨之而興起。」⑬中國傳統哲學同樣開始於西周奴隸制社會解體之際。在西周禮樂文化鼎盛之時，人們對它只能像宗教戒律一樣膜拜、信奉、恪守，任何反省和疑惑都被看作是對它的神聖性和權威性的冒犯和褻瀆。但是，在春秋時期禮壞樂崩的危機中，在新與舊的交融和鬥爭中，傳統所面臨的嚴峻的挑戰，迫使那些視傳統爲不容置疑的、絕對神聖的存在物的人們，把舊有的一切置放於時代的天平上，用理性的目光去打量、懷疑甚至否定；迫使久已對傳統習慣以至麻木了的人們從甚囂塵上的戀舊呼聲中覺醒過來，對根深蒂固的傳統進行審視、反省和批判：這世界怎麼了？爲什麼會這麼亂？如何看待傳統？如何重新整飭紊亂不堪的社會，使之由無序走向有序？這些問題困擾著人們，迷惘中的思索引發了一場曠日持久的思想解放運動，這就是諸子蜂起、各抒己見的「百家爭鳴」。從此，中國古代文化步入了一個嶄新的階段，即由規範性的禮樂文化嬗變到思辯性的哲學時代，也就是中國文化史上的「軸心時代」。

---

⑫　《墨子·兼愛中》，吳毓江《墨子校注》，中華書局一九九三年十月版，第一五九頁。下引《墨子》，版本同此。

⑬　黑格爾著，賀麟、王太慶譯《哲學史講演錄》第一卷，商務印書館一九八三年八月版，第五四頁。

　　從一定意義上說，先秦諸子都是通過對崩潰了的禮樂文化的反省，抽繹出禮樂的精神，從而建立起自己的思想體系的。以「孝」為基礎的奴隸制宗法道德是諸子反思傳統倫理文化的重要內容。儒、道、墨、法諸家站在各自的立場上，申明了自己對「孝」等倫理道德規範的獨到見解，其中最主要也最重要的是儒家的孝道。

一、孔子：儒家孝道思想的確立

　　儒家創始人孔子以匡時救世為己任，並以周文化的傳承人自居，「周監乎二代，郁郁乎文哉，吾從周。」⑭對春秋時期禮儀廢壞、人倫不理的混亂局面，孔子感到痛心疾首。比如，季氏八佾舞於庭，孔子憤怒至極：「是可忍，孰不可忍？」⑮；齊國發生弒君事件，孔子沐浴而朝，請求魯哀公發兵「討之」。⑯他自己飲食起居、舉手投足也無不循禮而行。

　　孔子認為，以西周禮樂文化的衰落為標誌的這場社會危機、文化危機的根子在於人，是人喪失道德理性、違背道德規範的結果。因而，面對失範的社會、淪喪的倫常，他決心挽狂瀾於既倒，通過對傳統的弘揚和損益，實現現實中的人向道德理性的回歸，由內在的道德秩序的重建來矯正顛倒的人倫關係和混亂的社會秩序，實現社會的有序運作。撥亂反正、由仁復禮是孔子鍥而不捨的追求目標。

　　從客觀方面看，經過洶湧的新思潮的蕩滌，舊的道德體系已經趨向崩潰，而新的道德體系尚未確立，亟待思想家來收拾殘局，總結社會變革時期道德學說發展的成果，構建一套切實有效的道德體系。同時，春秋時期豐富的倫理思想也為這種概括和總結提供了思想資料。

　　於是，在繼承周禮傳統的基礎上，孔子總結春秋時期社會新思潮的成果，創建了一個以「仁」為核心、仁禮結合的倫理體系，將「孝悌」作為「仁」的前提和基礎，用「仁」去詮釋以「孝」等宗法道德為核心的「周禮」，使之

---

⑭　《論語・八佾》。

⑮　《論語・八佾》。

⑯　《論語・憲問》。

獲得新的活力。孔子不僅極大地豐富和拓展了孝的內涵，而且，更爲重要的是，孝在他那裏實現了哲理性的提升，這既爲儒家孝道思想的發展開闢了方向，也由此而確立了他在傳統孝道發展史上先驅者的地位。可以說，在孝道的發展歷史上，孔子是一個里程碑。

(一)孔子孝道思想的主要內容

1. 孝的內涵的進一步豐富和拓展。

在《論語》中，直接論及「孝」的共十八處，另外還有二十處左右雖然沒有出現「孝」字，卻是對孝的內容的闡發。孔子論「孝」一如對其他問題一樣，隨方施教，並無系統的論述。但透過這些言簡意賅的論斷仍然不難看到，孔子對「孝」的論述已經涉及到後世孝道的方方面面，尤其是對孝的內容和作用有比較全面和深刻的認識。

(1)從內容上看，較之以前，孔子的創新在於：

第一，養與敬的結合。這是孔子學說「仁內禮外」機制在孝道觀上的反映。「養」就是贍養父母，即從物質生活上供奉父母的衣、食、住、行，這在孔子看來是凡血氣之屬都理所當然該做的無待多言的事情。但是，供父母飲食是「養」，飼馬餵雞也是「養」，「孝」乃爲人之道，所以單純的「養」並不是「孝」，「養」必須建立在「敬」的基礎上。孔子問道：「今之孝者，是謂能養。至於犬馬，皆能有養，不敬，何以別乎？」[57]「養」是外在的行爲，「敬」是內在的情感，對父母的孝必須是發諸於內而行諸於外，是仁與禮的統一，這樣才能眞心實意地「敬養」父母。《荀子・子道》篇載：

> 子路問於孔子，「有人於此，夙興夜寐，耕耘樹藝，手足胼胝，以養其親，然後無孝之名，何也？」孔子曰：「意者身不敬與？辭不遜與？色不順與？」

荀子的這種看法，是與孔子敬養父母的孝道思想一脈相傳的。對父母的敬養表現在對父母物質生活、精神生活無微不至的關懷體貼上，比如，「事父

---

[57]　《論語・爲政》。

母，能竭其力」⑱；父母有事，就主動「服其勞」⑲；「父母在，不遠遊，遊
必有方」⑳，以免父母擔憂；父母的年紀也要記在心中，既爲其高壽而「喜」，
又爲其年邁而「懼」。總之，要時時處處爲父母著想，眞正做到「居則致其敬，
養則致其樂，病則致其憂」㉑，以使父母頤養天年。養與敬結合，把「敬」
作爲「孝」的必備內容，使一般的帶有強制性的親子關係規定上升爲規範化
的道德情操，這是孝觀念內涵的一次昇華，「敬」自此成爲傳統孝道觀中不可
缺少的重要內容。

第二，「幾諫」原則的提出。孔子重視對父母的恭敬服從，但並不主張
盲從。他認爲，看到父母的言行有不妥或錯誤之處時，爲人子者應當以輕微
婉轉的方式予以勸諫，「事父母幾諫，見志不從，又敬不違，勞而無怨」㉒。
在大是大非面前，堅持原則，從而避免使父母鑄成大錯，這與奉養、恭敬一
樣，同是孝的表現，也可以說是更高層次的孝。父母如果不聽從子女的勸諫，
子女應當一而再、再而三地微諫不倦，直至達到目的爲止。這就使子女在有
限的範圍內保持了人格上的自由和平等。當然，孔子強調「幾諫」，是建立在
子女對父母恭敬的基礎上的。倘若「見志不從」，子女要「又敬不違，勞而無
怨」，不能因此而生疾怨之情，妨礙孝道的完整和貫徹。《大戴禮記》中講：「可
入也，吾任其過；不可入也，吾辭其罪。」㉓這與孔子「幾諫」的精神是完
全一致的。

主張對父母「不違」、「無違」，是孔子一以貫之的思想。它有兩方面的
涵義：

其一是不違背父母的意志和命令，即朱熹所謂「不當爲而爲，固爲不孝；
若當爲而不爲，亦不孝也」㉔。在這層意義上，孔子提出了「不改父道」、「父

㉘　《論語・學而》。

㉙　《論語・為政》。

㉚　《論語・里仁》。

㉑　《孝經・紀孝行章》，第五三頁。

㉒　《論語・里仁》。

㉓　《大戴禮記・曾子立孝》，第八二頁。

㉔　《朱子語類》卷二三《論語五》，第五六一頁。

子相隱」，認爲「三年無改於父之道」⑥是孝的重要體現，「曾子曰：『吾聞諸夫子：孟莊子之孝也，其他可能也，其不改於父之臣與父之政，是難能也。』」⑥⑥朱熹釋之爲「死其親而暴其過，孝子所不忍焉。」⑥⑦勢易時移，仍故步自封，墨守成規，這種思想顯然是保守落後的，這與孔子對周禮的嚮往和對「叛臣逆子」的反感是一致的。孔子還認爲，「父爲子隱，子爲父隱，直在其中矣。」⑥⑧「父子相隱」以對血緣關係、親情關係的維護爲根本，後世的援情入法，以致爲尊者諱、爲親者諱、爲長者諱中都可以見到它的影子。

其二是「謂事親以禮，無違於禮也」⑥⑨。即子女在父母生前死後都要依禮而行，「生，事之以禮；死，葬之以禮，祭之以禮」⑦⓪，「人子事親，自始至終，一於禮而不苟」。⑦①孔子重禮，但他的「禮」是以「仁」爲基礎的，是內容與形式的統一。在形式與內容發生矛盾時，孔子是重內容而輕形式的。反對喪葬過程中的繁文縟節，就是孔子這一思想的體現。《論語・先進》記載了這樣一件事：孔子心愛的門生顏淵死後，「門人欲厚葬之，子曰不可」。孔子堅持的原則是：「禮，與其奢也，寧儉；喪，與其易也，寧戚。」⑦②哀痛和追思才是喪祭的實質，「喪思哀」，「喪致乎哀而止」⑦③。這種哀思來自對父母的愛敬，是誠摯的、自覺的行動，由此孔子不僅認爲居喪期間應「食旨不甘，聞樂不樂，居處不安」⑦④，而且，在居喪的時間上，孔子稟守周禮，堅持三年之制，⑦⑤理由是「子生三年，然後免於父母之懷。」⑦⑥三年喪制經《禮記》

---

⑥　《論語・學而》。

⑥⑥　《論語・子張》。

⑥⑦　《朱子語類》卷二二《論語四》，第五一二頁。

⑥⑧　《論語・子路》。

⑥⑨　《朱熹集》第四冊，四川教育出版社一九九六年版，第一九三二頁。

⑦⓪　《論語・爲政》。

⑦①　《論語集注・爲政》，朱熹《四書章句集注》，中華書局一九八三年十月版，第五五頁。

⑦②　《論語・八佾》。易：儀文周全。

⑦③　《論語・子張》。

⑦④　《論語・陽貨》。

⑦⑤　目前所見的最早提到三年喪制的文獻是《尚書・堯典》：「堯崩，百姓如喪考妣，三載，四海遏密八音。」「三年喪」，實際上是二十五個月。關於三年之喪，各家說法不一。有人認爲是孔子改制創作的，有人認爲是殷禮。不論是周制還是殷制，由孔孟說三年喪是「天下之通喪」可以斷定，這是一種由來已久的傳統禮儀。

⑦⑥　《論語・陽貨》。

的繼承和發揚而形成定制，在社會上得到普遍推行，不但對社會生產不利，也嚴重地摧殘、損害了守喪者的健康。對此，頗招孔子微詞的宰予倒很有先見之明：「君子三年不爲禮，禮必壞；三年不爲樂，樂必崩」⑦，可惜被孔子斥爲「不仁」而未予採納。在祭祀上，孔子強調的也是一片誠敬之心：「祭如在，不祭如不在。」⑦至於祭的作用，孔子的學生曾子一語破的：「愼終追遠，民德歸厚矣。」⑦

(2)從對孝道作用的認識上看，孔子有兩大理論貢獻：

第一，把孝與悌結合起來，擴大了孝的社會意義。

孝悌觀念是對西周孝友觀念的繼承和發揮，「孝」爲孝親，「悌」爲敬兄。「悌」這種倫理規範的被突出，從根本上說，是由於宗法制度規定只有嫡長子才能繼承父家長的權力，所以「悌」的實質是對父家長專制制度的強化。《論語》中多處「孝悌」並稱，如：

> 弟子入則孝，出則悌，謹而信，泛愛眾而親仁。⑧

> 其爲人也孝悌，而好犯上者，鮮矣。⑧

> 宗族稱孝焉，鄉黨稱弟焉。⑧

所謂「入則孝」、「宗族稱孝」，是在家庭、家族範圍內，就處理父子、兄弟關係而言的；所謂「出則悌」、「鄉黨稱弟」，則是在社會的大範圍中，就處理人我關係、長幼關係而言的。因而，「睦於父母之黨」⑧也成爲孝的一個重要方面。

社會關係實質上是家庭、家族關係的擴展，兄弟關係不僅覆蓋了朋友關係，而且幾乎可以覆蓋陌路之間的所有關係，所以中國素有「四海之內，皆

---

⑦　《論語‧陽貨》。

⑦　《論語‧八佾》。

⑦　《論語‧學而》。

⑧　《論語‧學而》。

⑧　《論語‧學而》。

⑧　《論語‧學而》。

⑧　《禮記‧坊記》。

兄弟也」⑧的觀念。這樣，「孝」從縱的層面、「悌」從橫的層面的向外推衍，實質上就是將規範家庭、宗族關係的倫理道德昇華爲調整人際關係、社會關係的倫理道德。可見，「孝」、「悌」並不僅僅限於父子、兄弟之間，而是同樣可以作爲處理社會關係的準則的。

「孝」、「悌」倫理的這一擴展、昇華，其社會功用是十分巨大的。在孔子看來，倘若人人尊長敬上，個個安分守己，自然就不會有犯上作亂之事發生，「其爲人也孝悌，而好犯上者，鮮矣」⑧，從而在親親的氛圍中營造出和諧與秩序。後世統治者對此心領神會，《舊唐書》中寫道：

> 夫善於父母，必能隱身錫類，仁惠逮於胤嗣矣；善於兄弟，必能因心廣濟，德信披於宗族矣。推而廣之，可以移於君，施於有政，承上而順下，令終而善始，雖蠻貊猶行焉，雖窘迫猶亨焉。自昔立身揚名，未有不諧孝友而成者也。⑧

第二，把「孝」與「忠」結合起來，擴大了孝的政治意義。

《論語》十七處提到「忠」，多是指忠誠無欺的爲人之道，只有兩處有「忠君」的含義。其中將「孝」與「忠」聯繫起來的一處，更具有不可忽視的意義。

> 季康子問：「使民敬、忠以勸，如之何？」子曰：「臨之以莊，則敬，孝慈則忠，舉善而教不能則勸。」⑧

朱熹釋「孝慈則忠」曰：「孝是以躬率之，慈是以恩結之，如此，人方忠於己」，「孝於親，是做個樣子；慈於眾，則推此意以及人。兼此二者，方能使民忠於己。」⑧在孔子看來，以孝慈之道敎化百姓，就可以使臣民忠誠、忠順于國君。從邏輯上繼續推衍，則不難得出孝父即可忠君、忠孝一本的結

---

⑧　《論語・顏淵》。

⑧　《論語・學而》。

⑧　後晉・劉昫《舊唐書》（五），卷一八八〈孝友傳・序〉，中華書局一九七五年五月版，第五五七四頁。下引本書版本同此。

⑧　《論語・爲政》。

⑧　《朱子語類》卷二四《論語六》，第五九三頁。

論。顯然，孔子的忠孝相連，爲漢儒的「移孝作忠」開闢了理論思路。事實上，《論語》中不止一處表達了踐履和推行孝道以服務於政治的思想。如除了忠孝結合來更有力地發揮孝的政治功用外，孔子還認爲，從政與施教是分不開的，以孝施教本身就是對政治的參與，《論語》中有這樣的記載：

> 齊景公問政於孔子。孔子對曰：「君君，臣臣，父父，子子。」或謂孔子曰：「子奚不爲政？」子曰：「《書》云：孝乎！惟孝友於兄弟，施於有政。是亦爲政，奚其爲爲政？」⑧⑨

這種思想影響甚遠。漢以後，以孝教化百姓就成爲孝治天下的主要內容。

要注意的是，與後世混同忠孝不同，在孔子這裏，孝與忠還是兩個平行的概念。但是，孔子關於孝與政治相結合的思想，前承西周以宗法道德維護世襲統治這一傳統，後經《禮記》、《孝經》等的進一步系統化，最終促成了孝治理論的完成。就這一點而言，我們也許可以說，孔子的孝道理論開啓了中國封建社會「以孝治天下」的理論先河。

㈡「孝爲仁之本」：孝觀念的哲理性提升

「仁」是孔子仁學體系的核心。「如果說，一個觀念的重要和偉大，可以由它在歷史上出現和被討論的次數的多寡來估量的話」⑨⓪，那麼，「仁」無疑是其中的一個；如果說，「一個重要的嶄新觀念的出現，往往代表著一種哲學的新活力」⑨①的話，那麼，「仁」就是這樣的觀念。

「仁」是春秋時期新思潮中最活躍、最廣泛、也最重要的一個倫理範疇。它涵義豐富，覆蓋面廣，幾乎囊括了各種具體的以宗法道德爲主的行爲規範。如體現在父子關係上，就是「孝」：「愛親之謂仁」⑨②；體現在君臣關係上，就是「忠」：「仁不怨君」⑨③。《左傳》上有這樣的說法：「恤民爲德，正直（正

---

⑧⑨　《論語・爲政》。

⑨⓪　韋政通《中國哲學辭典》，水牛出版社一九九三年版，第一三〇頁。

⑨①　韋政通《中國哲學辭典》，水牛出版社一九九三年版，第一三〇頁。

⑨②　《國語・晉語一》，第七一頁。

⑨③　《國語・晉語二》，第七七頁。

己心）爲正，正曲（正人曲）爲直，參合爲仁。」⑭這裏，「仁」已被理解爲綜合各種德目的統一體。新出土的《郭店楚墓竹簡》⑮中的《唐虞之道》、《忠信之道》、《語叢》等篇，把尊賢、禪讓、忠信、孝慈、廉恥等德行都歸結爲仁義，更證實了這一點。《郭店楚墓竹簡》還向我們透露了一個重要的思想訊息：在作爲仁或義的表現和存在的諸種德行中，「孝」德是最高的：「孝，仁之冕也。」這顯然是與西周宗法道德一脈相承的。

總之，作爲春秋時期一種新的倫理思潮和哲學動向，「仁」是對當時各種具體的倫理道德規範的概括和抽象，它已經具備理論上的綜合性和概括性，成爲高於其他具體道德規範的一般性的倫理原則。孔子「仁學」體系的建立，正是對這一時期倫理思潮的歷史性總結和昇華。

孝與仁是不可分離的。「仁」是儒家道德哲學的核心，「孝」則是儒家道德哲學的基礎。在內在的精神上，二者是相通的：「盡得仁，斯盡得孝弟；盡得孝弟，便是仁。」⑯要完整、準確地把握「孝」範疇演進歷程及其在儒家道德哲學體系中的地位，就必須研究仁、孝二者的關係。對於仁與孝的關係，《論語·學而》有一個著名的命題：「孝悌也者，其爲仁之本歟？」我們認爲，這一命題總括了仁、孝之間的本質聯繫，開孝道哲理化之先河，爲以後孝道思想的發展路徑確立了方向，因而不能不予以特別的重視。

第一，從語義學的角度來分析，孝爲仁之內核。

孝是人類之愛至爲基本又至爲神聖的表現。從道德行爲上來說，孝是子女對父母的侍奉贍養之行；從心理情感上講，孝就是子女對父母的愛敬之情，「敬其所尊，愛其所親」⑰，「愛敬盡於事親」。⑱孔子很重視親子之間的情感因素，他認爲孝是由父母對子女的愛所引起的子女對父母的愛，在這種愛的基礎上產生的敬親的感情，孝親的行爲，都是純眞無僞的自然情感的流露。

---

⑭　《左傳·襄公七年》，第一八七頁。

⑮　《郭店楚墓竹簡》，文物出版社一九九八年五月版。

⑯　《二程集·遺書》卷二十三，第三一〇頁。

⑰　《禮記·中庸》。

⑱　《孟子·離婁上》。

仁字的原形是兩個人面面向對，前傾雙臂，彎腰屈腿。這種被稱爲「相人偶」的原始禮儀，表示兩個人互致問候，互表敬意，蘊籍了人際相與彼此平等、相親相愛的內涵。《說文解字》云：「仁，親也，從人從二。」⑨孔子講仁就是「愛人」⑩，孟子也說「仁者愛人。」⑪這種愛，是建立在親親之愛的基礎上的，即孟子所謂「親親仁也」⑫，《禮記》所謂「仁者，人也，親親爲大」⑬，「仁親以爲寶」⑭。而親親之愛的倫理表徵就是「孝」。所以儒家所倡揚的仁之愛的內核，實際上也就是人類的孝親之情，亦即「仁之實，事親是也」⑮，「仁主於愛，愛莫大於孝親」⑯。

第二，從儒家倫理範疇形成發展的歷史來看，孝爲仁之源。

根據考古發現和現存的文獻資料，多數學者認爲孝意識早在父系氏族社會就已經萌芽，至殷商則以對祖先的崇拜和祭祀的宗教形式出現，迨至西周孝觀念的倫理意義便趨於明朗。所以，「中國古代最早也最突出的倫理規範應推『孝』」⑰。

「仁」字最早見於《尚書・金縢》：武王有疾，周公旦爲他祈禱，禱詞爲：「予仁若考，能多才多藝，能事鬼神。」但學術界多數人認爲此篇是偽作，「仁」作爲倫理範疇是春秋時期才產生的。侯外廬先生等則更明確地提出，仁字的出現「晚在東周後期，至早在齊桓公建立霸業以後。」⑱

「仁」不僅出現在「孝」之後，而且，仁原始的涵義也是與孝直接相關的。如前引「予仁若考」，意即「我仁順祖考」，「仁」乃是孝敬祖先的美好品

---

⑨　許慎《說文解字》，中華書局一九六三年版，第一六一頁。

⑩　《論語・顏淵》。

⑪　《孟子・離婁下》。

⑫　《孟子・盡心上》。

⑬　《禮記・中庸》。

⑭　《禮記・檀弓》。

⑮　《孟子・離婁上》。

⑯　《朱熹集》第五冊，四川教育出版社一九九六年版，第二四七七頁。

⑰　陳來《古代宗教與倫理》，三聯書店一九九六年版，第三〇〇頁。

⑱　侯外廬等《中國思想通史》第一卷，人民出版社一九五七年版，第九三頁。

德。這一點我們也可以在《國語》中找到印證：「爲仁者，愛親之謂仁。」⑩這表明仁最初的含義就是對基於宗法血緣關係的親子之愛的概括。即使到了孟子，儘管仁的內涵已遠遠地超出了孝的範圍，但他仍反覆強調「仁之於父子也」⑩，「爲人子者懷仁義以事其父。」⑪從這裏依然不難追溯到仁源於孝的蛛絲馬跡。所以，有的學者斷言，孝的道德的優越性是由宗族共同體的結構決定的，「在宗族共同體的範圍內，最重要的德行是『孝』，……後來的『仁』德甚至是從『孝』的觀念發展出來的。」⑫朱伯崑先生也認爲，「如果仁是一種愛的意識，孝順祖先就是愛的內容。到了春秋時代，仁被理解爲孝順雙親。」⑬

由此，我們雖然不能斷言「仁」最初的含義就是「孝」，但有兩點應該是沒有疑義的。其一，作爲倫理範疇，孝產生的時間遠遠地早於仁；其二，仁範疇是建立在孝範疇基礎上，並以孝爲原點逐步擴展的。

第三，從儒家倫理體系的建構來看，孝是仁的邏輯起點。

孝觀念生發的一個重要心理根源是人子對父母、祖父母以及祖先的酬恩之心、報本之情。緬想祖先的功德，緬想父母生育哺養自己的艱辛，「哀哀父母，生我劬勞……哀哀父母，生我勞瘁」⑭，自然會產生回報的衝動：「欲報之德，昊天罔極。」⑮孝的觀念正是「親親」的自然情感的積澱和昇華，是酬報父母之社會責任的表徵和規範。從「親親」之自然之情言，孝具有普遍性；從酬報父母之社會責任而言，孝是個體的行爲，具有具體性。

孝的普遍性，決定了孝作爲一種普遍倫理規範的合理性；孝的具體性，又潛含了孝上升爲更爲普遍的抽象範疇的可能性。雖然孝後來被泛化爲似可統攝所有德目的具有相當包容性的範疇，但從孝的本質及其倫理定位來看，

---

⑩　《國語・晉語一》，第七一頁。

⑩　《孟子・盡心下》。

⑪　《孟子・告子下》。

⑫　陳來《古代宗教與倫理》，三聯書店一九九六年版，第三一三頁。

⑬　朱伯崑《先秦倫理學概論》，北京大學出版社一九八四年版，第三〇頁。

⑭　《詩經・小雅・蓼莪》，第二八三－二八四頁。

⑮　《詩經・小雅・蓼莪》，第二八四頁。

它仍然是以處理親子關係爲主的具體道德規範。要上升爲普遍而抽象的範疇，在孝範疇本身，顯然是有局限的，只能由既立足於孝、又高於孝的範疇來承當。在孔子看來，「仁」便是這樣一個具有極強普適性和巨大融攝力的範疇。

　　仁是普遍地存在於人與人之間的一種相親相愛的情感，這種情感生發的基點就是親親之愛。管子說：「孝弟者，仁之祖也」[116]；孟子說：「孩提之童，無不知愛其親者」[117]，仁就是這種「愛其親」之情的發醒擴充。蔡元培先生指出：「人之全德爲仁，仁之基本爲愛，愛之源泉在親子之間，而尤以愛親之情發於孩提者爲最早。故孔子以孝統攝諸行。」[118]呂思勉先生也講：「人之相仁偶也，始於知生我之母。」[119]顯而易見，在愛的始基處，我們所見到的分明是孝的觀念。所以東漢延篤著《仁孝論》討論仁孝先後也認爲，「孝在事親，仁施品物」，論功則仁爲大，論德則孝爲先，仁是孝的擴大，「夫人之有孝，猶四體之有心腹，樹葉之有本根。」[120]

　　訴諸於情感的自覺，是儒家爲其道德理想主義論證的主要方式。因爲情感的本質是內在的，以之作爲行爲的根據，既自然又堅實。在孔子看來，孝乃是人性最起碼的要求，或者說是人性最基本的表現。孝觀念植根於中國古代農業文明和血緣宗法關係的深厚土壤。作爲儒家最高理念的「仁」，自然也要適應中國社會現實的需要，適應人性的普遍要求，也就是要植根於孝的觀念，援孝入仁，立仁於孝。於是孝也就成爲每一個人內在的仁之天性的顯現，這就賦予原本行於西周上層貴族社會的孝觀念以普遍的社會意義，使之從一種主要具有政治效用的倫理轉化爲人們普遍的倫理道德規範。孝道的貴族色彩被淡化了，開始向士民化方向發展。「把道德律從氏族貴族的專有形式拉下來，安置在一般人類的心理要素裏，並給以有體系的說明，這可以說是孔子

[116]　李勉《管子今註今譯》上冊，臺灣商務印書館一九八八年七月版，第四七六頁。

[117]　《孟子・盡心上》。

[118]　《蔡元培哲學論集》，河北人民出版社一九八五年版，第十七頁。

[119]　呂思勉《中國制度史》，上海教育出版社一九八五年版，第三六七頁。

[120]　宋・范曄撰，唐・李賢等注《後漢書》（八），卷六四〈延篤傳〉，中華書局一九六五年五月版，第二一〇四頁。下引本書版本同此。

在中國古代思想史上的大功績。」⑫總之，孝悌爲仁之本，既體現了仁愛的人道原則，也是與自然原則相符的。「把血親之愛提升爲普遍的愛人之仁，是自然的人道化，而把普遍的愛人之仁與自然情感相聯繫，則是人道的自然化。愛人之仁以孝悌爲本，既是自然的人道化，又是人道的自然化，這就充分反映了人道原則和自然原則的交融。」⑫

　　第四，從人生道德實踐看，仁是體，孝是用，孝是踐行仁德的根本途徑。

　　對儒家來說，仁是以愛人爲核心的各種道德規範的總和，是人生追求的最高境界。如此至高至大的仁，對一般人而言，是既難以從整體上去體認，更難以在實踐中去篤行的。所以，只有納高遠於卑近，從簡捷切己的倫理行爲、倫理規範入手，才能漸次深入仁的本質，把仁落到實處，進而爲一般人在理性上感知領悟，在實踐中踐履行動，「能近取譬，可謂仁之方也已。」⑫

　　孔子認爲，孝正是這樣一個簡捷切己的入仁的門徑，即孟子所言：「道在爾（邇）而求諸遠，事在易而求之難。人人親其親，長其長而天下平。」⑫誠如周予同先生在論及仁孝關係時所指出的：「仁，廣大而抽象；孝，狹窄而具體；由狹窄而具體的入手，以漸漸進於廣大而抽象的『仁』。」周予同將此概括爲「由孝修仁說」或「仁孝因果說」。⑫同時，對仁來說，孝具有先在的決定作用。也就是說，達到了孝不一定就達到了仁，但不孝卻一定不仁，仁者首先應該是孝子。孔子之所以斥責宰予「不仁」，正是因爲宰予對守「三年之喪」的孝道提出了異議⑫。孔子行仁的最基本的原則是忠恕之道，忠恕之道講的就是「爲仁由己」⑫，「己欲立而立人，己欲達而達人」⑫，「己所

⑫　侯外廬等《中國思想通史》第一卷，人民出版社一九五七年版，第一五六頁。

⑫　陳衛平〈「仁」和「禮」的緊張〉，《學術界》一九九六年第二期。

⑫　《論語・雍也》。

⑫　《孟子・離婁上》。

⑫　周予同〈孝與生殖器崇拜〉，《古史辨》第二冊，上海古籍出版社一九八二年版，第二三八頁。

⑫　《論語・陽貨》。

⑫　《論語・顏淵》。

⑫　《論語・雍也》。

不欲，勿施於人。」⑫即仁的行爲一方面應自最切己處入手，另一方面應始終著眼於人我關係，充分體現愛人的誠意。

儒家援孝入仁的實踐意義，正在於從對中國古代社會血緣宗法制度的深層體察出發，把人類出乎本然的親親之情作爲突破口，以孝爲踐行仁德的根本途徑，將愛落實在父母親長身上。從而使仁不僅是易於接受的，而且是易於操作的了，「弟子入則孝，出則弟，謹而信，泛愛眾而親仁。」⑬於是西周宗敎倫理、政治倫理意義上的孝又轉化爲實踐人文倫理的起始點。

第五，從倫理價值的道德判斷看，孝是仁德價值實現的重要表現之一。

農業文明，特別是與之相伴隨的血緣宗法，使得家庭、家族成爲人們生活的本位，爲家庭、家族的鼎盛增光添彩，決定了中國人人生追求的價值方位。「與西方社會比較，中國社會最大的特色，是以家庭爲社會活動的中心。在傳統的中國，簡直可以說，除了家庭外，就沒有社會生活。……中國的家族意識，是不斷向外膨脹的，膨脹得使所有的人際關係，幾乎都予以家庭化」，「這樣一個充滿家族意識的社會中，人生自然會以光宗耀祖、興家立業、衣錦還鄉爲最高的榮譽。在這樣的社會中，人生價值的表現，不在忠，便在孝。」⑬在這樣的社會中，一切社會道德規範都能夠在孝觀念中找到依據，而仁則是一切倫理道德規範的最高原則，仁德價值只能借助這些具體的倫理道德規範來實現。因而，「弟子入則孝，出則弟，謹而信，泛愛眾，而親仁」⑬，誠如是，仁德理想也就可謂「我欲仁，斯仁至矣。」⑬

總之，「孝」是孔子倫理學說的起點和立足點，「仁」則是他的道德學說的終極和最高的價值目標。由孝到仁，是一種由特殊到普遍、由具體到一般、由倫理規範到道德原則的理性提升過程；由仁到孝，則是一個抽象的道德原

---

⑫　《論語・顏淵》。

⑬　《論語・學而》。

⑬　韋政通〈論中國文化的十大特徵〉，《文化危機與展望》，中國青年出版社一九八九年版，第四八頁。

⑬　《論語・學而》。

⑬　《論語・述而》。

則的具體化、實踐化過程。仁由於立足於孝，立足於自然的人性、人情，而獲得了堅實的心理基礎和社會基礎，同時具有了可操作性；孝由於實現了向仁的哲學提升，獲得了更高層級的普遍性，確立了其在儒家思想體系中的基礎性地位，並最終在《孝經》中上升爲眾德之本。此既是孔子的高明之處，亦是其對殷周孝觀念的創造性轉換所在。同時，「仁」源於血緣又超出血緣，立足於孝又高於孝，這就把人從狹隘的宗法血緣的小圈子裏解放出來，使個人得以與社會、國家建立盡可能直接的權利義務關係，從而爲孝倫理的政治化，爲儒家思想與封建政治的聯姻提供了可能性。從這個意義上而言，孔子仁孝的結合，由孝到仁的提升，具有承先啓後的理論意義。

　　(三)孔子孝道思想的基本特徵

　　上面我們考察了孔子對傳統孝觀念內容及社會作用的繼承和擴展，尤其是對孝的哲理化提升。總的來看，與此前相比，孔子對孝的論述具有以下三個明顯的特徵：

　　其一，對孝觀念從本質上作了抽象和概括。毫無疑問，孔子之前，「孝」已經是一種相當普遍的道德觀念。在西周銘文及反映西周社會生活的典籍中，「孝」字出現的頻率已經很高，春秋時期「孝」更成爲道德判斷的一個重要標準。但是，無論西周還是春秋時期，人們基本上都是從「孝行」、「德行」的意義上來講「孝」的，孝只是作爲處理血緣宗族倫常關係的特殊規範，而不具有普遍價值。從理論的高度看，西周只有「德」字包容了直、寬、剛、簡等各種德性和孝、友、慈、恭等各種德行，具有概括性和抽象性的特徵。春秋時期，以「愛」爲基本內涵的「仁」又從眾多的德性、德行中脫穎而出，成爲處理人倫、人際關係的一般原則。也就是說，孔子之前，「孝」雖然是奴隸主宗法道德體系的基礎，但也只是一個特殊的、具體的、普通的倫理規範，而且在春秋時期社會新思潮的衝擊下呈動搖和日趨式微之勢。在這樣的背景下，孔子以「孝悌」作爲其建構仁學體系大廈的根基，把目光從諸侯王室小圈子中的宗法親和力轉向了廣大人群所共有的仁愛之心，肯定道德情感是道德理性的心理基礎，並通過引孝入仁，把道德情感上升爲道德理性，從而爲孝的合理存在找到了普遍堅實的基礎。徐復觀先生對孔子論孝的意義也有深

刻的認識，他認爲，孔子把爲宗法政治制度服務的孝德從統治者手中交給每一個人，使其成爲個人的起碼德性、德行；把孝由建立外在的家庭間的秩序的需要，轉而爲每一個人內心的天性之愛；把善事父母的尋常行爲，通向人生最高原理的仁上面，賦予自然之情以理性自覺。經過孔子的這三項提升，孝的意義發生了本質的變化，具有了重大的文化內涵⑭。總之，「孝悌爲仁之本」，微言大義，從哲學的高度回答了「人爲什麼要行孝」這一棘手的問題，使孝從一個普通的宗法道德德目，上升爲眾德之先、眾德之本，從而具有了普遍的倫理意義和至高的道德價值。

其二，對孝的內涵和社會作用進行了全面、系統的論述。如果說「孝悌爲仁之本」從理論上論證了「爲什麼要行孝」，那麼孔子對孝的一系列具體規定，則全面而系統地回答了「如何行孝」的問題。孔子之前，我們只看到時人針對具體行爲而作出的「孝」或「不孝」的評判，但對判斷「孝」的標準究竟是什麼，應該怎樣行孝等問題，則無系統的論述。孔子從敬養、喪祭等方面提出了對孝行的要求，「生，事之以禮；死，葬之以禮，祭之以禮」⑮，由生至死，囊括了人生的全過程，使孝具有更普遍的可接受性和付諸實踐的有效性。而且，孔子對孝的論述雖然顯得零碎、散亂，但貫徹始終的是仁與禮、愛與敬相結合的精神，並由此形成一個系統的，以孝爲基礎，納悌、慈、忠、廉、信等諸多德行於其內的規範體系。另外，對孝的道德功能、社會功能、政治功能，孔子也從孝與仁、孝與悌、孝與忠、孝與政等方面全方位地進行了闡釋，不僅強化了「孝」作爲孔子儒學體系基石的地位，而且給以與政治相結合爲特色的封建孝道的形成鋪平了道路。

其三，孔子對孝觀念的理性提升對傳統孝道的發展具有定型、導向的作用。就其歷史影響來看，孔子的孝道思想產生了兩個直接的結果：

一是，西周孝觀念的內涵在孔子這裏發生了質的變化。西周的孝觀念雖然有「善事父母」的蘊含，但對祖先神的祭祀仍是其主導性內容，因而，西

---

⑭　徐復觀《中國思想史論集》，臺灣學生書局一九七四年版，第一五七—一七六頁。
⑮　《論語・爲政》。

周的「孝」既是倫理的，也是宗教的。孔子在西周孝觀念基礎上所創立的儒家孝悌觀從宗教中解放出來，擺脫了祖先神的束縛，孝悌發展成爲單純的倫理意義上的道德範疇。孔子雖然仍然把祖先崇拜作爲孝道的一項重要內容，但與殷周不同的是，作爲祖先崇拜和孝道表現形式的喪禮和祭禮已經完全失去了其原先的宗教意蘊，充盈著生動的倫理精神。孔子對鬼神一貫採取「敬而遠之」的態度，他認爲，對鬼神的祭祀旨在求得祭祀者心理的滿足：「祭如在，祭神如神在」[136]，「祭祀之禮，主人自盡焉爾，豈知神之所享？」[137]顯然，祭祀行爲從慰藉人的情志出發，不是通向對象化的神聖存在，卻落實到儀式行爲中的人倫秩序和自我德性的圓滿實現上：「慎終追遠，民德歸厚矣」[138]，也即荀子所說：「祭者，……其在君子，以爲人道也，其在百姓，以爲鬼事。」[139]孔子用理性主義的態度來詮釋傳統的宗教色彩濃厚的祖先崇拜，剔除了殷周孝觀念中的宗教成分，賦予孝觀念以完全的倫理意義。鬼神在俗文化中的彼岸性和迷信色彩在儒家孝道中徹底被理性所消解。馮友蘭先生認爲，儒家對喪禮、祭禮意義的解釋不是宗教的，而完全是詩的、藝術的，從而詩意地滿足了人心情感方面的要求。[140]這是自孔子開始儒家就一以貫之的態度，如荀子也說：

> 喪禮者，以生者飾死者也，大象其生以送死也。故事死如生，事亡如存，始終一也。……故喪禮者，無它焉，明死生之義，送以哀敬而終周藏也。[141]

> 祭者，志意思慕之情也，忠信愛敬之至矣，禮節文貌之盛矣。[142]

二是孔子把宗法制度中的親親精神轉換爲一般家庭中普遍的孝悌精神。西周祖先崇拜意義上的「孝」一般只限於貴族範圍，平民是無權問津的。

---

[136]　《論語·八佾》。

[137]　《禮記·檀弓》。

[138]　《論語·學而》。

[139]　《荀子·禮論》。

[140]　馮友蘭《中國哲學史》上册，中華書局一九六一年版，第四二四—四二九頁。

[141]　《荀子·禮論》。

[142]　《荀子·禮論》。

孔子應和生產力發展、生產關係變革的實際，拓展了孝的內容，論證了孝作為一個普遍的倫理規範的合理性，這大大地擴充了孝的社會意義，使之成為全民性的道德要求。經過孔子的拓展和論證，「孝」開始了其走向平民社會的步伐。當然，孔子的「孝」主要還是針對士君子而言的，孝道世俗化、平民化的真正完成，應該歸功於孟子。這一點我們後面還要論及。

正是基於以上三個特點，我們認為，在孔子之前，「孝」只能被稱為「觀念」，到孔子才真正形成「孝道」。目前學術界講到西周的「孝」時，籠統地稱「西周孝道」，這種提法是不準確的。這是因為，作為「觀念」的東西，可以是直觀的、零碎的、不系統的，甚至是充滿矛盾的。作為「道」的東西，則必須具備概括性、抽象性、理論性、系統性等特點，它是對一個觀念、一個問題的理論化、系統化的論證，是一種學說而非簡單的解釋或看法，它不能僅僅「知其然」，還必須深入探究並回答其「所以然」的問題。所以，「道」在中國文化中，代表著一種規律、準則和規範體系。從《國語》、《左傳》等典籍看，老子、孔子之前，對許多問題雖然不乏精闢和創新之論，但多半是就事論事，淺嘗輒止，缺乏理論上的總結和概括。孝觀念同樣是如此。從「觀念」與「道」的這一區別來看，孔子之前的「孝」只是一種「觀念」形態，而不是一種抽象化、系統化、理論化的「道」的形態。在中國思想史上，孔子是將「孝」的行為加以概括、抽象並上升為理論的第一個人，因而也是孝道理論的創始人。從史籍上看，「孝道」一詞最早見於《史記》：「孔子以為（曾參）能通孝道，故授之業。」⑭這也是針對孔子，才稱「孝道」的。那麼，為什麼到了孔子那裏，「孝」會由觀念形態上升為理論形態呢？我們的思路可以沿著下面兩個方向展開。

一方面，我們前文已經講到，孔子當時所處的時代，是一個「禮崩樂壞」的時代，周王朝社會鉗制力弱化，諸侯國之間武力相取，蠶食鯨吞，君臣父子、貴賤上下競相殘殺，原有的社會秩序、倫理秩序徹底被打亂。重整秩序，成為思想家面臨的重大歷史課題。孔子正是洞見了中國古代社會的血緣宗法

---

⑭　《史記‧仲尼弟子列傳》，嶽麓書社一九八八年版，第五一六頁。

實質，所以直接從「孝」入手，提出「孝爲仁之本」，設計了一套以「孝」爲基礎的倫理規範體系，試圖以此來範導人們回歸到「君君，臣臣，父父，子子」⑭的理想秩序中去。

另一方面，從「孝」觀念本身的發展看，在社會秩序沒有遭到破壞以前，它在人們心目中屬於一種自覺自願地去遵守的、現成的、肯定的道德觀念和行爲方式，其道德來源及合理性是不待證明、無須懷疑的。然而，當社會發生劇烈動盪，一種道德觀念所賴以存在的社會基礎動搖了的時候，這種道德觀念的合理性、有效性必然受到懷疑和詰難：憑什麼要我遵守這種秩序、規則和規範？在不斷的詰難和追問中，思想家們不得不回過頭來去思考、解釋、論證舊有的一切。反對者爲的是推翻舊的而用新的取而代之，維護者則要說明它的合理性來源，它的價值，它存在的內在依據。從這個角度看，僅僅設計一個救治社會的方案是遠遠不夠的，更重要的是必須爲要求人們實施這個方案，即按照它來生活，提供一個強有力的說明和論證。於是就產生了一個個各具特色的思想體系。正如學者所言：「一個動盪的時代，常常使人們對既定的價值發生疑惑，時時變動的秩序，則往往使人們對固有的結構產生疑問，……當那些無須論證就可以使人人平靜地接受的眞理不再擁有權威性的時候，權力對思想失去了強制性的權威，對任何現象和事物的解釋就要解釋者從頭說起，而且要有一套自成系統、自圓其說的道理。」⑭

道德規範已經失去權威性，重新建立思想對於世界的有效解釋，是當時的思想家的無可逃避的選擇。孔子的「仁學」體系、孔子的孝悌觀，正是建立在這樣的背景之下的。這是一個構築理論體系的艱難任務。「孝爲仁之本」這一命題，就是孔子給孝觀念普遍合理性、可接受性提供的依據。這也是孟子及後世儒家論證孝道合理性的基本理論思路。

---

⑭　《論語・顏淵》。

⑭　葛兆光《七世紀前中國的知識、思想與信仰世界》，復旦大學出版社一九九八年版，第一六四頁。

可見，「孝」由觀念形態向理論形態的轉變既是時代使然，也是「孝」觀念自身發展的邏輯必然。當然其中更凝結著孔子作爲思想家、理論家的智慧。

儒家孝道的確立是儒家對傳統文化的重大貢獻。承接孔子，傳統孝道在孟子、荀子等人那裏，從不同的角度和層面得到進一步的豐富和發展，形成更爲全面和系統的理論體系。

「人類歷史上無數的事例說明：一個事物僅靠它質樸的自然形態，未經人們從理論上加以論證之前，它的影響和作用只能在自發狀況徘徊；如果一旦獲得了理論上的論證，而這些理論在一個時期又不能被人們所否定，這個事物就會在理論指導下由自發狀態進入自覺狀態，就能最大限度地發揮它的作用與影響。」[146]後面有關章節的內容，會使我們對儒家孝道在中國社會所發生的深刻、廣泛、持久的影響有更深入的瞭解，也會使我們對這段灼見有更深刻的理解。

二、孟子：儒家孝道的豐富和發展

繼孔子之後，對儒家孝道的發展作出較大貢獻的是孟子。

孟子生活在戰國中期，此時各國通過變法改革都已經相繼確立了封建的生產關係，在全國範圍內建立統一的封建中央集權的歷史趨勢也日趨明顯。孟子面對七雄爭霸、「以攻伐爲賢」的混亂局面，繼承並發展孔子的「仁學」，遊說列國，宣揚以「仁政」、「王道」平治天下。

封建生產關係的確立和封建經濟的發展，使作爲封建社會基本生產單位的個體家庭的地位更加突出。與孔子相比，孟子對個體家庭的關注使他的思想更具有封建性的特徵。這既體現在他的「施仁政於民」的政治主張和「制民之產」的經濟構想中，也體現在他對調節個體家庭人倫關係的道德規範——「孝」的重視上。

---

[146]　劉澤華〈先秦禮論初探〉，《二十世紀中國禮學研究論集》，學苑出版社一九九八年六月版，第七九頁。

在《孟子》一書中，「孝」字共出現二十九次，涉及到孝的觀念的有五〇多處。孟子以孔子的「孝悌爲仁之本」作爲出發點，以親親原則爲核心，對「孝」進行了系統的論證，使孝道從形而上和形而下兩個方向上都得到強化和發展：在更加哲理化的同時也更加世俗化。具體說來，孟子對孔子孝道思想的發展主要表現在以下幾個方面。

(一)孝的人性論基礎－－性善論

性善論是孟子政治、經濟、倫理學說的理論基礎。從一定意義上說，「軸心時代」的中國是以對人性的反省作爲民族文化具型的契機的。對人心善惡問題的探討在孟子之前的儒者中已在進行，[147]只是沒有像孟子那樣形成系統、完備的理論。

孟子認爲，人具有先驗的善性，這種善性來自於四種「善端」，他也稱之爲「四心」。「四心」是人普遍地先天地具有的，是純粹的、超功利的，是人之異於禽獸的本質特徵。孟子進一步提出，這種善端是仁、義、禮、智等道德觀念的萌芽和來源：

> 惻隱之心，仁之端也；羞惡之心，義之端也；辭讓之心，禮之端也；是非之心，智之端也。[148]

作爲萌芽，「四心」經過擴充，就形成仁、義、禮、智「四德」。孟子進而明確指出：「仁、義、禮、智根植於心」[149]，「非由外鑠我也，我固有之也。」[150]這就是孟子「性善論」的基本內容。

在孟子所謂的「四心」當中，惻隱之心或不忍人之心是最根本的。相應地，在「四德」中，仁德也就是最根本的。那麼，什麼是「仁」呢？孟子繼

---

[147]　《論衡・本性》載：「周人世碩，以為人性有善有惡」，「宓子賤、漆雕開、公孫尼子之徒，亦論性情，與世子相出入，皆言性有善有惡」；《孟子・告子上》：「告子曰：性無善無不善也。」

[148]　《孟子・公孫丑上》。

[149]　《孟子・盡心上》。

[150]　《孟子・告子上》。

承了孔子「仁者愛人」⑮這一對「仁」的內涵的基本規定，並結合孔子「孝悌爲仁之本」的思想，明確提出：

> 仁也者，人也。⑮

> 親親，仁也。⑮

> 仁之實，事親是也。⑮

作爲爲人之道，「仁」最基本的涵義是「事親」、「親親」，也就是「孝」。「仁」是對先天的「善端」的擴充和發揮，「孝」是仁的核心和實質，於是孝悌之道也就順理成章地具有了先驗的性質，成爲一種無待於後天經驗和思慮的「良知良能」：

> 人之所不學而能者，其良能也；所不慮而知者，其良知也。孩提之童，無不知愛其親也。及其長也，無不知敬其兄也。⑮

這樣，孟子以性善論爲基礎和前提，通過對善端與善德及仁與孝關係的闡述，就合乎邏輯地推導出這樣的結論：孝是人天生具有的自然的本性。如同朱熹在《四書集注》中引陳氏注曰：「孝弟者，人之良知良能，自然本性也。」⑮這就把人性作爲孝道價值的合理依據，賦予了孝道以「人性自然」的性質。

在孔子的孝道中，孝雖然是「仁之本」，但「仁」從何而來？「仁」是否具有普遍性？這些問題並沒有得到解決。若繼續追究下去，則「孝」存在的合理性和普遍性也就成了疑問。孟子意識到這一點，他以抽象的人性論爲出發點，致力於對仁、義、禮、智等德性存在合理性的哲學論證。他的人性本善、仁德先驗的理論，給作爲仁的實質和核心的「孝」提供了堅實的人性

⑮　《論語・顏淵》。

⑮　《孟子・盡心下》。

⑮　《孟子・盡心上》。

⑮　《孟子・離婁上》。

⑮　《孟子・盡心上》。

⑮　《孟子集注・告子下》，朱熹《四書章句集注》，中華書局一九八三年十月版，第三三九頁。

論基礎。基於血緣親情的「孝」不僅是人的自然情感的純然流露，而且是人的善性的純然流露，這就使孝道具有了無可懷疑的道德來源和價值基礎。顯然，孟子的理論在一定意義上彌補了孔子孝道觀的漏洞和不足，使儒家孝道理論更趨完善。這是孟子對儒家孝道理論發展作出的巨大貢獻。

　　局限性在於，孟子對「人性本善」的論證具有明顯的經驗論性質，這就使其孝道理論從根本上仍然經不起嚴格的邏輯追問。

　　㈡親親－－仁民－－愛物：孝具有了更廣泛的社會性

　　1.黃金規則：推己及人

　　Ｌ·斯威德勒教授認為，在人類許多不同的宗教和倫理傳統中，存在著一個普遍的倫理原則：「你願意別人怎樣對待你，你就該怎樣對待別人」；或者從反面說：「你不願意別人怎樣對待你，你就不該怎樣對待別人。」他稱這條原則為「黃金規則」。⒄這條原則以不同的表述方式存在於印度文化、伊斯蘭文化、希臘文化中。在中國，它最早在《論語》中被概括為「忠恕之道」，「忠」即「己欲立而立人，己欲達而達人」⒅，「恕」即「己所不欲，勿施於人。」⒆《禮記》把它表述為：「有諸己而後求諸人，無諸己而後非諸人。」⒇朱熹以孝弟釋忠恕曰：「如欲子之孝於我，必當先孝於親；欲弟之弟於我，必當先敬其兄。」㉑孟子承繼孔子，把這條金科玉律闡發為「推己及人」。從此，儒家的忠恕之道就成為中國傳統社會處理人際關係的一條重要原則。

　　「黃金規則」貫穿於孟子的思想體系之中。應用於政治領域，要求統治者實行「仁政」，「推恩」以王天下、保四海；應用於倫理道德領域，孟子把「仁」劃分為「親」、「仁」、「愛」三種含義和三個層次，設計了一條「親親－－仁民－－愛物」三個依次遞進的環節和步驟，使親親之孝一方面迅速走

⒄　參《全球倫理－－世界宗教議會宣言》第一五九頁。
⒅　《論語·雍也》。
⒆　《論語·顏淵》。
⒇　《禮記·大學》。
㉑　《朱子語類》卷二七《論語九》，第六七六頁。

向世俗社會，深入普通百姓，另一方面與仁政更密切地結合在一起，使孝具有了更廣泛的社會意義和政治意義。

　　2.事親是「親親」的核心內容

　　「推」的起點是「親親」。血緣紐帶、血親認同使「親親」在仁愛中不僅表現於時間的順序居先上，而且表現於程度的輕重居優上。孟子重視對個體家庭人倫關係的調節，他首次提出父子、君臣、夫婦、長幼、朋友五種「人倫」⑯的概念，並且明確指出孝悌是「仁義」的根本原則，事親是人事或人倫的核心：

　　　　事孰為大？事親為大。

　　　　事親，事之本也。

　　　　仁之實，事親是也；義之實，從兄是也；智之實，知斯二者弗去是也；禮之實，文斯二者是也。⑯

這就把仁、義、禮、智等儒家重要的道德規範統一於事親、從兄的家庭倫理之中。孝悌成為最高的道德理想和價值標準。

　　事親中最基本的是「養親」，即首先要在物質上奉養雙親。衣食足而後知榮辱。政治上的「仁政」、經濟上的「制民恒產」，目的都是發展生產，使百姓豐衣足食，「仰足以事父母，俯足以畜妻子」⑯，從而為踐履孝道提供物質保障。官吏若使百姓「終歲勤動，不得以養父母」⑯，則枉為父母官。普通人的「孝」與不孝，關鍵也是看他能否「養父母」：

　　　　世俗所謂不孝者五：惰其四支，不顧父母之養，一不孝也；博奕好飲酒，不顧父母之養，二不孝也；好貨財，私妻子，不顧父母之養，

---

⑯　《孟子・滕文公上》。

⑯　皆見於《孟子・離婁上》。

⑯　《孟子・梁惠王上》。

⑯　《孟子・滕文公上》。

三不孝也；從（縱）耳目之欲，以為父母戮，四不孝也；好勇鬥狠，
以危父母，五不孝也。⑯

「五不孝」中，前三條都是針對「養親」而言的。由此可見，「養親」是孟子
孝道中非常重要的內容。

　　需要指出的是，在對待「養親」的問題上，孟子與孔子是大異其趣的。
在孔子看來，「至於犬馬，皆能有養」，連禽獸也知道「養親」⑯，更何況人
呢！所以「養親」是無須多言的。遍閱《論語》，我們很少看到孔子對「養親」
的直接論述。孟子則把「養親」視為人子行孝之大事，多處強調要使父母衣
食飽暖。究其原因，孔子講孝是針對士君子而言的，而孟子則把眼光投向下
層社會，他講的孝主要是針對庶民百姓而言的。他所針砭的「世俗所謂不孝
者五」，就清楚地表明了這一點。當然，這並不是說孟子所講的「孝」僅僅停
留在「養親」的層面上。事實上，孟子同樣強調對父母精神上的奉養，認為
「孝子之至，莫大於尊親」⑱，「食而弗愛，豕交之也；愛而不敬，獸畜之也。」
⑲但相比較而言，毫無疑問，孟子更為注重的是「養親」。這是由孟子所處的
特定歷史背景決定的。

　　西周奴隸制宗法道德基本上是貴族道德。祭祀祖先是君、宗的特權，所
以西周的孝主要指的是君子之孝。春秋時期，雖然「學術下移」，但孔子等思
想家面對的是「邪說暴行」泛濫、「亂臣賊子」橫行的混亂局面。他們要解決
的是社會秩序，特別是上層社會政治、倫理秩序的整飭和重建問題。所以他
們所提出的倫理道德規範仍然主要是面向統治者的。對於無凍餒之患、無饑
寒之憂的「士君子」來說，對父母物質上的贍養是不成問題，也無需多言的。
到了孟子所處的戰國中期，封建的生產關係已經確立，主要是如何維護和鞏
固的問題。孟子以先進思想家的睿智眼光，意識到一家一戶的個體家庭的穩
固是治國平天下的保證。由此，對普通家庭倫常關係的調節也就成為孟子關

---

⑯　《孟子·離婁上》。

⑯　《論語·為政》。

⑱　《孟子·萬章上》。

⑲　《孟子·盡心上》。

注的重點。孟子站在爲衣食奔波的眾庶百姓的角度，把「養親」作爲「孝」最基本、也最重要的一項內容和要求，是不足爲奇的。王符《潛夫論》說：「孝悌者，以致養爲本。」⑰⓪《鹽鐵論》中列〈孝養篇〉，也專門針對普通庶民而提出誠心誠意地「養」父母才是最重要的：

> 父子，與其禮有餘而養不足，寧養有餘而禮不足。⑰①

> 善養者不必芻豢也，善供者不必錦繡也。以己之所有盡事其親，孝之至也。故匹夫勤勞，猶足以順禮；啜椒飲水，足以致其敬。⑰②

> 事親孝者，非謂鮮肴也。⑰③

> 曾參、閔子無卿相之養，而有孝子之名；周襄王富有天下，而有不能事父母之累。故禮菲而養豐，非孝也。⑰④

然而，這種轉變的意義卻非同小可。從理論上來說，這是孔子「孝爲仁之本」和孟子性善論對孝的普遍合理性論證的必然結果。從此，孝越出血親家庭的範圍，成爲對所有人都具有約束力的普遍的社會道德規範。同時，經過孔子和孟子的理論論證，「孝」已完全擺脫其祭祖的傳統內涵和宗教意義，而代之以明確的現實意義。從實踐上來說，「孝」從此走向下層世俗社會，在有效地調節傳統家庭倫常關係和一般社會關係的同時，也爲統治者實施「以孝治天下」奠定了廣泛的社會基礎。

「不得乎親，不可以爲人；不順乎親，不可以爲子。」⑰⑤在孟子看來，養親、順親、敬親，享受人世間的天倫之樂，這是人生中的最大樂趣，而「父子不相見，兄弟妻子離散」⑰⑥，則是人生最大的痛苦。孟子所謂的「三樂」

---

⑰⓪　汪繼培箋，彭鐸校正《潛夫論箋校正・務本》，中華書局一九八五年九月版，第十六頁。

⑰①　桓寬《鹽鐵論・孝養》，張之象注，上海古籍出版社一九九〇年十月版，第九〇頁上。

⑰②　桓寬《鹽鐵論・孝養》，張之象注，上海古籍出版社一九九〇年十月版，第八九頁上。

⑰③　桓寬《鹽鐵論・孝養》，張之象注，上海古籍出版社一九九〇年十月版，第八九頁下。

⑰④　桓寬《鹽鐵論・孝養》，張之象注，上海古籍出版社一九九〇年十月版，第九一頁上下。

⑰⑤　《孟子・離婁上》。

⑰⑥　《孟子・梁惠王下》。

中，第一樂就是「父母俱存，兄弟無故。」⑰在另一處，他以舜爲例表示，色、富、貴，皆是人之所欲，卻都「不足以解憂」，「惟順於父母可以解憂。」⑱極天下之至樂，不足以動其事親之心，爲孝成爲人生快樂的源泉。這樣看來，孟子也可稱得上是「並竭股肱之力，咸盡愛敬之心，自足膝下之歡，忘懷軒冕之貴」⑲的孝子楷模了。

3.親親－－仁民－－愛物

「親親」僅僅是「推」的基礎和開始，是這個系統的第一層次和第一序列。依據「推己及人」的規則，孟子以「親親」爲起點，把「孝」向兩個方向推衍、擴展。一是由愛自己的父母而愛他人的父母：「老吾老以及人之老，幼吾幼以及人之幼」⑳，這樣，敬老慈幼也就成爲普遍的爲人之道。一是由「敬兄」而「長長」。孟子以「仁義」釋孔子的「孝悌」：「親親，仁也，敬兄，義也。」㉑人只有「居仁由義」㉒，才是正路安宅，才是對人倫、人道的持守。合而言之，也就是把仁愛之心推及於萬民，即「仁民」。這是「推」的第二個層次。孟子認爲，還可以把對人的愛繼續擴展，讓萬物都沐浴愛的恩澤，達到「推」的第三個層次和仁的最高境界，即「愛物」：「親親而仁民，仁民而愛物。」㉓北宋張載承接孟子，在其《西銘》中對「愛物」作了進一步的發揮，從而提出了「民胞物與」的著名觀點。

親親－－仁民－－愛物，這是一個由親及疏、由近及遠的推延、擴充過程，是理論的系統化、條理化和深化過程。親親、仁民、愛物，三者相通的基礎是人類的仁愛之心。這種愛與泛愛、兼愛的本質不同在於，它是有等差的，是以愛親爲本位和基礎的。換句話說，只有親親，才能仁民，只有仁民，

---

⑰　《孟子・盡心上》。

⑱　《孟子・萬章上》。

⑲　《北史》（九），卷八四〈孝行傳・序〉，第二八二五頁。

⑳　《孟子・梁惠王上》。

㉑　《孟子・盡心上》。

㉒　《孟子・盡心上》。

㉓　《孟子・盡心上》。

才能愛物：「君子之於物也，愛之而弗仁；於民也，仁之而弗親。」⑱二程說：「能親親，豈不仁民？能仁民，豈不愛物？若以愛物之心推而親親，卻是墨子也。」⑱儒家的愛有差等的原則在孟子這裏得到進一步的發揮。親、仁、愛是一個概念逐漸寬泛、擴展的過程，通過這種由「親」到「物」的逐級擴張，孟子賦予「孝」以更廣泛的理論意義和社會意義。

　㈢孟子孝道中的其他內容

　　1. 以孝教化百姓

　　　孔子也提出過「教民」的思想，認爲在使百姓「庶」之後，要「富之」、「教之」⑱，但對於教的內容則幾乎沒有論及。孟子不僅認識到教化百姓的重要性，而且明確地把「孝」作爲施行教化的重要內容。

　　　孟子認爲，人性中雖然有善端，但必須經過修養、擴充才能成爲善性，主觀的努力在這裏起著決定性的作用：「求則得之，舍則失之」⑱，「苟能充之，足以保四海；苟不充之，不足以事父母」。⑱這個擴充過程，對士君子而言是道德的自我修養，對廣大的下層百姓來講，就是一個道德教化過程。

　　　《孟子》一書中多次提到把「孝」作爲教化百姓的內容，如〈滕文公上〉講：「使契爲司徒，教以人倫：父子有親，君臣有義，夫婦有別，朋友有信。」《孟子·梁惠王上》也載，孟子在勸梁惠王實行有效的經濟政策使「數口之家可以無饑」的同時，強調必須「謹庠序之教，申之以孝悌之義」。

　　　孟子認爲，「善政，不如善教之得民也」⑱，所以他對孝道的教化作用非常重視。他認爲，通過教化，使孝深入民心，落實在民行上，「人倫明於上，小民親於下」⑲，才能眞正實現孝的政治、社會功能。孟子主張，一個人要

<hr>

⑱　《孟子·盡心上》。
⑱　《二程集·遺書》卷二三，第三一〇頁。
⑱　《論語·子路》。
⑱　《孟子·盡心上》。
⑱　《孟子·公孫丑上》。
⑱　《孟子·盡心上》。
⑲　《孟子·滕文公上》。

入則孝，出則悌，「入以事其親，出以事其長上」⑲。「入孝出悌」是修身之要、齊家之本，身修家齊則可以治國平天下，即所謂「人人親其親、長其長而天下平。」⑲孟子對孝之敎化功能的強調，是對孔子孝道觀的重要補充。這種思想經過《孝經》的進一步理論化，成爲儒家孝道思想不可缺少的內容，也成爲統治者實施「以孝治天下」的必由途徑。

　　在孝道的傳播上，孟子也有著重大的貢獻，這是因爲孟子塑造了兩個垂範後世的孝子的典型。一個孝子是舜。《論語》只是提及舜與孝的關係，孟子卻用大量筆墨把孝子舜的形象描繪得栩栩如生，對舜不同尋常的孝行推崇不已。舜於是成爲集仁王和孝子於一身的聖人。另一個是曾子。《論語》中雖然有曾子涉及孝道方面的談話，如「愼終追遠」、「親喪」、「孟莊子之孝」等等，但並沒有曾子爲孝子的明確記載。曾子孝親的故事始見於《孟子》，後來經過《禮記》的增飾渲染，曾子逐成爲國人有口皆碑的孝子偶像。後世的「二十四孝」中，舜榮居榜首，曾子名列第三，同爲宣傳孝道的經典敎材。這正是孟子所企望的結果。

　　舜是天子、聖王的化身，把儒家的孝道精神灌注在舜的形象中，這是孟子對孝道與治道關係的微妙詮釋。舜以自己的誠孝感悟了頑劣的父親，天下風俗因之而化，父子倫常也由之而定。這明顯地流露出孝道即是治道以及統治者應行孝以爲天下則的意識。在另一處，孟子索性明白地說：「堯舜之道，孝悌而已矣」⑲，這就承繼孔子，使儒家孝道進一步向政治靠攏。因而孟子把舜樹爲孝子，同《禮記》把文王、武王樹爲孝子一樣，在孝道發展歷史上具有特殊的意義。

2.孟子孝道中的消極因素

　　由於以「親親」爲最高的、甚至唯一的價值準則，其他凡是與此準則相衝突的一切道德價值，都不得不被壓制或犧牲，所以，孟子在繼承和發展孔

⑲　《孟子‧梁惠王上》。

⑲　《孟子‧離婁上》。

⑲　《孟子‧告子下》。

子思想，使儒家孝道更加完備的同時，也在一些方面走向保守和倒退。這主要表現在：

其一，孟子提出父子之間「不責善」，即不互相求全責備，以免相夷相離。孔子「不改父道」的思想雖然是保守的，但他畢竟提出了「幾諫」的原則，孟子提出，「父子不責善。責善則離，離則不祥莫大焉。」⑭爲了避免因「責善」而傷害父子之間的親情，他甚至提出了「易子而敎」的設想。以「不責善」來處理父子之間的分歧，顯然是對孔子「幾諫」原則的回避和倒退。

在孟子那裏，父子、君臣往往是相對舉的，「內則父子，外則君臣，人之大倫也。」⑮。有趣的是，與父子「不責善」相反，孟子主張君臣關係是相互平等的，「君之視臣如手足，則臣之視君如心腹；君之視臣如犬馬，則臣之視君如國人；君之視臣土芥，則臣之視君如寇仇」⑯，「君如有過則諫，反覆之而不聽，則去。」⑰對於不行仁義而又拒諫的暴君，孟子斥之爲「殘賊之人」、「一夫」，認爲可以誅而殺之。⑱這是儒家對理想民主政治的嚮往。按照這個邏輯，倘若父有過，子理當堅持原則、據理力爭。然而，孟子卻以傷害父子感情爲由，提出「父子不責善」，這是很值得玩味的。

表面看來，臣「諫」君與父子間不責善邏輯上似乎是矛盾的，其實這與孟子「親親爲大」的整個思想體系是完全一致的。君臣以義合，父子以恩合。君臣之間有義則留，無義則去，而父子之間的恩則是天然的。父子責善的結果必然使「父子相夷」，反目爲仇，傷害血緣親情。因而，無論是孔子的父子相隱，還是孟子的父子不責善，其用意都在於培養和維護親親的自然情感。

其二，在解決尊親與尊國、私情與公理、孝道與國法之間的衝突時，孔、孟皆以「親親」爲最高準則，而犧牲其他道德價值。孔子爲堅持「父子相隱」的親親原則而抨擊「其父攘羊而子證之」的合乎國法的正直行爲，爲維護孝

⑭　《孟子・離婁上》。

⑮　《孟子・公孫丑下》。

⑯　《孟子・離婁下》。

⑰　《孟子・萬章下》。

⑱　《孟子・梁惠王上》。

道而對屢屢臨陣脫逃者大加讚揚。同樣，當萬章問「象至不仁，封之有庳。有庳之人奚罪焉？仁人固如是乎？在他人則誅之，在弟則封之」時，孟子也不惜犧牲社會的公理來維護家族倫理：「仁人之于弟也，不藏怒也，不宿怨也，親愛之而已矣。親之欲其貴也，愛之欲之富也。封之有庳，富貴之也。身為天子，弟為匹夫，可謂親愛之乎？」⑲當桃應問「舜為天子，皋陶為士，瞽瞍殺人，則如之何？」時，孟子認為大孝之舜會毫不猶豫地「竊負而逃，遵海濱而處，終身欣然，樂而忘天下。」⑳這是為維護孝道而排斥法律。顯然，孔、孟無條件地堅持親親原則的至上性，雖然符合中國血緣宗法的實際，卻是對公正、公理等普遍價值的破壞。同時，這也直接影響到漢代以後的立法，使法律的公平精神受到損害。

其三，與孔子及墨子主張薄葬不同，孟子力主厚葬。孟子認為葬埋之禮起源於孝子仁人對父母親人的不忍人之心：

> 蓋上世有不葬其親者。其親死，則舉而委之於壑，他日過之，狐狸食之，蠅蚋姑嘬之。……蓋歸返而掩之。掩之誠是也，則孝子仁人之掩其親，亦必有道矣。㉑

在孟子看來，這個「掩親」之道也就是厚葬，愈厚愈能體現對父母的孝心。所以不僅父母在世時，「君子不以天下儉其親」㉒，給父母送終更應傾其所有，而且這更能顯示人子的孝心：「養生者不足以當大事，惟送死可以當大事。」㉓朱子對這句話的理解應該說是頗得要領：

⑲　《孟子・萬章上》。
⑳　《孟子・盡心上》。
㉑　《孟子・滕文公上》。
㉒　《孟子・公孫丑下》。
㉓　《孟子・離婁下》。

　　　事生固當愛敬，然亦人道之常耳。至於送死，則人道之大變；孝
　　子之事親，捨是無以用其力矣；——故尤以為大事，而必誠必信，不
　　使少有後日之悔也。⑳

　　孟子的厚葬主張後來被納入儒家孝道，並伴隨著後世統治者對孝道的異
化而走向了極端。厚葬相習成風，權貴豪門極盡奢侈，庶民百姓傾家蕩產，
對中國社會產生了很大的負面效應。這一陋習延續至今餘孽猶存。
　　其四，孟子提出了「不孝有三，無後爲大。」⑳
　　所謂「不孝有三」，朱熹《四書集注》引趙氏注曰：

　　　於禮有不孝者三事，謂：阿義曲從，陷親不義，一也；家貧親老，
　　不為祿仕，二也；不娶無子，絕先祖祀，三也。三者之中，無後為大。
　　⑳

　　孟子所謂「世俗五不孝」中並沒有「無後」這一條，至於趙氏注釋的「三
不孝」是否準確，也已經無從考證。從孟子只是總結性地說「不孝有三」，卻
不對「三不孝」的內容做具體解釋這一點推測，「三不孝」的說法在孟子的時
代應該是很普遍的，是世俗社會所公認的，因而是不需要多加說明的。但是，
在可見的典籍中，孟子是首先提出「無後」爲大不孝的人。如對萬章「舜之
不告而娶，何也」的詰問，孟子的回答是：「告則不得娶。……則廢人之大倫
以懟父母。」⑳　「廢人倫」的直接後果就是絕嗣無後，以至於上無以事宗
廟，下無以繼後世。這當然是大孝之舜所不能爲之事。在另一處，孟子假借
孔子之口詛咒那些「帥獸而食人的統治者」：「始作俑者，其無後乎？」⑳看
來，「無後」，即今人所謂「斷子絕孫」，在孟子的時代已經成爲對人最刻毒的

⑳　《孟子集注・離婁下》，朱熹《四書章句集注》，中華書局一九八三年十月版，第二九二
　　頁。
⑳　《孟子・離婁下》。
⑳　《孟子集注・離婁上》，朱熹《四書章句集注》，中華書局一九八三年十月版，第二八六
　　一二八七頁。
⑳　《孟子・萬章上》。
⑳　《孟子・梁惠王上》。

咒罵了。如韓非子就稱「且夫進不臣君，退不爲家」是「亂世絕嗣之道也。」⑳以後，「不孝之大，無過於絕嗣」⑳就成爲國人的普遍信念了。

立嗣是父權存在和延續的基本條件，「夫孝以似續爲先，宗祧爲上。」⑪「無後爲大」的孝道觀是適應保護、發展封建生產關係和宗法制度的需要而產生的，是小農經濟和宗法制度在道德上的要求，它本質上是對封建的土地佔有關係和財產繼承關係的反映，是保障人口綿延的倫理規則。因而在孟子所處的特定的歷史時期，它符合生產力發展的需要，也有利於人類的生息繁衍，具有積極的意義。但是，它的局限性也是顯而易見的。作爲儒家孝道的重要內容，「不孝有三，無後爲大」的思想從此在很大程度上支配著中國人的婚姻和生育觀念。譬如傳統社會有所謂「七出」的休妻制度⑫，「無後」即爲出妻的第一條理由。尤其是它與男尊女卑的觀念相互結合，父權推衍爲夫權，二者相互強化，成爲束縛國人特別是廣大婦女心靈的枷鎖。時至今日，在落後的農村地區以及受傳統影響較深的人群中，它依然發揮著消極的作用。

三、荀子：儒家孝道封建化的前奏

荀子生活在諸侯異政、百家異說的局面即將結束，封建大一統的趨勢逐漸形成的時代。作爲新興地主階級的思想代表，荀子站在時代的高度和儒家的立場上，在稽考各家長短優劣、對持續一百餘年的百家爭鳴進行綜合批判和全面總結的基礎上，推陳出新，建立起自己集大成的思想體系。荀子的思想體系以性惡論爲理論基礎，以隆禮爲核心，以禮法同尊爲特色。他的理論適應了全國統一的時代潮流，爲新的中央集權封建等級秩序的確立提供了理論根據。

---

⑳　《韓非子・忠孝》，第一一○八頁。

⑳　北齊・魏收撰《魏書》（四），卷五三〈李孝伯傳〉，第一一七七頁。下引本書版本同此。

⑪　《明文海》卷一一三，周復俊《禮辯》，中華書局一九八七年版，第一一二四頁。

⑫　《禮記・喪服傳疏》曰：「七出者：無子，一也；淫佚，二也；不事舅姑，三也；口舌，四也；盜竊，五也；妒忌，六也；惡疾，七也。」《孔子家語・本命解》曰：「七出者：不順父母者，無子者，淫僻者，嫉妒者，惡疾者，多口舌者，盜竊者。」

　　就對儒家孝道的發展而言，《荀子》三十篇，「孝」字雖然只出現四十餘次，但荀子的貢獻不亞於孟子。我們知道，孔子仁、禮並重，孟子從「仁」的方面著手，爲儒家孝道尋求到一個堅實的人性論基礎。荀子則從「禮」的角度立論，納孝入禮，使孝的封建等級特徵更爲突出。孟、荀一說性善，一主性惡，出發點迥異，但最終指向卻是一致的，即都是要補充、完善並論證儒家孝道的合理性、普遍性、永恒性，爲新興地主階級確立和鞏固封建統治秩序服務。

㈠納孝入禮

　　同孟子一樣，人性論也是荀子倫理思想的理論基礎。不同的是，他把人性看作是與生俱來的原始質樸的自然本性。這種本性既包括「饑而欲食、寒而欲暖、勞而欲息」㉝的生理本能，也包括「目好色，耳好聲，口好味，心好利」㉞的心理本能。由此，荀子認爲人性是惡的。

　　爲了遏制惡的人性，聖人制訂禮儀法度以矯飾人之性情，化性起僞，於是「禮」也就成爲荀子倫理思想的核心。荀子所謂的「禮」內容極爲豐富，既是指「貴賤有等、長幼有序、貧富輕重皆有稱者」㉟的等級差別，也具有社會道德規範的總和以及人們行爲的最高準則的意義，「禮者，人道之極也。」㊱同時禮又是律例的綱紀，「法」的綱領，「禮者，法之大分，類之綱紀也。」㊲其實質是對維護封建等級秩序的理論表達。

　　一方面，荀子從禮的作用出發來誇大、神化等級制度以及包括「孝」在內的等級道德。他認爲禮在修身治國中發揮著無可代替的作用：

　　　人無禮則不生，事無禮則不成，國家無禮則不寧。㊳

㉝　《荀子・榮辱》。

㉞　《荀子・性惡》。

㉟　《荀子・富國》。

㊱　《荀子・禮論》。

㊲　《荀子・勸學》。

㊳　《荀子・修身》。

　　　　禮者，治辨之極也，強國之本也，威行之道也，功名之總也。……
由是道則行，不由是道則廢。㉑⑨

不僅如此，荀子進一步把「禮」抬高到天地萬物普遍法則的神聖高度：

　　　　天地以合，日月以明，四時以序，星辰以行，江河以流，萬物以
昌，好惡以節，喜怒以當。以為下則順，以為上則明，萬物變而不亂，
貳之則喪也。　禮豈不至矣哉！㉒⓪

「禮」被誇大到與天地四時合其序、與日月星辰同其明的地步。從而，
包括孝、悌、忠、順等在內的等級道德規範也就成為絕對、永恒的東西了：

　　　　君臣不得不尊，父子不得不親，兄弟不得不順，……少者以長，
長者以養。故天地生之，聖人成之。㉒①

　　　　君臣父子兄弟夫婦，始則終，終則始，與天地同理，與萬世同久。
夫是之謂大本。㉒②

　　另一方面，荀子繼承孔子、孟子對「孝」從仁、義兩方面所作的規定，
並把仁、義統一於以禮為核心的道德規範體系中，從而納孝入禮，以禮統孝。
荀子對仁、義內涵的規定是：「仁，愛也，故親」㉒③，「貴貴，尊尊，賢賢，老老，長
長，義之倫也」㉒④。這與孔孟以「愛親」、「敬長」為「孝」的內容並無二致。
區別在於，荀子把仁和義都統一於禮，並且以禮作為最高準則。《荀子‧大略》
中講：

　　　　君子處仁以義，然後仁也；行義以禮，然後義也。

㉑⑨　《荀子‧議兵》。

㉒⓪　《荀子‧禮論》。

㉒①　《荀子‧大略》。

㉒②　《荀子‧王制》。

㉒③　《荀子‧大略》。

㉒④　《荀子‧王制》。

仁有里，義有門。仁非其里而處之，非仁也；義非其里而處之，
非義也。

這裏的「里」和「門」都是指的「禮」。梁啓雄注曰：「謂以仁義爲本，
終成於禮節也。」《荀子‧君子》中也講：

故尚賢能，等貴賤，分親疏，序長幼，此先王之道也。……故仁
者，仁此者也；義者，分此者也。

這樣，荀子通過納仁義於禮，給作爲愛人原則的「仁」和作爲敬長原則
的「義」注入了新的內容，賦予「愛有差等」的儒家孝道以新的面貌。「禮」
在孝道中主導地位的確立，使森嚴有序的差等觀念更爲強化，而溫情脈脈的
血緣親情之愛則明顯淡薄。由性惡論出發，荀子一反孔孟把「孝」看作人子
對父母感恩、報恩之情的自然流露的傳統看法，他認爲，這種自然的血緣情
感是不存在的，「孝」乃是聖人化性起僞、君子德敎熏染的結果。他明確地說：

夫子之讓乎父，弟之讓乎兄；子之代乎父，弟之代乎兄；此二行
者，皆反於性而悖於情也；然而孝子之道，禮義之文理也。㉕

天非私曾、騫、孝己而外眾人也。然而曾、騫、孝己獨厚於孝之
實，而全於孝之名者，何也？以基於禮義故也。㉖

正因爲如此，以禮義敎化眾庶，使之「趨孝弟」㉗，也就成爲荀子禮論
的一個重要內容。這與孟子的「申之以孝悌之義」㉘的思想是相契合的。荀
子認爲，民不孝親敬上，其罪不在民而在君，是統治者疏於敎化所造成的。
所以，「不敎而誅，則刑繁而邪不勝。」㉙荀子還假託孔子表達自己的觀點：

㉕　《荀子‧性惡》。

㉖　《荀子‧性惡》。曾即曾參，騫即閔子騫，孝己爲殷高宗之太子。三人都以至孝聞於後
世。

㉗　《荀子‧王制》。

㉘　《孟子‧梁惠王上》。

㉙　《荀子‧富國》。

　　　　孔子為魯司寇，有父子訟者，孔子拘之，三月不別。其父請止，
　　孔子捨之。季孫聞之，不說，曰：「是老也欺予！語予曰：『為國家
　　必以孝。』今殺一人以戮不孝，又捨之。」冉子以告。孔子慨然歎曰：
　　「嗚呼！上失之，下殺之，其可乎？不教其民而聽其獄，殺不辜也。」
　　㉚

孟、荀以孝教化百姓的觀點爲後世統治者所重視，尤其是經過《孝經》的提
升和渲染，「孝」上升爲眾教之本，成爲封建社會倫理政治機制得以實施和運
行的有效環節。

　　㈡從義不從父

　　〈子道〉是荀子論孝的專篇，其中心議題就是「從道不從君，從義不從
父」。這是荀子孝道觀中最值得稱道的地方，也是荀子對儒家孝道做出的最積
極的貢獻。

　　〈子道〉開篇便把孝行分爲三個等次：

　　　　入孝出弟，人之小行也；上順下篤，人之中行也；從道不從君，
　　從義不從父，人之大行也。

「入孝出弟」，這是孔孟孝道思想中對孝子提出的主要要求，「上順下篤」是
孔子孟子推行孝道所要實現的理想目標。而這些在荀子看來，卻不過是人子、
人臣者的「小行」、「中行」。荀子認爲，對君、父俯首帖耳、言聽計從，並不
是孝，只有堅持原則，服從道義，不以君、父之是非爲是非，而是以道義爲
行爲標準，以免陷親於不仁不義，這才是眞正的「大孝」：

　　　　故可以從而不從，是不子也；未可以從而從，是不衷也。明於從
　　不從之義，而能致恭敬忠信、端愨，以慎行之，則可謂大孝矣。㉛

那麼，什麼時候「可以從」，什麼時候「未可以從」呢？荀子進一步把「孝子
所以不從命」的情況歸納爲三種：

㉚　《荀子·宥坐》。
㉛　《荀子·子道》。

　　從命則親危，不從命則親安，孝子不從命乃衷；從命則親厚，不從命則親榮，孝子不從命乃義；從命則禽獸，不從命則修飾，孝子不從命乃敬。㉜

　　第一種爲身體上的，即不危及父母生命安全。荀子罵那些「行少傾之怒，而喪終身之軀」的人連畜生都不如，因爲「乳狗不遠遊，不忘其親也」，而這些好勇鬥狠之徒的行爲卻給父母招來橫禍：「室家立殘，親戚不免於刑戮」，「然且爲之，是忘其親也。」㉝第二、第三種都是精神上的，這些「不從」從表面上看是違逆父母，實際上則給父母帶來榮耀，是「大孝」的表現。至於「夙興夜寐，耕耘樹藝，手足胼胝以養其親」㉞，乃至身敬、辭遜、色順等，荀子認爲，只要有一片孝心，並不難做到，難的是即使在「孝而親不愛」㉟的情況下，在眾人的非議中，在災難的打擊面前，也能明辨是非，循道由義，勉力而行。荀子認爲這是一般人做不到的：

　　故勞苦彤萃而能無失其敬，災禍患難而能無失其義，不幸不順見惡而能無失其愛，非仁人莫能行。㊱

　　由「從義不從父」的最高原則出發，荀子力主諫諍，認爲臣、子應該爲據守道義而不惜面折庭爭，「從命而不拂，微諫而不倦，爲上則明，爲下則遜。」㊲諫與不諫，大對國家，小對個人，都有至關重要的意義。「國有爭臣」，則可保宗廟社稷；「父有爭子，不行無禮」，「士有爭友，不爲不義。」㊳「從義不從父」，這也是荀子孝道觀中最精華的部分。

　　從上面的論述可以看到，與「仁爲孝之本」和以禮統攝仁義、從義不從父相一致，由孔子到荀子，「孝」觀念的血緣情感成分的淡化、弱化是很明顯

㉜　《荀子・子道》。
㉝　《荀子・榮辱》。
㉞　《荀子・子道》。
㉟　《荀子・大略》。
㊱　《荀子・子道》。
㊲　《荀子・臣道》。
㊳　《荀子・子道》。

的。理性在荀子這裏占了上風，這既是荀子融合儒、法的結果，也是新興地主階級充滿自信和鬥志的心態的表現。

(三)隆君與孝父並舉

《荀子・禮論》道：

> 禮有三本：天地者，生之本也；先祖者，類之本也；君師者，治之本也。無天地，惡生？無先祖，惡出？無君師，惡治？三者偏（遍）立，焉無安人？故禮，上事天，下事地，尊先祖，而隆君師，是禮之三本也。

我們注意到，隆君師與事天地、尊先祖同等重要，荀子把君主的地位已經抬升到與天地、先祖並高。事實上，荀子還把君主高高地置於萬民之上，把君主看作百姓的父母，君主統馭百姓就像家長管教孩子一樣。他說：

> 上之於下如保赤子，⋯⋯故下之親上歡如父母，可殺而不可使不順。⑳

> 是故百姓貴之（指君主）如帝，親之如父母，為之出死斷亡而愉者，道德誠明，利澤誠厚也。⑳

既然君主是下民的「父母」，那麼臣民事君與子女事父，其實質也就是一樣的了：

> 臣之於君也，下之於上也，若子之事父，弟之事兄。⑳

所以，在荀子這裏，君、親是一樣的，隆君就是孝親。與孔孟相比，這是荀子孝道觀中的一個新特點。孔孟都是從「黃金原則」出發，推孝父而及於忠君。而荀子則乾脆省略了這個「推」的過程，直接把君父並稱、忠孝混同。這種觀點的提出，一方面是荀子思想體系中融合儒法傾向的表現。另一方面，

㉉　《荀子・王霸》。
㉔　《荀子・王霸》。
㉔　《荀子・議兵》。

也是封建大一統專制統治趨勢的理論反映。這也正是荀學得到後世統治者暗中青睞和採納的原因所在。

　　馮友蘭先生認爲，荀子的政治哲學與孟子的不同之一在於，荀子以爲人性是惡的，所以他不注重個人性情之自由，而認爲「聖王之權威應爲絕對的」[242]。這是有道理的。荀子進一步認爲，要齊家治國、強兵富民，必須樹立和保證君主的絕對權威：

> 君者，國之隆也；父者，家之隆也。隆一而治，二而亂。自古及
> 今，未有二隆爭重而能長久者。[243]

顯然，這裏對君權、父權的絕對至上性、唯一性的強調，是爲了借孝道以建立封建君主專制。這也是孔孟孝道所沒有的新內容，尤其是與孟子君臣平等思想中所包含的民主性內容相悖的。

　　其實，荀子不僅僅停留在把孝父與忠君相等同上，在他看來，君恩大於親恩，因而隆君比孝親更爲重要。在回答「君之喪所以取三年」的問題時，荀子道：

> 君者，治辨之主也，文理之原也，情貌之盡也，相率而致隆之，
> 不亦可乎？……父能生之，不能養之；母能食之，不能教誨之；君者，
> 已能食之矣，又善教誨之者也，三年畢矣哉！[244]

這就要求臣民不僅要像孝親那樣忠君順上，而且既然君恩深於、重於親恩，那麼在君、親不可兼得，忠孝必捨其一時，依照荀子的暗示，當然就應該捨親保君，棄孝盡忠了。荀子雖然沒有明確地這樣說，但是毫無疑問，由春秋以前的「孝」包含「忠」，到戰國、秦漢之際忠孝基本上並列，最後隨著漢代封建專制統治的確立和穩固，「孝」逐漸蛻變爲「忠」的附庸，這種演變，尤其是最後一個演變過程，雖然是專制制度的必然產物，卻也與荀子的君恩重

---

[242]　馮友蘭《中國哲學史》上冊，中華書局一九六一年版，第三七二頁。

[243]　《荀子・致士》。

[244]　《荀子・禮論》。

於親恩的理論不無關係。這是君臣關係演進史上重要的一步，也是儒家孝道走向封建意識形態的前奏。

總的說來，荀子的孝道觀是非常具有時代特色的。他既不像孔子那樣，努力地爲孝尋求上升爲普遍道德準則的哲學基礎；也不像孟子那樣，向上致力於從人性論上論證孝的來源，向下致力於把孝推廣於世俗社會。孝道只是荀子「禮論」的一個重要組成部分。他兼采儒法而又力避二者理想主義和功利主義的極端，創立了一套極具現實性、實用性的理論，他的思想在秦漢逐漸定型的中國封建社會意識形態中佔據了極爲重要的地位。相應地，他的孝道觀，尤其是其中突出的封建等級性特徵，即君父並隆、君恩重於父恩的思想，包含著走向政治獨裁的因素，是荀子孝道觀中的糟粕。荀子的隆君思想預示著儒學的發展方向，預示著儒學與政治的聯姻。從孝道發展歷程來說，這是儒家孝道與封建君主專制政治相結合的前兆。正如有的學者所言：「如果說專制主義是封建孝道的重要特徵，那麼以孝道助成專制政治的最早的理論雛形即來自於荀子。」⑳在先秦儒家孝道向封建孝道轉化和定型過程中，荀子的孝道觀成爲具有決定意義的一個重要環節。

第三節　儒家孝道的異音：道、墨、法三家論孝

一、道家的孝論

對於「孝」，道家沒有專門的論述。道家哲學的中心思想是「無爲」，在政治上體現爲「無爲而治」，在道德領域則體現爲超道德主義。因而，對世俗孝道的否棄是道家道德哲學的邏輯必然。

道家始祖老子認爲，仁、義、禮、智，包括孝、慈、忠、信在內，都是後天的、人爲的，是違背自然、違背人性的，是人類社會的倒退和人類文明的墮落：「大道廢，有仁義；智慧出，有大僞；六親不和，有孝慈」⑳，「失道而後德，失德而後仁，失仁而後義，失義而後禮。禮者，忠信之薄而亂之

---

⑳　康學偉《先秦孝道研究》，文津出版社一九九二年版，第二〇一頁。
⑳　《老子·十八章》。

首也。」㉔7所以只有擯棄這些悖離自然、敗壞社會的人爲因素，人類才能重新回復自然、質樸、純潔、美好的德性，即所謂「絕聖去智，民利百倍；絕巧棄利，盜賊無有；絕仁棄義，民復孝慈。」㉔8用周予同先生的話說，墨家雖然不承認「孝」在哲學上的地位，但還承認其在社會倫理上的地位，而主張返於「無名之樸」的道家則視「孝」爲一種應歸於毀滅的不祥之物。㉔9

這裏想多說一點的是，《郭店楚墓竹簡》中「絕仁棄義」作「絕僞棄作」。「僞」和「作」是指人爲的、非自然的、非眞情的行爲。如果是這樣的話，就更說明道家反對的是僞道德、假道德。值得重視的是，在同時出土的儒家著作中，也有與此類似的表達：「爲孝，此非孝也；爲弟，此非弟也」，「父孝子愛，非有爲也。」親子之情是自然的感情，孝慈也是親子間眞情感的交流，容不得半點矯揉造作，這與道家的思想是一致的。也許這種一致是要向我們表明，儒道的對立並不是水火不相容的。有的學者甚至認爲，這「透露了一些儒、道兩家在早期和平共處的訊息」(250)。其實，在追求「眞」、「誠」這一點上，儒道兩家的確是相通的。儒家把作爲道德規範總匯的「仁」建立在「孝」的基礎上，道家則認爲只有任性自然，才有眞正的道德，其目的都是强調一切道德規範應該建立在眞情眞性之上，應該由眞性眞情來統帥。後世以「爲孝」作爲加官晉爵的手段，顯然與儒道兩家的主張都是背道而馳的。

莊子對世俗間的仁義孝慈等人爲的道德更是鄙夷有加，不屑一顧。《莊子》上有這樣一段對話：

> 商太宰蕩問仁於莊子。……莊子曰：「至仁無親。」太宰曰：「蕩聞之，無親則不愛，不愛則不孝，謂至仁不孝，可乎？」莊子曰：「不然，夫至仁尚矣，孝固不足以言之。此非過孝之言也，不及孝之言也。……故曰：以敬孝易，以愛孝難；以愛孝易，以忘親難；忘親易，使忘我難；使親忘我易，兼忘天下難；兼忘天下易，使天下兼忘我難。

㉔7　《老子·三十八章》。

㉔8　《老子·十九章》。

㉔9　周予同《孝與祖先崇拜》，上海古籍出版社一九八二年版，第二三五頁。

(250)　龐樸〈古墓新知——漫讀郭店楚簡〉，《讀書》一九九八年第九期。

夫道遺堯、舜而不為也，利澤施於萬世，天下莫知也，豈直太息而言仁孝哉？㉑

莊子比老子走得還遠，摒棄得還徹底。他認爲唯有物我兩忘，拋卻「孝悌仁義、忠信貞廉」等「自勉以役其德」㉒的人性的枷鎖，才能泯滅親疏，超越自我，返樸歸眞，達到至仁至德的最高境界。

二、墨家以兼愛爲本的孝道觀

與儒家同爲「顯學」的墨家，在孝道觀上也與儒家有著原則性的分別。墨家孝道觀是建立在其「兼愛」學說基礎上的。

「兼愛」是墨家學說的核心，也是墨家理論的倫理原則和政治原則。從這種愛無差等、不辟親疏的原則出發，墨家認爲，天下之亂起自人與人之間的不相愛，起自「臣子之不孝君父。」㉓只有君臣父子乃至陌路之間都相親相愛，「君臣相愛則惠忠，父子相愛則孝慈，兄弟相愛則和調，天下人皆相愛，強不執弱，眾不劫寡，富不侮貧」㉔，天下才能和順安樂。既然以兼愛爲理論前提，所以，墨子對於「孝」德，雖然不像「非樂」一樣極力地加以排擠非難，但在墨子的思想體系中，父子關係只不過是社會上普遍的人倫關係中普通的一種而已，是在「兼愛」的前提下所衍生的父子之間的人倫關係，與其他人之間的愛、利關係並無親疏遠近之別。因而，孝和慈「在墨家的眼光中，不過是『兼愛』大德目底下的兩個小德目，或『兼愛』之表現於親子間的兩個名詞。」㉕在這個基礎上，墨子強調了孝悌惠忠的重要性：

㉑　《莊子‧天運》，王先謙《莊子集解》，中華書局一九八七年版。

㉒　《莊子‧天運》，王先謙《莊子集解》，中華書局一九八七年版。

㉓　《墨子‧兼愛上》，第一五四頁。

㉔　《墨子‧兼愛中》，第一五九頁。

㉕　周予同〈孝與祖先崇拜〉，《古史辨》第二冊，上海古籍出版社一九八二年版，第二三四頁。

　　為人君必惠，為人臣必忠，為人子必孝，為人兄必友，為人弟必悌。……此聖王之道而萬民之大利也。㉕

　　君臣不相愛則不惠忠，父子不相愛則不慈孝，兄弟不相愛則不和調。㉗

　　君臣不惠忠，父子不慈孝，兄弟不和調，此天下之害也。㉘

　　若使天下人兼相愛，……君臣父子皆能孝慈，若此則天下治。㉙

　　「交相利」的功利思想是墨家哲學的重要特徵，由此，「孝」在墨家那裏，尤其在後期墨家那裏，也染上了濃厚的功利主義色彩。「孝，利親也」㉚，「孝，以親爲芬（分）。」㉛孝是人子利親的德行，「孝」的本義就是爲父母親謀福利，這是墨家對「孝」的功利主義闡釋。同樣是從兼愛出發，墨子又認爲，僅知愛利其親者並非眞正愛利其親，「知親之一利，未爲孝也」㉜，爲了利己必先利人：「夫愛人者，人必從而愛之，利人者人必從而利之，惡人者，人必從而害之。」㉝所以，「欲人之愛利其親」㉞，只有「先從事乎愛利人之親」，別人才能「報我以愛利吾親也」㉟，進而達到孝敬自己雙親的目的。墨子認爲，兼愛是實現孝道的途徑，若是人人都愛人之家若愛自家，愛人之父若愛己父，時時設身處地地爲別國、別家、別人著想，那麼孝道的普及也就指日可待了：「若使天下人兼相愛，愛人若愛其身，猶有不孝者乎？視父兄與

㉕　《墨子‧兼愛下》，第一八〇－一八一頁。
㉗　《墨子‧兼愛中》，第一五八頁。
㉘　《墨子‧兼愛中》，第一五五頁。
㉙　《墨子‧兼愛上》，第一五五頁。
㉚　《墨子‧經說上》，第四七〇頁。
㉛　《墨子‧經說上》，第四七〇頁。
㉜　《墨子‧大取上》，第六一四頁。
㉝　《墨子‧兼愛中》，第一五九頁。
㉞　《墨子‧兼愛下》，第一七九頁。
㉟　《墨子‧兼愛下》，第一七九頁。

君若其身，惡施不孝？」⑳這顯然只是不分親疏輕重、本末遠近的一廂之情
願。

　　墨子還強烈地抨擊儒家孝道中的厚葬久喪主張。據《淮南子》記載，
墨子就是因爲孔子之術「厚葬靡財而貧民，久服傷生而害事」，才「背周道
而用夏政」⑳的。墨子認爲，儒家孝道「重爲棺椁，多爲衣衾，送死若徙，
三年哭泣，扶後杖，杖後行，耳無聞，目無見」⑳，既造成「國家必貧，
人民必寡，刑政必亂」⑳的嚴重後果，又使得當事人出則無衣，入則無食，
以至父子反目，君臣離間，怨聲鼎沸，「爲人弟者，求其兄而不得不弟弟，
必將怨其兄也；爲人子者，求其親而不得不孝子，必是怨其親矣；爲人臣
者，求其君而不得不忠臣，必且亂其上也」⑳。可見，厚葬久喪決不能富
貧眾寡、安危治亂，是「非仁非義，非孝子之事也。」⑳

　　總之，墨家的「孝」與傳統「孝」觀念中的「親親」原則正好相反，是
由人親而及於己親，親子關係被放置於一般群體感情的框架內。所以，孟子
才站在儒家的立場上攻擊墨家說：「楊氏爲我，是無君也；墨子兼愛，是無父
也。無父無君，是禽獸也」⑳，話雖然說得過於尖刻，卻是比較切中要害的。
墨家衰落的一個重要的內在因素正是由於它忽略了中國血緣宗法社會的實
際。朱熹很讚賞孟子對墨子的抨擊，他說：「事他人之親，如己之親，則是兩
個一樣重了，如一木有兩根也」⑳，「人也只孝得一個父母，那有七手八腳，
愛得許多！能養其父母無闕，則已難矣。想得他之所以養父母者，粗衣糲食，
必不能堪。蓋他既欲兼愛，則其愛父母也必疏，其孝也必不周至，非無父而

---

⑳　《墨子‧兼愛上》，第一五五頁。

⑳　《淮南子‧要略》，張雙棣《淮南子校釋》，北京大學出版社一九九七年八月版，第二一
　　五〇頁。

⑳　《墨子‧公孟》，第七〇六頁。

⑳　《墨子‧節葬下》，第二六五頁。

⑳　《墨子‧節葬下》，第二六五頁。

⑳　《墨子‧節葬下》，第二六七頁。

⑳　《孟子‧滕文公上》。

⑳　《朱子語類》卷五五《孟子五》，第一三一五頁。

何。」㉔在危難之際更見君親之情非他人能比:「或有一患難,在君親則當先救,在他人則當後救之。若君親與他人不分先後,是則待君親猶他人也,便是無父。此二者之所以爲禽獸也。」㉕

三、法家對孝的詮釋

　　在除儒家以外的諸家當中,法家孝悌觀對傳統孝道的影響是最大的。從管子到韓非子,法家思想源遠流長。法家學說本質上是一種政治哲學,其代表人物都是命運多舛的務實的政治家,其思想主張也都是站在君主的立場上,爲君主專制統治服務的。法家孝悌觀充分體現出這個特點。韓非子是戰國末期法家思想的集大成者,我們來看一看他是如何來看待傳統孝觀念的。

　　如果說道家是超道德主義的話,那麼法家則是典型的非道德主義。韓非子繼承發展了荀子性惡論的主張,人性的弱點在韓非子的眼中一覽無餘。韓非子認爲,人與人之間只有赤裸裸的利害關係,現實的利益原則就是人際相處的杠杆。在韓非子看來,利之所在民歸之,名之所彰士死之,人們所標榜的父子親情幾乎是根本不存在的,所謂的血親倫理關係也不過是利害相與關係而已,父慈子孝只是一種「哺育」厚薄與「贍養」隆簡的「等價交換」:「人爲嬰兒也,父母養之簡,子長而怨。又盛壯成人,其供養薄,父母怒而誚之。父、子,至親也,而或誚或怨者,皆挾相爲而不周於爲己也。」㉖而且,父母子女之間對利害的算計恰恰最能代表和體現人的自私和無情:「且父母之於子女也,產男則相賀,產女則殺之。此俱出父母之懷袵,然男子受賀、女子殺之者,慮其後便,計之長利也。故父母之於子也,猶用計算之心以相待也,而況無父子之澤乎?」㉗他進一步指出,利害相與原則必然導致人們把儒墨所推崇的仁義孝慈道德等等置之腦後,拋諸一邊。道德不過是權衡利害關係

㉔　《朱子語類》卷五五《孟子五》,第一三二〇頁。

㉕　《朱子語類》卷五五《孟子五》,第一三二〇頁。

㉖　《韓非子·外儲說左上》,陳奇猷《韓非子集釋》,學林出版社一九八四年八月版,下引此書,版本同此。

㉗　《韓非子·六反》,第九四九頁。

而作出的行爲選擇，所謂自發、自覺的道德在實際的利益面前都是虛僞空洞、一觸即破的。

　　從極端利己主義人性論出發，韓非子否認父子之間自然血緣情感的存在，從而也就否定了包括孝德在內的一切道德價值的存在：「孝子愛親，百數之一也」⑱。所以有人把韓非子與西方非道德主義的突出代表尼采相對比，認爲他對道德價值、道德觀念、道德良心、道德義務的否定與尼采的思想並無二致。⑲這可以說觸到了韓非子倫理思想的本質。

　　但是，《韓非子》書中不僅多處出現「忠」「孝」等字眼，而且著有〈忠孝〉一篇專論忠孝。韓非子也同樣希望臣對君忠，子對父孝，「臣以爲人生必事君養親。」⑳比如，韓非子認爲，臣、子甚至不能經常稱譽他人之親或先王之德，否則即有誹謗其君、親的嫌疑，即是對己親和當今之君的不敬。比孔、孟更甚的是，韓非子認爲人臣人子對君親的忠、孝是單方面的、絕對的、無條件的，「臣事君，子事父，妻事夫，三者順則天下治，三者逆則天下亂，此天下之常道也。」㉑在孝道發展歷史上，韓非子首次把子事父視爲「常道」，把孝德擺在關係天下治亂的高度。而且，他把「臣事君」、「子事父」、「妻事夫」相提並論，混同忠孝，視孝爲忠，並且把「臣事君」置於「子事父」之前，這顯然是漢代三綱學說的雛形，也是法家孝道觀對傳統孝道發展影響最大的一個方面。

　　看起來，果然如司馬遷所言，儒家「序君臣父子之禮、列夫婦長幼之別，不可易也」，法家「尊主卑臣，明分職不得相逾越，雖百家弗能改也」㉒，在維護君臣上下尊卑長幼的等級制度上，在以倫理道德來強化統治秩序這一點上，法家與儒家、墨家似乎並無歧異。

　　其實則不盡然。事實上，韓非子所謂的「忠」「孝」，與儒家墨家作爲道德規範的「忠」「孝」有著本質的區別。在韓非子看來，不僅「忠」只是臣懾於君的法術而不得不盡智竭力的一種強制性行爲，「孝」也是如此。如前所說，

---

⑱　《韓非子‧難二》。

⑲　朱貽庭〈評韓非子的非道德主義〉，《中國社會科學》一九八二年第四期。

⑳　《韓非子‧忠孝》，第一一〇九頁。

㉑　《韓非子‧忠孝》，第一一〇七──一一〇八頁。

㉒　《史記‧太史公自序》，嶽麓書社一九八八年版，第九四二頁。

韓非子認為，孝是父子間利益交換的結果，是父母為了自己的私利而「敎笞」、「用嚴」、要求子女供養的行為，即「家貧則富之，父苦則樂之」㉘　，「孝」完全是被迫的而非自覺自願的。法家只看是否有臣事君、子事父的行為，對於臣子是否兼備忠孝的倫理感情，是不關心的。我們在法家的所謂的「孝」裏，看到的只有冷冰冰的利害算計，而絲毫沒有愛和敬的親情因素。

可見，經過法家改造過的「忠」、「孝」已經失去了其道德意義。與孟子的「五倫」相比，韓非子的「三事」雖然也是以主從上下的等級關係為特徵，但前者是從處理人際關係的道德角度提出的，後者則是從政治統治和法的角度提出的，「不別親疏，不殊貴賤，一斷於法，則親親尊尊之恩絕矣。」㉘這已經完全失去血緣宗法的自然情感成分，變成了赤裸裸的權勢關係和法律關係。道德的自覺性被法的強制性取而代之。所以，馮友蘭先生說：「法家是用一種措施維護個人的獨立，這種制度直接破壞了宗法制度，直接違反了孝的道德。」㉘法家「違禮義，棄人倫」的實際後果便是孝德的淪喪：

> 秦人有子，家富子壯則出分，家貧子壯則出贅。假父耰鋤杖，慮有德色矣；母取瓢碗箕帚，慮立誶語。抱哺其子，與公並踞；婦姑不相悅，則反唇而睨。其慈子嗜利而輕簡父母也，慮非有倫理也，其不同禽獸僅焉耳。㉘

據此而言，韓非子「在〈忠孝〉篇中提出的『臣事君，子事父，妻事夫』的『三事』原則，也不具有道德價值，而是極端的君主專制主義的政治原則。漢儒董仲舒提出的『三綱』雖然也是封建統治的政治原則，但它又是封建社會倫理道德的主體。二者在倫理上是不能混為一談的。」㉘雖然如此，我們仍不應該忽略或否認韓非子「三事」原則對傳統「三綱」理論的重大影響和促成作用。

㉘　《韓非子‧忠孝》，第一一〇八頁。

㉘　《史記‧太史公自序》，嶽麓書社一九八八年版，第九四二頁。

㉘　《三松堂全集》（七），河南人民出版社一九八九年版，第七〇四頁。

㉘　《賈誼集》，上海人民出版社一九七六年版，第四九頁。

㉘　朱貽庭〈評韓非子的非道德主義〉，《中國社會科學》一九八二年第四期。

　　對道德價值的否定，必然地包括了對道德功能的否定。儒家強調忠孝仁愛的內在倫理感情，故重視教化；相反，法家只強調其外在表現，故「不務德而務法。」⑱韓非子認為，道德教化對人心向善是無濟於事的，道德不能通過教化或社會輿論發揮作用，而只能順人之惡性情，因勢利導，以法為教，以吏為師，借助「法」的強制來威懾人們遵守道德規範。對孝道教化，韓非子持同樣的看法。他認為，雖然「人之情性，莫先於父母」，「人之情性莫愛於父母」⑱，但韓非子以「今有不才之子，父母怒之弗為改」為證，說明「父母之愛不足以教子」，「皆見愛而未必治也」⑲，說明「母積愛而令窮，吏用嚴而民聽從，嚴愛之莢亦可決矣。」⑲所以他講，「夫嚴家無悍虜，而慈母有敗子。吾以此知威勢之可以禁暴，而德厚之不足以止亂也」⑲，「故父母之愛不足以教子，必待州部之嚴刑者。民固驕於愛，聽於威矣。」⑲韓非子認為，世人皆以為仁義道德是人情之自然，教化之功效，殊不知道德源於利，源於法，源於威。「天下皆以孝悌忠順之道為是也，而莫知察孝悌忠順之道而審行之，是以天下亂。」⑳施賞不遷，行誅無赦，則忠臣孝子輩出。所以，在韓非子看來，任何以教化的方式來勸人向善、為善的努力都是違背人的自私、利己的本性的，也因此都是徒勞的。

　　見於此而蔽於彼，這是許多理論的通病。應該說，一方面，韓非子無視中國宗法社會的實際，對父母子女之間血緣情感存在的現實視而不見，並過低地估計了人類道德的力量，試圖以嚴刑峻法來解決道德領域的問題。這顯然是走向極端，自欺欺人。最終，強秦的轉瞬即逝宣告了他的理論的失敗，而韓非子本人也成為自己專制理論的犧牲品。另一方面，我們也不得不承認，韓非子以現實、冷峻和深邃的目光揭露了這樣一個也許連我們也不願意面

⑱　《韓非子・顯學》，第一〇九八頁。
⑲　《韓非子・五蠹》，第一〇五一頁。
⑳　《韓非子・五蠹》，第一〇五一――一〇五二頁。
㉑　《韓非子・六反》，第九五〇頁。
㉒　《韓非子・顯學》，第一〇九七頁。
㉓　《韓非子・五蠹》，第一〇五二頁。
㉔　《韓非子・忠孝》，第一一〇七頁。

對、然而卻又不可迴避的事實：父母子女之間的確有利益、利害關係的存在。從理論上說，「孝」觀念本質上是父子經濟上的權利義務關係在倫理道德上的反映。如果排除血緣感情的因素，用法家的思維邏輯來表達，也就是說，父母給予子女財產繼承權，爲的就是讓子女贍養、孝敬自己；而子女贍養、孝敬父母，爲的就是繼承父母的財產。「報」的觀念就是對孝道這種本質的通俗的、情感的反映。先施才能後報，不施也就無報。孔子主張「三年之喪」也是立足於子女對父母「三年之愛」的對等報答㉙。繽紛的現象背後掩藏的眞實往往是醜陋的。理想主義的儒家自然看不到或不願意看到這一點。但在世俗社會，在老百姓的實際生活中，父母生兒育女以養老送終的功利目的則是顯而易見的。

由此，我們也把這樣一個簡單的道理看得更清楚、更明白了：任何理論，只要「其持之有故，其言之成理」㉖，它便有合理、可借鑒之處，不管它以多麼偏激的形態出現。而且，從認識發展過程來看，偏激往往是深化認識的一種形式和動力，「因爲只有偏激才能把一種思想和理論以極端的形式徹底地表現出來。偏激是衝破認識平穩局面的一種做法。偏激本身或許有缺，但它又是人們選擇中正認識的座標之一。」㉗

諸子雖然從不同的角度各抒其見，對孝觀念的演變和傳統孝道的形成都有這樣那樣、或大或小的影響作用。但毫無疑問，這其中貢獻最大的是儒家。所謂傳統孝道思想，其實主要是儒家在繼承和改造西周禮樂文化基礎上建構而成的，並隨著時代的發展不斷加以充實和豐富，經由戰國到西漢，最終以儒學被定爲一尊，《孝經》被捧爲經典，「以孝治天下」被奉爲國策而宣告了它的徹底完成。

㉕　《論語·陽貨》。

㉖　《荀子·非十二子》。

㉗　劉澤華《中國傳統政治思維》，吉林教育出版社一九九一年版，第九三頁。

第四章　漢代：

封建孝道的理論建構與實踐途徑（上）

　　漢代是中國封建社會從經濟到文化全面定型的時期，因而也是孝道發展演進歷程中至關重要的一個歷史階段。理論上，漢代完成了從先秦儒家孝道向封建孝道的理論轉構；實踐上，漢王朝確定了兩千年中國封建社會「以孝治天下」的政治綱領。孝道自此成為封建集權政治的道德基石和封建意識形態的重要內容。所以，無論就哪個方面而言，對漢代孝道的研究都具有重要的意義。

第一節　儒學獨尊地位的確立

一、儒學獨尊地位的確立

　　儒家雖然在百家爭鳴中獨佔鰲頭，然而尊奉法家的秦始皇橫掃六合、一統天下，以及接踵而至的焚書坑儒的劫難，卻使儒學遭到致命的打擊。所幸秦王朝短命而亡，漢王朝的建立為儒學提供了東山再起的機會。

　　坑儒的陰翳似乎還未散盡，漢初儒學依然時運不濟，舉步惟艱。連年的戰爭，使社會生產力遭到嚴重破壞，生靈塗炭，百廢待興，歷歷在目的秦朝暴政及亡秦之慘狀，也使人們心有餘悸。起於草莽的漢高祖劉邦惶然無所適從，他面對破舊荒涼的山河喟然長歎：「天下匈匈，勞苦數年，成敗未可知！」①於是，「穩定」就成為新政權的主題。在這種情況下，融清淨無為的哲學思想和以德御民的政治理念為一體的黃老之學恰中統治集團的下懷，「休養生息」被定為漢初社會的基本政策。黃老之學雖然暫時適應了漢初社會現實的要求，然而從長遠的目光看，它與大一統的趨勢是背道而馳的，因而只是一種權宜之計。歷史注定要給儒學一次機會。

　　儒學獨尊地位的確立過程大體可以分為兩個階段：

---

① 　《漢書》（一），卷一〈高帝紀下〉，第六四頁。

第一個階段，被司馬遷推爲「漢家儒宗」的叔孫通察時權變，通過制訂朝儀、宗廟法規，提高了儒生的地位，擴大了儒學的影響。其後，集政治家和思想家於一身的陸賈，力諫劉邦以仁義治國，並以「馬上」、「馬下」攻守異術的精闢之論折服了高祖及文武百官。陸賈融黃老道家和法家精神於其儒學體系中，從理論上闡明了儒學對於治國安邦的意義，促進了儒學與現實政治的結合，爲日後儒學的大行於世創造了條件。②繼陸賈之後的賈誼也極力倡明儒家思想。賈誼認爲，實行黃老之治積弊已久，日趨嚴重的政治危機和每況愈下的社會風氣皆是由黃老因循苟且、垂拱而治的施政指導思想造成的。他呼籲重建儒家禮制，並把法家的權術法制、尊君卑臣與儒家的仁義道德、別貴賤尊卑的禮制原則揉合在一起，使儒學進一步順應了統治者長治久安的政治需要。

由叔孫通到賈誼，漢初思想家懷著濟國安民的責任感和使命感，通過對秦亡教訓的全面總結和對自身統治經驗的深刻反思，切實地認識到儒家思想對於治國牧民的特殊價值。同時，他們敢於並善於權變。作爲現實政治的操作者，他們立足於現實，對儒學進行積極有效的改造，確立並加速了儒學的政治化方向及進程，爲儒學獨尊地位的確立和儒家思想的用世作了理論和實踐兩方面的準備。

第二階段，西漢中期，經董仲舒系統改造過的新儒學閃亮登場，確立了中國兩千年封建社會儒學獨尊的基本格局。

如果說漢初天下喘息未定，不遑其他，那麼到了武帝時期，漢代一統大業已經穩固，肯定和論證政權的合法性，並爲統治集團提供長治久安之良策，遂成爲當務之急。這也是董仲舒海闊天空的對策與胸懷韜略的漢武帝一拍即合的原因所在。爲了讓儒學廣泛而深入地滲透到漢代政治和社會生活中，董仲舒一方面在其著名的「天人三策」中提出更化主張，強調儒學和儒術可以

---

② 據《漢書・高帝紀下》載，高祖十二年十一月，劉邦「行自淮南還，過魯，以大宰祠孔子」，成爲中國歷史上拜祭孔子的第一位帝王。這標誌著孔子被官方的肯定和漢統治者對儒學的認同。

有效地解決漢王朝的社會問題，是治國安民的根本大計；另一方面，又以三綱五常爲核心，對儒家思想進行大刀闊斧的理論改造。

董仲舒對儒學全方位的改造和創新始終圍繞著一個基本點，即服從大一統的政治格局和目標。董仲舒認爲，「《春秋》大一統者，天地之常經，古今之通誼也。」③而諸子縱橫，「師異道，人異論，百家殊方，指意不同」，則必然造成「上亡（無）以持一統，法制數變，下不知所守」④的嚴重局面。爲了維護和鞏固政治上的大一統，思想文化上的統一是必不可少的前提。於是，「諸不在六藝之科、孔子之術者，皆絕其道，勿使並進」，「推明孔氏，抑黜百家」⑤，即「罷黜百家，獨尊儒術」，也就成爲強化思想統治、統一人們意志和行爲的必然選擇。

「獨尊儒術」是歷史選擇和現實選擇的統一，它本質上是封建君主專制主義在思想領域的體現，其深厚的根基在於中國農業社會自然經濟及源遠流長的宗法倫理。它的提出和實施，確立了儒學在思想界的統治地位，標誌著統一的封建意識形態的基本形成。它將儒家倫理與王道政治聯姻，爲西漢王朝和中國封建社會開闢出倫理政治的長治久安之路。

儒學的獨尊對社會有正負兩方面的功效。一方面，它順應了當時大一統的歷史潮流，對新興地主階級促進思想統一、鞏固政治統治、維護社會安定、發展封建經濟具有積極的意義；另一方面，它所導致的文化專制主義和對人們心靈的鉗制禁錮，反過來必然阻礙和延緩歷史發展的進程。就儒學自身而言，它的影響也是雙重的：一方面，借助董仲舒的綜合創新，儒學不僅蹶而復興，而且青雲直上，由子學而經學，由私學而公學，成爲封建社會的指導思想，並依靠政權的力量發展壯大自身，使整個社會儒學化；另一方面，儒家思想被置於政治控制之下，儒學服從和服務於政治，在成爲政治的原則和組成部分的同時，也淪爲政治的工具和奴婢，這在一定意義上窒息了學術發展的生機，意味著儒學自我封閉的開始。儒學因而迅速走向絕對化和神秘化。

---

③　《漢書》（八），卷五六〈董仲舒傳〉，第二五二二頁。

④　《漢書》（八），卷五六〈董仲舒傳〉，第二五二二頁。

⑤　《漢書》（八），卷五六〈董仲舒傳〉，第二五二二頁。

所以徐復觀先生概括儒學的命運是：「浸透滋榮於社會之中，而委曲摧擬於政治之下。」⑥從此，政治上的「大一統」與思想上的「獨尊儒術」相輔相成，構成中國封建社會獨具特色的倫理政治傳統，極大地強化了封建專制統治。

二、先秦儒家孝道向封建孝道轉化的契機

儒學的命運也就是儒家孝道的命運。與先秦儒學向封建意識形態的轉型過程相始終，包括孝道在內的先秦儒家倫理也開始了其封建化的過程。在與現實的碰撞中，儒家孝道不斷地調試、改變、充實自己，最終以全新的姿態登上了封建意識形態的神聖殿堂，成為輔助封建君主專制的得力工具。

其一，現實的社會組織結構對於倫理秩序的存在方式具有決定性。也就是說，宗法等級制度的存在決定了宗法等級倫理存在的必然性、合理性。封建制取代奴隸制以後，氏族宗法制雖然解體了，但又形成了地緣性的、以一姓一族為組織形式的新的宗法體系，即所謂家族宗法制度。宗法制度是父家長制的變體，是中國奴隸社會、封建社會共同的社會結構和社會組織形式。以「孝」德為基礎的傳統倫理道德體系本質上是宗法家族社會深層結構的觀念反映形態，是等級倫理的集中體現。「中國古代社會的結構是以倫理為主，而整個倫理的中心綱目就是孝。」⑦孝道的基本功能就在於列君臣父子之禮，序夫婦長幼之別，因而在新的歷史條件下只須稍加改造，就可以被利用來作為維護宗法等級制度、鞏固封建統治的思想工具。

---

⑥　《徐復觀集》，群言出版社一九九三年版，第五三八頁。特別是，學術與政治的結合，為知識份子進官加爵、飛黃騰達亮了綠燈。從此，大批知識份子汲汲於名利，為躋身仕途而皓首窮經，喪失了獨立的學術人格，學術走進了煩瑣僵化的死胡同，知識份子也淪為畸形的御用文人。徐復觀由此而發揮說：「通觀古今中外，學術與現實政治，必有一相當距離，使其能在社會上生更，學術乃有發展可言；政治乃能真得學術之益。所以仲舒一時的用心過當，終於是貽害無窮的。」（見徐復觀《兩漢思想史》第二卷第三章，香港中文大學出版社，第二九四頁。）把儒術與政治的結合完全歸咎於董仲舒一人，固然是不妥當的。但徐先生關於學術與政治關係的這一段精辟議論，對我們應該是頗有啟發的。

⑦　吳怡《中國哲學發展史》，三民書局一九八四年版，第五九頁。

其二，現實政治的需要。孝道中的父家長制原則與政治上的君主專制是一脈相承、息息貫通的。這種貫通在道德領域表現爲「孝」的家族倫理與「忠」的政治倫理的合一。對孝道的倡揚不僅有利於維護社會等級秩序，而且也是對君臣上下政治秩序的強化。因而，利用傳統孝道爲封建君主專制服務，是統治者的必然選擇。

其三，思想家、政治家積極主動地從理論上、實踐上促進這種轉化。這也是一個不可或缺的因素。客觀選擇和主觀努力共同作用的結果，終以《孝經》被立爲經典、三綱被作爲最高的倫理原則和政治原則、「以孝治天下」被確定爲治國綱領，標誌著以孝道爲基礎的儒家倫理向封建倫理轉構的完成。

第二節　封建孝道的理論建構

意識形態化和宗教化是漢代孝道理論發展的突出特點。漢代孝道的理論面貌主要反映在《禮記》、《孝經》、《春秋繁露》及《白虎通義》中。從總體上看，漢代孝觀念在理論上的變化主要表現在兩方面：第一，孝父與忠君一理，移孝爲忠，從而實現了孝從家庭倫理向政治倫理、從家庭道德觀念向社會道德觀念的理論轉變；第二，「三綱」理論的提出，使孝由倫理道德而變爲封建綱常；同時，董仲舒的神學論證和讖緯迷信的影響，使孝道具有了神聖化、神秘化的特徵。孝道成爲封建社會上層建築的一個重要組成部分。

一、《禮記》：封建孝道的規範化

《禮記》是一部有關「禮制」的專著。除個別篇目的作者和成文年代有爭議外，學術界大多認爲，《禮記》是由西漢學者戴聖編撰戰國至漢初儒家著作而成的一個文集，其兄戴德編有《大戴禮記》，但失佚甚多。《禮記》所提供的大量的思想資料和各種主張，特別是它對禮孝關係的理論闡釋及對孝行的詳盡規範，對於封建孝道的形成和發展，對於封建倫理思想體系的系統化，具有不容置疑的影響和促進作用。

㈠禮孝關係

　　孝與禮是不可分割的。「孝」有孝德和孝行兩方面的涵義，它介於準則和規範之間，既是道德情操，也是道德行為。「孝」中不僅蘊涵著豐富的情感，而且包括著清明的理性。前者是「愛」，是「仁」，後者就是「敬」，是「禮」。「禮」是對個體成員具有外在約束力的禮節、儀式、行為規範的總和。「孝」融攝仁、禮而成為一種具有高度情感和理性精神的德性和行為。正如沒有了「仁」，孝就失去了內在基礎一樣，沒有了「禮」，孝也就喪失了行為的外在依據。所以，有學者稱孝是「源於仁而施諸愛」，「成於禮而致乎敬」。⑧這一概括是非常精當的。

　　首先，從起源上看，「禮」本身是一種祭祀活動，而「孝」的最初涵義正是通過祭祀活動之禮所表達的對於祖先的敬畏、追慕之情。

　　「禮」，許慎釋為：「履也，所以致事鬼神也。」⑨「禮」通「醴」，最早指以器皿盛雙玉獻祭神靈，後來兼指以酒獻祭神靈，再後來就以禮指代一切祭祀神靈之事。到春秋時代，禮才集政治經濟制度、思想道德準則、宗教、社會習俗等多方面的意義於一身，擴大為無所不包的人類社會生活的總規範。可見，禮來自於古代的祭祀活動，「其起源和其核心則是尊敬和祭祀祖先」⑩。由於祭祀活動中包含著秩序和行為的規定，所以「禮」一方面繼承了秩序的意義，另一方面發展為各種具體的行為規範和各種人際關係的行為儀式，這也正是後世「禮」的兩種基本意義。

　　在討論殷周孝觀念存在形態和演變發展狀況時，我們已經講過，「孝」初始的對象是祖先神，子孫向祖先表達孝心的唯一途徑是祭祀。完備的祭祀制度、頻繁的祭祀活動的背後，是敬宗尊祖、慎終追遠的道德觀念，所以孝在禮中居於重要地位：「孝，禮之始也。」⑪換句話說，殷周人是將「孝」這一道德觀念寄託在宗廟祭祀儀式「禮」上，宗教的形式下包含的是倫理性的

---

⑧　林安弘《儒家孝道思想研究》，文津出版社一九九二年版，第一二六頁。
⑨　《說文解字》，中華書局一九六三年二月版，第七頁。
⑩　李澤厚《中國古代思想史論》，人民出版社一九八六年版，第十頁。
⑪　《左傳・文公二年》，第九六頁。

內容：「禮行於祖廟，而孝慈服焉。」⑫反過來看，沒有內容就沒有形式，沒有觀念就沒有禮儀、規範，禮本身的存在、發展和演進與孝觀念及行孝活動也是分不開的。可見，孝與禮從一開始就是交織在一起的。

其次，禮與孝中所蘊涵的「敬」的內在精神是一致的。

敬是禮的主旨之一。作爲一種祭祀活動，恭敬虔誠是禮最基本也最核心的要求，既要敬老、敬長、敬上，也要敬尊、敬貴、敬賢。所以，《墨子‧經上》言：「禮，敬也」，《禮記‧哀公問》說：「所以治禮，敬爲大」，《孝經‧廣要道章》也說：「禮者，敬而已矣」。

愛之極便是敬，敬之本立於愛。孝是仁與禮的合一，愛、敬便是仁、禮的表現，所以「敬」始終是「孝」的一個基本內涵。孔子以能養與敬養作爲人與動物的區別，孟子也有類似的表述：「愛而不敬，獸畜之也。」⑬《禮記‧哀公問》上說：「君子興敬爲親，舍敬是遺親也」，「仁人之事親也如事天」，事親、事天的相通處就是「敬」。曾子認爲「君子之孝親也，忠愛以敬」，因而事親要「盡力而有禮，莊敬以安之。」⑭《孝經》認爲，「孝子之事親也，居則致其敬」，否則，「雖日用三牲之養，猶爲不孝也。」⑮朱熹云：「人之事親，自始自終，一於禮而不苟，其尊親也至矣。」⑯丘浚說：「人子事親，固當盡其孝，尤當致其敬，不徒以下氣怡聲爲孝也，而凡其抑搔也，扶持也，問所欲也，皆必以敬焉。孝而不敬，非孝也。」⑰可以說，「敬」使孝養有別於動物的本能而上升爲人所特有的理性、德性，使孝行具有了廣泛的社會性內涵，所以俗語中常常「孝」「敬」連用。

---

⑫　《禮記‧禮運》。

⑬　《孟子‧盡心上》。

⑭　《大戴禮記‧曾子立孝》，第八一頁。

⑮　《孝經‧紀孝行章》，第五三頁。

⑯　《四書集注‧論語集注‧爲政》，第五五頁。

⑰　丘浚《大學衍義補》卷四九〈家鄉之禮〉上，清同治十三年重鐫本。轉引自吳楓主編《中華思想寶庫》，吉林人民出版社一九九〇年版，第三四六頁。

第三，禮是行孝的必由途徑，依禮方能行孝盡孝。這可以從兩方面來理解：

一者，孝固然是以「仁」即人們的道德情感爲基礎的，是愛慕父母的內心情感的眞實流露和自然表達，但應該注意的是，「禮」也是「仁」的規定性之一：

> 克己復禮為仁。⑱

> 道德仁義，非禮不成。⑲

> 所以治愛人，禮為大。⑳

> 禮者，仁之實也。㉑

比如隨著人的地位高下之不同，其所施行的仁義的範圍廣狹也不同：天子可以愛天下，諸侯只能愛其境內，大夫只能愛其官職，士只能愛其家，否則就是逾禮，就是侵犯。若沒有「禮」作爲原則，不分善惡是非，勿論親疏貴賤，打破親疏人我的界限，那麼，以孝爲本的「仁」也就訛變爲「鄉愿」之人和稀泥的藉口或不現實的泛愛、兼愛、博愛了。所以，禮是仁、孝的行爲節度，孝發乎情而止乎禮，禮以飾情。有了禮的限制和約束，其行爲才是善的、仁的、孝的，按禮的要求有先後、有厚薄地去愛人，才有對父母兄弟的孝悌之道。親親相愛以合同，尊尊相敬以別異。「父子之嚴，不可以狎；骨肉之愛，不可以簡」，㉒仁與禮的結合，孝道中禮的規定性，使父的權威與子的承順在父子親而不暱、敬而不狎的關係中得以呈現。

二者，「禮」是行孝的規矩和標準。孝作爲一種內在情感，作爲一種道德屬性，必須借助於具體的規範，借助於一定的禮節、儀式才能外化爲現實

---

⑱　《論語・顏淵》。

⑲　《禮記・曲禮上》。

⑳　《禮記・哀公問》。

㉑　王夫之《周易外傳》卷二，中華書局一九七七年十二月版，第五一頁。

㉒　《顏氏家訓・教子》，上海古籍出版社一九八〇年七月版，第三〇頁。

的行動。禮對孝行的規範，使人們「行中規，還中矩」㉓，行孝有章可循，有據可依：「若無禮，則手足無所錯（措），耳目無所加，進退揖讓無所制。」㉔「人子表現恪守各種人子之禮，藉這些具體的行爲來完成孝」㉕。抽去了禮的規定，孝充其量只是一種抽象的道德準則。所以，踐履孝道是「禮」的重要作用之一，《禮記》對此有清楚的表述：「禮，履孝道也。」㉖

　　第四，孝是通過禮的秩序性原則來實現它的社會功能和政治功能的。

　　殷周以來的祭祀禮儀，從祭祀對象、祭祀次序，到祭品厚薄、儀節繁簡，都在追求一種等級次第格局，祭祀禮儀的隆重又進一步渲染了秩序的神聖性。明等級是禮的最本質的規定：

　　　　夫禮者，所以定親疏、決嫌疑、別同異、明是非也。㉗

　　　　君臣上下，父子兄弟，非禮不定。㉘

　　　　親親之殺，尊賢之等，禮所生也。㉙

　　　　禮者，繼天地、體陰陽而慎主客，序尊卑、貴賤、大小之位，而美外內、遠近、新故之級者也。㉚

　　可見，禮的精神就是秩序的精神，禮的實質就是維護尊卑上下、長幼貴賤的等級秩序。

　　孝是通過規範家庭倫常關係，即「以篤父子，以睦兄弟，以和夫婦」㉛，進而調整社會等級關係的。離開「禮」，「孝」只能在道德領域發揮作用，它的社會政治功能是無從談起的。這是因爲，「對禮儀的敬畏和尊重又依託著人

㉓　《禮記・仲尼燕居》。

㉔　《禮記・仲尼燕居》。

㉕　瞿同祖《中國法律與中國社會》中華書局一九八一年十二月版，第二七九頁。

㉖　《禮記・哀公問》。

㉗　《禮記・曲禮上》。

㉘　《禮記・曲禮上》。

㉙　《禮記・中庸》。

㉚　《春秋繁露・奉本》，第五八頁上。

㉛　《禮記・禮運》。

的道德和倫理的自覺，沒有這套禮儀，個人的道德無從寄寓和表現，社會的秩序也無法得到確認和遵守。」㉜中國奴隸社會、封建社會都是等級社會，所以，把禮視爲國基、國策、治國之本，有著深刻的社會基礎。「孝」之所以能從奴隸社會宗法道德的核心搖身一變，又成爲封建社會倫理綱常的基礎，根本原因之一就在於它所包含的禮的內容，即等級秩序性應和了奴隸、封建社會等級制度的要求。

第五，「孝」是順人性而發，「禮」乃緣人情而作，這就給人們依禮行孝提供了堅實可靠的心理情感基礎。

俗話講，羊有跪乳之恩，烏有反哺之義。《禮記》也以鳥爲喻說明孝乃血緣親情的天然表達：「小者至於燕雀，猶有啁噍之頃焉，然後乃能去之。」㉝《禮記》認爲，喪葬時孝子的「哭泣無時」㉞、居三年喪的服勤思恭，皆是「孝子之志也，人情之實也，禮義之經也」，皆是「稱情而立文」的結果㉟。「人情」被喻爲聖王播種耕耘之田：

> 故聖王修義之柄，禮之序，以治人情。故人情者，聖王之田也，修禮以耕之，陳義以種之，講學以耨之，本仁以聚之，播樂以安之。㊱

各種禮節儀式都是聖人順應人性、順應人類孝親之情而制定的，這是禮儀和孝行共同的合理性來源。孔子把三年之喪的傳統禮制直接歸結爲親子之愛的生活情理，把「禮」的基礎直接訴之於心理依靠，「這樣，既把整套『禮』的血緣實質規定爲『孝悌』，又把『孝悌』建築在日常親子之愛上，這就把『禮』以及『儀』從外在的規範約束解說成人心的內在要求，把原來的僵硬的強制規定，提升爲生活的自覺理念，把一種宗敎性神秘性的東西變爲人情日用之

㉜　葛兆光《七世紀前中國的知識、思想與信仰世界》，復旦大學出版社一九九八年版，第一七八頁。

㉝　《禮記・三年問》。

㉞　《禮記・問喪》。

㉟　《禮記・三年問》。

㊱　《禮記・三年問》。

常，從而使倫理規範與心理欲求溶爲一體。『禮』由於取得這種心理學的內在依據而人性化，因爲上述心理原則正是具體化了的人性意識。由『神』的準繩命令變而爲人的欲求和自覺意識，由服從於神變而爲服從於人，服從於自己，這一轉變在中國古代思想史上具有劃時代的意義。」㊲

(二)孝道的規範化

爲了使孝治不僅僅停留在理論層面，《禮記》繼承民間傳統的禮儀習俗，以主要篇幅對如何行孝從各個方面作了具體的規定，使之在現實生活中具有了可操作性和實踐的有效性，從而對中國社會產生了廣泛而深遠的影響。

《禮記》對孝行的規範涉及到個體行爲的方方面面，即〈祭義〉所謂「頃步而弗敢忘孝也。」從縱向上看，孝是分三個時間段進行的：

> 孝子之事親有三道焉：生則養，沒則喪，喪畢則祭。……盡此三道者，孝子之行也。㊳

> 君子生則敬養，死則敬享，思終身弗辱也。㊴

> 孝子之事親也，居則致其敬，養則致其樂，病則致其憂，喪則致其哀，祭則致其嚴。㊵

這顯然是對孔子「生，事之以禮；死，葬之以禮，祭之以禮」㊶的繼承和發揮。《禮記》對孝行的規定也主要是圍繞事養、喪葬、祭祀三個方面展開的。

1.事親之禮

贍養、敬奉父母，這是對人子最起碼的要求，也是衡量子女孝敬與否的最基本的標準。《禮記》認爲，事養父母不但要悉心照顧父母的飲食起居，使之衣食飽暖，無凍餒之患，而且要使父母在精神上輕鬆愉悅。

㊲ 李澤厚《中國古代思想史論》，人民出版社一九八六年版，第二〇－二一頁。

㊳ 《禮記‧祭統》。

㊴ 《禮記‧祭義》。

㊵ 《孝經‧紀孝行》，第五三頁。

㊶ 《論語‧為政》。

〈內則〉篇不惜筆墨，詳盡地描繪了「子事父母」應如何早起晚息，從「雞初鳴」即「奉水」、「授巾」，服侍父母穿戴梳洗，「下氣怡聲，問衣燠寒」，直到晚上侍奉父母安寢。「冬溫而夏清，昏定而晨省」㊷，不能有絲毫的懈怠，更遑論漿衣煮飯、灑掃庭除。父母有病之時就更是子女顯示孝心之際，不僅「親有疾飲藥，子先嘗之」㊸，而且爲表示對父母疾病的憂心忡忡，還必須「冠者不櫛，行不翔，言不惰，琴瑟不御，……笑不至矧，怒不至詈，」直到「疾止復故」㊹。〈文王世子〉形象地記述了文王如何朝夕請安、視寒問暖、品膳嘗藥、虔心事奉父王的事跡，以爲孝子楷模。後世孝子事跡中也常見「母病飲食減，亦減飲食；飲食不能進，憂之，亦輟飲食；母能飲食，乃復常」㊺之類的記載。

相對於物質上的奉養，對父母精神上的敬順，即「樂其心，不違其志」㊻就更困難些，同時也更重要些。這就要求人子必須做到：

一是凡讓父母擔驚受怕的事情不去做。爲了不貽父母以憂，孝子不但「出必告，反必面；所遊必有常，所習必有業」㊼，還必須「居易以俟命，不興險行以徼幸」㊽，如「道而不徑，舟而不游」㊾，「不登高，不臨深」㊿，「不遠遊」(51)。

㊷　《禮記・曲禮上》。

㊸　《禮記・曲禮下》。

㊹　《禮記・曲禮上》。

㊺　趙爾巽等撰《清史稿》（四十五），卷四九七〈孝義傳〉，中華書局一九七七年八月版，第一三七三九頁。下引本書版本同此。

㊻　《禮記・內則》。

㊼　《禮記・曲禮上》。

㊽　《大戴禮記・曾子本孝》，第七九頁。

㊾　《禮記・祭義》。

㊿　《禮記・曲禮上》。

(51)　《論語・里仁》。朱熹《四書集注・論語集注・里仁》注曰：「遠遊，則去親遠而爲日久，定省曠而音問疏；不惟己之思親不置，亦恐親之念我不忘也。」由此而形成民間行旅中畏遠行、不遠行的風俗。如《父母恩重贊》曰：「兒行千里母行千，兒行萬里母於先」，《父母恩重經講經文》中說：「父母在，勸君莫向他鄉往」，《孔子項托相問書》云：「吾不遊也，吾有嚴父，當須待之，吾有慈母，當須養之。」

當然這也是出於「父母全而生之，子全而歸之」⑤，不損害父母所賜身體的考慮。

　　二是凡有辱父母名節的事情不做，即「不辱其身，不羞其親，可謂孝矣」，「居處不莊，非孝也；事君不忠，非孝也；蒞官不敬，非孝也；朋友不信，非孝也；戰陣無勇，非孝也。」⑤這就把孝奉爲評價人們言行的至上準則，凡是有悖於儒家倫理規範的行爲都是不孝的，都會「災及於親」⑤，貽父母羞辱，損父母清名，因而都在禁絕之列。這就要求子女進退周旋、踐履躬行之間要謹小愼微，甚至在父母歿後也依然要「愼行其身，不遺父母惡名」⑤。

　　三是要對父母畢恭畢敬，言聽計從。對父母的恭敬不僅表現在人子的視聽言動之間，如「居不主奧，坐不中席，行不中道，立不中門」⑤，更表現在對「父母、舅姑之命勿逆勿怠」上：「父母之所愛亦愛之，父母之所敬亦敬之」⑤，「孝子無私樂，父母所憂憂之，父母所樂樂之。」⑤如在婚姻上，「子甚宜其妻，父母不說，出。子不宜其妻，父母曰：是善事我。子行夫婦之禮焉，沒身不衰。」⑤「弛其親之過，而敬其美」⑥也是對人子順敬其親的要求。所以，對待父母的過錯，要在「從命不忿」的前提下「微諫不倦」⑥：「下氣怡色，柔聲以諫。諫若不入，起敬起孝，說則復諫」⑥。若父母執迷

---

⑤　《禮記‧祭義》。
⑤　《禮記‧祭義》。
⑤　《禮記‧祭義》。
⑤　《禮記‧祭義》。
⑤　《禮記‧曲禮上》。
⑤　《禮記‧內則》。
⑤　《大戴禮記‧曾子事父母》，第八六頁。
⑤　《禮記‧內則》。
⑥　《禮記‧坊記》。
⑥　《禮記‧坊記》。
⑥　《禮記‧內則》。

不悟，也只有「號泣而隨之」⑥，不能耿耿於懷；若「父母怒，不說，而撻之流血，不敢疾怨，起敬起孝。」⑥

　　總之，無論物質上還是精神上的奉養，最重要的是要有對父母的一片愛敬之心：「孝子之有深愛者，必有和氣；有和氣者，必有愉色；有愉色者，必有婉容」⑥，而且舉手投足、出入揖遊之間皆要把父母放在心上，「壹舉足而不敢忘父母，壹出言而不敢忘父母」⑥。發於內方能形諸外，孝敬與否不在於供養的衣食是否豐厚、形式是否周詳，「啜菽飲水盡其歡，斯之謂孝；斂首足行，還葬而無棺，稱其財，斯之謂禮」⑥。孝心無價，只要真誠竭力地敬奉雙親，粗茶淡飯與珍肴佳饌是等值的。

　　明代陳淳所著蒙學讀物《小學詩禮・事親》共十四首，全面講述了人子事親之禮，我們摘錄部分內容於此：

　　　　其一：凡子事父母，雞鳴咸盥漱；櫛總冠紳履，以適父母所。

　　　　其二：及所聲氣怡，燠寒問其衣；疾痛敬仰搔，出入敬扶持。

　　　　其三：將坐請何向，長席少執行床；懸衾篋枕簞，灑掃室及堂。

　　　　其八：其有不安切，行不能正履；飲酒不變貌，食肉不變味。

　　　　其九：立不敢中門，行不敢中道；坐不敢中席，居不敢主奧。

　　　　其十：父召唯無諾，父呼走不趨；食在口則吐，手執業則投。

　　　　其十一：父立則視足，父坐則視膝；應對言視面，立視前三尺。
⑥

2.喪葬之禮

---

⑥　《禮記・曲禮下》。
⑥　《禮記・內則》。
⑥　《禮記・祭義》。
⑥　《禮記・祭義》。
⑥　《禮記・檀弓下》。
⑥　轉引自《朱子家訓》，中州古籍出版社一九九五年版，第二〇一二三頁。

給父母「送終」是孝道的重要內容，於是喪禮也就成爲古禮中最繁縟的禮節。《禮記》中的〈喪大記〉、〈奔喪〉、〈問喪〉、〈間傳〉、〈三年問〉諸篇就是專門論述這方面內容的。《儀禮·士喪禮》中對喪禮複雜繁瑣的程式儀節有細緻的記述，對行爲的禮節、器物的使用、衣冠的裝束穿戴都有嚴格的規定。

整個喪禮分三個過程：奔喪，葬禮，居喪。奔喪即聞知父母歿亡噩耗，立即披星戴月、風雨兼程趕赴家中，「括髮袒成踴」，盡哀而哭。葬禮包括小斂、大斂、殯、葬等環節，其間孝子要披麻戴孝，「水漿不入口」，三日後方可動屍舉柩，「送形而往，迎精而返」⑥⑨。居喪即居三年之喪。其間孝子要「斬衰苴杖，居倚廬，食粥，寢苫（草簾子）枕塊」⑦⓪，嚴格節制衣、食、住、行，通過苦行僧一般的生活來體現孝道，「相率強不食而爲饑，薄衣而爲寒，使面目陷皺，顏色黧黑。耳目不聰明，手足不強勁，……必扶而能起，杖而能行」⑦①。歷世都有孝子行銷骨瘦、嘔心瀝血守喪三年、十載乃至終身的記載，居喪守孝成爲孝子傳中分量最重的一塊。有的孝子甚至睡在父母墓穴中，這就更是對生者身心的嚴酷摧殘了。

特別值得關注的是喪禮中的喪服。中國傳統的喪服制度，蘊涵著深厚的倫理意義，它以血緣親疏爲差等，嚴格地規定了以斬衰、齊衰、大功、小功、緦麻等五種喪服即「五服」爲核心的一系列服制規範，以喪服的輕重和喪期的久暫來顯示生人同死者關係的親疏遠近之別。喪服成爲一種純粹的倫理符號。

3.祭祀之禮

行孝是子女終身的行爲，不能因爲父母的過世而中斷。祭祀父母亡靈就是孝行的繼續，所以古代的祭禮是相當隆重的，「禮有五經，莫重於祭」⑦②。《儀禮》中的〈士虞禮〉和〈特牲饋食禮〉等對古代的祭禮有詳盡的描繪。在整個行禮過程的每一程序裏，「主賓的冠帶衣服、所立位置、進退揖讓、語

---

⑥⑨　《禮記·問喪》。

⑦⓪　《禮記·三年問》。

⑦①　《墨子·節葬》，第二六四頁。

⑦②　《禮記·祭統》。

辭應答、行禮的程式次序、手足舉措，及祭禮所用器物的種類、陳設位置等等有極爲細緻繁雜的規定。」⑦

《禮記》繼承孔子「喪思哀」、「祭思敬」⑦的精神，認爲事養之禮要體現「順」，喪葬之禮要體現「哀」，祭祀之禮則要體現「敬」。「敬」是祭禮中必須遵循的原則：「養則觀其順也，喪則觀其哀也，祭則觀其敬而時也。」⑦「祭禮，與其敬不足而禮有餘，不若禮不足而敬有餘也」⑦，心若不誠不敬，祭禮就失去了意義。因而祭禮中無論是瑣細的禮節儀式，還是祭者的衣著舉止處處都要表現出一個「敬」字。

藉著祭禮（包括喪禮）中的理性精神，來達到教化民眾的目的，這是儒家的別出心裁之處。《禮記》從理論上闡明了祭祀父母先祖的意義。祭祀從表面上看只是一種追思悼念父母祖先的儀式，其實是要是通過這種儀式實現「孝」的諸多功用：

其一，「祭者，所以追養繼孝也」⑦。祭祀爲的是緬懷父祖功德，繼承他們的遺志，完成其未竟之業，「夫孝者，善繼人之志，善述人之事者也。」⑦這是「追養繼孝」的實質性內容。

其二，「反古復始，不忘其所由生也。」⑦大規模的祭祖活動把同一祖先的人們連繫在一起，強化了人們「根」的觀念，從而實現增強宗族凝聚力、維護基層社會穩定的目的。

其三，「宗廟之禮，所以序昭穆也。」⑧「昭穆者，所以別父子、遠近、長幼、親疏之序而無亂也。」⑧祭祖本身就是對血緣來龍去脈的確認，也就是對參與者身份、地位合法性的確認，祭祖的儀式背後更是處處蘊含著貴賤

⑦　陳來《古代宗教與倫理》，三聯書店一九九六年版，第二五六頁。

⑦　《論語·子張》。

⑦　《禮記·祭統》。

⑦　《禮記·檀弓上》。

⑦　《禮記·祭統》。

⑦　《禮記·中庸》。

⑦　《禮記·祭義》。

⑧　《禮記·中庸》。

⑧　《禮記·祭統》。

尊卑的秩序意義，「夫祭有十倫焉：見鬼神之到焉，見君臣之義焉，見父子之倫焉，見貴賤之等焉，見親疏之殺焉，見爵賞之施焉，見夫婦之別焉，見政事之均焉，見長幼之序焉，見上下之際焉。」⑧

其四，「祭者，教之本也。」⑧⑧「祭」是實現道德教化的重要途徑。《禮記》認爲，「崇事宗廟社稷，則子孫順孝」⑧⑧；《大戴禮記》說：「喪祭之禮，所以教仁愛也。春秋祭祀之不絕，致思慕之心也。夫祭祀，致饋養之道也。死且思慕饋養，況於生而存乎？故曰：喪祭之禮明，則民孝矣。」⑧⑧因而，祭祖被提到「教之本」的高度：「是故君子之教也，必由其本，順之至也，祭其是與？」⑧⑧

其五，娛樂功能。「公共祭祀之舉行，在農業社會中，也是人民一種休息遊戲之機會。藉此彼此交流，達到養民生息、寓教於樂的目的。」⑧⑧

除養親及喪祭之禮外，在冠禮、婚禮、鄉飲酒禮中也都有孝的蘊義。這一點我們在第二章中已經述及。

《禮記》對孝行的規範雖然面面俱到，但其形式化、教條化的傾向也十分明顯。在養親、喪禮、祭禮中都存在這樣的問題。如服侍父母時「寒不敢襲，癢不敢搔」⑧⑧，甚至連「嚏咳、欠伸、跛倚、睇視」⑧⑧之類生理行爲也被視爲不敬而在禁絕之列；父母死後，連居喪者如何出入坐臥，怎樣袒踊哀泣都有專門的規定：「女子哭泣悲哀，擊胸傷心，男子哭泣悲哀，稽顙觸地無容」⑨⑩，並且還要求子女要「思死不欲生」，「水漿不入口，三日不舉火」，直

---

⑧　《禮記・祭統》。

⑧　《禮記・祭統》。

⑧　《禮記・祭統》。

⑧　《大戴禮記・盛德》，第一四二頁。

⑧　《禮記・祭統》。

⑧　傅佩榮譯《人的宗教向度》，臺灣幼獅文化事業公司一九八六年版，第一六八－一六九頁。

⑧　《禮記・內則》。

⑧　《禮記・內則》。

⑨　《禮記・問喪》。

到「身病體羸，以杖扶病」⑨才算是孝子。顯然，《禮記》把人所本有的常情做硬性的規定，不僅矯揉造作，流於虛偽煩瑣，而且是對人性的踐踏、對生者精神和肉體的摧殘。人成為自己精神祭壇上的犧牲品。不絕於史書的孝子居喪廬墓數載、哀幾毀性、嘔血數升乃至不勝悲哀而死等，就是《禮記》對孝行的這種迂腐、虛偽、教條的規定的產物⑨。同時，孝道與宗法社會禮儀習俗的銜接，使孝道附麗於禮俗之中，禮俗成為孝道的外在體現和踐履途徑。形式掩蓋了實質和內容，這是封建孝道向形式化、手段化、虛偽化傾向發展的重要原因之一。

二、《孝經》：孝治理論的系統化

《孝經》是儒家的重要經典，漢代被列為七經之一，到宋代被列為十三經之一。《孝經》有古文和今文兩種本子，通常所謂《孝經》指的是今文本。《孝經》雖然流傳廣泛，影響深遠，但是它的作者和成書年代一直眾說紛紜，有孔子所作、曾子所作、曾子門人所作、孔門七十子徒所作、漢儒偽作等多種看法。從多家考證及《孝經》本身的內容來看，我們認為，《孝經》當為反映西漢儒家思想的作品，它的成書年代應不早於秦漢之前。

《孝經》是儒家德治思想的實踐化、具體化，是西漢倫理與政治相融合的理論結晶。實行「孝治」是貫穿《孝經》全書的根本宗旨。《孝經》凡十八章，除〈庶人章〉、〈紀孝行章〉、〈喪親章〉等外，其餘十五章都是講孝治的。短短的兩千字中，《孝經》對實行孝治的理由、實施孝治的綱領及具體途徑作了詳盡的論述，為西漢及其後的歷代封建王朝都極力標榜的「以孝治天下」提供了理論根據，所以自其問世後就被尊奉為必讀之經典、治世之圭臬而倍

---

⑨　《禮記‧問喪》。

⑨　應該說，《禮記》本身並不主張執親喪時走向極端。如《禮記‧檀弓》上有這樣兩段記載：「伯魚之母死，期而猶哭。夫子聞之，曰：『誰與哭者？』門人曰：『鯉也。』夫子曰：『嘻，其甚也！』伯魚聞之，遂除之。」「曾子謂子思曰：『吾執親之喪也，水漿不入口者七日。』子思曰：『先王之制禮也，過之者，俯而就之；不至焉者，跂而及之。故君子之執親喪也，水漿不入口者三日，杖而後能起。』」

受統治集團重視。更爲重要的是，《孝經》在總結春秋戰國以來孝道理論的基礎上，對「孝」所進行的形而上學的探本努力和體系化論證，賦予了「孝」以天經地義民則的神秘的本體論意義。《孝經》把「孝」的定位提高到空前絕後、無以復加的地步。因而，《孝經》在孝道發展史上的意義，是其他任何一部著作都無法相比的。

㈠《孝經》對不同階層孝行的不同規定

與《禮記》對孝行的規定是著眼於所有的個體泛泛而論有異，《孝經》認爲，孝是貫徹上下始終的常道，「自天子至於庶人，孝無始終」[93]，因而人人都要事養其親。在這個邏輯前提下，《孝經》因人而異地對個體孝行爲作了具體規定，對不同等級、不同階層的人分別提出了不同的標準、要求及相應的行爲規範。

《孝經》第二、三、四、五、六章依次論述了天子、諸侯、卿大夫、士、庶人五個等級應遵守和推廣的孝道，即所謂「五等之孝」。具體說有以下內容：

居於首位的當然是「天子之孝」。天子是天下人的表率，上行之則下效之，君好之則民行之。天子有善行，那麼天下的眾庶百姓都會信賴、仿效他，「一人有慶，兆民賴之。」[94]天子雖然父天母地，但行孝的眞正內容並不在於如何敬奉皇天后土或生身父母，而在於給天下人樹立楷模，以敎化百姓，實施孝治。「愛敬盡於事親，而德敎加於百姓，刑於四海」[95]，天子普施博愛廣敬之道，則四夷之眾皆披服其德意、敎化，感之而應，倡之而和，從而孝親敬長，達到「天下和平，災害不生，禍亂不作」[96]的孝治目的。孟子把舜作爲「達孝」的典範，《禮記》極力渲染文王的孝子形象，其用義蓋在於此。

僅次於「天子之孝」的是「諸侯之孝」。諸侯乃一人之下，萬人之上，其位之高、爵之貴，令天下人仰視。對於他們來說，最重要的是要做到「在

---

[93]　《孝經·庶人章》，第二五頁。
[94]　《孝經·天子章》，第九頁。
[95]　《孝經·天子章》，第九頁。
[96]　《孝經·孝治章》，第三六頁。

上不驕」,「制節謹度」⑨⑦。「在上不驕」即居上位而不驕,也即荀子所謂「聰明聖知,守之以愚;功被天下,守之以讓;勇力過世,守之以怯。」⑨⑧處尊居貴而不驕橫恣肆,飛揚跋扈,就可「高而不危」⑨⑨,養尊處優。「制節謹度」即制財用之節、守禮法之度,不奢侈浪費,荒淫無度,「富有四海,守之以謙」,⑩⑩如此就可以「滿而不溢。」⑩①總之,只有小心翼翼地守其祿位,才能富貴相依,「保其社稷,而和其民人。」⑩②

居於第三位的是「卿大夫之孝」。卿大夫是輔佐天子處理國家事務的高級官吏,他們必須循禮奉法,嚴格恪守先王之道,在禮節服飾、言語德行諸方面不能越雷池一步:「非先王之法服不敢服,非先王之法言不敢道,非先王之德行不敢行。」⑩③任何逾規越矩的行爲都是悖禮違孝、大逆不道的。顯而易見,卿大夫之孝的實質,就是對天子的「忠」。《孝經》對這種以「忠」爲「孝」的卿大夫之孝作了進一步的闡述:「君子之事上也,進思盡忠,退思補過,將順其美,匡救其惡。故上下能相親也。」⑩④

接下來是「士人之孝」。士是介於官僚和普通百姓之間的特殊階層,因此,士人之孝也處於二者之間,具有溝通上下的過渡性特徵。《孝經》中講道:「資於事父以事母而愛同,資於事父以事君而敬同。故母取其愛,而君取其敬,兼之者父也。故以孝事君則忠,以敬事長則順。忠順不失,以事其上,然後能保其祿位而守其祭祀。蓋士之孝也。」⑩⑤

---

⑨⑦　《孝經・諸侯章》,第十四頁。

⑨⑧　《荀子・宥坐》。

⑨⑨　《孝經・諸侯章》,第十四頁。

⑩⑩　《荀子・宥坐》。

⑩①　《孝經・諸侯章》,第十四頁。

⑩②　《孝經・諸侯章》,第十四頁。

⑩③　《孝經・卿大夫章》,第十七─十八頁。

⑩④　《孝經・事君章》,第八二頁。

⑩⑤　《孝經・士章章》,第二二頁。

　　可以看出，士人之孝體現在兩個方面，一方面是事君之「孝」，亦即對君主的忠順，另一方面是事親之孝，亦即對父母的愛敬。在《孝經》看來，這兩個方面是二而一、一而二的，士人之孝的根本就是要做到愛敬、忠順。

　　最後是「庶人之孝」。庶人指普通老百姓，是西周以後對農業生產者的稱謂。庶人之孝是孝行的最基本的層面，或者說，是最本質意義上的孝。「用天之道，分地之利，謹身節用，以養父母，此庶人之孝也。」[106]身恭謹則遠恥辱，用節省則免饑寒，謹身自律就不會給父母帶來煩擾，躬耕節用就能夠使父母衣食無憂。能夠贍養父母，從而使父母的生活得到保障，是對庶人孝行的基本要求。

　　《孝經》總論孝行時提出：「夫孝，始於事親，中於事君，終於立身。」[107]這既可以看作行孝的三個層次，也可以說是行孝的三種境界。孝的這三個層次、三種境界在五等之孝中充分體現出來。事親，這是對所有人的要求，是行孝的起點。「士之孝」介於事親與事君之間，即進而忠，退而孝。由士以上，卿大夫之孝只著眼於如何「事君」，以忠爲孝，這是宣揚孝道的目的。諸侯、天子之孝則只是個「立身」的問題，是落實到每個人的道德要求。

　　可見，《孝經》對以善事父母爲基本內涵的「孝」作了隨意的引申和推衍，其真正用意不只在於論述天子、諸侯或庶人應該如何對父母行孝，而是著重論述不同等級的人應該如何對君主盡忠。對照《忠經》第二、三、四、五、六章對聖君、臣、百工（官）、守宰、兆人「忠」的要求，我們會發現二者實質上是一致的，無非是各守其位，各司其職，循法守禮，忠心耿耿、勤勤懇懇以事敬其君上而已。因而，《孝經》論孝的目的就是移孝爲忠，從而推出「以孝治天下」的主張，即萬國「事其先王」，百姓「事其先君」，家人「事其親」，天下人都心悅誠服地尊長事上，「是以天下和平，災害不生，禍亂不作，故明王之以孝治天下也如此。」[108]《孝經》對「五等之孝」的規定，

---

[106]　《孝經・庶人章》，第二六頁。

[107]　《孝經・開宗明義章》，第二頁。

[108]　《孝經・孝治章》，第三六頁。

可以看作是孔子君君、臣臣、父父、子子思想在孝道上的具體化，其實質是為維護等級秩序服務的。

不過，應當指出的是，《孝經》反對下對上、子對父的盲目服從，強調「諫諍」，主張「父有爭子，則身不陷於不義，故當不義，則子不可以不爭於父，臣不可以不爭於君。故當不義則爭之，從父之令又焉得為孝子乎？」⑩⑨這是有積極意義的。

㈡孝治理論的提出

《孝經》的孝治理論淵源於孔子的「孝」即「為政」思想。但在孔子那裏，孝治還遠遠沒有形成一種系統的理論，《孝經》則沿著孔孟所開的孝道哲理化的路子，在總結亡秦教訓的基礎上，迎合西漢王朝以德治國和強化中央集權統治的需要，提出一套系統的孝治理論。

《孝經》極力拔高「孝」的理論地位，從必要性上說明孝治的合理性。這體現在三個方面：

其一，上承孔孟，從人性論上尋求孝治的自然基礎。在這一點上，《孝經》與《禮記》是一致的。「孝」是順人性而發，「禮」是緣人情而制的，這是《禮記》為孝治提供的心理情感基礎。《孝經》也認為，人是天地間有生命之物中最為尊貴的，而孝是人的自然本性：「天地之性，人為貴，人之行，莫大於孝」，「父子之道，天性也」⑩，聖人就是循著子女對父母固有的愛敬之心性，引導他們逐步由孝道而走向對社會秩序的認同：「聖人因嚴以教敬，因親以教愛」⑪。所以，孝治、聖治植根於人的天性之中，是順人之情、合性之宜的：「聖人之教不肅而成，其政不嚴而治，其所因者本也」⑫。這樣，就從人性論上為孝治找到了合乎情理的說明。

其二，從形而上的高度為孝治尋求理論根據。《禮記》認為，「孝」是超越時空限制的，即空間上充塞天地、橫披四海，時間上貫通古今、行之萬世：

---

⑩⑨　《孝經・諫諍章》，第七二頁。
⑩　《孝經・聖治章》，第四二、四三頁。
⑪　《孝經・聖治章》，第四四頁。
⑫　《孝經・聖治章》，第四三頁。

「夫孝，置之而塞乎天地，敷之而橫乎四海，施諸後世而無朝夕」，因而孝道是絕對的、永恒的、放之四海而皆準的道德準則：「推而放諸東海而準，推而放諸西海而準，推而放諸南海而準，推而放諸北海而準」⑬。「孝」被神化得無所不在、無所不能，這與《孝經》中所言「孝悌之至，通於神明，光於四海，無所不通」⑭恰相呼應，這種孝感學說不僅爲董仲舒的天人感應的神學目的論開了理論先河，而且對後世的孝道實踐產生了極爲惡劣的影響。

受深厚的宗教傳統習性的影響，從天地的道德法則中求取人自身的道德根源，乃是中國文化中一貫的傳統。《孝經》亦循此而提出，天運行日月星辰更迭不止、地化育草木蟲魚生生不息，人法天則地，行孝是天經地義的：「夫孝，天之經也，地之義也，民之行也」⑮，把孝的觀念無限地加以擴大和膨脹，「孝」被賦予本源的、世界觀的意義，這就爲後世理學家從「天理」的高度闡釋孝開了先河。同時，從教化的角度來說，一旦把倫理綱常說成天經地義，自然也就容易施行了。《禮記》、《孝經》把「孝」的道德規範和道德準則神聖化、永恒化的結果，是使得孝道成爲民衆生活中具有宗教色彩的共同信念，成爲世俗化了的生活信仰和教條。由此也就更容易理解儒家學說在中國古代何以能起到宗教的作用。

其三，論述了孝治的社會政治功用。《孝經》開篇就講：「先王有至德要道，以順天下，民用和睦，上下無怨。」⑯所謂「至德要道」，就是「孝」。在《孝經》看來，以孝治天下，其功用十分巨大，〈孝治章〉和〈聖治章〉對此進行了專門論述：

　　昔者明王之以孝治天下也，……，夫然，故生則親安之，祭則鬼享之，是以天下和平，災害不生，禍亂不作。故明王之以孝治天下者如此。《詩》云：「有覺德行，四國順之。」⑰

---

⑬　《禮記・祭義》。

⑭　《孝經・感應章》，第七七頁。

⑮　《孝經・三才章》，第三〇頁。

⑯　《孝經・開宗明義章》，第一頁。

⑰　《孝經・孝治章》，第三六頁。

聖人因嚴以教敬，因親以教愛，聖人之教不肅而成，其政不嚴而治，其所因者，本也。……是以其民畏而愛之，則而象之。故能成其德教，而行其政令。⑱

於此可見，是否實行孝治，不僅僅是**統治者個人的德行修養**問題，而且關係到國家的興盛衰敗。只有篤行孝道以治天下，民眾才不會迷失道德的方向，社會才不會陷於失範狀態，才能實現人們所嚮往的理想的德治境界。

㈢　以「教孝」為門徑、以忠君為核心的孝治之道

《孝經》倡導的孝治方略，是以「教孝」為始基的。《孝經》認為，天子行孝的一個重要方面，就是要給天下人樹起標竿、做出榜樣，「德教加於百姓，刑於四海。」⑲治國安邦必先自教民以孝為起點：

教民親愛，莫善於孝。教民禮順，莫善於悌。移風易俗，莫善於樂。安上治民，莫善於禮。⑳

教以孝，所以敬天下之為人父者也；教以悌，所以敬天下之為人兄者也；教以臣，所以敬天下之為人君者也。㉑

教民以孝，根本目的是為了「敬一人」、「孝一人」，為了維護統治者的統治地位。因此，在完成了對孝治合理性的理論論證之後，《孝經》提出了移孝為忠、由齊家而治國的孝治天下的理論綱領，論證了孝治的可行性。〈廣揚名章〉言：「君子之事親孝，故忠可移於君；事兄悌，故順可移於長；居家理，故治可移於官。是以行成於內，而名立於後世也。」㉒移孝於忠君，移悌於順長，移理於治國，其中最本質的就是移孝親於忠君。這不僅僅是倫理對政治的滲透，而且是孝道倫理在中國封建政治實踐中的成功運用。漢代以孝為核心的新型的社會倫理秩序的建立，為中國封建社會提供了一個具有一般意義的社會秩序模式。

---

⑱　《孝經‧聖治章》，第四三頁。

⑲　《孝經‧天子章》，第九頁。

⑳　《孝經‧廣要道章》，第六一頁。

㉑　《孝經‧廣至德章》，第六五頁。

㉒　《孝經‧廣揚名章》，第六八頁。

移孝作忠既是「敎孝」的目的，也是「以孝治天下」的理論前提。《禮記》、《孝經》首先從忠、孝的一致性論證了忠與孝的邏輯統一。「忠臣以事其君，孝子以事其親，其本一也」⑫，「資於事父以事君而敬同」⑭，把事親的孝敬之心推廣到事君的政治實踐中，「忠順不失，以事其上」⑮，這就拉近了君臣之間的心理距離，爲事君以孝從心理情感上找到了便當的切入點。孝因之不但是立身安命的要津，而且是政治行爲的依據，政治的目的和政治價值的實現，都在於孝道的完成。爲人子，父權高於一切；爲人臣，君權高於一切。「天子」的稱呼是對君與天父子關係的承認和神聖化，「親則父也，尊則君也；有父之親，有君之尊，然後兼天下而有之」⑯，「陛下上爲皇天子，下爲黎庶父母」，「陛下父事天，母事地，子養黎民」⑰，不僅用神權、父權來加強君權，同時還用來加強地方行政長官的統治權，州縣長官也被渲染爲父母官，就像皇帝被尊爲全國的君父一樣，皇帝的每一個官吏也都在他所管轄的地區內被看作是這種父權的代表。官民關係成爲父子關係。作爲調節宗法關係最高道德原則的孝道，取得了『綱紀天下』的政治功能。

由齊家而治國是實施孝治的基本途徑。「聖人南面而治天下，必自人道始矣」⑱。所謂治人道，無非是「上治祖禰，尊尊也；下治子孫，親親也；旁治昆弟，合族以食，序以昭穆，別之以禮義」⑲，也即：「聖人南面而理天下，自人道始矣。人道之始，始於親親。故堯之敎也，睦九族而平百姓。文王之訓也，刑寡妻而御家邦。斯可謂敎之源，理之本也。……廣其愛，使惠洽九族，化流萬人，則宜乎先親後疏，自近及遠者也。」⑳也就是說，治國之要，在於理順各種倫理關係，特別是父子、君臣、長幼等最基本的倫理關

⑫　《禮記‧祭統》。

⑭　《孝經‧士章》，第二二頁。

⑮　《孝經‧士章》，第二二頁。

⑯　《禮記‧文王世子》。

⑰　《漢書》（十），卷七二〈鮑宣傳〉，第三〇八九、三〇九一頁。

⑱　《禮記‧大傳》。

⑲　《禮記‧大傳》。

⑳　《白居易集》，中華書局一九七九年版，第一三七五頁。

係，「君子篤於親，則民興於仁」⑬，「父子、君臣、長幼之道得而國治」⑬。因而，「天下之本在國，國之本在家」⑬，「欲治其國者，先齊其家」，「家齊而後國治」⑬是中國人的傳統觀念：

> 父子篤，兄弟睦，夫婦和，家之肥也。⑬

> 家室之道得，則天下之理得。⑬

> 君子不出家而成教於國。孝者，所以事君也。弟者，所以事長也；慈者，所以使眾也。⑬

> 身修則家可教矣。孝、悌、慈，所以修身而教於家者也。然而國之所以事君、事長、使眾之道，不外乎此。此所謂家齊於上，而敬成於下也。⑬

在宗法制下，穩固了宗法等級關係也就等於穩固了統治秩序。人如果能夠致孝於親，則事君事長，齊家治國，舉而措之，天下裕如。由孝而忠，即由對宗族長輩的家族倫理感情到忠於國家朝廷的政治觀念的情感轉移的完成，也就是國家家族化和家族國家化的雙向同構過程的完成。這樣，就可以從正反兩個方面防患於未然：「家族政治有一種聯帶責任：在有所勸的場合，就是『一人成佛，雞犬皆仙』，『滿門有慶』；在有所懲的場合，就是一人犯法，九族株連。其結果，父勸其子，妻勵其夫，無非是要大家安於現狀，在現狀中求『長進』，求安富尊榮，而天下就因此『太平』了。」⑬於是防止消弭「犯上作亂」的責任就交給了家族和家庭，政治關係家庭化、倫理化，並通過普

⑬　《論語・泰伯》。

⑬　《禮記・文王世子》。

⑬　《孟子・離婁上》。

⑬　《禮記・大學》。

⑬　《禮記・禮運》。

⑬　《漢書》（十），卷八一〈匡衡傳〉，第三三四〇頁。

⑬　《禮記・大學》。

⑬　朱熹《四書章句集注・大學集注》，中華書局一九八三年十月版，第九頁。

⑬　王亞南《中國官僚政治研究》，時代文化出版社一九四八年版，第一〇四頁。

遍存在的倫理關係，滲透到社會的每個角落，從而實現了修、齊、治、平一體化過程的完成。

當然，孝治理論之所以具有可行性，並且確實變成了現實，最根本的還在於中國古代農業自然經濟下的宗法家族制度這一社會基礎，由之而有家國一體的社會結構，由之而有人情主義。「人情」的實質是「人治」，「人治」的實質是「德治」，「德治」的實質是「孝治」。於是作爲百行之先、諸德之本的「孝」從倫理領域過渡到政治領域，從一種敬本的心理，孝親的情感，兼成爲一種行政治國的基本指導原則、治官御民的方式和手段，對於爲政理國具有了無與倫比的價值。

第三節　封建孝道的神聖化、神秘化

就內在本質而言，漢代哲學的根本特點是宗教的、神學的。相應地，儒家孝道在向封建孝道轉構的過程中，也增添了一個新的、突出的特點：神聖化、神秘化。《禮記》、《孝經》中已經露出向這種趨向發展的端倪，《春秋繁露》、《白虎通義》則毫無遮掩地致力於對孝道神聖化、神秘化的哲學論證。這種論證使封建社會的人身依附關係倫理化、宗教化，使孝道由傳統倫理而變爲封建綱常。從這個意義上講，孝道神聖化、神秘化的過程也就是孝道封建綱常化的過程。

一、《春秋繁露》：封建孝道的神學化、神聖化

確立三綱五常的神聖地位，是董仲舒倫理思想的核心和目標。爲此，他究天人之際，推陰陽之變，發《春秋》之義，舉三綱之道，構建了一套完備自足的封建倫理綱常體系，這標誌著我國封建道德的基本定型，也標誌著封建孝道理論體系的初步完成。

㈠天人相應：封建孝道的神學基礎

董仲舒的倫理思想建立在「天人感應」的神學宇宙論基礎上。董仲舒對陰陽五行、天人感應等神秘觀念的運用可謂遊刃有餘。在他看來，人間的倫理秩序和道德標準與天及陰陽五行相互貫通、相互觀映，人道源於天道，倫

理取法於天並由天所決定：「君臣父子之義，皆取諸陰陽之道。」⑭社會倫理綱常秩序成爲天道秩序的「複件」。董仲舒的倫理學就是在以天和陰陽五行擬喻人類社會的微妙關係中完成的。他說：

> 君爲陽，臣爲陰；父爲陽，子爲陰；夫爲陽，妻爲陰。陰道無所獨行。……是故臣兼功於君，子兼功於父，妻兼功於夫。⑭

> 仁義制度之數，盡取之天。天爲君而覆露之，地爲臣而持載之；陽爲夫而生之，陰爲婦而助之；春爲父而生之，夏爲子而養之；秋爲死而棺之，冬爲死而喪之。王道之三綱，可求於天。⑭

> 地事天也，猶下之事上也。⑭

> 故四時自比，父子之道，天地之志，君臣之義。⑭

> 諸授之者，皆其父也；受之者，皆其子也。常因其父，以使其子，天之道也。⑭

君、父、夫爲陽，臣、子、婦爲陰；天爲君，地爲臣；地事天，下事上，等等；《春秋繁露》中連篇累牘充斥的都是類似的比附和驗證。董仲舒的理論用邏輯上的三段論可以表述爲：

大前提　天尊地卑、陽尊陰卑的天道是永恒的，絕對的；

小前提　人道源於天道並由天道所決定，即「王道之三綱，可求於天」；

結　論　君尊臣卑，父尊子卑，夫尊妻卑的「人道」是永恒的、絕對的。

⑭　《春秋繁露・基義》，第七三頁下。
⑭　《春秋繁露・基義》，第七三頁下。
⑭　《春秋繁露・基義》，第七四頁上。
⑭　《春秋繁露・王道通三》，第六八頁上。
⑭　《春秋繁露・陽尊陰卑》，第六七頁上。
⑭　《春秋繁露・五行之義》，第六五頁下。

如果用一句話來概括，即：道之大原出於天，天不變，道亦不變。孝道等封建道德既然來源於「天」：「子受命於父，臣妾受命於君，妻受命於夫，諸所受命者，其尊皆天也，雖謂受命於天亦可」⑭⑥，則其永恒性、神聖性自然也就不證自明、不言而喻。

由先秦到漢代的思想家都清楚地意識到，「序尊卑貴賤大小之位，而差內外遠近新舊之級」⑭⑦對維持政治統治具有不同尋常的意義，他們從各個方面，特別是從道德的價值來源方面，試圖對其合理性作出圓融的解釋，結果都不盡如人意。董仲舒放棄修葺補闕的企圖，另闢蹊徑。他利用時人迷戀方術迷信、神秘主義盛行的社會氛圍，索性將道德的來源訴諸於「天」，把尊卑貴賤的等級秩序歸諸於「天意」。當理性的精神被神學的濁流淹沒、理性的推理論證被神學的主觀武斷代替後，一切問題就都簡單化了。一個困擾思想界已久的難題，暫時就這樣迎刃而解。

㈡封建孝道的綱常化、神學化

中國哲學中，「天」是一個功能和結構意義上的神。作爲董仲舒神學體系邏輯出發點的「天」，便僅僅是一個預設的形而上的前提。他的理論的宗旨和核心在於「人道」，社會的政治秩序、倫理秩序才是其最後的落腳點。董仲舒殫精竭慮，無非是要爲儒家倫理秩序尋求一個永恒的、神聖的、絕對的價值來源。完成「狐假虎威」中「虎」的使命之後，「天」也就失去其工具價值而被淡化爲朦朧的背景。接下來，董仲舒便要在其理論的現實時空裏縱橫捭闔，即在儒家的倫理道德、綱常秩序上大做文章了。孝道的綱常化、神學化也正是完成於這個環節上。

*1.*以天地陰陽五行比附孝道

董仲舒對孝道的神學論證中，貫穿著神秘的觀念和牽強附會的臆說，如以天尊地卑論證君、父、夫尊，而臣、子、妻卑，董仲舒認爲：「孝子之行，君臣之義，皆法於地也」⑭⑧，下事上，如地事天，所以子事父順父是理所當

---

⑭⑥　《春秋繁露・順命》，第八五頁下。

⑭⑦　《春秋繁露・奉本》，第五八頁上。

⑭⑧　《春秋繁露・王道通三》，第六八頁上。

然的。他甚至直接提出：「父者，子之天也。」⑭父既然獲得了與天同樣的尊嚴和神聖地位，那麼人子就必須像奉順於天一樣奉順於父，「子受命於父，子不奉父命，則有伯討之罪。」⑮董仲舒還以五行和五行的運行授受關係比附父子關係。在他看來，「土」是五行的中心：「土者，五行最貴者也」⑮而「忠臣之義，孝子之行，取之於土」⑮，所以忠、孝道德是董仲舒的倫理學的核心和基礎；父子關係源於五行的授受關係：「諸授之者，皆其父也；受之者，皆其子也。常因其父，以使其子，天之道也」⑮，「是故父之所生，其子長之；父之所長，其子養之；父之所養，其子成之」⑮，因而父志子繼之，父行子承之，父命子順之，不能稍有拂逆，「父授之，子受之，乃天之道也」⑮，「諸父所爲，其子皆奉承而續行之，不敢不致如父之意，盡爲人之道也。」⑮由此他接著《孝經》繼續強調孝道的形而上根據：「夫孝者，天之經也。」⑮

爲體現君臣父子的尊卑貴賤秩序，董仲舒還要求在君臣關係中，善皆歸於君，惡皆歸於臣，於是「忠臣不顯諫」⑮就成爲顯示君主功德聲名之美的必然要求。同樣，在父子關係中，子也不能與父「分功美」，而只能替父隱惡揚善。這依然是取法於陰陽五行之道的：「爲人子者，視土之事火也。雖居中央，亦歲起十二日之王，傳於火，以調和長養，然而弗名者，皆並功於火，火得以盛，不敢與父分功美，孝之至也。」⑮董仲舒把父子間的孝道倫理，

⑭　《春秋繁露・順命》，第八五頁上。
⑮　《春秋繁露・順命》，第八五頁下。
⑮　《春秋繁露・五行對》，第六四頁上。
⑮　《春秋繁露・五行對》，第六四頁上。
⑮　《春秋繁露・五行之義》，第六五頁下。
⑮　《春秋繁露・五行對》，第六三頁下。
⑮　《春秋繁露・五行對》，第六四頁上。
⑮　《春秋繁露・五行對》，第六三頁下。
⑮　《春秋繁露・五行對》，第六四頁上。
⑮　《春秋繁露・竹林》，第十六頁上。
⑮　《春秋繁露・王道通三》，第六八頁上。

變成了人與天、人與命的關係。孝道被納入宿命論的範疇，子對父除了敬順服從外，別無選擇。

　　董仲舒借助陰陽範疇通暢自如地解釋一切倫理行爲和倫理價值。經過董仲舒系統的神學演繹，孝道被賦予形而上的宇宙秩序之基礎，忠君孝父成爲神秘的天意，成爲天經地義、不可動搖的倫常綱紀。比起《孝經》因缺乏邏輯環節而顯得突兀和武斷的結論，董仲舒的神學論證精致而圓熟，因而更具有說服力和號召力；同時，董仲舒以神學和巫術爲傳達儒家倫理道德的載體，適應了當時的文化氛圍和接受者的心態，因而更易被社會認可和接受。

　　2.三綱理論的提出

　　與政治上的專制主義相呼應，思想上的統一體現在倫理準則、價值傾向上，最終以「三綱五常」的極端形式表現出來。

　　「三綱」即君爲臣綱，父爲子綱，夫爲妻綱。「三綱」的概念是《春秋繁露》明確提出的，它雖然沒有明白表述這一概念的具體內容，但由於董仲舒從神學角度對「三綱五常」作了相對全面、系統的論述，所以學界一般將他作爲「三綱五常」的始作俑者。

　　三綱說是由儒家傳統的五倫觀念發展而來的。首先是五倫演化爲五常[160]。五倫說認爲，君臣、父子、夫婦、兄弟、朋友這五種人與人的關係是人生中所不能逃避、因而必須去積極踐履和調整的關係。五倫之愛是有等差的、交互的、相對的、現實的，即設若君不君，則臣可以不臣；設若父不父，則子可以不子。反之亦然。五常則把這五種人倫關係看作是理想的、長久的關係，人只是對自己的位分盡義務，盡不盡義務、如何盡義務完全是自己的事情，是自我德性的昭示，與盡義務的對象無關。也就是說，不管對方的智愚賢不肖，我都不改變我自己做人的原則，我都要履行我自己的常德，盡我自己應盡的單方面的道德義務，即：爲人子止於孝，爲人臣止於忠。這頗類似於柏拉圖式的道德理念、道德範型，或康德式的道德律令。由五倫到五常，

[160]　賀麟〈五倫觀念的新檢討〉，《文化與人生》，商務印書館一九九六年版，第五一─六二頁。

不再有人與人之間的倫理關係，只有道德義務，倫理範疇失去其「倫理」的意義，變成純粹的道德範疇，也就是一種理想的、絕對的道德律令。

　　三綱是五常的核心，是五倫觀念發展的最高和最後的形式。「綱」即倫理的準則。它要求臣、子、婦恪守對君、父、夫盡忠、盡孝、盡順的道德義務，一言一行都以君、父、夫爲準則。如此則其他兩種人倫關係，乃至一切人際關係都可以依此而理順，政治秩序、社會秩序就會井然有致。這就是所謂「綱舉而目張」的意義。進一步說，血緣宗法關係是一切社會關係的母體和原型，而血緣宗法關係又根植於對父權的推延，因而，對父權的尊重和維護，就成爲維持中國社會倫理關係存亡絕續的根本。在三綱中，「父爲子綱」雖然排在首綱之次，卻處於中心和主幹地位，是其他兩綱的前提和基礎。這就是「孝」對一切封建倫理德目所具有的本源價值。

　　忠君之被強調爲最高的價值，是專制政體的產物。董仲舒對孝道的大肆渲染，目的在於以移孝爲忠作仲介，強化忠君，神化皇權，鞏固封建小農經濟，服務於君主專制的政治實踐：「天子父天母地，而子孫畜萬民」[161]，「百姓不安，則力其孝弟。孝弟者，所以安百姓也。」[162]因而孝與忠是一致的，「土德」既是孝道，也是忠道：「土之事天竭其忠，故五行者乃孝子忠臣之行也」[163]。於是，對孝道的神學論證就原封不動地變成了對忠道的論證。「君爲臣綱」是政治倫理，其他兩綱是家庭倫理，三綱的並列正是漢代社會政治倫理化和倫理政治化的突出表現。董仲舒圓滿地完成了把家庭倫常中的父權、宗教中的神權和政治上的皇權三位一體化的理論任務。

　　由五倫到三綱，將人對人正常的、相對的關係轉變爲人對位分、對常德、對理念的片面的、絕對的關係，將自然的、人世間的、現實的倫理道德轉變爲超世的、有宗教意味的、神聖不可違背的禮教。三綱既是一種臣民必須修行和踐履的道德修養，更是一種外在的強制性的社會規範。韋政通移借林頓的「理想文化」和「實在文化」的理論，認爲三綱產生之前，忠、孝只是文

---

[161]　《春秋繁露・郊祭》，第八二頁上。

[162]　《春秋繁露・為人者天》，第六五頁上。

[163]　《春秋繁露・五行之義》，第六五頁上。

化的「理想範型」，三綱由董仲舒的「私言」化爲《白虎通義》的「公論」後，忠、孝便進入到「實在範型」，開始對臣民產生實際的規範作用而成爲倫理教化之大本[164]。這是很有道理的。

　　儒家道德精神中蘊涵著道德至上主義的傾向，即把道德本身作爲唯一的、崇高的價值，把人生的意義都寄寓在道德使命的完成和道德價值的實現上，以道德的完滿而自足自慰。三綱要求爲子、爲臣、爲妻者只對自己的名位盡本分，就具有這種意義。因而，也許只有從道德的自我成就和自我完善的意義上，才能理解「君雖不君，臣不可以不臣；父雖不父，子不可以不子」[165]的倫理模式，何以會對孝子忠臣們有那麼大的吸引力和約束力。這種不計得失成敗、爲善盡其在我的道德自覺和道德自我實踐，在封建社會具有一定程度的悲劇性。這也正是愚忠、愚孝者的悲劇。

　　總之，三綱學說完全確立了君、父、夫在倫理關係中的絕對主導地位，「道德已不再是共同認可的準則」，「只有倫理關係中所規定的人們的適合身份的具體規範的踐履才是根本的。」[166]這標誌著以儒家思想爲核心的傳統倫理向封建倫理轉換的徹底完成。三綱成爲封建倫理道德的總綱，其他道德倫常都隸屬於三綱之下。自此，由三代傳承、損益而來的處理人倫關係的孝德被正式定爲封建綱常，「只有在這時，與『三綱』相聯繫，『忠』、『孝』才在完全的意義上成爲我國封建社會倫理的基本規範。」[167]忠孝道德淪爲助長封建專制主義的工具。三綱五常作爲封建禮教的中心內容，被奉爲「萬古不易之常經」，是奴役、摧殘中國人人性的最沉重的精神枷鎖。

　　董仲舒對三綱的神學論證雖然從理論上看是荒誕不經、不堪一擊的，但其理論發軔、立足於封建社會的生產方式和社會結構，適應了大一統的歷史潮流，應和了君主專制的現實需要，在當時具有進步的政治意義和社會意義。

---

[164]　韋政通《中國文化與現代化》，水牛出版社一九七四年版，第一〇一頁。

[165]　西漢・孔安國〈古文孝經序〉，轉引自汪受寬撰《孝經譯注》，上海古籍出版社一九九八年七月版，第一〇五－一〇六頁。

[166]　陳少峰《中國倫理學史》，北京大學出版社一九九六年版，第一六一頁。

[167]　沈善洪、王鳳賢《中國倫理學說史》上冊，浙江人民出版社一九八五年版，第二二頁。

就這一點而言，孝道的走向專制也是歷史的必然，不能僅僅歸咎委過於董仲舒個人。同時，神學化與絕對化是聯體的。儒學的獨尊決定了其向絕對化、神學化發展的必然趨向。任何一種學說，一旦被推到絕對化的程度，它的神學化就是不可避免的。董仲舒的哲學再次證實了這一點。

客觀地說，在不違背封建道德根本原則的範圍內，董仲舒在一定程度上還是肯定道德主體的能動性的。他承繼孟子，主張在「可以然之域」⑯變「經」行「權」，即靈活地運用原則。董仲舒甚至從天地陰陽的神學角度論證說：「變天地之位，正陰陽之序，直行其道而不忘其難，義之至也。是故脅靈社而不爲不敬靈，出天王而不爲不尊上，辭父命而不爲不承親，絕母之屬而不爲不孝慈，義矣夫。」⑯他也不否定對君父自身的道德要求，認爲「父不父則子不子，君不君則臣不臣。」⑰忠孝道德在董仲舒這裏還沒有完全成爲僵死的教條，愚忠愚孝還沒有被發揮到登峰造極的地步。在此我們勉強還可以尋覓到先秦儒家孝道乃至《孝經》中父子平等、子可「諫」父的痕跡。

與神學相結合是董仲舒哲學的特徵，比附是董仲舒解釋論證問題的主要工具。從本質上說，比附的主觀隨意性很強，缺乏深刻的邏輯和辨證的思維，這也是以後讖緯迷信的主要方法。《白虎通義》沿著董仲舒開創的這條路子，朝著孝道的神秘化、迷信化的方向走得就更遠了。

二、《白虎通義》：封建孝道的讖緯迷信化

孝道的絕對化、神學化又是導致其煩瑣化和庸俗化的直接原因。

西漢後期，隨著社會矛盾的日益尖銳，陰陽災異譴告說愈演愈烈，讖緯迷信的神學思潮也泛濫起來。所謂讖，即詭稱天命、神意而編造的預言吉凶的隱語；所謂緯，就是用術數占驗等神學迷信對儒家經典進行的解說。今文經學開始向讖緯經學的方向發展，並逐步走向體系化。不僅孔子被視爲神人降世，連《論語》、《孝經》也具有了神授天命之義。東漢初年，讖緯備受光

---

⑯　《春秋繁露・玉英》，第二一頁上。
⑯　《春秋繁露・精英》，第二二頁下。
⑰　《春秋繁露・玉杯》，第十二頁下。

武帝的推崇，以至於儒者爭學圖緯，四海皆爲章句之學。讖緯的理論化、系統化，延及《白虎通義》一書而達到頂峰。

三綱說由董仲舒提出，但其理論的闡述和體系的完成則在緯書和《白虎通義》裏。《白虎通義》是董仲舒神學道德觀的繼續。《白虎通義》把讖緯與儒學溝通合流，試圖爲儒家等級倫理，特別是爲三綱理論提供更強有力的神學的依託。因而，《白虎通義》的論證更加具體，也更加荒謬。以孝道爲基礎的封建倫理完全陷入到神秘化、庸俗化的泥淖之中。

推衍三綱的神權命定，是《白虎通義》讖緯比附的重點。「三綱者何謂也？謂君臣、父子、夫婦也。六紀者謂諸父、兄弟、族人、師長、朋友也。」⑰「紀」是比「綱」低一級的道德標準。在明確了三綱六紀的概念後，《白虎通義》又綜合讖緯，對之作了具體解釋，認爲三綱仿天、地、人三才，六紀效上下四方六合。對綱紀的倫理意義，《白虎通義》有深刻的認識：

> 綱者張也，紀者理也。大者爲綱，小者爲紀，所以強理上下，整齊人道也。人皆懷五常之性，有親愛之心，是以紀綱爲化，若羅網之有紀綱而萬目張也。⑰

提綱挈領，綱舉目張。理順、擺正君臣、父子、夫婦「三倫」的秩序，則其他所有倫理關係自然穩定有序。因而，「三綱」對於維護封建政治和倫理秩序具有無與倫比的特殊價值。

《白虎通義》對超驗比附的神學技巧同樣運用嫻熟。它不僅用陰陽五行與封建人倫進行無類比附，而且把這種比附具體化，如在父子關係方面，它說：

> 父死子繼何法？法木終火王也。……子順父，臣順君，妻順夫何法？法地順天也。男不離父母何法？法火不離木也。……子諫父何法？法火揉直木也。⑰
>
> 喪三年何法？法三年一閏天道終也。⑰

---

⑰　《白虎通義·三綱六紀》，第五八頁下。

⑰　《白虎通義·三綱六紀》，第五八頁下。

⑰　《白虎通義·五行》，第三〇頁下。

⑰　《白虎通義·五行》，第三一上。

　　人間的倫常關係都是仿效陰陽無行的運行規則確立的，因而是天經地義的。

　　與董仲舒相比，《白虎通義》在理論上並無太多創新之處。讖緯迷信的摻入，使其對人間倫理的神學論證看似更系統、嚴謹，實則更荒唐、庸俗。讖緯迷信的愚昧、荒謬、煩瑣、空洞在《白虎通義》中以極端的形式暴露無遺，因而立即招致來自理性的反對者的批判，並輕而易舉地被駁得體無完膚，取得了與其原旨適得其反的效果。從這個意義上而言，《白虎通義》的問世是一次失敗。它不但宣告了讖緯時代的結束，而且使董仲舒神學體系走向窮途絕路。就近處說，以王充、王符、仲長統等人為代表掀起的社會批判思潮，即是直接針對兩漢神學的；就遠處講，魏晉玄學倫理學也是對漢代神學經學的反動。

　　以《孝經》為開端，董仲舒神學哲學，以及《白虎通義》讖緯迷信的摻入和滲透，使迷信化、神秘化成為封建孝道的特徵和附屬品。事實上，連《孝經》自身也被讖緯化了。傳統所謂《七經緯》三十六篇中，《孝經緯》就有兩篇，即〈援神契〉和〈鉤命訣〉。〈援神契〉認為，「元氣混沌，孝在其中」[175]，孝與元氣同生並存，貫通神明，孝及於天，則甘露降；澤及於地，則醴泉湧。同時，孝無所不包，天文、地理、時令、歷史、明堂制度、三科九旨都統一於孝道，天人契合，援引眾義，山藏海納，所以稱〈援神契〉。〈鉤命訣〉講天人感應，符瑞災異，其主旨也是要說明孝通天地、動神明，可以正人性情，鉤稽天命。這兩種緯書在東漢初年就已經流行，後來散失甚多，今僅存佚文。至於後出的《孝經》讖緯雜書就更多了，如鍾肇鵬先生《讖緯論略》一書就列舉了二十六種之多。鍾先生據此還認為，「《論語緯（讖）》八篇以外無有佚篇，而《孝經》的雜讖緯卻有幾十種，可見漢代尊崇《孝經》遠過於《論語》。」[176]魏晉以後，讖緯屢遭禁焚，才日漸衰退。但讖緯在社會上，尤其是在世俗

---

[175]　《初學記》卷十七引，轉引自鍾肇鵬《讖緯論略》，遼寧教育出版社一九九一年版，第六一頁。

[176]　鍾肇鵬《讖緯論略》，遼寧教育出版社一九九一年版，第六八頁。

社會上的影響並沒有消失。「孝感」一類神乎其神的故事充斥民間，就是其「流風餘韻」。

三、孝道與漢末社會批判思潮

東漢後期，社會上層，外戚擅政，宦官專權；社會下層，氓庶板蕩，蒼生倒懸。整個社會都陷入深重的危機之中。與此相呼應的是社會精神生活的墮落，表現爲名教的危機。

所謂名教，實質上是對以忠孝之道爲根本的儒家倫理綱常的總括，「夫君臣父子，名教之本也。」[177]名教危機的發生有兩個方面的原因，一方面是由於讖緯迷信的全面滲透及訓詁章句的煩瑣學風，使作爲推行名教得力工具的經學走進了死胡同。另一方面，綱常名教自身也日益淪爲有名無實的道德軀殼，成爲僞善者投機者干政進祿或世族豪門裝點門楣的工具。這一者是兩漢以來偏重以外在行爲符合倫理秩序和規範爲至德，而忽略了德性的內在修養；二者，世家望族對「察舉」、「徵辟」的操縱壟斷，即以族舉德，以位名賢，也造成了德行與名位相悖的腐敗現象[178]。於是不僅修德勵行以頤神守眞的清高之士對道德的這種庸俗化、工具化憤憤不平，連試圖以德行進仕途來成就功業、施展抱負的士大夫們也失望了。名教失去昔日的光彩，陷入了不能自拔的危機之中。

道德的頹廢沒落，神學迷信的泛濫，最終導致了漢末以王充爲代表的思想家所掀起的社會批判思潮。被神學精緻地包裝起來的封建孝道也招致了來自王充等人的犀利批判。

按照神學目的論的理論，天地產生萬物，猶如父母生育子女一樣，是由目的所支配的道德恩義關係。因此孝是絕對的、永恒的、神聖的。王充從元

---

[177]　《後漢書・獻帝紀》。

[178]　王符尖刻地揭露了當時賢才不遇、奸佞當道的現象：「群僚舉士者，或以頑魯應茂才，以桀逆應至孝，以貪餮應廉吏，以狡猾應方正，以諂諛應直言，以輕薄應敦厚，以空虛應有道，……名實不相副，求貢不相稱。」見汪繼培箋、彭鐸校正《潛夫論校正・考績》，中華書局一九八五年九月版，第六八頁。

氣命定論出發，針鋒相對地指出，一切事物，包括人的產生都是偶然的：「夫天地合氣，人偶自生也。猶夫婦合氣，子則自生也。」由此他認爲，父母生育子女純粹是偶然的：「夫婦合氣，非當時欲得生子，情欲動而合，合而生子矣」，「人生於天地也，猶魚生於淵，蟣虱生於人也。因氣而生，種類相產」⑲。父母與子女像萬物一樣，偶然地相聚合又偶然地相離分，根本談不上什麼血緣骨肉親情。這就在揭開孝道神秘、神聖的面紗的同時，也否定了儒家孝道的情感基礎，使孝道失去了內在的自然依據，而成爲一種外在的強制性的社會規約。

　　當時持這種觀點的還不止王充一人，甚至可能是當時士人清談玄議的一個話題。《後漢書》記載，孔融「與白衣禰衡，跌蕩放言，云：『父之於子，當有何親？論其本意，實爲情欲發耳！子之於母亦復奚爲，譬如瓶中寄物，出則離矣。』既而與衡更相讚揚。」⑳在漢末神學占統治地位的社會氛圍下，這種駭世驚俗之論不啻於晴天霹靂，有振聾發聵之功效。因而，經過漢末社會批判思潮的衝擊，以孝道爲核心的三綱理論保留下來，但董學中的神學成分卻被滌蕩殆盡。漢末社會批判思潮開魏晉玄學嫉世俗、反傳統之先聲。

　　無論如何，經過漢代思想家的演繹，一方面，先秦儒家孝道完成了由家庭倫理到社會倫理、政治倫理的封建化過渡。孝道理論的規範化，移孝爲忠的努力，三綱五常的提出，陰陽五行的比附和讖緯迷信的渲染，使孝道蛻變爲禁錮人性的枷鎖、封建專制的工具。另一方面，通過《春秋繁露》、《白虎通義》的論證，假借神的權威和神秘的超驗比附確立了孝道價值的永恒性，儒家的等級倫理精神也以綱常名教的形式被予以明確的規定和指認。倫理走向形式化，當然也就更容易被世俗社會所接受和遵循，這就爲漢代的孝治實踐作了充分的鋪墊。

---

⑲　　均見《論衡・物勢篇》，上海人民出版社一九七四年版，第四七頁。
⑳　　《後漢書》（八），卷七〇〈孔融傳〉，第二二六二頁。

第五章　漢代：

封建孝道的理論建構與實踐途徑(下)

第一節　漢代的孝治實踐

倫理思想、道德觀念的普遍展開及其社會化、世俗化，是漢代的文化重心之一。其中最突出的便是孝道的提倡和踐履，即「以孝治天下」政治綱領的落實。

漢代思想家、政治家都認識到強秦之所以亡於一旦，關鍵在於商鞅變法消除了宗法關係與家族關係，破壞了一家一戶的農耕生產單位，同時也破壞了這種自然經濟之上的人倫關係。因而其政權的存在缺乏深層的社會現實基礎。維繫男耕女織自然經濟方式的基本倫理觀念，就是孝悌。有鑒於此，從文帝開始，漢代統治者就三令五申，明確地把「孝悌力田」作爲基本國策大力提倡，作爲政教化俗的主要內容加以推行。

漢王朝是中國歷史上第一個公開申明「以孝治天下」的封建帝國。漢代帝王對孝道的重視程度超過歷代，漢王朝二十六個帝王中，有二十一個以「孝」字爲帝號，以示對孝道的倡導和弘揚。爲利用孝道維護劉姓王朝的萬世延續和封建帝國的長治久安，統治者還制定、推行了一系列政策和措施。儒家孝道倫理文化開始了其全面社會化的進程。

首先，孝道的普及是實現孝治天下的第一步。

德教是政治運作的重要環節，通過學校教育、社會教育、家庭教育等各種渠道，廣泛地向社會各階層傳播、普及以孝悌爲核心的儒家倫理思想，這是漢代及其後歷代統治者推行孝治的共同之處。

學校教育是普及孝道的直接渠道。學校在中國歷史上雖然十分悠久，但春秋戰國時代以私學爲主，學校主要是探討學術、議論政治的場所。漢代以後學校成爲傳播儒家思想的場所。立太學以教於國，設庠序以化於邑，這是漢代實施學校教育的基本形式。爲此，除中央設太學外，各級政府機構也紛紛在郡、縣、鄉、村設立地方學校，「郡國曰學，縣、

道、邑、侯國曰校。學置經師一人。鄉曰庠，聚曰序。庠序置《孝經》師一人。」①連僻壞蠻陬，也都以造校官學官、修庠序之儀爲務。私人家居講學也如火如荼，如《後漢書·丁恭傳》云：「諸生子遠方至者，著錄數千人」②；〈樓望傳〉云：「諸生著錄九千餘人」③；〈蔡玄傳〉云：「門徒常千人，其著錄者萬六千人」④等等，遂使漢代出現了「四海之內，學校如林，庠序盈門」⑤的空前盛況。以孝道爲基礎的封建倫理是學校教育的基本內容。爲了更清楚地瞭解當時的情況，我們不妨在此羅列一些相關資料：

　　　　漢平帝令庠序專設《孝經》師一人；⑥

　　　　漢明帝時，「搜選高能以受其業，自期門羽林之士悉令通《孝經》章句。匈奴亦遣子入學。」⑦

　　　　「漢制使天下誦《孝經》，選吏能舉孝廉，皆以孝為務也。」⑧

　　太學立《孝經》博士，鄉村基層教育把《孝經》作爲唯一教材。這樣，從朝廷太學到鄉間庠序，《論語》、《孝經》就成爲全社會必讀的教科書；上至皇帝太子、王公貴族，下到士卒嗇夫底層民眾，都成爲孝道教育的對象。儒家孝道觀念的社會滲透有序、有效地進行著。

　　官方的積極倡導和強制性普及教育政策果然成效斐然，由上而下，全社會形成了習誦《孝經》、《論語》的時尚。如《漢書·疏廣傳》載，

---

①　《漢書》（一），卷十二〈平帝紀〉，第三五五頁。
②　《後漢書》（九），卷七九下，第二五七八頁。
③　《後漢書》（九），卷七九下，第二五八〇頁。
④　《後漢書》（九），卷七九下，第二五八八頁。
⑤　《後漢書》（五），卷四〇下〈班彪傳〉，第一三六八頁。
⑥　《漢書》（一），卷十二〈平帝紀〉，第三五五頁。
⑦　《後漢書》（九），卷七九上〈儒林傳〉，第二五四六頁。
⑧　《後漢書》（七），卷六二〈荀爽傳〉，第二〇五一頁。

「皇太子年十二通《論語》、《孝經》」⑨，《後漢書・范升傳》說范升「九歲通《論語》、《孝經》。」⑩

除此之外，朝廷還以身爲天下則，不僅誦讀研習《孝經》，而且在日常生活中踐行孝道。如漢文帝劉桓對生母薄太后甚爲孝敬。太后臥病三年，漢文帝常常夜不解帶，伴守榻前。凡進湯藥，必先親嘗。文帝純孝感天，太后終獲痊愈。文帝也因此被列入「二十四孝」，成爲除傳說中的帝舜外，唯一獲此殊榮的皇帝。

另外，以德治、德化爲職責和個人功業價值實現的儒士循吏們也是傳播孝道的重要力量。從郡首到亭長，各級官吏積極身體力行，以移風易俗、敎化民衆篤行孝道爲己任，或寓孝德於敎，或把孝道具體化爲法規、條約去制約民衆，東漢尤其如此：

《漢書・黃霸傳》載：黃作穎川太守時，「力敎化而後誅罰」，收到「百姓鄉化，孝子弟弟，貞婦順孫，日以眾多」之效。⑪

《後漢書・何敞傳》載：何爲汝南太守時，「立春日，常召督郵還府，分遣儒術大吏案行屬縣，顯孝悌有義行者。……百姓化其恩禮，其出居者，皆歸養父母，追行喪服，推財相讓者二百許人。」⑫

《後漢書・劉寬傳》載：劉爲南陽太守時，「每行縣止息亭傳，輒引學官、祭酒及處士諸生執經對講。見父老慰以農里之言，少年勉以孝悌之訓。」⑬

---

⑨ 《漢書》（十），卷七一第三〇三九頁。

⑩ 《後漢書》（五），卷三六第一二二六頁。

⑪ 《漢書》（一一），卷八九第三六三一頁。

⑫ 《後漢書》（六），卷四三第一四八七頁。

⑬ 《後漢書》（四），卷二五第八八七頁。

　　《後漢書・仇覽傳》載：仇覽為蒲亭長，「人有陳元者，獨
與母居，而母詣覽告元不孝。」「覽乃親到元家，與其母子飲，
因為陳人倫孝行，譬以禍福之言。元卒成孝子。」⑭

　經過這樣全社會性的、大規模的、持續的宣傳教育，孝道思想浸潤、
深入到社會生活之中，並逐漸由外在的說教化為人們內心的自覺，繼而
待人處事循之而不移，形成全體社會成員共同的人倫準則和普遍的風
俗，使「以孝治天下」有了廣泛的社會基礎。

　　**其次，在整個社會大力褒獎孝悌，並把孝德作為選拔官吏的最重要
的標準。**

　　從西漢惠帝開始，幾乎每一朝都有表彰獎掖孝悌的詔令。如文帝詔曰：「孝
悌，天下之大順也；力田，力生之本也；三老，眾民之始也；廉吏，民之表也。
朕甚嘉此二三大夫之行。」⑮據統計，兩漢期間全國性的褒獎孝悌就達幾
十次之多，地方性的彰勵就更不勝其數了⑯。較重的褒獎是給予利祿，
即使最輕微的獎勵，也可以免去賦稅力役或獲賜「孝者帛人五匹」⑰。
當然，行孝所得到的精神上的褒獎，如「譽滿鄉里」、「名振朝野」等等，
對於把顯耀祖先、揚名後世看作自身價值最高實現的中國人來說，是最
重要的。名利的誘惑極大地調動了人們行孝的積極性。

　　政府還特別注重樹立名孝子為榜樣，作為宣揚孝道的工具，對他們
的獎勵就更非同尋常了。例如，東漢江革以孝母聞名而舉「孝廉」，告
歸以後，「元和中，天子思革至行，制詔齊相曰：諫議大夫江革，前以
病歸，今起居何如？夫孝，百行之冠，眾善之始也。國家每惟志士，未
嘗不及革。縣以見穀千斛賜『巨孝』，常以八月長吏存問，致羊酒，以

⑭　《後漢書》(九)，卷七六〈循吏列傳〉，第二四八〇頁。

⑮　《漢書》(一)，卷四〈文帝紀〉，第一二四頁。

⑯　孫筱〈漢代「孝」的觀念的變化〉，《孔子研究》一九八八年第三期。

⑰　《漢書》(一)，卷四〈文帝紀〉，第一二四頁。

終厥身。如有不幸，祠以中牢。由是『巨孝』之稱行於天下。」⑱「巨孝」的美譽、皇帝對江巨孝的恩澤，使榜樣的力量發揮到極限。

　　建立健全選拔人才的察舉徵辟制度，特別是舉孝廉制度，是漢武帝時期的一項重要舉措。「夫國以簡賢爲務，賢以孝行爲首。」⑲「孝廉」是徵辟的主要對象。漢惠帝時就有「孝弟力田」科，武帝時設立「孝廉」科：「元光元年冬十一月，初令郡國舉孝廉各一人。」⑳舉孝廉甚至被作爲官員必須執行和完成的行政任務：「不舉孝，不奉詔，當以不孝論。」㉑於是官員們有時不得不爲應付任務或邀功取好而盡力挖掘、搜尋甚至編造、謊報孝子故事。漢代以「孝廉」入官的占大多數。根據侯外廬先生列舉的漢代士大夫出身的具體情況進行統計㉒，西漢以博士入官的有十四人，以賢良文學居官的十七人，舉孝廉入仕者達到二十二人；東漢以博士入官者十人，以賢良文學居官者十二人，而舉孝廉的則多達九十一人。這些數字意味著，舉孝廉出身者占到士大夫總數的百分之六十八。可見，舉孝廉已經成爲漢代統治者課取人才、擢升官吏的主要途徑。行非孝廉，舉非方正，則難得金紫，「兩漢取人，皆行著鄉閭，州郡貢之，然後入用，故當時號爲多士。」㉓兩漢所謂的「布衣卿相」，就是這種制度的產物。

　　除了「舉孝廉」以外，其他選官科目也是以有孝悌、廉正之行作爲普遍前提條件的。如西漢宣帝舉士條件爲「孝弟有行義，聞於鄉里」，哀帝舉士條件爲「孝弟淳厚，能直言，通政事」，東漢章帝選官「孝行

⑱　《後漢書》(五)，卷三九〈江革傳〉，第一三〇三頁。

⑲　《後漢書》(四)，卷二六〈韋彪傳〉，第九一七─九一八頁。

⑳　《漢書》(一)，卷六〈武帝紀〉，第一六〇頁。

㉑　《漢書》(一)，卷六〈武帝紀〉，第一六七頁。

㉒　侯外廬遺著〈漢代士大夫與漢代思想的總傾向〉，《史學史研究》一九九〇年第四期。

㉓　吳兢《貞觀政要‧擇官》，上海古籍出版社一九七八年五月版，第九〇頁。

爲首」，桓帝選官也是「至孝篤行」等等，㉔自上而下，漢代統治者都把孝德看作選官必備的和首要的標準，即所謂：「漢士務身治，故忠孝成俗。至采乘軒服冕，非此莫由。」㉕

漢代以後，察舉的科目雖然很多，且屢有變化，但「舉孝廉」一直是「察」即考察、選拔官吏的主要內容。除隋唐時期曾一度廢止外，孝廉制度一直爲後世所承襲沿用，清代改稱「孝廉方正」，成爲中國封建社會進官入仕的重要渠道。

實用主義是儒家道德的一個特點。作爲儒家道德的核心內容，孝道也明顯地具有實用主義、功利主義性質：在中國倫理文化的背景下，孝道是被家族認同和被社會接納的重要條件，是通向仕途、獵獲功名利祿的階梯，是個人完善道德、成就功業、實現人生價值的工具。孝道的工具性在漢代最爲突出。到了東漢中後期，由於察舉孝廉不實，濫竽充數者多有所見，與吏治腐敗互爲因果。

孝道對世俗生活的強勁的調控力和干預力主要來源於它的實用性和實效性。把砥礪、踐履孝德與祿利之途相結合，這一招數給社會所帶來的影響令統治者大喜過望。一方面，這滿足了士人修德勵行以揚名立業、光宗耀族的理想。於是，孝子們躋身仕途、加官晉爵後自然循規蹈矩，兢兢業業，對上是忠實的奴僕，對下是孝治的得力推行者，成爲維護封建等級秩序的主力。另一方面，許多人皓首窮經而不能聞達於世，終至窮困潦倒。而行孝博得孝名，即可青袍加身，飛黃騰達，就可以使「朝爲田舍郎，暮登天子堂」的神話變成現實。這無疑對所有的人都具有極大的誘惑力，特別是對那些視官場、仕途高不可攀的普通士人、百姓而言，更是一條可望而且可及的捷徑。因而，在統治集團的誘導鼓勵下，在聲名利祿的感召刺激下，整個社會聞風而競，趨孝如鶩，孝道之

㉔　詳見《文獻通考》，轉引自〈漢代士大夫與漢代思想的總傾向〉，《史學史研究》一九九〇年第四期。

㉕　梁・沈約撰《宋書》（八），卷九一〈孝義傳・序〉，中華書局一九七四年版，第二二五八頁。下引本書，版本同此。

價值觀念廣泛而迅速地普及於民間，並漸成習俗。也許應該說，這是孝道社會化過程中最強勁的動力。

第三，尊老養老，並在鄉間設立「三老」對人民進行孝道教化，也是漢統治者孝治天下的一種形式。

尊老養老是中國由來以久的傳統㉖，漢統治者自然會利用它作爲弘揚孝道、標榜孝治的有效手段。漢代尊老養老的範圍比周代更廣，周代的養老禮制以貴族爲主要對象，漢代則普及到黎民百姓，只是有中央和地方基層層次高下上的區別。

國家級的養老，即養三老、五更㉗，偏重於精神榮譽。三老、五更在當時所享受的榮譽和尊寵是空前的。如「明帝永平二年三月，上始帥群臣躬養三老、五更於辟雍。」㉘據載，養三老、五更的禮儀相當隆重，先是選吉日遣使者安車相迎，而後「天子親袒割牲，執醬而饋，執爵而酳」㉙。「三老」代表天下之父，是孝的對象；「五更」代表天下之兄，是悌的對象。設立這樣的活偶像，代表天下父兄接受天子的參拜，用意就在於天子以身作則，示天下以孝弟，使家族倫理社會化。

基層的養老則偏重於實際的物質優撫。如漢文帝即位後，爲了重申以孝治天下的政治路線，下詔獎勵三老、孝悌，「年八十已上，賜米人月一石，肉二十斤，酒五斗。其九十已上，又賜帛人二匹，絮三斤。」㉚武帝也有賜三老、孝悌帛、絮的詔令㉛。至於熟讀《孝經》的宣帝，

㉖　參第一章第二節。

㉗　三老、五更：都是指老人。《後漢書‧禮義上‧養老》注引宋均曰：「三老，老人知天、地、人三事者。……五更，老人知五行更代之事者。」同書注引鄭玄注《禮記》曰：「名三五者，取象三辰五星，天所因以照明天下者。」又曰：「皆老人更知三德五事者也。」又：同書注引《月令章句》言：「三老，國老也。五更，庶老也。」見《後漢書》（一一），第三一〇八頁。

㉘　《後漢書》（一一），〈禮義上‧養老〉，第三一〇八頁。辟雍：特指太學的建築設施。

㉙　《後漢書》（一一），〈禮義上‧養老〉，第三一〇九頁。

㉚　《漢書》（一），卷四〈文帝紀〉，第一一三頁。

㉛　《漢書》（一），卷六〈武帝紀〉，第一七四頁。

在優老獎孝方面更是盡其所能，他多次下詔「加賜三老、孝弟力田帛。」
㉜這樣做的目的也是相當明確的：

　　　養三老，所以教事父之道也。㉝

　　　以天子之尊，尊養三老，視孝也。㉞

　　　老者非帛不暖，非肉不飽。今歲首，不時使人存問長老，又
　　無布帛酒肉之賜，將何以佐天下子孫孝養其親？㉟

　　鄉級置三老一人，然後再從中選一人爲縣級三老。只有德高望重的
老人才有資格被推爲「三老」：「五十以上，有修行，能帥眾爲善。」㊱。
三老被賦予協助官方實施教化的職責：「掌教化。凡有孝子順孫、貞女
義婦、讓財救患及學士爲民法式者，皆扁表其門，以興善行。」㊲

　　除了尊養三老五更之外，漢代還對普遍的養老有專門的制度上的規
定。如光武帝詔曰：「其命郡國有穀者，給稟高年鰥寡孤獨及篤癃無家
屬貧不能自存者，如律。」㊳這裏的「律」即專門的養老規定。漢代還
對高年老人實施特權保護，即《禮記・月令》所說的「養衰老，授几杖」。
考古發現的「王杖十簡」，其內容就是漢宣帝頒佈的《王杖詔令書》，簡
上記述了對持杖老人實行的各種優惠、特權，還明確規定：「有敢妄罵
詈、毆之者，比逆不道。」上面還有對欺侮持杖老人者處以極刑的案例
㊴。明帝以後，東漢朝廷正式實行養衰老、授几杖、行糜粥飲食的普遍
優老制度。此後各朝代養老的具體形式雖然不盡相同，但養老尊老的傳

㉜　《漢書》（一），卷八〈宣帝紀〉，第二五九頁。

㉝　《後漢書》（一一），〈禮義上・養老〉，第三一〇頁注引董鈞語。

㉞　《漢書》（八），卷五一〈賈山傳〉，第二三三〇頁。

㉟　《漢書》（一），卷四〈文帝紀〉，第一一三頁。

㊱　《漢書》（一），卷一〈高帝紀〉，第三三頁。

㊲　《後漢書》（一二），〈百官志・縣鄉〉，第三六二四頁。

㊳　《後漢書》（一），卷一〈光武帝紀〉下，第四七頁。

㊴　〈甘肅武威磨嘴子漢墓發掘〉，《考古》一九六〇年第九期。參高成鳶《中國尊
　　老文化探究》，中國社會科學出版社一九九九年版，第一三一－一四一頁。

統卻歷世不衰，沿襲到清代還有爲「壽民壽婦」建立「壽民坊」、「人瑞坊」的律文。

另外，漢代還納禮於律，借助法律的手段推廣和維護孝道，功效卓著。我們在後面的有關章節中還將專門論述這方面的內容。

總起來講，在政治、法律、道德的強制維護和倡導訓誡下，漢代完成了倫理社會化和社會倫理化的進程，或者說，漢代統治集團建構與倫理型政治相輔相成的倫理型社會的努力大功告成。儒家的倫理精神和價值觀念得到社會的普遍認可和普遍遵循，社會的組織方式、運作方式和運行目標，以及世俗的社會生活都以儒家倫理爲規矩和準繩。人們靡然向孝，行孝蔚然成風。孝子孝女俯拾皆是，行孝方式也五花八門，不一而足。至東漢時尤然。一個明顯的證據是，「二十四孝」故事中，漢代所占比例最重：董永賣身葬父；江革行傭供親；黃香扇枕溫衾；姜詩湧泉躍鯉；丁蘭刻木奉親；郭巨埋兒養母；蔡順拾椹贍母；陸績懷橘孝親；再加上前面所說「親嘗湯藥」的漢文帝，漢代孝子占了「二十四孝」的三分之一還多。民間有一副流行的對聯：「西京明訓，孝弟力田」，這正是對漢代社會尊崇孝悌眞實情況的寫照。

雖然借助於儒家倫理社會化的種種努力，孝的觀念普遍地浸潤、植根於漢代社會各階層民眾心中，「父之所尊，子不敢不承；父之所異，子不敢不同」⑩，「人識君臣父子之綱，家知違邪歸正之路。」⑪但是，由於封建孝道體系本身是思想家和統治者極化社會操作系統控制力度的結果，再加上統治者以利祿爲誘餌對士民的偏激性刺激，孝道倫理中的非理性化成分受到過度的提升，孝行從漢代開始就出現了向畸形、變態的方向發展的趨勢。

一是出現了一些奇異怪誕的孝子故事以及喪失理性的所謂「孝行」。漢代孝子所爲，除了日常生活中敬順父母以竭生養死葬之責這樣

⑩　《漢書》（十），卷七三〈韋賢傳〉，第三一二二頁。

⑪　《後漢書》（九），卷七九〈儒林傳〉下，第二五八九頁。

的普通孝行外，漢代史書，尤其是《後漢書》記載的多是諸如曹娥投江尋父、姜詩大孝感天等充滿迷信色彩的怪異的孝感故事，更有一些令人不忍卒讀的殘忍孝行。如孝子古初「遭父喪未葬，鄰人失火。初匍匐柩上，以身捍火，火爲之滅。」㊷十五歲的孝子廉范在載父棺柩的船觸石沈沒時，「抱持棺柩，遂俱沈溺⋯⋯療救僅免於死。」㊸雖然孝道要求孝子居喪「無以死傷生，毀不滅性」㊹，但仍然有不少孝子服喪三年後，「羸瘠骨立異形，醫療數年乃起。」㊺可見，愚孝行爲在漢代已經初顯行跡。後世孝子多以此爲楷模爭相模仿，漢代孝行遂成爲歷代孝子行孝的實際範型。

　　二是出現了一些以僞孝求爵取祿、拾青摘紫的欺世盜名之徒。利令智昏，僞孝子們的表演別出心裁，各盡風流。最精彩的還當數東漢趙宣導演的一幕鬧劇。趙宣葬親後不閉墓道，住在墓道中守喪二十餘年而稱孝鄉邑。就在功名利祿唾手可得之際，被太守訪知他守喪期間，與妻子「寢宿塚藏，而孕育其中」，在墓道中生養了五個孩子。最後趙宣被以「誑時惑眾，誣汙鬼神」治罪。㊻當然更有爲獲得孝名，竟在居喪期間「以巴豆塗臉，遂使成瘡，表哭泣之過」㊼者。再如，雖然儒家孝道一貫主張椎牛祭墓不如雞豚養親，但是，對孝道的提倡使厚葬之風盛行於漢代，人們爲博取孝名或不落「不孝」罵名，往往約其父母生前之供養而備其死後之用。當時的有識者就抨擊曰：「養生順志，所以爲孝也。今多違志儉養，約生以待終。終沒之後，乃崇餝喪紀以言孝，盛饗賓旅以求名，誣善之徒，從而稱之。此亂孝悌之眞行，而誤後生之痛者也。」

㊷　《後漢書》（四），卷二九〈郅惲傳〉，第一〇三二頁。
㊸　《後漢書》（四），卷三一〈廉范傳〉，第一一〇一頁。
㊹　《孝經・喪親章》，第八六頁。
㊺　《後漢書》（四），卷二六〈韋彪傳〉，第九一七頁。
㊻　《後漢書》（八），卷六六〈陳蕃傳〉，第二一六〇頁。
㊼　《顏氏家訓・名實》，上海人民出版社一九八〇年七月，第二八二頁。

㊽明帝爲此下禁詔曰：「喪貴致哀，禮存寧儉。今百姓送終之制竟爲奢靡。……靡破積代之業，以供朝夕之用……豈祖考之意哉？」㊾漢末，隨著綱常名教的淪喪，這種弄虛作假的情況就更嚴重了。東漢民謠「舉秀才，不知書；察孝廉，父別居」，就是對這種名實相違狀況的嘲諷。由此也可見類似趙宣這樣的以假行孝來沽名釣譽的寡廉鮮恥之輩不在少數。名教的敗壞於此可窺一斑。

當道德成爲一種獲利的手段時，就已經內在地蘊含著虛僞的成分。道德的虛僞性和工具性傳統，實肇端於此。這種傳統在標榜以德治國的中國封建社會，流弊甚爲深遠。

第二節　歷代統治者倡導孝道的主要途徑

漢代思想文化、倫理道德風貌，成爲後世遵循的楷模。兩漢以後的歷代封建統治者都繼承了漢代孝道的基本精神，把孝道倫理融彙於治世實踐之中，採取許多卓有成效的措施「褒孝」、「旌孝」、「勵孝」、「勸孝」，極力地宣揚和倡行孝道。概括起來，大致有以下這些方面的內容：

第一，通過註疏《孝經》來闡發和宣揚孝道。

中國素有「述而不作」的注典傳統，歷代各家注《孝經》的書籍版本可謂汗牛充棟。根據《四庫全書總目》記載，《孝經》注本「自魏文侯而下，至唐宋，有名可紀者凡九十九部，二百二卷。元明兩代不預焉。近時曹庭棟《孝經通釋》所引，尚於唐得五家，宋得十七家，元得四家，明得二十六家，國朝四家。」又據《清史稿・藝文志》，清代《孝經》注本計有三十三部，七十四卷。由此可見歷代文人學士研究《孝經》的盛況，更何況流失亡佚的注本遠遠不止這些。

在歷代封建帝王中也以注釋《孝經》者爲最多，如晉元帝有《孝經傳》，晉孝武帝有《孝經講義》，梁武帝、梁簡文帝並有《孝經義疏》，

㊽　汪繼培箋，彭鐸校正《潛夫論箋校正・務本》，中華書局一九八五年九月版，第二〇頁。

㊾　《後漢書》（一），卷二〈明帝紀〉，第一一五頁。

梁孝明帝有《孝經義記》，唐玄宗有《孝經注》，清順治帝有《孝經注》，雍正帝有《孝經集注》等。皇帝親自爲之作注，可見《孝經》在歷代所受的尊崇程度。

另外，還有不少仿照《孝經》體例而作的《孝經》類書，如唐陳邈之妻鄭氏著《女孝經》，海鵬撰《正順孝經》，賈元植撰《大農孝經》，員半千撰《臨戎孝經》，李遠撰《武孝經》，皇甫松撰《酒孝經》，宋代綦師學撰《元道孝經》，郭梁輔撰《武孝經》，●鷝撰有《佛孝經》等等⑤。

第二，在各級各類學校專門開設《孝經》課程，對學生進行孝道教育。

從漢平帝始於庠序置教師講授《孝經》，唐初立《孝經》於國學，元代國子學定其制爲「凡讀書，必先《孝經》」⑤，一直到清末，《孝經》始終是封建道德教育的基本內容。唐玄宗天寶三年甚至詔令天下家藏《孝經》，以行政命令的手段使孝道家喻戶曉。有的皇帝，如晉孝武帝、北魏孝明帝、孝靜帝等還親自敎授講解《孝經》。同時，《孝經》被列爲開科取士的必讀之書。如宋代尚書省加試《論語》、《孝經》，明代鄉會試要出《孝經》題一道，武學考試也須間出《孝經》題目。

第三，撰寫編著史書，輯錄歷代孝子孝婦軼聞事跡，以褒揚孝行。

漢代以降，歷朝官修的的人物傳記中都不忘述及傳主的孝行，在「正史」中，均專門闢有所謂〈孝義傳〉、〈孝行傳〉、〈孝友傳〉、〈孝感傳〉等，記載孝子事跡以示表彰並激勵後人。各代正史的〈列女傳〉中也都輯錄許多孝女事跡，所以才有「一部二十四史，只是忠孝二字而已」的傳統說法。在官修或私撰的地方志中，這部分內容也占了相當的比重。除此之外，歷代編纂的孝子事跡專輯也蔚爲大觀，如東漢劉向有《孝子傳》，晉陶潛有《孝傳》，晉殷道叔有《孝行錄》，隋唐廣濟及師覺授皆

⑤　寧業高等《中國孝文化漫談》，中央民族大學出版社一九九五年版，第二八七頁。

⑤　明・宋濂等撰《元史》（七），卷八一〈選舉志〉，第二〇二九頁。中華書局一九七六年四月版。下引本書版本同此。

有《孝子傳》，武則天也曾主持編撰《孝女傳》，宋代袁甫有《孝說》，樂史有《廣孝悌書》、《孝悌錄》、《孝悌贊》，危高有《孝子拾遺》，胡訥有《孝行錄》，曹希達有《孝感義聞錄》，元郭居敬編撰《二十四孝》，明成祖御制《孝順事實》，汪清有《孝女徵略》、《孝子徵略》，等等。

　　第四，大造社會輿論，並通過以「孝」字立諡、御賜牌匾、廣立牌坊和祠堂來褒獎孝子，倡揚孝德。

　　道德只有通過輿論的力量才能把權利義務觀念轉化爲信仰，才能在社會生活中發揮作用。統治者是深諳此道的。自兩漢以後，幾乎朝朝相襲，皇帝、皇后都以得「孝」字諡爲最高的榮譽稱號。翻檢二十四史即可以看到，歷代皇帝、皇后諡號，以孝字的使用頻率爲最高。一般臣民也有因孝行而得「孝」字官諡、私諡的，如宋大臣包拯諡「孝肅」，元代大臣布魯海牙諡「孝懿」，明代名士莫轅因孝被私諡「貞孝先生」，清代學者鍾陵被門人私諡爲「孝端先生」，等等。

　　爲旌表孝義，彪炳門閭，政府還象徵性地撥「建坊銀」，爲孝子孝女建造廟宇、祠堂。如廣州市有「光孝寺」，浙江上虞縣曹娥江邊有曹娥孝女廟，山東長清縣有爲漢代孝子郭巨建的壽堂山郭氏墓祠，其他一些地方至今也仍有孝子祠、忠孝祠保存著，成爲展示傳統倫理文化特別是傳統孝道的一道獨特風景。另外，還常常因爲孝子的名聲而易孝子所居鄉里名，如僅《南史·孝義傳》就有六例更孝子鄉里爲「孝行里」、「純孝里」、「孝義里」、「通靈里」等等的記載，所以保留至今仍有許多以孝爲名的縣、鄉、村。

　　第五，利用人們信仰果報的心理，大肆渲染「孝感」故事，勸導乃至威嚇人們行孝積德。

　　把以種種傳說、偶合、附會、臆測等爲依據的天人感應，以及與之相連的報應思想同孝道糅合在一起，「孝感」的神話就被製造出來了。

經過思想家的蠱惑，孝感觀念更顯得神乎其神，即所謂：「孝悌之至，
通於神明，光於四海，無所不通。」⑫

　　民間故事中，孝子孝婦們常常被神化，他們的孝行感天地、泣鬼神，
於是天降甘霖靈芝，神賜福祿壽昌；相反，不孝子女往往招致神譴，或
現報於當世，受盡各種磨難，乃至不得善終；或懲罰於來世，在地獄遭
受煎熬，乃至托生爲牛馬、遺禍給子孫，等等，這叫做「王法可倖免，
天誅不可逃」、「世人不見，蒼天有眼」。如《聊齋》中虐待瞎婆婆、《冥
報記》裏養姑不孝的媳婦變成了豬；《冥報記》中「曾以不淨碗盛食與
親」的謝妻，死後受到「銅汁灌口，非常苦毒」的報應；《青樓夢》中
描寫陰間有專門懲處不孝女的「剝衣亭」，《鏡花緣》裏則描寫了一種怪
鳥：「其形如人，滿口豬牙，渾身長毛，四肢五官與人無異。惟脅下舒
著兩個肉翅，頂上兩個人頭，一頭像男，一頭像女，額上有紋，細細看
去，卻是『不孝』二字。」

　　可以說，充斥於正傳野史中的孝子記載和民間所有關於孝的故事和
傳說，大多都是借助因果報應，一方面強化著人們的行孝觀念，激勵人
們自覺踐行孝道，另一方面又從心理上震懾不孝者，對忤逆不孝之行進
行鞭撻，以警示世人。古代割股燃指一類愚孝現象泛濫成災，一個重要
原因就是根深蒂固的孝感觀念在作祟。孝感故事對於「愚孝」觀念的形
成起了重要作用。單單從一些地名，我們就不難看出這類「孝感」故事
傳說的影響之大。如以至孝而遇仙得天助的大孝子董永的故里，就是直
接以「孝感」爲名的；今河南洛陽市西的「孝水」是因晉代孝子王祥臥
冰取魚以奉母而得名；今山東歷城「孝感泉」來自元代孝子劉琮孝感泉
湧的故事；浙江安吉縣的「孝子泉」來自宋代學者吳可幾、知幾兄弟孝
感泉湧的故事。到明代，虞淳熙集歷代孝子故事爲《孝經集靈》，書名
顯係孝能通靈之意。儘管這些故事是如此地神秘荒誕、虛妄不經，但這

----

⑫　《孝經・感應章》，第七七頁。

絲毫也無妨於人們的信仰。朝朝代代的人們依然津津樂道，世世相傳。它的力量也正在於這種超越的、信仰化的形式之中。

　　第六，為使婦孺皆知，還採用圖說、雕繪等生動形象的形式在社會上廣泛地宣揚孝道。

　　自隋唐以降，有多種《孝經圖》、《孝經應瑞圖》、《二十四孝圖》、《女二十四孝圖說》、《百孝圖說》、《二十四孝圖詩》、《女二十四孝圖說幷詩》之類問世，直到張之洞還編有《百孝圖說》。恰如《孝經大全》卷二八載：「唐宋人圖《孝經》者無慮數十家，各臻其妙，此風教中事。」

　　孝義故事自漢代以來就是民間藝術，特別是墓葬藝術裝飾的常用倫理題材。「以孝悌故事刻石，在四川漢墓石刻中，已有發現」⑤³，如在東漢晚期的山東嘉祥武梁祠石畫像中就出現了曾子、閔子騫、老萊子、丁蘭、董永、章孝母、忠孝李善等孝義人物。其中有伯俞悲母的石刻作品。畫面上老婦人老態龍鍾卻滿身悍厲之氣，韓伯俞雙腿跪地掩面而泣，上方榜題曰：「伯榆傷親年老，氣力稍衰，笞之不痛，心懷楚悲。」美國納爾遜藝術博物館所藏北魏孝子石棺以精美的線條刻畫了蔡順、董永、舜、郭巨、孝孫原谷等人的故事。⑤⁴　「孝子圖」更是宋代墓葬中最突出的圖像。宋、金時期的墓室內以壁畫、石刻、磚雕等形式出現的孝子故事圖，出土的已經多達數十處。如重慶井口宋墓中有繪畫石刻的王延元、姜詩、陸績、汴州李氏女、郭巨、仲由、閔損、丁蘭乃至目連等孝子故事⑤⁵。山西永濟發現的金代貞元元年青石棺、山西長子發現的金代正隆間墓中壁畫上都有二十四孝圖⑤⁶。事實上，自宋代以後，「孝子圖」就成為墓葬圖像的主題，甚至連道士的棺槨上刻的也是「孝子圖」。⑤⁷

---

⑤³　〈重慶井口宋墓清理簡報〉，《文物》一九六一年第十一期。

⑤⁴　參〈邙洛北魏孝子畫像石棺考釋〉，《中原文物》一九八四年第二期。

⑤⁵　〈重慶井口宋墓清理簡報〉，《文物》一九六一年第十一期。

⑤⁶　見〈山西永濟發現貞元元年青石棺〉，《文物》一九八五年第八期；〈山西長子縣石哲金代壁畫墓〉，《文物》一九八五年第六期。

⑤⁷　王明珂〈慎終追遠——歷代的喪禮〉，《中國文化新論·宗教禮俗篇·敬天與親人》，三聯書店一九九二年版，第三四三頁。

這裏特別要提的是關於二十四孝的故事。一般認爲二十四孝的形成、定型是在元代，以著名孝子郭巨敬首輯《二十四孝》爲標誌，收入帝舜、郯子、老萊子、仲由、閔損、曾參、漢文帝、董永、江革、黃香、姜詩、丁蘭、郭巨、楊香、蔡順、陸績、王衰、孟宗、王祥、吳猛、庾黔、唐夫人、黃庭堅、朱壽昌等共二十四個孝子的故事。近期有學者根據大量宋代墓葬壁畫石棺等出土文物研究後認爲，二十四孝故事這一系統在北宋已經廣泛地流傳於民間，其起源可以上溯到唐代或更早的時期。如河南孟津張盤村北宋石棺線刻、滎陽司村宋墓壁畫，孝子故事都達到了十九個。而山西永濟縣金墓、長子縣石哲金墓、芮城縣永樂宮石槨的孝子故事圖，則已經是以「二十四」這個數目出現的[58]。以後各個朝代收入的人物題材雖然不盡相同，但大同小異，直至明清及民國初年仍有多種不同選本的二十四孝故事問世、流傳。這一倫理題材流行之普及，影響之深廣，用魯迅先生的話說，「那裏面的故事，似乎是誰都知道的，便是不識字的人，例如阿長，也只要一看圖畫便能夠滔滔地講出這一段的事跡。」[59]後來又有更多的《後二十四孝》、《女二十四孝》、《二百四十孝》等作品問世　，對於孝道的廣泛傳播，尤其是孝道在民間社會的普及起了至關重要的作用。

第七，以家規族約、蒙學童謠、說唱藝術等淺顯通俗的方式，使孝道潛移默化，深入人心。這是普及孝道最常採用、也最易見成效的途徑。

歷代的祖訓家誡、宗譜族規是教諭鞭策子弟贍老孝親的良好渠道和工具。有人在論及儒家家庭倫理時就列舉了由漢代至清代一百多種家訓、家約、家規[60]，如漢王肅《孔子家語》、唐人的《太史公家教》、宋

---

[58] 趙超〈「二十四孝」在何時形成〉，《中華典籍與文化》一九九八年第一期、第二期。

[59] 〈二十四孝圖〉，《魯迅全集》第二卷，人民文學出版社一九八一年版，第二五三頁。

[60] 默明哲〈儒家家庭倫理與中國廿一世紀家庭〉，《儒學與廿一世紀》，華夏出版社一九九五年版，第七〇四－七〇五頁。

司馬光《家範》、朱熹《朱子訓子帖》、陸游《放翁家訓》、袁采《袁氏世範》、元人鄭太和的《鄭氏規範》、明方孝孺《家人箴》、曹端《月川家規輯略》、清孫奇逢《孝友堂家訓》、張履祥《楊圓訓子語》等都是孝道教育的範本。如洪秀全先人的祖訓第一條就是「子必孝親，弟必敬長，卑必承尊。」⑥女子教孝類書籍也爲數甚多，除《孝經》外⑥，還有漢班昭的《女誡》、晉李婉的《女訓》、張華的《女史箴》、唐宋若莘、宋若昭的《女論語》、長孫皇后的《女則》、陳邈妻的《女孝經》、明孝仁皇后的《內則》、呂坤的《閨範》、清陳弘謨的《教女遺規》、陸圻的《新婦譜》等等。

　　官方頒佈的各種教化條例和民間流行的鄉規民約中，也無不把孝悌作爲首要的內容。如明、清有皇帝親自制定「上諭」、由各級統治者定期向百姓「宣講」的制度，順治九年頒佈了「順治六諭」，第一條就是「孝順父母」，第二、第三條分別爲「恭敬長上」、「和睦鄉里」。康熙九年（一六七〇年）頒發的《人心風俗致治美政十六條》中第一條也是：「敦孝悌以重人倫，篤宗族以昭雍睦。」⑥

　　各種蒙養書籍，也無不把教孝作爲最重要的內容。特別是宋明以後的蒙學讀物，像宋朱熹等編撰的《小學》、明呂得勝的《小兒語》、呂坤的《續小兒語》、清程允升的《幼學瓊林》以及太平天國蒙學教材《幼學詩》等等，裏面充滿了戲彩娛親、菽水承歡、毛義捧檄、伯俞泣杖之類宣揚孝道的生動內容，使孩子在耳聞目濡中接受了孝道教化。如清代李毓秀的《弟子規》曰：

　　　　父母呼，應勿緩；父母命，行勿懶；父母教，須敬聽；父母
　　則，須承順。冬則溫，夏則清；晨則省，昏則定。出必告，反必

---

⑥　《洪氏宗譜・原譜祖訓續訓》，浙江人民出版社一九八二年版，第十九頁。
⑥　《朱子語類・性理一》載，有問：「女子亦當有教。自《孝經》之外，如《論語》，只取其面前明白者教之，如何？」答曰：「亦可。如曹大家《女戒》、《溫公家範》，亦好。」這則材料說明，《孝經》是當時女子的首選教材。
⑥　《清實錄・聖祖實錄》（一），卷三四，中華書局一九八五年九月版，第四六一頁。

面；居有常，業無雙。親所好，力為具；親所惡，謹為去。身有傷，貽親憂；德有傷，貽親羞。親愛我，孝何難；親惡我，孝方賢。親有過，諫使更；怡吾色，柔吾聲。諫不入，悅復諫；號泣隨，撻無怨。親有疾，藥先嘗；晝夜侍，不離床。喪三年，常悲咽；居處辨，酒肉絕。喪盡禮，祭盡誠；事死者，如事生。⑭

清謝泰階《小學詩》云：

第一當知孝，原為百善先，誰人無父母，各自想當年。十月懷胎苦，三年乳哺勤，待兒身長大，費盡萬般新心。……精血為兒盡，親年不再還，滿頭飄白髮，紅日已西山。烏有反哺義，羊申跪乳情，人如忘父母，不勝一畜生。⑥

在這樣的孝道教育環境中長大的孩子，焉能不知行孝？

除了面向孩子以外，社會上還廣泛流傳著各種各樣的面向各個階層，特別是面向庶民百姓的勸孝歌、教孝曲等，如唐代的《文昌帝君勸孝文》、王剛《勸孝篇》、《八反歌》、宋代邵雍的《孝父母三十二章》和《孝悌歌十章》、清代姚廷傑的《教孝編》、王德森《勸孝詞百篇》、吳正修《二十四孝鼓詞》、徐廷珍《烏夜啼思親曲》、王家楫《鏤心曲勸孝歌》、張保三《柳枝詞思兒曲》，還有佚名的《勸報親恩篇》、《道情勸孝歌》、《勸婦女盡孝俗歌》等等⑥。這些教孝讀本，以說唱的形式，歷數父母養兒之艱辛、舐犢之深情，鞭韃不孝子孫的忘恩負義，教諭子女應該如何奉親盡孝，讀來琅琅上口，想來心悅誠服，於潤物無聲之中潛移默化，使人徙孝遠惡，在下層社會中影響尤其深遠。

除此之外，孝子故事還是文學創作的重要題材，孝道的內容普遍地反映在詩歌、散文、小說、志異、傳奇、戲曲、筆記、書劄、銘賦乃至

---

⑭　《朱子家訓》，中州古籍出版社一九九五年七月版，第五九－六一頁

⑥　轉引自朱貽庭〈現代家庭倫理與傳統親子、夫妻關係倫理的現代價值〉，《華東師範大學學報》一九九八年第二期。

⑥　以上所引曲詞的詳細內容，請參閱向燕南、張越編注的《勸孝‧俗約》一書，中央民族大學出版社一九九六年版，第二八－一四八頁。

祭文、挽聯等各種文學形式中。如《詩經·小雅·蓼莪》抒發父母對子女的養育之恩、關愛之情，一字一淚，幾乎可抵一部《孝經》讀；明朱元璋有《思親歌》，歎「子欲養而親不待」之悲憾；宋陸游的《遊子吟》更是膾炙人口；《說苑》中冤獄孝婦上天震怒；《夷堅志》謝七嫂虐待婆母而化為禽獸；晉摯虞《竈屋銘》「大孝養志，厥此養行；事親以敬，□□三牲」揚孝道宗旨，唐張九齡《祭二先文》情篤意真；杭州伍子胥廟聯「生全孝，死全忠，拼此身報答君親」蕩貫天浩氣，北京雍和宮康熙帝撰聯「立身惟忠孝，永建乃家」寓諄諄教誨；《儒林外史》總五十五回，計有八回以孝義立題，《聊齋志異》雖在鬼魂精靈世界漫遊，仍不忘以言孝開卷。內容廣泛、可讀性強的各類文學作品成為傳揚孝道的重要形式。

　　以節日的形式在全社會營造孝道的氣氛，也是強化人們孝親意識的一種方式。比如每年農曆七月十五超度父母的盂蘭盆會，是佛教最隆重最盛大的節日。普通百姓除了逢年過節以鮮果美肴供奉祖先外，每年的清明節，家家戶戶都要祭奠祖墳，以寄託孝思追念之情⑰。

　　第八，運用法律手段強制性地推行孝道。如漢律中就規定毆打祖父母、父母者，梟首。自隋唐以後，歷代法律均明確地把「不孝」列為「十惡不赦」的大罪。對於不孝的逆子悍婦，族長或家長擁有私自處死的權力。這個問題我們後面將另章專述。

第三節　孝與忠的契合和悖離

一、倫理政治傳統

　　倫理政治是中國傳統政治的最大特點，它在古代中國有著深厚的根源和悠久的傳統。

---

⑰　我國臺灣地區把每年的端午節定為「教孝節」，每年的四月為「教孝月」，高中以上的學校在這個月都要研讀教育部門核定的教孝專書。

　　「家國同構」，是中國古代獨特的社會結構。西周維新的根本點，就在於將以氏族血緣關係爲基礎發展而來的宗法制度提升爲政治制度，由宗族、家族直接走向國家，家與國通體相連、融貫爲一⑱。家是國的縮影和模本，國是家的放大和擴充。帝王天子既是國君也是家長。國與家彼此相通無礙，血緣關係與地緣關係合二爲一，君權與父權互爲表裏，這就是中國古代「家國同構」的社會格局。

　　與這種社會結構相呼應的政治模式和文化機制，便是中國獨特的倫理政治傳統。所謂倫理政治傳統，並不是倫理與政治的機械相加，而是二者在歷史和邏輯中的整合和貫通，即倫理政治化，政治倫理化。「政治具有倫理的原理和形式，倫理具有政治的結構和功能」⑲，政治被點綴上倫理的溫情，倫理則滲透著政治的專制。倫理植根於血緣關係中，政治又以倫理爲本位，這樣整個倫理政治也就奠基於血緣家族的根基之上。

　　在傳統農業社會裏，以家爲國或以國爲家的家國同構原理的重心在於家庭，國則是家的延伸和擴充。這種擴充，突出地表現在以血緣爲基礎的家庭家族關係向一般社會倫理關係的引申和拓展上。如五倫中，親緣關係占了三個，父子、兄弟、夫妻關係分別是君臣、朋友關係的範型，君臣、朋友等各種關係都是父子、兄弟關係的延展和泛化。這樣，家庭血緣關係就涵蓋了一切社會關係，或者說，一切社會關係都是由家族關係演繹而來，一切社會倫理都具有了家族倫理的性質，於是家族關係原理就上升爲一般的倫理原理，調節家族關係的綱常秩序就泛化爲一般的

---

⑱　古代「家」的內涵很多，主要有兩個，其一是指個體家庭，但「家庭」二字在古代文獻中出現較晚，到南北朝時才出現；其二是指卿大夫的采地或家族。如《周禮・春官・家宗人》云：「家宗人掌家祭祀之禮」，賈疏曰「大夫采地稱家。」家的第二種內涵與「國」有重合之處，「國」在古代不僅指統一的「國家」，還指諸侯、卿大夫的封地。家與國的這種一致性是中國古代社會家國同構特點的基礎。

⑲　樊浩〈倫理政治：中國特色的文化原理與文化機制〉，《人文雜誌》一九九二年第六期。

社會倫理原則。反過來，一般倫理原理也可以還原爲血緣關係原理，可以在血緣關係中找到依據。

家國相通、家族倫理與社會倫理和國家倫理相通的結果便是治國如理家。中國文化中，修身、齊家、治國、平天下的依次遞進恰好體現了這一點，修、齊是道德倫理，治、平是社會政治，治平以修齊爲本位和基礎，修齊以治平爲目標和歸宿。倫理與政治結合在一起，爲人之道、待人之道、治人之道貫通一體，倫理的原理上升爲政治的原理，倫理的情感和方法也必然上升爲政治的情感和方法。於是，作爲維繫和調整家庭家族倫理關係基本規範和原則的「孝」便凸顯出來。把倫理的原理和形式用於政治領域，以倫理的手段行使政治的職能，這就是歷代封建統治者所標榜的「以孝治天下」。孝治集中地體現了中國倫理政治的獨特風貌。

如前所述，倫理與政治的結合肇始於西周。春秋戰國時期，政治撕掉倫理道德的文飾而蛻變爲赤裸裸的軍事霸權，倫理與政治的分離成爲這一時期各諸侯國共同的政治模式。秦始皇的武力一統天下和以法治國更把二者的分離推向極端，並由此導致政治上以君權爲中心的表層結構和社會上以宗法家族爲紐帶的深層結構之間發生了嚴重的脫節錯位。這正是漢王朝建立後所面臨的統治危機。消解皇權與族權、國家與社會、政治結構與宗法結構的對立和矛盾，歸根結底是一個把倫理與政治以恰當的方式結合起來，重建倫理政治統治模式的問題。董仲舒以獨尊儒術爲思想基礎的大一統理論就是應此需要而構建的。

就倫理與政治的結合而言，倫理政治傳統是以移孝作忠、忠孝一體的理論形式、以「以孝治天下」的實踐形式具體地體現出來的。孝爲宗法倫理道德，忠爲政治倫理道德，忠孝成爲中國封建社會倫理政治的道德基礎。

二、忠觀念的理論演進

　　同孝一樣，「忠」也有廣義和狹義兩方面的內容。廣義的「忠」作爲一種普遍性的社會倫理，意爲盡心、盡己，是一種高尚的情操、品德和品行，其適用對象上自君主，下至庶人。狹義的「忠」是一種特殊的政治倫理，指臣對君應盡的義務。

　　孝觀念的內涵是由狹而廣、由特殊而普遍不斷擴充的，忠觀念的演進軌跡則恰好相反，它是由寬而窄、由普遍而特殊逐漸收縮的。忠之爲德，春秋時期，主要表現爲處理公私關係；春秋之後，其內涵逐漸向君臣關係發展。

　　根據考古和文獻資料，甲骨文和西周金文中都沒有忠字，甚至周代早期的文獻如《尙書》、《詩經》、《易經》中也無「忠」字⑩。而在《左傳》中，「忠」字則出現達七十次之多。據此似可推斷：忠觀念的出現在西周中晚期，至春秋初期已是相當普遍和重要的倫理觀念了。

　　西周時期，天子、諸侯、卿大夫、士，既是血緣上大宗和小宗的關係，也是政治上君臣上下的隸屬關係，家族倫理與政治倫理不二，以「孝」來安頓統治階級內部的等級關係綽綽有餘，「忠」德已經被涵融在孝德之內，根本沒有產生的必要性。有的學者從西周金文中的兩則材料推斷，西周早期的「孝」是包含後世所謂「忠」的內容的，它要求各級奴隸主貴族都要效忠於自己的主子，即諸侯對天子孝，諸侯的官僚對諸侯孝⑪。正如童書業先生所說：「在『原始宗法制』時代，一國以至所謂『天下』可合成一家，所謂『聖人能以天下爲一家』也。故『忠』可包於『孝』之內，無需專提『忠』之道德。」⑫《墨子‧兼愛上》中有「臣子之不孝君父，所謂亂也；……君之不慈臣，此亦天下之所謂亂也。……君臣父子皆能孝慈，若此則天下治。」此處臣對君也稱「孝」，君對臣也稱「慈」，可爲佐證。

---

⑩　《古文尙書‧蔡仲之命》中有「唯忠唯孝」，據考是後人的僞作。

⑪　李裕民〈西周金文中的「孝」和孔丘「孝道」的反動本質〉，《考古學報》一九七四年第二期。

⑫　童書業《春秋左傳研究》，上海人民出版社一九八〇年版，第二六九頁。

忠觀念流行於春秋時期⑬。其時新思潮衝擊著無序和失控的社會，下叛上，臣弒君，人心惶惶，無所適從。用新的道德規範整飭倫理秩序勢在必行，於是一個新的倫理概念群開始創生，忠觀念便是這其中極爲突出的一個。一方面，人們由外而內、由人而己尋求行爲根據，由此產生廣義的忠觀念，如《論語》中「忠」字共出現十八次，《左傳》中也七十二次提到「忠」，其中絕大多數都是就「忠」的本義而言的。這是春秋時代原始宗法制解體，個人與個人之間的關係日益密切的的社會現實在道德領域的反映。另一方面，新興的地主、商人等紛紛登上政治舞臺，出現了獨立於宗法關係之外或宗法關係比較薄弱的君臣關係，僅僅依靠孝的道德準則來維繫複雜的政治秩序顯然已經力不從心，於是「忠」不得不從「孝」中分離出來，並首先在異國、異族間的君臣關係上產生了接近後世「忠君」意義上的「忠」⑭。而屢屢發生的弒君事件更從反面強化了尊君的觀念，如魯國的臧文仲說：「見有禮於其君者，事之，如孝子之養父母也；見無禮於其君者，誅之，如鷹鸇之逐鳥雀也。」⑮忠心耿耿事奉君主成爲對臣的道德要求：「事君不貳是謂臣」⑯，「臣無二心，天之制也。」⑰　「忠」作爲君臣之間的新的倫理規範，成爲保證君臣間隸屬關係、強化君權的工具。

戰國時期，新興地主階級執政立國，爭雄統一、集權專制的趨勢日益明顯，於是處理普通人倫關係的「忠」的道德範疇逐漸向「忠君」的特定倫理規範收縮。「忠」真正從一般的倫理規範變成單純的對臣的道德要求，即倫理層面上的「忠」進一步落實爲單純的臣的行爲屬性，是君與父、忠與孝相提並論以後的事。如《周易・序卦》所謂「有父子然

---

⑬　魏良弢〈忠節的歷史考察：先秦時期〉，《南京大學學報》一九九四年第一期。
⑭　《左傳》僖公二十三年，宣公十二年，成公二年、十七年，襄公五年、十四年、二十五年等。
⑮　《左傳・文公十八年》，第一一六頁。
⑯　《國語・晉語四》，第一〇一頁。
⑰　《左傳・莊公十四年》，第三五頁。

後有君臣」，孔子的「君君，臣臣，父父，子子」⑱等，事實上已把君父並稱，孟子也有「內則父子，外則君臣，人之大倫也」⑲的說法。只不過在他們這裏，君臣關係猶如朋友關係，包含著相互間的道德義務。《郭店楚墓竹簡》即有「君臣，朋友之擇者也」⑳，「友，君臣之道也」之說㉑。「臣事君以忠」是以君用禮義對待臣作為對等條件的，即君明臣忠、父慈子孝。「比干忠，不能存殷；申生孝，而晉惑亂。是有忠臣孝子，國家滅亂，何也？無明君賢父以聽之。」㉒在這樣的情況下，良臣可以擇君而事，而大可不必對無禮昏君忠貞不二，即孔子所謂「以道事君，不可則止」㉓。

　　秦始皇統一天下前後，忠君思想發展到成熟時期。這既是長期頻繁的弒誅殺伐激發加強君權和尊君抑臣思想的結果，如顧頡剛先生認為：「自秦始皇一統之後，君臣之義無所逃於天地之間，忠君的觀念大盛」㉔；同時也與思想家特別是荀子和韓非子對忠君觀念的理論闡述分不開，如童書業認為，後世絕對意義上的「忠君」觀念萌芽於墨家，而大成於韓非子㉕。

　　荀子君父相並共隆，提出了君主專制的思想，他在堅持「逆命而利君謂之忠」、「從道不從君」的同時，也主張臣應對君「順」：「以禮待君，

⑱　《論語・顏淵》。

⑲　《孟子・公孫丑》。

⑳　《郭店楚墓竹簡・語叢一》。

㉑　《郭店楚墓竹簡・語叢三》。有些學者認為這是「自孔子迄至黃宗羲，儒家文獻中所僅見的思想。」並扼腕而歎：「君臣之道」的「朋友」之說，「在秦之堅甲利兵和秦火滅後湮滅不聞，實乃儒家思想以至中國文化、中國兩千多年之生靈的巨大損失！」見李存山〈先秦儒家的政治倫理教科書〉，《中國文化研究》一九九八年冬之卷。

㉒　《戰國策・秦策》，上海古籍出版社一九八五年版，第六六二頁。

㉓　《論語・先進》。

㉔　《古史辨・自序》，上海古籍出版社一九八二年版。

㉕　童書業《春秋左傳研究》，上海人民出版社一九八〇年版，第二六九－二七〇頁。

忠順而不懈」⑧。韓非子繼承並發展了荀子的理論，集春秋以來忠君思想之大成，構建了一套完整的忠君理論。韓非子認為，君臣之間只有利害關係，「忠」是臣懾於君的法術威嚴而不得不為的一種被迫行為。他把忠孝作為臣下對君主、人子對父母必盡的義務，提出了極端君主專制主義的政治原則，這就是他所謂的「三順」：「臣事君，子事父，妻事夫。三者順則天下治，三者逆則天下亂，此天下之常道也。」⑧既然是不可變易的常道，那麼不論君主是聖是暴，是昏是明，臣都要無條件地盡忠，要具備為君王效死的精神。《呂氏春秋》也一邊講：「君雖尊，以白為黑，臣不能聽；父雖親，以黑為白，子不能從」⑧，一邊卻借文王之口說：「父雖無道，子敢不事父乎？君雖不惠，臣敢不事君乎？」⑧忠、孝開始朝著愚忠愚孝的方向迅速滑落。特別是韓非子混同忠孝的界限，以忠作孝，開創了孝道為集權專制政治服務的先河。韓非子的理論是董仲舒三綱學說的理論雛型。

董仲舒站在「大一統」的高度，發展改鑄了韓非子的忠孝學說，不僅主張樹立君主的絕對權威，「君人者，國之元」⑨，「以人隨君，以君隨天，曰緣君臣之心不可一日無君」⑨，而且提出三綱理論，並通過神學的論證使忠孝神聖化、絕對化，忠、孝由此成為盲目的、反理性的政治和倫理原則，即「愚忠」、「愚孝」⑨。

至此，對忠、孝單向度倫理涵義的強調，極大地弱化了先前倫理秩序中所包含的民主性和平等性的內容。開始於戰國末期的倫理秩序專制

⑧　《荀子·君道》。

⑧　《韓非子·忠孝》，第一一〇七—一一〇八頁。

⑧　陳奇猷《呂氏春秋校釋·應同》，學林出版社一九八四年版，第六七八頁。

⑧　陳奇猷《呂氏春秋校釋·行論》，學林出版社一九八四年版，第一三八九頁。

⑨　《春秋繁露·立元神》，第三七頁下。

⑨　《春秋繁露·玉杯》，第十二頁下。

⑨　《戰國策·趙策二》已見「效愚忠」的說法，《漢書·枚乘傳》載枚乘上書吳王也自稱「臣乘願披腹心而效愚忠。」只是這時的「愚忠」尚含有自謙的意義，與後世不完全相同。

化傾向，在董仲舒那裏進一步强化，由此而直接延伸出以後的「君要臣死，臣不得不死」的敎條。忠與孝從此牢牢地粘固在一起，作爲封建社會的道德理論基礎，强有力地發揮著穩定社會秩序、鞏固封建專制統治的作用。

漢代人的意識中，「忠」的觀念已十分普及和發達，「忠」是使用頻率最高的人名用字之一。體現在「三綱五常」中，「君爲臣綱」是第一位的政治敎條。這說明以忠君形式出現的「孝」已被賦予更高層次的意義，它遠遠地超出對父母的血親之孝而更被統治者所看重，「忠君」的道德準則被抬到最高的地位。

唐宋時期，忠君道德被捧到登峰造極的高度。先是初唐武則天召集周思茂等撰寫《臣軌》二卷，宣揚抬高忠君思想。接著託名東漢經學家馬融撰、鄭玄注的《忠經》在宋代問世⑨３。《忠經》模仿《孝經》體例，也分十八章，通過對春秋以來忠道觀念的較爲完整系統的總結，進一步把忠的倫理經典化。《忠經》開篇便把「忠」提高到天地人倫之首位的高度：「天之所覆，地之所載，人之所履，莫大乎忠」⑨４忠不僅已經成爲要求全民都必須嚴格恪守的政治道德的信條，而且被說成自然和社會中超越其他一切倫理原則，甚至超越孝道的至大至極之道，「善莫大於作忠，惡莫大於不忠」⑨５。所以，上自聖君「事於宗廟」⑨６、下至兆人「行孝悌於其家」⑨７，都是忠的表現。顯然，同孝一樣，忠已經成爲一切社會品德中的最高品德，一切社會義務中的中心義務。

爲迎合宋代統治者極力加强中央集權的需要，理學家將忠君道德看作是「天理」的體現，程顥認爲「弑逆之罪，不以王法正之，天理滅矣」

---

⑨３　《忠經》作者及成書年代皆有待於進一步考證，有認爲是東漢作品，有認爲是唐人所托，也有人認爲是宋人撰寫的。本文根據前人研究，取第三種說法。

⑨４　《忠經‧天地神明章》，《忠經、孝經白話精解》，北京燕山出版社一九九一年版。下引《忠經》，版本同此。

⑨５　《忠經‧證應章》。

⑨６　《忠經‧聖君章》。

⑨７　《忠經‧兆人章》。

⑱，朱熹也把「君尊於上，臣恭於下，尊卑大小，截然不可犯」⑲，視爲萬世不變的「天理」。程朱理學家提出忠臣不事二主、爲主殉死等主張，使忠君思想更加規範化、愚昧化，出現了「君要臣亡，臣不得不亡」的道德箴言。忠觀念成爲專制君主維護其皇權統治的護身符和殺手鐧。據統計，清代大臣立諡用字共計六十個，其中「忠」居首位，「孝」列第二⑳。把忠擺到如此顯赫的位置，顯然是與封建社會後期社會危機加深，君主專制統治岌岌可危的現實分不開的。

三、移孝爲忠：忠與孝的契合

從理論上率先明確溝通忠孝、移孝入忠的當推《禮記》、《孝經》。《禮記·祭統》云：「忠臣以事其君，孝子以事其親，其本一也。」《孝經·廣揚名章》曰：「君子之事親孝，故忠可移於君。」其所以如此，是因爲忠、孝在理論上、邏輯上是統一的。具體表現爲：

第一，統一的社會基礎。

家國同構的封建宗法社會中，倫理政治傳統把國與家、君與父、皇權與族權密切地結合在一起，倫理等級與政治等級相通，宗法名分與政治名分相合。入則父子有親，出則君臣有義，君主和父家長分別成爲政治生活和社會生活的主宰者。而且，中國古代君主制度本身就是宗法家族制度的產物，「君之於世子也，親則父也，尊則君也。……父在斯爲子，君在斯謂臣，居子與臣之節，所以尊君親親也。」㉑因而君主都喜歡以「君父」自居，《春秋》、《國語》中，「君父」的稱謂使用頻率是相當高的。可見，君臣關係來源於父子關係，即所謂「有父子然後有君臣」

---

⑱　《二程集·經說》卷四，第一一〇一頁。

⑲　《朱子語類》卷六八《易四》，第一七〇八頁。

⑳　寧業高等《中國孝文化漫談》，中央民族大學出版社一九九五年版，第一三八頁。

㉑　《禮記·文王世子》。

⑩，所謂「父子有親，而後君臣有正。」⑩進而，君臣、君民關係就是父子關係：君「養民如子，蓋之如天，容之如地；民奉其君，愛之如父母，仰之如日月，敬之如神明，畏之如雷霆」⑩，「故仁人在上，百姓貴之如帝，親之如父母」⑩，「天爲陛下嚴父，臣爲陛下孝子。」⑩君權與父權二者相互聯繫、相互依賴，共同維持著君主專制國家機器的正常運作：父權是君權的倫理基礎，由父權所形成的社會秩序是君主政治安全運作的可靠保證；君權是父權在政治領域的集中體現，是父權能夠順利行使的政治保障。所謂忠德，也就是一種政治孝道。忠孝一體反映了封建社會以小農經濟爲基礎的家長制與君主制相一致的特點。這是忠孝合一的社會基礎。

第二，本質和目的是一致的。

孝不可馳於家，忠不可廢於國。「孝」觀念是爲強化父權，「忠」觀念則是要強化君權，二者的共同本質是「專制」，是要求臣子絕對無條件地順從、服從君父，孝當竭力，忠則盡命，即所謂「天無二日，土無二主；國無二君，家無二尊；以一治之也」⑩。只不過孝是從家入手，以長幼遠近維護家族、社會穩定，忠是由國著眼，從尊卑上下強調君臣秩序。《孝經・五刑章》認爲，至大不孝之罪便是凌犯國君：「要君者無上」。君臣關係的「忠」不僅是父子關係的「孝」的放大體，而且儼然成爲孝的最高境界。忠以孝爲起點，孝以忠爲終鵠，其目的都是爲了「固君臣，安社稷」⑩，鞏固封建君主專制統治，保證封建社會的長治久安。移孝入忠的用意在此昭然若揭。

第三，內在價值的一致。

---

⑩　《易傳・序卦》。

⑩　《禮記・昏義》。

⑩　《左傳・襄公十四年》，第二〇五頁。

⑩　《荀子・富國篇》。

⑩　《後漢書》（四），卷二九〈郅惲傳〉，第一〇二五頁。

⑩　《禮記・喪服四制》。

⑩　《忠經・天地神明章》。

從價值構成上看，孝和忠都是以維護和服從尊上、權威作為最根本的價值準則。「為人臣者盡忠以順職，為人子者致孝以承業」⑩，「故事夫如事天，與孝子事父，忠臣事君同也。」⑩在道德評價上，父子關係和君臣關係也適用於同一的價值尺度。《周易·家人·彖辭》曰：「家人有嚴君焉，父母之謂也」；晉國大夫欒共子曰：「成聞之：『民生於三，事之如一。』父生之，師敎之，君食之。非父不生，非食不長，非敎不知生之族也，故壹事之」⑪；荀子也說：「上事天，下事地，尊先祖，而隆君師，是禮之三本也」⑫，所以傳統社會把君、親、師與天、地並列供奉；二程說：「君臣，父子也，父子之義不可絕。」⑬表現於外在的行為規範上，便是突出順、敬，即孝順、孝敬，忠順、忠敬，也就是晉公子重耳所說的「君父之命不校。」⑭ 「不校」即不違、不抗、敬順之意。如孟子認為：「不順於親，不可以為子」⑮，朱熹說：「惟孝弟則皆是順。」⑯《禮記·祭統》曰：「忠臣以事其君，孝子以事其親，其本一也」，所謂「其本一」者，即言忠孝俱由順而出，下順事其上，上順使其下，就可以治平天下，實現唐虞盛世：「為下者順事其上，而上無怨於下；為上者順使其下，而下無怨於上。天地之間，一『順』充塞，九族既睦，百姓昭明，黎民於變時雍，人人親其親，長其長，而天下平。」⑰把忠孝之本理解為「順」，這確實抓住了實質和要害。至於「敬」，《禮記》明確地以「敬」把事父與事君相溝通：「資於事父以事

---

⑩　《鹽鐵論·憂邊》，上海古籍出版社一九九〇年十月版，第四七頁上。

⑩　班昭《女誡》，《說郛·女誡》，中國書店一九八六年影印本。

⑪　《國語·晉語一》，第六五頁。

⑫　《荀子·禮論》。

⑬　《二程集·遺書》卷上，第四三頁。

⑭　《左傳·僖公五年》，第五四頁。

⑮　《孟子·離婁上》。

⑯　《朱子語類》卷二〇《論語二》，第四七一頁。

⑰　吳澄注《孝經·開宗明義》，轉引自《忠經·孝經精解》，第八〇頁。

君而敬同。」⑱若居家能孝敬父母，出門則必然能敬順君上，「以孝事君則忠」⑲。忠、孝內在價值的一致性邏輯地決定了忠與孝的相輔相成：

> 人臣孝，則事君忠、處官廉、臨難死。⑳

> 是故未有君而忠臣可知者，孝子之謂也；未有長而順下可知者，弟弟之謂也；未有治而能仕可知者，先修之謂也。故曰孝子善事君，弟弟善事長。君子一孝一弟，可謂知終矣。㉑

> 世未有孝悌之人而不忠信，亦未有忠信之人而不孝悌者。蓋能孝於家， 必忠於國。㉒

> 夫孝之義不立，則忠之說無附。㉓

這也正是歷代統治者「求忠臣於孝子之門」的根據所在。

第四，價值實現過程的統一。

忠、孝是人生價值的兩個不同方面，盡忠與盡孝從理論上說並不矛盾。合而言之，忠是孝的直接推衍，也是孝的最終實踐。《孝經》開宗明義即把以忠事君作爲實現孝道價值的一個環節：「夫孝，始於事親，中於事君，終於立身」㉔，從而融忠道於孝道之中。分而言之，傳統文化主張士君子能伸能屈，能進能退：「退家則盡心於親，進官則竭力於君」㉕，也即孔子「出則事公卿，入則事父兄」㉖，或俗語所謂「在家爲孝子，入朝作忠臣。」《晉書》載，史臣讚譽溫嶠「始則承顏侯色，

---

⑱　《禮記・喪服四制》。

⑲　《孝經・士章》，第二二頁。

⑳　陳奇猷《呂氏春秋校釋・孝行覽》，學林出版社一九八四年版，第七三〇頁。

㉑　《大戴禮記・曾子立孝》，第八二頁。

㉒　鄭玉道、彭仲剛《琴堂諭俗編》卷下，轉引自向燕南、張越編注《勸孝・俗約》，中央民族大學出版社一九九六年版，第一九七頁

㉓　《吳虞集》，四川人民出版社一九八五年版，第六五頁。

㉔　《孝經・開宗明義章》，第二頁。

㉕　《漢書》（十），卷七六〈張敞傳〉，第三二一九頁。

㉖　《論語・子罕》。

老萊弗之加也；既而辭親蹈義，申胥何以尙焉！」並以他爲例議論道：「忠臣本乎孝子，奉上資乎愛親，自家刑國，於斯極矣。」⑫

　　進退出入、忠君孝親事實上往往是同時進行的，是同一個行爲過程。只忠不孝在儒家看來不符合修齊治平的邏輯，只孝不忠也是行不通的。齊宣王質問田過：既然你認爲父重於君，爲何要「去親而事君？」田過坦然答曰：「非君之地無以處吾親，非君之祿無以養吾親，非君之爵無以尊吾親。受之於君，致之於親。凡事君，以爲親也。」⑱

　　田過的話固然不中聽，但是卻道出了一個不可回避的事實：在一定意義上，事君是孝親的必要手段和必由途徑。《南史》載，會稽何子平所得俸祿只奉養母親，甚至「不以及妻子」，以至「人疑其儉薄」，他卻振振有辭：「希祿本在養親，不在爲己。」⑲君是天下人之大父母，不「孝君」，即不事君、順君、忠君，就無從得到祿餉財富，連起碼的「養親」都做不到，又何談孝親呢？所以，「事君不忠，非孝也」⑬，「君子行其孝必先以忠，竭其忠則福祿至矣」，「苟忠不行，所率猶非其道，是以忠不及而失其守，匪危其身，辱及親也。故君子行其孝必先以忠。」⑬同時，由於「忠不及之而失其守，匪惟危身，辱其親也」⑬，忠又能起到「保孝行」的作用。這樣，入仕事君實際上成爲履行孝親義務的工具。爲事親盡孝甚至可以違背自己的政治意願：「仕非爲貧也，而有時乎爲貧」⑬，所以，家貧親老，應不擇官而仕，否則，「家貧親老，不爲祿仕」即爲三不孝之一⑭。

⑫　《晉書》（六），卷六七〈溫嶠傳〉，第一八〇八頁。

⑱　韓嬰《韓詩外傳》卷七，中華書局一九八〇年六月，第二三七頁。

⑲　《南史》（六），卷七三〈孝義傳〉，第一八一二頁。

⑬　陳奇猷《呂氏春秋校釋・孝行覽》，學林出版社一九八四年版，第七二三頁。

⑬　《忠經・保孝行章》。

⑬　《忠經・保孝行章》。

⑬　《孟子・萬章下》。

⑭　《孟子集注・離婁下》，朱熹《四書章句集注》，中華書局一九八三年十月版，第四一一頁，朱子引趙歧注「不孝有三」。

這樣，在思想家的理論構築下，有著血緣之情的親子關係直接轉化為政治上的君臣關係，作為家族倫理的「孝」直接轉化為「忠」的政治意識，政治關係變成了人情關係，政治道德變成了人倫道德，孝道從家庭、社會倫理蛻變為駕馭、統治天下的政治手段，儒家的德治主義落實為孝治主義。這一切都表明，孝與忠的聯姻，使孝道在中國古代社會生活中的地位更加突出，作用更加重要。

四、非孝即忠：忠與孝的悖離

通過移孝作忠的理論論證，忠、孝實現了邏輯上的合二為一。忠孝之道作為社會政治倫理的普遍法規，有效地制約和影響著全體社會成員的政治行為及道德觀念。「誠臣殉主而棄親，孝子安家而忘國，各有行也」[135]，「在朝則從君之命，在家則隨父之制，然後君父兩濟，忠孝各序。」[136]看起來，忠以報國，孝以齊家，孝與忠不僅可以並行不悖，而且能夠相合而明、相得益彰了。

然而，事情卻沒有那麼簡單。理論上的契合只是忠孝關係的一個方面，現實中忠與孝的悖離也頗令忠臣孝子們大傷腦筋。當做官濟世與養親事親兩不相誤的時候，忠與孝不但並行不悖，而且可以相輔相濟。但是，當君親相校、忠孝不能兩全時，就出現了君與親孰重，忠君與孝親誰先的問題。李亞農先生認為，「『孝』的思想決不是封建的，而是宗法的」，「由於『忠』的思想是屬於封建制社會的，而『孝』的思想是屬於氏族制社會末期的，所以這兩種思想並不是任何時候都能和平共居的，往往發生衝突。於是在中國歷史上經常發生忠孝不能兩全的悲劇。」[137]李先生對忠孝衝突原因的分析雖然不一定全面，但其結論無疑是正確的。

---

[135]　顏之推撰，王利器解《顏氏家訓集解‧歸心》，上海人民出版社一九八〇年版，第三六〇頁。

[136]　《晉書》（五），卷五〇〈庾純傳〉，第一三九九頁。

[137]　《李亞農史論集》下，上海人民出版社一九六二年九月版，第八一七頁。

最一般的「忠孝不能兩全」，是普通人的「王事靡盬，憂我父母」⑬，或爲國爲君獻身而不能敬養父母之類，不過此時尚可以以「移孝作忠」來自慰。如魯人從君征戰，卻三戰三逃，孔子詢問其原委，答曰：「吾有老父，身死，莫之養也。」孔子「以爲孝，舉而上之。」⑬晉代李密在其《陳情表》中以祖母「形影相弔」、「朝不慮夕」、「是臣盡節於陛下之日長」、報祖母養育恩德之日短爲由，情眞意切地陳述了自己爲全孝而不能應召盡忠，並因此而成爲正史〈孝友傳〉中的第一人。除此之外，還有比較激烈的忠孝衝突。孔子、孟子就遇到了這樣的難題。面對葉公「其父攘羊而子證之」⑭和桃應「舜爲天子，皐陶爲士，瞽瞍殺人」⑭的情境設問，孔、孟或語塞，或詭辯，解決的辦法除了隱瞞只有逃避。兩個設問的實質都是如何處置王權與父權的矛盾。値得注意的是，孔孟都把維護孝道放在了首位。這表明了初期儒家處理忠孝矛盾的基本態度。

然而，現實畢竟不是假設。現實中遭遇忠孝矛盾的當事者有時並沒有選擇的餘地，無論從忠還是從孝，都只能使他們陷入更深的道德困境和良心譴責當中。這就是魚與熊掌不僅不能兼得，而且取忠則害孝、取孝則傷忠的兩難境遇。此時當事人進退維谷，往往只能以自戕來逃避嚴酷的現實，保全忠節孝道。

據《韓詩外傳》記載，田常欲弑齊簡公，遂與國人盟誓，「不盟者死其家」。石他聞訊茫然不知所措：「舍君以全親，非忠也；舍親以死君之事，非孝也。……然不盟是殺吾親也，從人而盟是背吾君也。」爲忠孝兩不虧，他唯一的能做的就是「進盟以免父母，退伏劍以死君。」⑭

---

⑬　《詩經・小雅・杕杜》，第二一一頁。意爲：王家差事沒完沒了，父母年邁讓我憂心忡忡。

⑬　《韓非子・五蠹》，第一五〇七頁。

⑭　見《論語・子路》，攘，偷盜。

⑭　見《孟子・盡心上》，桃應是孟子的弟子，皐陶是執法官，瞽瞍是舜的父親。

⑭　韓嬰撰《韓詩外傳》卷六，中華書局一九八〇年六月版，第二一六頁。

楚昭王時，有個叫石渚的官吏，其父殺人，石渚縱父逃跑後曰：「不私
其親，不可謂孝子。事君枉法，不可謂忠臣」，遂也自殺以全忠孝⑭。《韓
詩外傳》又載，「楚國有士曰申鳴，治園以養父母，孝聞於楚。王召之，
申鳴辭不就。……曰：『何舍爲孝子，乃爲王忠臣乎。』」申鳴從父命入
仕後，在平白公之亂時，白公以申父爲人質要挾他，申鳴流涕曰：「始
則父之子，今則君之臣，已不得爲孝子矣，安得不爲忠臣乎？」父親死
後，他也爲忠孝殉身⑭。類似的例子很多，最有名的是後漢趙苞先破賊
爲忠臣、後殉母作孝子的故事。趙苞爲遼西太守時，適逢鮮卑人入侵。
鮮卑人捉了他的母、妻爲人質要挾他投降。苞悲號謂母曰：「爲子無狀，
欲以微祿奉養朝夕，不圖爲母作禍。昔爲母子，今爲王臣，義不得顧私
恩、毀忠節。唯當萬死，無以塞罪。」即刻舉兵破賊。母妻悉爲賊所害。
苞殮葬母訖泣曰：「食祿而避難，非忠也；殺母以全義，非孝也。有何
面目立於天下？」遂嘔血而死⑭。即使如此，仍然不免被後人所詬譏：
「苞不顧而戰，以殺其母，無人之心也。」⑭

行不兩全，名不兩立。忠孝之道實際選擇的兩難性，給人們在現實
的社會生活、政治生活中同時履行忠君孝親雙重義務的眞實性大大地打
了折扣。古人也意識到這一點。如韓非子針對「其父竊羊而子證之」和
「魯人三戰三北」兩件事尖銳地議論道：「夫君之直臣，父之暴子也」，
「夫父之孝子，君之背臣也」⑭。三國時吳國將軍胡綜以爲：「忠節在
國，孝道立家，出身爲臣，焉得兼之？故爲忠臣，不得爲孝子」⑭；晉
人劉斌說：「若孝必專心於色養，則明君不得而臣；忠必不顧其親，則

---

⑭　陳奇猷《呂氏春秋校釋・高義》，學林出版社一九八四年版，第二二四七頁。

⑭　韓嬰撰《韓詩外傳》卷一〇，中華書局一九八〇年六月版，第三六三－三六四
　　頁。

⑭　《後漢書》（九），卷八一〈獨行傳〉，第二六九二－二六九三頁。

⑭　王夫之《讀通鑑論》卷八，嶽麓書社一九八八年版，第三二七頁。

⑭　《韓非子・五蠹》，第一〇五七頁。

⑭　陳壽撰《三國志》（五），卷四七《吳書・孫權傳》，中華書局一九五九年十二
　　月版，第一一四一頁。下引本書版本同此。

父母不得而子」⑭；唐刑部尚書顏眞卿說得更直露：「出處事殊，忠孝不幷。已爲孝子，不得爲忠臣；已爲忠臣，不得爲孝子。故求忠於孝，豈先親而後君？」⑮因而，如何解決忠與孝的矛盾也成爲人們經常的話題。

　　一般而論，妥善處理忠孝衝突的原則是：「門內之治恩掩義，門外之治義斷恩」⑮，或曰：「爲臣者必以義斷其恩，爲子者必以情割其義。」⑮漢末王符在《潛夫論・務本》中說：「列士者，以孝悌爲本」，「人臣者，以忠正爲本。」⑮問題在於，同一個人可能既在「門內」，又在「門外」，既是「人臣」，又是「人子」、「列士」。所以，對忠孝如冰炭水火不相容的當事者如趙苞等來說，這個原則無疑是蒼白和空洞的。

　　從歷史發展的角度看，當忠孝不可得兼時，漢以前是虧忠而全孝。一如魯人的三戰三逃被孔子稱讚爲「孝」一樣，視鮑叔爲知己的管仲說：「吾嘗三戰三走，鮑叔不以我爲怯，知我有老母也。」⑮這表明當時孝德的價值高於忠德。《郭店楚墓竹簡》證實了這一點。《語叢一》中說，「父，有親有尊。……君臣，無親也，尊而不親」，血緣親情是最高的價值選擇，君臣之間既然沒有父子間那種生而注定的血緣關係，所以〈六德〉篇斷然道：「爲父絕君，不爲君絕父」。《郭店楚墓竹簡》如此明確地將父子關係高置於君臣關係之上，這是在以前的先秦儒家文獻中尙未曾發現的，這種斬釘截鐵般的語言足以令後世專制君主震怒和恐懼。

　　隨著君主專制集權的確立和鞏固，漢以後處理忠孝關係的主流演變爲犧牲孝道以保全忠節，而且愈往後愈如此。《後漢書》載，當王郎捕

⑭　《晉書》（五），卷五〇〈庾純傳〉，第一三九九頁。

⑮　顏眞卿《文忠集拾遺》卷一〈駁吏部尚書韋騭謚忠孝議〉，吳楓主編《中華思想寶庫》，吉林人民出版社一九九〇年版，第三二五頁。

⑮　《禮記・喪服四制》。

⑮　《晉書》（五），卷五〇〈庾純傳〉，第一三九九頁。

⑮　汪繼培箋，彭鐸校正《潛夫論箋校正・務本》，中華書局一九八五年九月版，第二〇頁。

⑮　《史記・管晏列傳》，嶽麓書社一九八八年版，第四九二頁。

繫邳肜父弟妻子並曰「降者封爵，不降族滅」時，肜涕泣曰：「事君者不得顧家，……公（指光武帝）方爭國事，肜不得復念私也。」⑮《晉書》載：晉代虞譚母早年守寡，常以忠義教訓譚。後虞譚奉命討伐叛亂時，其母勉勵他說：「吾聞忠臣出孝子之門，汝當捨生取義，勿以吾老爲念也。」⑯《白虎通義》更是悍然採取了王權高於一切的立場，明確提出：「王者以養長而教之，故父不得獨專也」⑰，「不以父命廢王命」⑱。父權必須服從王權，孝道必須服從忠道。

《史記·高祖本紀》中有一段極有意思的記載：

> 六年，高祖五日一朝太公，如家人父子禮。太公家令說太公曰：「天無二日，土無二王。今高祖雖子，人主也；太公雖父，人臣也。奈何令人主拜人臣！如此則威重不行。」後高祖朝，太公擁雪迎門卻行。高祖大驚，下扶太公。太公曰：「帝，人主也，奈何以我亂天下法？」於是高祖乃尊太公為太上皇。心善家令言，賜金五百斤。⑲

五百金的重賞價值不菲，但很值得，因爲這個家令爲以後的皇帝們解決了一個棘手的難題：皇帝既然是天之子，就可以不受普通孝道的束縛。其後，「不宜以私恩損上下之序，失君臣之正」⑳就成爲普遍的觀念。所以，從漢以後直至清末，皇帝的親人拜見皇帝、皇后，首先要行君臣之禮。如《紅樓夢》中元春省親，上至賈母，下到孫輩，都要先行君臣跪拜之禮，然後才行家禮，可見「孝」已遠遠地退居「忠」後。又如前引石奢和趙苞的例子，雖然二人都以死來全忠孝，但區別也是顯然的。前者是棄忠道以全孝道，自己以死來抵不忠之罪；後者則是棄孝道

⑮　《後漢書》（四），卷二一〈邳肜傳〉，第七五八頁。

⑯　《晉書》（八），卷九六〈列女傳〉，第二五一三－二五一四頁。

⑰　《白虎通義·誅伐》，第三四頁上。

⑱　《白虎通義·五行》，第三一頁上。

⑲　《史記》，嶽麓書社一九八八年版，第一〇六頁。

⑳　《後漢書》（五），卷四一〈宋意傳〉，第一四一五頁。

而全忠道，自己以死來抵不孝之罪。由此可見忠孝二德在兩人心目中價值的輕重是不同的。連明代對專制統治痛心疾首的進步思想家李贄也認為：「忠以事君，敬以立國，委身以報主，忘私忘家又忘身，正孝之大者。」⑯這當然正是統治者所求之不得的。這是倫理為政治服務的必然結果。

其實，社會政治理論與社會政治實踐操作之間的差距決定了忠孝矛盾的必然性。一方面，它反映了政治關係中君權與父權的衝突。君權與父權專制的本質雖然是一樣的，但專制的對象、範圍卻是不同的。父家長在「家」的小範圍內對家族（家庭）成員擁有絕對的權威，但在「國」的大範圍，即更廣闊的社會和政治生活領域，卻是君的世襲領地。一般情況下，臣、子要服從君父的雙重權威。一旦君權與父權發生衝突，身兼臣、子雙重角色的當事人便陷入雙向價值選擇的兩難境地。另一方面，它是公與私矛盾對立的公開化⑯，是家與國的價值衝突。雖然追求倫理至善不應該把視界局限於個體和倫理範圍內，還必須與追求社會至善即社會正義的精神相匹配，但事實上這是很難的。孝是家庭道德的綱領，忠是政治道德的綱領。家、家族、父權的存在是對「私」價值的認可，各懷其家，各私其親，乃是人之常情：「不愛其親而愛他人者，謂之悖德；不敬其親而敬他人者，謂之悖禮」⑯，這是把「孝」作為最高最合理的價值追求。國、君權的存在卻要求臣民把「公」，包括國家和代表國家最高利益的君主的利益，作為最高的價值選擇，即「國耳（而）忘家，公耳（而）忘私」⑯。「身家之念重，則君國之愛輕。」⑯這兩方面的對立在特定情境下便往往以忠孝衝突的形式表現出來。

⑯　李贄《續焚書》卷二，〈焚書·續焚書〉，中華書局一九七五年一月版，第七九頁。

⑯　參萬荃〈忠孝之道：傳統政治倫理的價值結構與傳統義務觀〉，《天津社會科學》一九九二年第五期。

⑯　《孝經·聖治章》，第四三頁。

⑯　《漢書·賈誼傳》。

⑯　《朱舜水集》卷十三〈辯·忠孝辯〉，中華書局一九八四年版，第四三六頁。

　　韓非子已經對「公私之相背」必然造成忠孝之矛盾洞若觀火。他認為，「自環者謂之私，背私謂之公，公私之相背，乃倉頡固已知之矣」⑯，「上下之利若是其異也，而人主兼匹夫之行，而求致社稷之福，必不幾矣」，「私行立而公利滅矣。」⑰爲維護君主專制，韓非子當然主張塞匹夫之「私便」，而立人主之「公利」。但事實上，在傳統的政治操作實踐中，宗法社會的人們無可避免地視孝親義務爲最終最高的目的，家族的「私」利益總是被置於國家、大家的「公」利益之上，爲親人族人友人謀利益往往成爲人們政治行爲的重要動力。以至於有的學者認爲，一個人對家庭的責任越大，則貢獻於國家的機會越少；念及家庭的時候越多，則念及國家的時候越少⑱，甚至有人認爲：「在家爲慈父孝子，在國必爲貪官污吏，謀國與謀家無兩全之理」⑲。這些觀點雖然不免有些誇張和絕對，卻揭露了孝與忠、公與私矛盾的眞實性。這種擴張型的親情義務觀造成了中國獨特的「親緣政治」。忠與孝就在這種不公正的、畸形的政治形態中勉強達成了默契。

　　其實，即使在「孝」本身，也有敬養父母之小孝與立身行道之大孝的分別。小孝的對象只限於父母親人，大孝則爲道義可以置父母於不顧，甚至「大義滅親」。這在一定意義上就是公與私的分別；在「忠」本身，也有國君之私與國家之公、即私忠與公忠的不同，這也是公私的矛盾對立。公忠不以天下爲君主所私有，強調以社稷利益爲重，將君主的利益納入社稷利益之內；私忠則把君臣關係視爲主僕關係，強調維護君主的個人利益。這本是對人臣的雙重要求。問題在於，君主的欲求與國家的公利卻往往不一致，甚至於背道而馳。所以很早人們就把國君與社稷分而論之，「臣聞有事社稷者，社稷是爲；有事人君者，容悅是爲」

⑯　　《韓非子・五蠹》，第一〇五八頁。

⑰　　《韓非子・五蠹》，第一〇五七頁。

⑱　　〈中國民族前進的兩大障礙物〉，《張蔭麟文集》臺灣中華叢書委員會一九五六年編，第二三七頁。

⑲　　轉引自岳慶平《中國的國與家》，吉林文史出版社一九九〇年版，第五三頁。

⑰，認爲社稷利益高於國君利益，忠君應該服從於愛國。例如春秋時齊國的晏嬰在其國君齊莊公因個人恩怨而被崔杼弒殺後，既不殉君，也不逃亡。別人對此表示譴責或不理解，晏嬰義正詞嚴地說：「君爲社稷死，則死之，爲社稷亡，則亡之。若爲己死而爲己亡，非其私暱，誰敢任之？」⑰王夫之也說：「人臣捐軀以事主，苟有裨於社稷，死之無可辟矣。暗主不庸，讒臣交構，無所裨於社稷，而捐身以犯難，亦自靖之忱也。」⑰忠、孝層次的不同使公與私之間的界限更加模糊，公私之間的曖昧性必然進一步引起困頓與衝突，使忠孝倫理在實際上都陷入更難以自拔的困窘之境。

　　當然，封建社會，君是國的象徵⑰，所以忠君與愛國、效國常常是連在一起的，忠君思想中蘊涵著愛國主義的內容，這是封建忠道、孝道中的積極因素。「忠」觀念產生之初，就包含有愛國家、衛社稷的內涵。如楚子囊死前叮囑子庚修築都郢的城廓，人們認爲他「將死不忘社稷，可不謂忠乎！」⑰《金史》中說：「公卿大夫居其位，食其祿，國家有難，在朝者死其官，守郡邑者死其城，詒軍旅者死行陣，市井草野之臣發憤而死，皆其所也。」⑰捨生忘死行忠孝，赤心報國輔朝廷。忠君與忠於國家、保持民族尊嚴往往是結合在一起的。漢代蘇武被匈奴扣留，牧羊十九年，歷盡磨難而不屈不撓，被譽爲愛國忠君的民族英雄而名垂青史。據《漢書》記載，當李陵以朋友的身份推心置腹地苦勸蘇武降匈奴時，蘇武凜然答道：「臣事君，猶子事父也；子爲父死亡（無）所恨。願勿復再言！」⑰漢代崇尚忠孝節義，李陵的投降，使得從他祖父李廣

---

⑰　《後漢書》（八），卷六六〈陳王列傳〉，第二一六一頁。

⑰　《左傳・襄公二十五年》，第二二九頁。

⑰　王夫之《讀通鑒論》卷八，嶽麓書社一九八八年版，第三一九頁。

⑰　有時君主也被直接稱爲國家，如《漢書・陳湯傳》曰：「國家與公卿議，大策非凡所見，事必不從」；《晉書・陶侃傳》曰：「國家年少，不出胸懷。」

⑰　《左傳・襄公十四年》，第二〇六頁。

⑰　元・脫脫撰《金史》卷五九〈忠義傳・序〉，中華書局一九七五年七月版，第二六三三－二六三四頁。

⑰　《漢書》（八），卷五四〈蘇武傳〉，第二三六四頁。

開始樹立的家族形象遭辱蒙垢，「自是之後，李氏名敗，而隴西之士居門下者，皆用爲恥焉。」⑰明代大臣洪承疇降清後，「隨大兵入都，乃遣人迎其母於閩。母至，見承疇，大怒，操杖擊之，且責之以不死之罪，曰：『汝迎我來，將使我爲旗下老婢耶？我打汝死，爲天下除害。汝不忠若此，即不孝也，汝當思所以孝我者。』」⑱忠於以君主爲代表的國家民族是公義、大節，孝於父母則是私恩、小節，徇國家之急，赴社稷之難，全大義而舍私恩，是士人君子普遍的價值觀念。同時，個人對家、君、國的隸屬觀念和情感使家庭、國家具有強靭的親和力，使個人命運與家庭、國家的命運融爲一體：「覆巢之下，焉有完卵？」「以天下爲己任」；「天下興亡，匹夫有責」；「以國家社稷爲重，以民生民瘼爲懷」；「先天下之憂而憂，後天下之樂而樂」；凡此種種，使愛國主義有了堅實的基礎。

---

⑰　《史記‧李將軍列傳》，嶽麓書社一九八八年版，第七八五頁。
⑱　徐珂《清稗類鈔》第五冊，中華書局一九八四年十月版，第二四二九頁。

第六章　魏晉至隋唐五代：
道教的孝道倫理與傳統法律中的孝道思想（上）

魏晉至隋唐五代的七百餘年裏，各路英豪逐鹿中原，中國社會分分合合，動盪不安。治亂興亡之間，孝道基本上是沿著漢代孝道思想的路數發展的。除了在儒、釋、道三家，特別是儒與佛兩家的相互攻訐、協調、融合過程中，孝道屢屢作為焦點被曝光之外，從總體上看，道教的孝道倫理與傳統法律中的孝道思想頗富特色，值得分析研究。此外，在「以孝治天下」的思想支配下，孝道實踐上的運作不僅有條不紊地進行著，而且時時展現出斑駁陸離的形態。

第一節　魏晉南北朝時期孝道的強化

一、魏晉南北朝的「以孝治天下」

漢代儒學與政治和神學的結緣所造成的儒學的蛻化與沈淪，使儒學走向虛偽和形式化，最終導致了全社會的道德危機和信仰危機。東漢黨錮之禍堵塞了言路之後，精神領域更是彌漫、籠罩著一種末日情緒。由極度失望而蔑棄禮法、淡泊自逸，由憤世嫉俗而任情率性、標新立異，漢末士人心態中已孕育、潛伏著魏晉玄學倫理學的基本價值取向。兩漢精神世界開始向魏晉新型的精神文化型態嬗變，玄學異軍突起。

自然與名教的關係是玄學的主題。鑒於漢末名教的淪喪，對道德形式化、工具化的批判成為玄學的重心。以何晏、王弼為代表，清談于廊廟，從本末有無而發名教合於自然之論；以阮籍、嵇康為代表，則佯狂於竹林，標舉越名教而任自然。他們剖玄析微，擎起老莊自然主義的思想旗幟來清除儒家名教之弊，主張衝決外在道德禮儀節文的束縛，標榜人的自然情感、個性自由，這使魏晉玄學從外觀上多少呈現出一些異端色彩和叛逆性格。但名教終歸有深厚的社會基礎，自然之歸順、服膺名教勢在必然。及至南朝，名士

們雖然還在揮扇談玄，卻早已失去了昔日糾偏、批判之鋒芒，雖然也效顰狂生之放浪，卻只是世風日下的表現。

事實上，從儒學中脫胎而來的玄學只是儒學的異化形式而已，不論是何、王的名教合於自然，還是阮、嵇的越名教而任自然，乃至其後郭象的名教即自然，其兼合儒道的基本傾向是一致的，其人生哲學的實質也是一樣的：都是對無偽善之名教的維護，對無矯飾之至德的追求。他們菲薄的是馳騖於世教之內、爭巧於榮辱之間的道德倫理，摒棄的是虛偽的、工具化的名教綱常。彰自然、素樸、至善之名教，還道德的純潔性，是他們共同的道德理想。所以，「『玄學』因名教的危機而產生，然而並非是對名教的否定」，恰恰相反，它「是對名教危機的挽救」①。

對名教危機的挽救當然也是對孝道危機的挽救。即使高潔如陶淵明，一面顧影自憐自歎「雖懷瓊而握蘭，徒芳潔而誰亮」，一面仍信誓旦旦地表示要「發忠孝於君親，生信義於鄉閭。推誠心而獲顯，不矯然而祈譽」②。可見，封建倫理，特別是孝道倫理，在魏晉時期不但沒有遭到毀棄，而且得到進一步的強化和發展。

這裏所謂的「強化」，是相對於東漢末期孝道的理論處境而言的。如果說，王充等的無神論在一定程度上清算了孝道中的神學成分，對名教的「破壞」起著酵母和催化的作用，那麼，如前所述，魏晉玄學倫理學則著重於對孝道中虛偽性、工具性因素的批判。對於孝道本身，無論從理論還是從實踐上，玄學家從未給予否定。因而，玄學思潮的泛濫，玄學對虛偽禮教的討伐，從長遠看，不僅無損於孝道本身，而且經過這種清算和批判，更有益於孝道的實踐和社會化，更有益於孝道的發展。

同漢代一樣，「以孝治天下」也是魏晉統治者世代相傳的心法。如司馬昭執政時，何曾稱「公方以孝治天下」③，李密上《陳情表》於晉武帝，也

---

① 朱貽庭《中國傳統倫理思想史》，華東師範大學出版社一九八九年版，第二三九－二四○頁。

② 〈感士不遇賦〉，逯欽立校注《陶淵明集》，中華書局一九七九年五月版，第一四七頁。

③ 《晉書》（四），卷三三〈何曾傳〉，第九九五頁。

說「聖朝以孝治天下。」④這其中固然不乏統治者利用孝道以欺人自利的虛偽內容，但即使是演戲，也有以假作真的時候，更何況統治者還時常爲「孝」而舞刀弄劍，動眞格的。史料顯示，魏晉南北朝統治者在「以孝治天下」上，的確是頗費了一番心血的，並非如許多人所誤解的那樣，完全是掩人耳目的虛語妄言。這裏有一些了然可睹的事實可爲佐證。

其一，爲貫徹以孝治天下的方針，魏晉統治者採取了不少宣傳、鼓勵孝道的舉措。如太始四年六月，晉武帝詔曰：「士庶有好學篤道、孝悌忠信、清白異行者，舉而進之；有不孝敬於父母、不長悌於族黨、悖禮棄常、不率法令者，糾而罪之。」⑤他「令諸郡中正以六條舉淹滯」，其中第二、第三條分別爲「孝敬盡禮」和「友于兄弟」⑥。東晉元帝在即位大赦令中特別申明：「其殺祖父母、父母」者，「不從此令。」⑦與此同時，皇帝太子還親自註疏講解《孝經》。〈穆帝紀〉云：永和十二年二月辛丑，「帝講《孝經》」，升平元年三月，「帝講《孝經》」⑧；〈孝武帝紀〉曰：「寧康三年九月，帝講《孝經》」⑨；〈昭明太子傳〉說太子「三歲受《孝經》、《論語》，……八年九月，於壽安殿講《孝經》，盡通大義。講畢，親臨釋奠於國學。」⑩晉元帝、晉孝武帝、梁武帝、梁簡文帝、梁孝明帝還爲《孝經》作了注解。這是歷史上皇帝注解《孝經》最多的時期。特別是梁武帝，不但親撰《制旨孝經義》，並向朝臣講解《孝經》，而且還專設「《孝經》助教一人，生十人，研習其《孝經義》」，同時，還多次詔令「孝悌力田賜爵一級」。⑪這些既是兩漢推行孝治的結果和延續，也是魏晉重視孝道的表現。

---

④　《晉書》（七），卷八八〈李密傳〉，第二二七五頁。
⑤　《晉書》（一），卷三〈武帝紀〉，第五七頁。
⑥　《晉書》（一），卷三〈武帝紀〉，第五〇頁。
⑦　《晉書》（一），卷六〈元帝紀〉，第一四五頁。
⑧　《晉書》（一），卷八第二〇一、二〇二頁。
⑨　《晉書》（一），卷九第二二七頁。
⑩　《梁書》（一），卷八第一六五頁。
⑪　《梁書》（一），卷三〈武帝紀〉，第七一、七八、八三、九二頁。

　　其二，「孝」是社會最根本的道德標準和行爲準則。在名教與自然的論爭中，許多道德觀念都不可避免地受到衝擊甚至否定，孝觀念不但始終歸然不動，而且成爲衡量一個人品行節操的最基本和最重要的根據，成爲清議的主要內容。這樣，藉政治上的褒貶賞罰乃至生殺予奪，來強化和保證孝道倫理規範的約束力量，就成爲魏晉孝道實踐的一個顯著特點。

　　一方面，「孝」是譽人的工具。當時孝德孝行在倫理上的地位可以籠蓋一切。一個人只要具備了孝德，成了孝子，則其他的不足乃至過失都可以不予計較。「孝」依然是踏上利祿之途的通行證。如西晉初年，大臣王祥、何曾、荀顗都是當時有名的大孝子。王祥除了享有「臥冰求魚」的孝子盛名外，再沒什麼可稱道之處；而何曾、荀顗作爲奸佞之臣，在歷史上臭名昭著，何曾的奢豪華侈、荀顗的阿意苟合更爲後人所譏詬。但時人卻對他們高山仰止，欽慕不已。請看下面的溢美之辭：

　　　　以文王之道事其親者，其潁昌何侯乎！其荀侯乎！古稱曾、閔，今曰荀、何，內盡其心以事親，外崇禮讓以接天下。孝子百世之宗，仁人天下之命。有能行孝之道，君子之儀表也。⑫

　　　　潁昌侯之事親，其盡孝子之道乎！存盡其和，事盡其敬，亡盡其哀，予於潁昌侯見之矣。⑬

稱來贊去，無非還是個「孝」而已。而以孝行自詡的何、荀等人身居要津，自然就更以標榜孝道爲能事。足見其時「孝」已經成爲全生保位的護身符。這在魏晉名士身上也體現出來。那些不羈禮法、放浪形骸的名士們可以散髮裸裎，酣臥婦側，可以狂飲爛醉，擊節長嘯，但沒有一個負「不孝」之累。即使猖狂怪僻如阮籍，史書上也沒有疏漏「性至孝」這一筆，而且聞母亡噩耗，他「飲酒二斗，舉聲一號，吐血數升，毀瘠骨立，殆至滅性。」⑭孝的道德約束力的強度和廣度由此一斑可知。

---

⑫　《晉書》（四），卷三三〈何曾傳〉，第九九七頁。
⑬　《晉書》（四），卷三三〈何曾傳〉，第九九八頁。
⑭　《晉書》（五），卷四九〈阮籍傳〉，第一三六一頁。

　　另一方面，「孝」又是貶人殺人的工具。這裏，我們首先要對魏晉南北朝的清議及中正制度有所瞭解。簡單地說，清議是鄉里中形成的關於某個人的輿論。清議傳統自東漢以來就大盛於社會。中正制度即中正根據鄉里清議，來釐定、貶降或提升某人鄉品，以便給吏部提供給予或升降官位的依據。東晉以後政府漸漸取代中正，來處理觸犯清議的案例。但清議的力量並未削弱。清議的核心內容，「大都以儒家道德倫理作爲衡量人物的標準，而孝道尤其受到特別的重視。」⑮如夏侯玄列舉中正考核人物的三項標準中，「孝行」位居於「仁恕」、「義斷」之先。他論中正「品官度才」的作用時又說，「孝行存乎閭巷，優劣任之鄉人。」⑯《隋書》稱陳制「唯重清議禁錮之科。若縉紳之族犯虧名教、不孝及內亂者，發詔棄之，終身不齒。」⑰遍閱魏晉史料，就會發現，中正或政府據清議而貶黜官吏之例屢見於魏晉史籍，且多爲居喪違禮，悖逆孝道。如《三國志》的作者陳壽居父喪時染疾，使婢女製丸藥而遭清議。後又因沒有把母親歸葬於蜀而再遭清議，以致終生坎坷⑱。東晉末兗州刺史滕恬死後未歸葬，其子不廢仕宦，遂致清議⑲。「歷史上所記載的被清議所貶，以至爲中正降品的人幾乎全部由於家庭間在孝行方面微細的疏忽。這一種對於兒子特別嚴厲的責備，自晉開始而下及李唐。」⑳

　　既然「孝」有如此效用，於是，欲篘鋤異己，或貶黜、詆毀某人，只需要一頂「不孝」的大帽子就足夠了。如庾純與賈充因個人積怨而在宴會上發生衝突，賈叱責庾：「父老不歸供養，將何言也？」庾雖然有兄弟六人，三人在家，卻不得不上書自求免官曰：「臣不惟生育之恩，求養老父，而懷祿貪榮，

---

⑮　周一良〈兩晉南朝的清議〉，見《魏晉隋唐史論集》第二集，中國社會科學出版社一九八三年版，第二頁。

⑯　《三國志・魏書》（九），第二九五頁。

⑰　唐・魏徵等撰《隋書》（三），卷二五〈刑法志〉，中華書局一九七三年八月版，第七〇二頁。下引本書版本同此。

⑱　《晉書》（七），卷八二〈陳壽傳〉，第二一三七－二一三八頁。

⑲　《宋書》（六），卷二四〈鄭鮮之傳〉，第一六九一頁。

⑳　唐長孺《魏晉南北朝史論拾遺》，中華書局一九八三年版，第二四一頁。

烏鳥之不若。」㉑當然，孝與不孝，殺與不殺，最終皆憑當權者一張嘴。如
曹操求才時公開申明其勿廢偏短、唯才是舉之原則，只要有治國用兵之術，
連不仁不孝的人也照樣奉為上座，但他要殺孔融時卻誣他個敗倫亂理、忤逆
不孝之罪；阮籍居母喪時公開在司馬昭座上飲酒食肉，何曾欲殺阮籍，**便趁
機對司馬昭說：「公方以孝治天下，而聽阮籍以重哀飲酒食肉於公座！宜擯四
裔，無令污染華夏！」**司馬昭卻懷菩薩心腸般反問道：**「此子羸病若此，君不
能為吾忍邪？」**㉒但要誅殺嵇康、呂安時，司馬昭資借的卻也是「不孝」的
罪名。

　　由上可見，孝的工具性在兩漢和魏晉時期表現的重點和形式是不一樣
的。如果說孝在兩漢主要表現為士人眾庶獵取利祿的工具的話，那麼在政權
更迭、宗稷阽危的魏晉時期，孝則主要成為統治集團籠絡心腹或剪除異己的
有力工具，成為統治者手中任意玩弄的雙刃劍。而且，社會上以名教為準則
批判、貶損、苛責人物的風氣日盛，說明儒家倫理對於社會的鉗制力、約束
力絲毫沒有減弱，也昭示著孝道倫理的工具性、虛偽性的加深。這恐怕既非
何晏、王弼之初衷，更為阮籍、嵇康始料所不及。這是學術、倫理附庸政治
的必然，也是孝道思想自身發展的悲劇。

　　其四，孝子甚多，孝行特異。

　　《晉書‧孝友傳‧序》云：「晉氏始自中朝，逮於江左，雖百六之災薦
及，而君子之道未消。孝悌名流，猶為繼踵。」㉓除各代正史傳中所載孝行
人物外，僅《南史‧孝義傳》就列孝子近八十人，《北史‧孝行傳》列孝子三
十多人。後世聞名的孝子中，魏晉就占了不少。如被列入「二十四孝」的有
聞雷泣墓的王裒，哭竹生筍的孟宗，恣蚊飽血的吳猛，嘗糞憂心的黔婁，還
有前述臥冰求鯉的王祥。這些都是這一時期孝子的典型。

　　這一時期的行孝方式也具有了新的特點。除令人咋舌的恣蚊、嘗糞之類
外，最普遍的孝行就是盡哀哭踊過禮，居喪幾致滅性。我們只從《南史‧孝

㉑　《晉書》（五），卷五〇〈庾純傳〉，第一三九八頁。

㉒　《晉書》（四），卷三三〈何曾傳〉，第九九五－九九六頁。

㉓　《晉書》（七），卷八六第二二七四頁。

義傳》、《北史・孝行傳》即可瞭解當時的大致情況。我粗略地統計了一下，《南史・孝義傳》、《北史・孝行傳》所列一百一十多個孝子中，有五十多人，即半數是因居喪盡哀異常的孝行而聞名的。這些孝子的孝行大同小異，多爲遭親喪「水漿不入口累日」、「每慟嘔血數升」、「毀瘠骨立」、「慟哭而絕」，而後「廬於墓側」、「負土成墳」、「冬日不衣綿纊，夏日不解衰絰」之類。如潁陰荀匠居父喪，「歷四年不出廬戶。自括髮不復櫛沐，髮皆禿落，哭無時。聲盡則繼之以泣，目眥皆爛，形骸枯悴，皮骨裁連，雖家人不復識。」㉔這其中還包括十多個「哀毀而卒」者。如晉陵余齊人聞父死訊，「號踴慟絕」，蘇醒後得知父親臨終爲沒能見他而抱恨，即「號叫殯所，須臾便絕。」㉕有一個名叫佩任的女子，母亡後「晝夜號哭，不飲食三日而亡。」㉖還有一名叫田冀的男子，母親患暴痢後，「親嘗穢惡。母終，冀一慟而絕。妻亦不勝哀而死。」㉗若父母死後屍骨未還或未葬，子女就不能婚嫁或進入仕途。所以此間史書中又有許多孝子爲尋父母屍體而顛沛跋涉，歷盡苦難；爲歸葬父母而多年經營，甚至自賣以葬親；還有爲救父母棺柩而身死者。這與前述遭清議者多爲居父母喪違孝相佐證，可以看到當時孝道在很大程度上是通過葬禮和祭禮體現出來的，「事死」過於「事生」的傾向相當明顯。

　　其次是孝感的故事甚多。《南史・孝義傳》和《北史・孝行傳》中大約有三十幾個「誠達泉魚，感通禽獸」的孝感故事。如孝子王虛之「庭中楊梅樹隆冬三實，又每夜所居有光如燭，墓上橘樹一冬再實，時人咸以爲孝感所致。」㉘還有一燃指禱母病癒之例。益州張楚的母親因病而命在旦夕，「楚祈禱苦至，燃指自誓，精誠感悟，疾時得愈。」㉙

㉔　唐・李延壽撰《南史》（六），卷七四〈孝義傳〉，中華書局一九七五年六月版，第一八三九頁。下引本書版本同此。

㉕　《南史》（六），卷七四〈孝義傳〉，第一八一〇－一八一一頁。

㉖　《南史》（六），卷七四〈孝義傳〉，第一八一六頁。

㉗　《北史》（九），卷八四〈孝行傳〉，第二八三七頁。

㉘　《南史》（六），卷七四〈孝義傳〉，第一八一四頁。

㉙　《南史》（六），卷七四〈孝義傳〉，第一八〇五頁。

　　另外，為顯示對孝道的重視，魏晉南北朝開避家諱之傳統。如父祖的名字與所授官職同名則可改選。東晉王允因會稽郡名與祖父名同而乞改授，劉曇以父名與所事將軍名同而求解職；劉宋王儉、南齊王份、梁代陸繕、陸襄皆因所授官職與先父所終之職相同而固辭不拜㉚。

　　其五，孝道教化出現了新的形式。

　　這裏特別要說的是顏之推的《顏氏家訓》。前已提及，家訓是教化眾庶、實施孝治的一個有效途徑。家訓的出現是儒家德教傳統與家族倫理相結合的結果。它契合於中國社會宗法精神和倫理政治，尤其是由於家訓從「整齊門內，提撕子孫」㉛，即整肅家族內部父子長幼關係出發，而及於社會普遍的尊卑上下關係，規物範世，針對性強，普及面寬，因之而頗能收孝道教化之實效。從禮緣人情、恩由義斷出發，顏之推對孝道中煩瑣、過分的形式主義的做法極為反感。例如，當時有些孝子為表示對父母的懷戀、思念之情，「父之遺書，母之杯圈，感其手口之澤，不忍讀用」，「所住之堂，終身鎖閉，弗忍開入也。」顏之推譏諷說，假如「親以噎死」，那子女就該「絕食」了㉜。顏之推所推崇的道德標準和道德教育，都是以鞏固父子血緣宗法制度為依歸的。顏之推視孝為德操之大本，在其《家訓》中開宗明義道：「聖賢之書，教人誠孝」㉝。推許者因此奉之甚高。唐宋以後，家訓甚為流行。但在這之前，《顏氏家訓》是唯一成體系的家訓，故影響深遠，為後世家教之典範，家法之宗祖。

　　其六，魏晉時期對孝道的重視還表現在孝道與忠道的關係上。

㉚　分別見《通典》卷一〇四、卷一八四，《南齊書》卷二三、《梁書》卷二一、《南史》卷四八、《梁書》卷二七。

㉛　北齊・顏之推著，王利器注《顏氏家訓集解・序致》，上海古籍出版社一九八〇年七月版，第十九頁。

㉜　北齊・顏之推著，王利器注《顏氏家訓集解・風操》，上海古籍出版社一九八〇年七月版，第一〇九頁。

㉝　北齊・顏之推著，王利器注《顏氏家訓集解・序致》，上海古籍出版社一九八〇年七月版，第十九頁。

如何處置忠與孝的關係，是封建社會的一個普遍問題。我們前面說過，漢代君主集權的政治需要使得忠道突顯出來，孝道成爲忠道的附庸。三國時已有孝重於忠的傾向，但君親之間尚有選擇的餘地。但到了兩晉南北朝時期，二者的關係就發生了倒置：在忠與孝的衝突中，孝道明顯壓倒了忠道，占了絕對優勢和上風。這也是這一時期孝道發展演進的一個突出特點。從下面幾個史書中隨手拈來的事例中，可以清楚地看到由三國到兩晉孝道分量逐漸加大的趨勢。

其一，「初公（指曹操）為兗州，以東平畢諶為別駕。張邈之叛也，邈劫諶母弟妻子。公謝遣之曰：『卿老母在彼，可去。』諶頓首無二心。公嘉之，為之流涕。既出，遂亡歸。及布（指呂布）破，諶生得，眾為諶懼。公曰：『夫人孝於其親者，豈不亦忠君乎？吾所求也。』以為魯相。」㉞

其二，三國曹丕為太子時，曾在宴會上給賓客出了這樣一個難題：「君父各有篤疾，有藥一丸，可救一人，當救君邪？父邪？」結果是眾說紛紜。「時原（指邴原）在座，不與論。太子諮之於原，原勃然對曰：『父也！』太子亦不復難之。」㉟

其三，「張邈等叛迎呂布，……昱（指程昱）乃歸過範，說其令靳允曰：『聞呂布執君母弟妻子，孝子誠不可為心。……君必固範，我守東阿，則田單之功可立也。孰與違忠縱惡而母子俱亡乎？唯君祥慮之。』允流涕曰：『不敢有二心。』」㊱

其四，「亮（指諸葛亮）與徐庶並從，為曹公所追破，獲庶母。庶辭先主而指其心曰：『本欲與將軍共圖王霸之業者，以此方寸之地也。今已失老母，方寸亂矣，無益於事，請從此別。』遂詣曹公。」㊲

㉞　《三國志・魏志》（一），卷一〈武帝紀〉，第十六頁。

㉟　《三國志・魏書》（二），卷一一〈邴原傳〉注，第三五三—三五四頁。

㊱　《三國志・魏書》（二），卷十四〈程昱傳〉，第四二六頁。

㊲　《三國志・蜀書》（四），卷二五〈諸葛亮傳〉，第九一四頁。

　　以上所舉數例皆是三國時期的事情，總的看是以棄忠而從孝爲主。這已經與漢代大異其趣了。迨至兩晉南北朝，爲盡孝而悖忠就似乎成爲勿庸存疑和猶豫的必然選擇了。我們也舉幾例以明之：

　　　　其一，《世說新語‧尤悔篇》云：「溫公初受劉司空使勸進，母崔氏固駐之，嶠絕裾而去。迄於崇貴，鄉品猶不過也，每爵皆發詔。」㊳

　　　　其二，東晉徐眾評議上引靳允之事認爲，「母，至親也，於義應去。……衛公子開方仕齊，積年不歸，管仲以爲不懷其親，安能愛君，不可以爲相，是以求忠臣必於孝子之門。允宜先救至親。徐庶母爲曹公所得，劉備乃遣庶歸，欲爲天下者恕人子之情也。曹公亦宜遣允。」㊴

　　　　其三，《世說新語‧輕詆篇》云：「簡文與許玄度共語。許云：『舉君親以爲難』，簡文便不復答。許去後而言曰：『玄度故可不至於此。』」㊵

　　例一既被列入「尤悔」，可知溫嶠違背母願，「絕裾而去」後，懊悔之深。例二徐眾譴責了靳允的忠而不孝，同時認爲曹操也難辭其咎。例三中，在簡文看來，連議論君親先後、忠孝輕重的問題都是迂腐的。也就是說，親重於君，孝重於忠，已經成爲人們不屑討論的理所當然之事，成爲這一時期的公議。

二、孝道被突出的社會背景

　　考察這一時期的社會政治、社會組織結構和思想文化背景，我們就會發現，魏晉時期，特別是兩晉時期之所以如此重孝，既是由中國封建社會一般性的因素決定的，也是當時各種特殊社會因素相結合在意識形態領域的必然表現。

㊳　《世說新語》嶽麓書社一九八九年版，第二三一頁。
㊴　《三國志‧魏書》（二），卷十四〈程昱傳〉，第四二七頁。
㊵　《世說新語》，嶽麓書社一九八九年版，第二一二頁。

　　首先，統治集團避諱言「忠」，便大談「孝」以文過飾非。「你方唱罷我登場」，應接不暇的政治動亂是這一時期政治舞臺上的獨特景觀。具體地說，就君而言，皇帝多悖逆忠道，由篡僭而來。比如連建立晉室的司馬氏也是廢主而自立的，遑論其餘？若說人人俱懷司馬昭之心不免誇張，但伺機而動者的確不在少數。因而上層統治者對「忠」避之恐不及。就臣來講，文官武將皆待價而沽，朝秦暮楚，更主易心是家常便飯。棄暗投明者有之，背恩棄義、賣主求榮者也不乏其人。總之，「從一而終」者甚少。偶有一二不忍遽背故主的耆舊，即被嘖嘖入口，歎爲忠臣。而且，在這個求賢若渴的亂世，人們對這種不忠的行爲也不苛責。如曹操就公開申明其勿廢偏短、唯才是舉之原則，大膽擢用不仁不孝而有治國用兵之術者。這樣的君臣在儒家傳統道德，特別是忠義道德的拷問下於心有愧，自然對忠德諱莫如深，惟恐搬了石頭砸自己的腳。於是就只有借提倡孝道來掩飾自身的行爲。魯迅曾指出：「魏晉，是以孝治天下的，不孝，故不能不殺。爲什麼要以孝治天下呢？因爲天位從禪讓，即巧取豪奪而來，若主張以忠治天下，他們的立腳點便不穩，辦事也便棘手，立論也難了。所以一定要以孝治天下。」㊶這可謂一針見血之論。

　　其二，孝道的提倡，是世家大族維護自身利益的現實需要。由漢末萌芽的世家大族，隨著經濟勢力的不斷壯大，至魏晉已頗具規模，最終形成門閥士族制度。士族是中國古代社會中宗族結構與封建經濟發展潮流相結合的產物，魏晉南北朝實行租調制、蔭客制，允許士族大族擁有大量的依附人口來經營其田莊經濟。深厚的經濟基礎使魏晉南北朝成爲宗族勢力最強大的時期，魏晉政權就是藉此而建立的。這是宗法制度在這一時期的特殊表現，是孝道盛行的經濟和社會基礎。具體地說有兩點：

　　第一，世家大族和依附農民之間除了經濟上的隸屬關係外，還通過血緣上的結合，在塢壘堡壁武裝宗姓，以聚族自保，或舉宗避難。一族之內，貧富分化嚴重，卻又相互依存。顯貴的族人要團結宗族子弟作爲其屯塢自守、築壁相保的基本力量；而貧窮的族人則更要依附於世家大族，以使自己免遭

㊶　《魯迅全集》第三卷，人民文學出版社一九八一年版，第五一二頁。

轉屍於溝壑之苦。這種利害相與、上下分明的族人關係，就使得新興的世家大族籠罩著特別濃厚的父家長色彩。

　　第二，除了少數從商人轉化而來的地方豪強外，世家大族多是由經術起家而致身通顯的官僚派生出來的，他們的子孫也都精通儒術，紹繼家學。世家大族對儒學的壟斷，就使得這一時期的儒學發展與世家大族這一現象密切相關，或者說，儒學在這一時期的發展深深地著上了家族觀念的底色。無論是從硬的方面強化家族內部等級秩序，還是從軟的方面強化家族內部凝聚力，都需要孝道的倡揚。譬如禮學，特別是喪服禮，之所以成為此時的顯學[42]，「正因為當時門第制度鼎盛，家族間之親疏關係，端賴喪服資識別，故喪服乃維繫門第制度第一要項。」[43]

　　以上兩點結合起來看，便不難明白，世家大族的興起，門閥制度的確立，是魏晉時期孝道盛行的重要原因。可以說，魏晉時期孝道的倡導，乃是門閥制度下家族利益重於王朝利益的倫理體現，「自晉以後，門閥制度的確立，促使孝道的實踐在社會上具有更大的經濟與政治上的作用。因此，親先於君，孝先於忠的觀念得以形成。」[44]為保持家族門戶的生命財產的延續，為維護殘存的特權，人們把生活的目標從大我縮至小我，從國家民族轉到了家族門戶，「他們不再講忠，專講孝悌、崇祖，這些德目雖然自漢晉以來一直為當政者所崇尚，卻不曾像南朝之特別強調標明。」[45]因而，「君臣之節，徒致虛

---

[42]　《隋書·經籍志》著錄禮學著作一六六部，通計亡書二一一部。其中除漢馬融、鄭玄、戴德、戴聖、盧植等幾人外，餘皆魏晉南北朝時的著作。禮學中，又以治喪服禮的為最多，如皮錫瑞所言：「論古禮最重喪服，六朝人尤精此學，為後世所莫逮。」見其《經學通論》三。

[43]　錢穆〈略論魏晉南北朝學術文化與當時門第之關係〉，《中國學術思想史論叢》（三），臺灣東大圖書有限公司一九八一年版，第一三九頁。

[44]　唐長孺《魏晉南北朝史論拾遺》，中華書局一九八三年版，第二三八頁。

[45]　何啟民〈鼎食之家──世家大族〉，《中國文化新論·社會篇·吾土與吾民》，三聯書店一九九二年版，第六○─六一頁。

名。……殉國之感無因，保家之念宜切」㊻，「全身保妻子之慮深，憂國愛民之念淺」㊼，是這一時期人們的普遍心態。「後世人們往往不滿意於五朝大夫那種對於王室興亡漠不關心的態度，其實在門閥制度下培養起來的士大夫可以從家族方面獲得他所需要的一切，而與王室的恩典無關，加上自晉以來所提倡的孝行足以掩護其行為，因此他們對於王朝興廢的漠視是必然的，而且是心安理得的。」㊽所以，兩晉南北朝從皇權政治到門閥士族、社會平民都十分注重家族倫理道德的實踐。與孝道倫理的日漸突出相應，忠的觀念則趨於淡化。

　　其三，孝道的昌盛，忠道的衰落，與當時的思想潮流、文化氛圍有關。魏晉時期，人們對名教的蔑棄，集中體現在對君主及君主專制制度的否定和抨擊上。如鮑敬言響亮地提出了「無君論」，駁斥了「天生蒸民而授之君」的君權神授說，認為君臣關係乃是強凌弱、智詐愚的暴力強制的結果，發出了反抗君主專制的正義呼聲。《列子·楊朱》篇則把「忠」視為危身之道：「忠不足以安君，適足以危身。」無君論成為一種強勁的思想潮流，忠君觀念受到極大衝擊。清人趙翼在其《陔餘叢考》中專列〈六朝忠臣無殉節者〉條，通過大量事實議論曰：「蓋自漢魏易姓以來，勝國之臣即為興朝佐命，久已習為固然。其視國家禪代，一若無與於己，且轉籍為遷官受賞之資。故偶有一二耆舊，不忍遽背故君者，即已嘖嘖入口，不必其以身殉也。」㊾

　　忠道與孝道的分離，使得魏晉時期對名教的維護事實上成為僅僅是對孝道的維護。而孝道的過分膨脹，必然要妨礙到忠的實踐。既然以孝為重，不忠無虧大節，於是我們看到，晉代劉殷、王延都背晉事敵，卻能藉〈孝友傳〉而名垂青史。另外，官吏偽稱父命不就職，或為奔喪而擅離職守，也令當權者頗傷腦筋。如晉成帝時南陽樂謨、穎川庾怡「各稱父命不就」，尚書令卞壼

㊻　梁·蕭子顯《南齊書》（二），卷二三〈王儉傳〉，中華書局一九七二年版，第四三八頁。下引本書版本同此。

㊼　《朱熹集》第二冊，第一二二四頁。

㊽　唐長孺《魏晉南北朝史論拾遺》，中華書局一九八三年版，第二四七頁。

㊾　清·趙翼著《陔餘叢考》，河北人民出版社一九九〇年一月版，卷十七第二六六頁。

認爲應「絕其表疏，以爲永制」，否則，若任這種「以私廢公」的行爲泛濫下去，「則先王之言廢，五敎之訓塞，君臣之道散，上下之化替矣。」⑩疏略忠道，統治集團自食惡果，卻又有苦難言。作爲補救，他們只有極力地去樹立忠臣的典型。如嵇紹之父嵇康爲司馬昭所殺，紹卻依然仕晉，並盡忠而死，雖然後人斥罵嵇紹「不孝之罪通於天」，但他在當時卻被奉爲忠義楷模而多次受到褒獎⑪。另一個典型是周處。周處別母出征之際慨然曰：「忠孝之道安得兩全。既辭親事君，父母復安得而子乎？」意味深長的是，他授命戰死後，給他的諡號竟是「孝」⑫。

綜觀封建孝道發展歷史，我們會發現這樣一個規律：舉凡帝國統一、政權穩定、經濟繁榮、文化昌盛的時期，如漢、唐之世，則忠孝並舉，且事實上是忠高於孝；而當割據混戰，帝位朝不保夕，朝臣履薄臨深，朝野上下皆惶惶不可終日之際，最典型的就是黃袍走馬燈似的輪流穿的魏晉南北朝時期，則對孝道的標榜明顯地高於忠道。究其根源，大一統時需要強調「忠」以維護君主的權威，而且臣民也有一個固定的盡忠的對象；而鼎革頻替、宗廟頻遷時，無權威可以長久維持，無君主可以長久效忠，所以士大夫不得不守孝以安身立命。有的學者將是否弘揚孝道作爲歷代政權興衰的原因，並列舉大量材料證明西周、漢代、唐代、宋代、明代及清代大力提倡孝道，故國勢興旺，而秦代、漢末、魏晉、南北朝、五代較少提倡孝道，故國勢衰落⑬。這是顛倒了因果關係。其實，漢唐宋明之所以力倡孝道，原因正在於強盛的大一統專制帝國需要「忠」觀念作爲其政治統治工具，而孝道則是忠道的倫理來源。俟大唐專制帝國建立後，孝重於忠的觀念不利於君主權威的維護，因而必然被拋棄。總的來看，由於家與國、公與私、孝與忠對立統一的矛盾貫穿於整個封建社會，並且一直沒有得到，也不可能得到完滿的解決，所以，

---

⑩　《晉書》（六），卷七〇〈卞壼傳〉，第一八七〇頁。

⑪　《晉書》（八），卷八九〈忠義傳‧嵇紹傳〉，第二二九八－二三〇一頁。

⑫　《晉書》（五），卷五八〈周處傳〉，第一五七〇頁。

⑬　《中華文化復興月刊》第二六卷第一〇期，一九八三年，轉引自《中國的家與國》，第九四頁。

社會上，尤其是下層社會中重孝輕忠的風氣不僅在魏晉時期，而且在後世也不同程度地存在著。

第二節　道教中的孝道倫理

在魏晉南北朝孝道倫理的發展進程中，不能忽略的還有一個重要的文化流派，那就是道教。道教倫理對於儒家以忠孝爲本的名教的世俗化起了推波助瀾的作用。

道教是我國具有傳統民眾文化特色的宗教，它以道家黃老學說爲主要理論支柱，是巫術、神仙方術、民間鬼神信仰相結合的產物。東漢末期，道教已經在下層社會贏得大批信徒。魏晉南北朝苦難無涯、禍變疊至的社會現實，喚起人們普遍的感傷和人生短促無常的生命悲劇情感，對於無限之生命的嚮往，遂成爲一種濃烈深厚的時代意識。這就給宗教的流傳和普及提供了一個可資之機，於是道教日益興盛起來。

儒家的綱常名教依然是鉗制人心、規範社會的行爲準則和價值根據。道教要爲自己爭得一席生存之地，就必須把自身的宗教行爲放置在以儒家思想爲依據的意識形態和政治權力所允許的範圍之中，進行其宗教信仰與世俗倫理觀念相調和的嘗試。「孝道在中國社會文化中，形成一種龐大的力量，……就連反對正統的道家，到了道教時代也要將孝道納入教義，才能贏得社會的擁護。孝在中國文化中的勢力，達到了無可阻礙的地步。」⑭可以說，道教經典化、超越化、聖潔化的過程，也是其自身社會功能世俗化的過程。不同於佛教的是，道教畢竟是中國土生土長的宗教。它從一開始就立足於中國社會現實，與以宗法精神爲核心的儒家倫理並無太多抵牾之處。因而這種調和只是同一種文化內部的匡失救弊和相互補充，並沒有引起激烈的衝突。相反，注重道德修養，追求高尚的道德心境，中華倫理文化的這個特色，即使在淡於塵世功名、以飛升成仙爲宗旨的道教中，也表現得十分明顯。於是，與儒

---

⑭　冉雲華《中國佛教對孝道的受容及後果》，傅偉勳《從傳統到現代 —— 佛教倫理與現代社會》，臺北東大圖書公司一九九〇年十月版，第一一一一一一二頁。

家道德教化相輔相成，道教也成為傳播、宣揚封建倫理的重要載體。對孝道等家族倫理的極為重視，就是道教的突出特點。

雖然避離世俗、遁跡山林，但道教並不迴避，而是積極履行現實人生的倫理責任和義務：「仁包四德而配春，故行仁義必本之孝焉。四時行於天地，土旺四季而配信，故履信必主乎忠焉。然則綱三綱、常五常者，其惟忠孝乎？」⑤如道教經典《太平經》就極力推崇、倡導父慈子孝的家庭倫理道德，茲摘數例如下：

> 然上善孝子之為行也，常守道不敢為父母致憂，居常善養，旦夕存其親，從已生之後，有可知以來，未嘗有重過罪名也，此為上孝子也。⑤⑥

> 夫人乃得生於父母，得成道德於師，得榮尊於君……夫為人臣子及弟子為人子，而不從君父師教令，皆應大逆罪，不可復名也。⑤⑦

> 天稟其命，令使孝善，子孫相傳。⑤⑧

> 為人父母，亦不容易，子亦當孝，承父母之教。乃善人骨肉肢節，各保令完全，父母所生，當令完，勿有刑傷。父母所生，非敢還言，有美輒進。⑤⑨

> 夫孝者，莫大於存形，乃先人統也，揚名後世，此之謂善人謹民。⑥⓪

---

⑤　《淨明忠孝全書》，《正統道藏》第四一冊，臺灣新文豐出版公司版，第三二八八〇頁下。下引本書版本同此。

⑤⑥　〈上善臣子弟子為君父師得仙方訣〉，王明《太平經合校》卷四七，中華書局一九六〇年二月版，第一三一頁。

⑤⑦　〈上善臣子弟子為君父師得仙方訣〉，《太平經合校》卷四七，中華書局一九六〇年二月版，第一三六─一三七頁。

⑤⑧　〈某訣〉，《太平經合校》卷一一四，中華書局一九六〇年二月版，第五九二頁。

⑤⑨　〈為父母不易〉，《太平經合校》卷一一四，中華書局一九六〇年二月版，第六二六頁。

⑥⓪　〈盛身卻災法〉，《太平經合校》卷一五四，中華書局一九六〇年二月版，第七二二頁。

不但自孝於家，並及內外。為吏皆孝於君，益其忠誠，常在高職，孝於朝廷。⑥

至於子女平旦而作，日入而息，竭力勞作，報答父母大恩大德，就更是「孝」之題中不待多言之要求。《太平經》還周詳地提醒子女應該好好保藏年年節餘下來的一點財產，以爲父母養老送終之用。否則，「父母年盡，無以餉送，復爲不竟孝之意。」⑥至於那些生不能盡力養父母者，乃爲大逆之民。這與人間孝道毫無二致。

唐宋時期，三教爭盛，當佛教爲標舉孝道而撰述的一批「報恩經」、「孝子經」、「父母恩重經」等紛紛問世並廣爲流傳之際，道教徒也蜂湧而起，模仿佛教徒編撰、改易宣揚孝道的經典，道教自此出現了講孝的專經，如《元始洞眞慈善孝子報恩成道經》、《慈善孝子報恩成道經道要品》、《太上眞一報父母恩重經》、《太上老君說報父母恩重經》、《玄天上帝說報父母恩重經》等等。

爲對信仰者形成更大的思想影響力和行爲控制力，道教調和仙道理想與世俗人倫關係，把孝道倫理與其持戒修道實踐融會貫通。比如，與儒家孝道的泛化相應，道教也把各種戒律都涵括在孝道之內：「孝道慈悲，好生惡殺，食肉飲酒，非孝道也；男女穢慢，非孝道也；胎產屍敗，非孝道也；毀傷流血，非孝道也；偷劫竊盜，非孝道也；好習不善，講論惡事，非孝道也。」⑥同時，道教還把踐履孝道倫理義務視爲教徒修仙成道的必由之途。對修道者來說，得道升仙、長生不老無疑是最大的誘惑。道教理論體系創立者之一葛洪力彰名教，其《抱朴子》中就倡導求仙者必以忠孝爲本：「欲求仙者，要當以忠孝和順仁爲本，若德行不修，而但務方術，皆不得長生也。」⑥仁愛慈孝、恭奉尊長、敬承雙親是修道成仙的前提條件，因而只有無私無懈地盡忠盡孝，才可以得到消災增祿、益壽延年的好報，獲取榮登玄境仙國的入門

⑥　〈某訣〉，《太平經合校》卷一一四，中華書局一九六〇年二月版，第五九三頁。
⑥　〈某訣〉，《太平經合校》卷一一四，中華書局一九六〇年二月版，第五九二頁。
⑥　《元始洞真慈善孝子報恩成道經》，《正統道藏》第二冊，第一四一三頁下。
⑥　王明《抱朴子內篇校釋・對俗》，中華書局一九八五年版，第五三頁。

夯:「有德之人,孝心高遠,道合天地,故天不能殺,道不可滅,故地不能理。……上天入地,無所滯礙。」⑥相反,若不積善行、修陰德,再艱苦再漫長的修煉也是徒勞的。這樣的思想在道教典籍中觸目可見:

> 父母之命,不可不從,宜先從之。人道既備,餘可投身。違父之教,仙無由成。⑥

> 夫學道之為人也,先孝於所親,忠於所君。⑥

> 事師不可不敬,事親不可不孝,事君不可不忠。⑥

> 不得違戾父母師長,反逆不孝。……不得反逆君主,謀害家國。⑥

至於上面提到的那些專揚孝道的經典就更是把行孝道作為修道之根本了。如《慈善孝子報恩成道經道要品》云:

> 道者當先行孝,而後行道,故名孝道。……道無生滅,人有始終;行道,道行未成,欲孝而親不守。修自然道,三萬六千道要,要以孝道為宗。未有不慈、不孝、反逆父母、殺害君主而得成道;不忠、不孝,名十惡人。生犯王法,死如地獄。至孝修道,修孝道也。道在至者,不孝非道也。何以故?孝能慈悲,孝能忍辱,孝能精進,孝能勤苦,孝能降伏一切魔事、財色、酒肉、名聞、榮位、傾奪……至孝之士,泯然無心,守一不動,一切魔事,自然消失。⑦

只要修孝行孝,就可以升天成仙。這就不僅是把修孝看作修道的前提和基礎,而且實際上是把修孝與修道相等同了。《慈善孝子報恩成道經道要品》中就例舉了一個因「心喪不終」而上升天府的「孝仙」,還有一個「先行至孝」、

---

⑥　《正統道藏》第二冊,第一四一五頁上。

⑥　《道藏要籍選刊》第一〇冊,上海古籍出版社一九八九年六月版,第三五頁。

⑥　《道藏要籍選刊》第一〇冊,上海古籍出版社一九八九年六月版,第一四四頁。

⑥　《正一法文天師教戒科經》,見《正統道藏》,第三〇冊,第五六五頁。

⑥　《太上大道玉清經》卷一,《道教要籍選刊》第一冊,第二二六頁。

⑦　轉引自鄭阿財〈敦煌道教孝道文獻研究之一〉,《杭州大學學報》一九九八年第一期。

彩衣娛親、「結廬九載，行孝修道」而返老還童的「金光孝子明玉眞童」。《元始洞眞慈善孝子報恩成道經》也講，「奉行孝道，得無畏果」，就可以離生死、暗障、饑寒、有形，進入「高下自任、聚散隨心」的「無形」之境⑦。它對「孝治」的渲染也幾爲儒家所不及：

> 孝治天下不勞法令；孝治其身，志性堅正；孝治百病，天爲醫之；孝治萬物，眾毒不害，孝治山川，草木不枯；孝營生業，田蠶萬倍；孝至於天，風雨以時；孝至於地，萬類安靜，神芝靈木，處處呈瑞。⑦

　　元代以「淨明忠孝」名其教的淨明道更強調忠孝的踐履爲成仙得道之本，認爲若以忠孝爲本，方寸淨明，神漸通靈，則不用修煉，自然成道：

> 淨明之道，必本於忠孝。非君無忠，非孝無親……非忠非孝，人且不可爲，況於仙乎？維忠維孝，仙猶可以爲，況於人乎？古人云，欲修仙道，先修人道。」⑦

　　用神的力量約束人的行爲，是宗教的普遍特徵，懲惡賞善的因果報應說是宗教道德的思想基礎。道教也不例外。爲解釋爲善不得善報、甚至反得惡報，做惡不得惡報、甚至反得善報的不合理現象，道教承襲《易傳》「積善之家必有餘慶，積不善之家必有餘殃」的傳統觀念，提出了善惡報應、因果相關的「承負說」，認定人今世的禍福等倫理境遇取決於先人的道德修行，行善者或作惡者本人或其後代，要承受和負擔行善或作惡的報應。神明根據人的善惡而行報應賞罰，小過減其壽算，大過降殃乃至奪命，大善功德則益增其福祿壽數。如《太上洞淵神咒經》卷首即曰：「季世之民，……不忠於君，不孝於親，違三綱五常之教，自投死地，繇是六天故氣魔鬼等與歷代敗軍死將，聚結成黨，戕害生民，駕雨乘風，爲種種病，中風甚多，亦有不終天年，罹

---

⑦　《正統道藏》第二冊，第一四一三頁上。
⑦　《正統道藏》第二冊，第一四一四頁下。
⑦　《淨明忠孝全書》，《正統道藏》第四一冊，第三二八八〇頁下。

於夭枉。」⑭《赤松曆》也列舉了人違忠背孝、行惡積過到一定程度，就會得到疾病傷殘、絕嗣斷後、父子兄弟相攻伐等惡報⑮。《赤松子中誡經》講：「臣弒君，子弒父，事師違背，業成忘師，悖亂無禮，不識親疏，逞恣自我，婦人違背父母，不孝翁婆……皆奪福壽，惡病纏身，生遭人憎，死墮地獄。」⑯寇謙之在《老君音誦戒經》說：「我今以世人作惡者多，父不慈，子不孝，臣不忠，運數應然，當疫毒臨之，惡人死盡。」⑰地獄的恐怖和煎熬也是一種有效的威嚇力量：「不孝父母師長者，死入地獄，萬劫不出。縱生人中，……受人凌刺，常居卑賤。」⑱

隨其性導以忠孝，其勸誡則示罪福之理，其威禁則示符籙之科。一邊是忠孝之人定得善報回應的承諾，一邊是不孝者必得惡報懲罰的預言。恐嚇和誘惑軟硬兼施，雙管齊下，當然會收到一般教化所達不到的功效。

由上面對道教孝道倫理的簡單紹述，我們可以看到：

第一，道教現實的倫理準則與儒家基本上是一致的。儒家名教觀念的主導和定向地位，決定了道教倫理對儒家倫理的依附性特徵。「道教宗教道德本質上和儒家正統一致，而給儒家的三綱五常穿上太上老君的道袍。」⑲這既是道教自身的品格，也是道教對主流文化的認同和對既定秩序的臣服。儒家孝道倫理被改鑄、融攝於以嚴格的戒律和整齊的規範形式出現的道教倫理當中。道教不僅宣揚忠孝道德，還順應君臣父子夫婦尊卑主從的儒家倫理，從陰陽理論出發，提出「事陰不得過陽」、「事死不得過生」的倫理準則：

> 人生象天屬天，人死象地屬地。天，父也；地，母也。事母不得過父。生，陽也；死，陰也。事陰不得過陽。陽，君道也；陰，臣道

---

⑭　《正統道藏》第一○冊，第七四九六頁下。

⑮　參姜生《漢魏兩晉南北朝道教倫理論稿》，四川大學出版社一九九五年版，第一一二－一一三頁表。

⑯　《正統道藏》第五冊，第三五八○頁下。

⑰　《道教要籍選刊》第八冊，上海古籍出版社一九八九年六月版，第三七八頁。

⑱　《道教要籍選刊》第一冊，上海古籍出版社一九八九年六月版，第二二六頁。

⑲　卿希泰《道教文化新探》，四川人民出版社一九八八年版，第一三七頁。

也，事臣不得過於君。事陰過陽，即致陰陽氣逆而生災。事小過大，即致政逆而禍天。……故孝子雖恩愛，不能忘其親者，事之不得過生時也。⑧

這裏，「事母不得過父」、「事臣不得過君」，顯然是儒家倫理，特別是董仲舒學說的翻版。不過，與道教對墨家譏厚葬、刺禮煩的讚賞態度，以及當時綱常倫理所造成的忠孝之士輕賤生命的現實相證應⑧，可以肯定《太平經》的用意主要在於闡發「事死不得過生」的貴生哲學。這種「貴生」的生命倫理觀，既是對儒家綱常倫理所致的忠孝之士忽略生命價值情狀的糾偏，也是對儒家厚葬及過於隆重的祭祀理論和現實的救弊，因而具有進步意義。這是道教倫理對儒家倫理的補充。在這種互補中，亦可見道教自身的價值及其對中國文化的價值。

第二，道教的教化方式對下層社會廣大民眾更具有實際力量，是對儒家孝道倫理的重要補充。道教認爲，「忠孝之化周流八荒，綱常正而天理明」⑧。儒家以理論的論證和諄諄誘導來使人循「禮」而動，走向道德自我控制的軌道；道教則設生以賞善，設死以威惡，把孝道倫理規範轉換爲宗教神學形式，增強人們社會行爲的心理壓力，半強制性地要求人們實現道德自律。二者殊途而同歸。但有目共睹的一個事實是：道教威脅加利誘的教化方式更具有實際效應，對道德自覺性較弱的人尤爲奏效。而這一點，恰好應和了中國社會的實際。儒家有時也不得不採取「神道設教」的形式獲取孝道教化之功效，神秘的「孝感」即是其典型例證。「孝感」不但在民間被廣爲流傳和信奉，而且被作爲勸孝的重要內容寫進了歷代的正史〈孝義傳〉、〈孝行傳〉中，這足以顯示「神道設教」的威力和效力。

無論如何，不可否認的是，「儒家倫理在道教這種依附性格以及通俗化的解說倡導之下，大有深入影響下層民眾之實際效應，這在六朝時期儒家倫

---

⑧　《太平經合校》卷三六，中華書局一九六〇年二月版，第五一—五二頁。

⑧　《二程集·遺書》卷十八說：「東漢之士多名節。知名節而不知節之以禮，遂至於苦節，故當時名節之士，有視死如歸者。」

⑧　《淨明忠孝全書》，《正統道藏》第四一冊，第三二八八四頁上。

理深入社會這一現實化過程中實起著推波助瀾的作用」⑧。道教對孝道倫理的闡揚，大大促進了封建孝道觀念的宗教化和世俗化。

第三節　唐代孝道發展的特點

一、唐代孝道約束力的弱化

在風雨搖曳之中苟延殘喘了幾十年之後，一場戰爭的熊熊烈焰宣告了隋朝的壽終正寢。李唐王朝的建立，揭開了中國封建社會歷史上最輝煌絢麗的一頁。

漢唐並稱，同為中國封建社會的鼎盛之世；漢唐氣象，更為後人所仰慕觀止。然而在孝道發展史上，漢唐卻特色迥異，其分別明如涇渭。

我們知道，漢代開中國封建社會「以孝治天下」之先河，從統治者的一系列孝治舉措、社會風氣的靡然向孝以及對後世的影響等諸多因素來看，沒有人否認漢代名副其實地是「以孝治天下」。唐代統治者雖然也標舉、倡導孝治，但事實上，孝道在唐代遠遠沒有在漢魏時期那樣顯赫。甚至可以說，唐代是封建社會歷史上孝道觀念相對淡薄、孝道約束力量相對弱化的時期。

我們這樣說，是有充分的事實根據的。唐人對孝道的疏略表現在諸多的方面，在此我們列舉數條，以資為證。

第一，唐代最高統治者並未以身作則，力行孝道。終唐一世，從皇帝到諸王公主，同室操戈、弒逼君父、殺兄屠弟、不敬姑舅、違法背禮之事不絕於史書。二程評論說：

> 唐有天下，如貞觀、開元間，雖號治理平，然亦有夷狄之風，三
> 綱不正，無父子君臣夫婦，其原始於太宗也。故其後世弟子，皆不可
> 使。⑧

---

⑧　陳少峰《中國倫理學說史》上冊，北京大學出版社一九九六年版，第二四六頁。

⑧　《二程集‧遺書》卷十八，第二三六頁。

唐之有天下數百年，自是無綱紀。太宗、肅宗皆篡也，更有甚君臣父子？其妻則取之不正，又妻殺其夫，篡其位，無不至也。若太宗，言以功取天下，此尤不可，最啟僭奪之端。其惡大，是殺兄篡位，又取元吉之妻。後世以為聖明之主，不可會也。太宗與建成，史所書卻是也。肅宗則分明是乘危而篡。若是，則今後父有事，安敢使其子？[85]

第二，孝道僅是唐代選官用人的一個普通的參考因素。雖然武則天召拜以孝著稱的元讓爲太子司議卿時稱：「卿能孝於家，必能忠於國。今授此職，須知朕意。宜以孝道輔弼我兒。」[86]但實際上，不孝而有才者依然可以位登臺輔，爵列王侯。

第三，上層官僚競相置孝道於不顧，奏請起復。依古禮，官員遭父母喪應解職守孝三年，只有在不得已的情況下才能奪情起復，應召任職。私自奏請起復本是乖於孝道、羞於啓齒之事，而唐代丁憂官吏私自奏請起復者竟然接踵摩肩，而且屢禁不止，以至於皇上不得不三番五次地詔令：「文官遭父母喪，自非從軍更籍者，不得輒奏起復。」「三年之喪，謂之達禮。自非金革，不可從權。其文官自今以後，並許終制，一切不得輒有奏請。」[87]至於居喪期間談婚論嫁、宴飲娛樂這類在魏晉時期必然招致清議而被廢官貶謫之事，在唐代也是司空見慣。這一點從高宗、中宗的詔書中可以得到證實：「如聞父母初亡，臨喪婚嫁，積習日久，遂以爲常」[88]，「二親俄殞，停哀之際，便即婚娶。……寧戚之心安寄，罔極之心闕如。傷風敗俗，莫過於此。」[89]站在儒家孝道正統的立場上，「傷風敗俗」至如此程度，還口口聲聲自稱「以孝治天下」，這不免有些滑稽。

---

[85]　《二程集・外書》卷十，第四○五頁。

[86]　《舊唐書》（十五），卷一八九〈孝友傳〉，第四九二三頁。

[87]　《通典》卷七二，四庫全書《史部・政書類》三六一。

[88]　《唐會要》卷三八，四庫全書《史部・政書類》三六四。

[89]　《冊府元龜・帝王部・興教化》。

　　第四，與其他朝代相比，唐代對於不孝者的處罰是相當輕微的。歷代皆把「不孝」視爲「不赦」之罪而繩之以法，唐代雖然有系統完備的《唐律》，但除對「不孝」重罪者依律制裁外，對一般的不孝之人則只是進行「君子罪之」、「士林所鄙」之類的道德輿論審判。

　　第五，在禮與法的衝突面前，唐代司法實踐中往往是重法律而輕孝道。所以許多「子復父仇」者被依法處決。

　　從《朝野僉載》所載的兩個生動的例子中，我們可以看到唐人行孝的眞實情景。一則云：「東海孝子郭純喪母，每哭則群烏大集。使驗有實，旌表門閭。後訪乃是每哭即散餅於地，群烏爭來食之。後如此，烏鴉聞哭以爲度，莫不競湊，非有靈也。」另一則云：「河東孝子王燧家，貓犬互乳其子。州縣上表，遂蒙旌表。乃是貓犬同時產子，取貓兒置犬窠中，取犬子置貓窠內。飲慣其乳，遂以爲常耳。」⑩這既是對僞孝子和孝感故事的絕妙諷刺，也是對孝道的戲謔。

　　唐代孝道觀念之所以趨於淡化，孝道約束力之所以如此鬆弛，是由多方面的因素造成的。

　　首先，從社會政治需要看，忠道才是最根本的。我們前面說過，魏晉時期對家族、對孝道的過分重視，導致了對國家、對忠道的輕忽。這在政權更替頻仍的魏晉南北朝尚無關宏旨，但到了統一的大唐專制帝國時期，就必然會妨礙君主專制統治。因而孝道與忠道的位置亟待顛倒過來。唐代《臣軌》及宋代《忠經》的相繼撰就，即是忠道上升的表徵。如《臣軌》一反傳統的修齊治平、親親尊尊之序，明確地講：

　　　欲尊其親，必先尊於君。欲安其家，必先安於國。故古之忠臣，先其君而後其親，先其國而後其家。何則？君者親之本也，親非君而不存。國存家之基也，家非國而不立。⑪

---

⑩　趙宋儼點校《朝野僉載》卷三，中華書局一九七九年十月版，第七一、七二頁。

⑪　武則天《臣軌》上卷〈至忠章〉，叢書集成本。

　　另外，新舊《唐書》中「忠義」部分的筆墨是「孝友」部分的兩倍。忠道地位的提升於此可見。與之相應，孝道必然要退居次要地位。《大唐新語》上有這樣的記載：侍御史王義方欲捨命彈奏恃恩放縱的李義府，遂先告其母曰：「奸臣當路，懷祿而曠官，不忠；老母在堂，犯難以危身，不孝。進退惶惑，不知所從。」母曰：「吾聞王陵母殺身以成子之義，汝若事君盡忠，立名千載，吾死不恨焉。」義方乃備法冠而彈之。⑨《貞觀政要》中太宗也對侍臣講了這樣一個事例：昔隋將屈突通被高祖率兵追殺時，高祖遣其子往而招慰。通云：「吾蒙隋家驅使，已事兩帝。今者吾死節之秋。汝舊於我家爲父子，今則於我家爲仇讎。」因射之，其子不得不避走。屈突通被擒後，高祖因其忠而授兵部尙書。太宗也認爲「此之忠節，足可嘉尙。」⑨不「以私害公」、「以私害義」，爲君國利益不惜犧牲孝道，甚至大義滅親，乃是唐士大夫的一般價值準則。即使提倡孝治，也只是爲忠道的政治倫理服務的。

　　其次，從取士用人制度看，「舉孝廉」以及九品中正制被科舉制的取代，使孝道失去了對廣大民眾，特別是對士人階層的吸引力。廢除自漢代延續下來的以「舉孝廉」爲核心的察舉制度以及魏晉創制的九品中正制，而代之以科舉取士制度，這是隋王朝一個具有歷史意義的創造。唐代繼續發展和完善科舉制度，其實質是以才以功而非以德以孝舉士。正如王夫之所云：「唐以功立國，而道德之旨，自天子以至於學大夫置不講焉。」⑨當時朝廷也敏銳地意識到這種取才制度的弊端，如貞觀三年，唐太宗對吏部尙書杜如晦曰：「比見吏部擇人，惟取其言詞刀筆，不悉其景行。數年之後，惡行始彰，雖加刑戮，而百姓已受其弊。如何得獲善人？」⑨　「舉孝廉」和中正制的廢除，其實就意味著孝德喪失了其在仕途中舉足輕重的地位，而成爲一個可有可無的襯托。毫無疑問，科舉制的實行，是對孝道的極大衝擊。換個角度說，實

---

⑨　《大唐新語・剛正》，唐劉肅撰，許德楠點校，中華書局一九八四年版，第二九─三〇頁。

⑨　《貞觀政要・忠義》，上海古籍出版社一九七八年九月版，第一五三─一五四頁。

⑨　王夫之《讀通鑒論》卷二二，嶽麓書社一九八八年版，第八五〇頁。

⑨　《貞觀政要・擇官》，上海古籍出版社一九七八年九月版，第九〇頁。

行科舉取士，使得孝道的推行失去了實際的動力，這是唐代孝道舉而不行的一個至爲重要的因素。

　　第三，唐代孝道的弱化，除了上述原因之外，還有一個人文性的綜合因素，那就是雍容大度、恢弘豪放的大唐氣度從內在本質上排斥封建孝道對人性的束縛。這是一個開放的時代。從政治上向四方八域的輻射，經濟上的一系列改革創新，到文化上的三敎合流，兼融並蓄，社會上價值體系的多元化，以及思想上的解放，信仰上的自由，人格上的無拘無束，無不昭示著大唐的開放風格。孝道的那種絕對服從，那種繁文縟節，那種苛嚴拘謹，那種不近人情，對豪放曠達的唐人無疑是一種嚴重的束縛，同時也與繁榮興旺、蒸蒸日上的盛唐氣象格格不入。如前述二程認爲「唐之有天下數百年，自是無綱紀」⑯，這從反面反映了唐代社會道德的實際狀況。充滿活力、務於進取的唐人是不拘小節的，他們似乎不屑於在細枝末節上斤斤計較，求全責備。他們更注重的是情感的寄託、心靈的充實和人性的完滿⑰。就這一點而言，孝道的被唐人忽略實屬情理之中。

二、唐代孝道發展的特點

　　孝道約束力弱化，並不是說唐代就完全不講孝道。事實上，爲輔助忠道，加強這樣集權，李氏王朝在推行孝道方面也不敢懈怠。

　　隋唐皆以儒學爲治國之策。如隋重臣蘇威曰：「唯讀《孝經》一卷，足以立身治國，何用多爲？」文帝深以爲然⑱。據載，唐玄宗天寶三年，「詔天下民間家藏《孝經》一本。」⑲《唐律疏議》強調「爲子爲臣，惟忠惟孝。」

---

⑯　《二程集‧外書》卷十，第四〇五頁。

⑰　學術風氣也從一個側面反映一個社會、一個時代的風貌。唐代雖然有著豐富多彩、輝煌燦爛的文化，尤其是文學、藝術方面的成就幾乎是空前絕後，但與宗教哲學特別是佛教的繁榮相反，儒家在哲學方面卻無多大創新和建樹，除韓愈、柳宗元等幾個文學家兼哲學家外，三百年間竟無大儒。唐代文學藝術的繁榮與儒家哲學的倍受冷落之間形成的巨大反差，是中國歷史上任何一個朝代都沒有的，這是一個非常值得深思和研究的現象。

⑱　《資治通鑑》卷一七五，改革出版社一九九一年十月版，第二六〇六頁。

⑲　《舊唐書》（一），卷九〈玄宗紀〉，第二一八頁。

⑩皇帝詔敕政令中，不乏尊老孝親的條文。王公大人也有以孝而聞名者，如司空房玄齡「事繼母，能以色養，恭謹過人。其母病，請醫人至門，必迎拜垂泣。及居喪，尤甚柴毀。」⑩許多賢吏也以孝道感人、化人，如《舊唐書》載，景駿爲令時，有母子相訟者。章謂之曰：「吾少孤，沒見人養親，自恨終天無分。汝幸在溫清之地，何得如此？」他垂泣嗚咽並取《孝經》讀與母子。於是母子感悟，遂稱孝慈⑩。對於典型的孝子，朝廷或政府也不吝嗇旌表門閭、授官封爵、賜帛賞粟、蠲免賦役，乃至載入青史、揚名後世等各種形式的褒獎。如《新唐書·孝友傳》中除爲二十六個孝子單獨列傳外，還鄉里名姓俱全地列舉了二百一十七個受到上述種種褒獎者。〈烈女傳〉中也另爲五個孝女列傳。由這個相當可觀的數字可知，與其他朝代相比，唐代在獎掖孝子方面是毫不遜色的。只是由於上述幾方面的原因，使得孝道的倡導效果不彰、功效不著而已。

從新舊《唐書·孝友傳》的記載來看，唐代行孝的方式，主要還是表現在盡心養親、悉心侍疾、苦心居喪等方面，如上面提到的二百一十七個被提名的孝子中，有一百五十二人屬於「事親居喪著至行者」⑩。孝感方面的記載也依舊不少。不過，唐代最突出的孝舉是數世同居。新舊《唐書·孝友傳》中因數世同居而受到彰勵的孝子人數劇增。

先秦文獻中已經有同居的記載，但累世同居之風興於漢末，起因於統治者對孝道的極力倡揚。「潁川韓元長，漢末名士，八十而終，兄弟同居，至於沒齒。濟北氾春七世同財，家人無怨色。是此風起於漢末。」⑩對家族倫理的極端重視使得中國人視家族家庭爲理想的家庭模式，以分居爲不孝不悌，

---

⑩　《唐律疏議》卷一，中華書局一九八三年十一月版，第七頁。

⑩　《貞觀政要·孝友》，上海古籍出版社一九七八年九月版，第一六〇頁。

⑩　《舊唐書》卷一八五〈良吏列傳·景駿傳〉，第四七九七頁。

⑩　《新唐書》（十八），卷一九五〈孝友傳·序〉，第五五七六頁。

⑩　清·趙翼《陔餘叢考》卷三九〈累世同居〉，河北人民出版社一九九〇年一月版，第七〇二頁。

以五代同堂爲美德。所以歷代正史都把父子兄弟數世同居作爲彰揚孝道的重
要內容。

　　漢代雖然朝廷提倡同居，民間也視同居爲至孝、至悌，但累世同居之家
實際上寥若晨星。曹魏廢除了「異子之科」，使父子同居合法化，特別是由於
當時實行的戶調制，使得人們爲逃避從戶之稅而不得不合戶同居。因而這一
時期數世同居之戶明顯增多。不過，當時總的情況還是：「今士大夫以下，父
母在而兄弟異，計十家而七矣；庶人父子殊產，亦八家而五矣。凡甚者，乃
危亡不相知，饑寒不相恤。」⑩⑤

　　逮及唐代，政府一方面以同居爲垂範加以旌表，另一方面以強制性的律
令形式倡導同財共居，並把別籍異財列爲十惡中「不孝」罪的第一款。於是
在道德的倡揚和律令的禁止下，上由達官貴人，下至平民百姓，同居之風氣
大盛於世，三代同堂是很普遍的事，鐘鳴鼎食之家也屢見不鮮。如《新唐書·
孝友傳·序》中因「累世義居」而被提名者，就有三十六人之多，僅次於「事
親居喪」而居於第二⑩⑥。另外，新舊《唐書·孝友傳》也有多例是以「累世
同居」而孝名遠揚的。這些資料顯示，同居共財已經成爲唐代社會推崇和流
行的一種行孝方式。學者的研究表明，「唐型家庭」是中國古代規模最大的家
庭類型，平均每戶人口達九至十人⑩⑦。

　　從現有史料看，唐代社會民間的眞實情況也的確如此。日本池田溫先生
所著《中國古代籍帳研究》一書收入唐代九十九個完整的家庭，其中一對夫
婦與父母同居的有廿一戶，占百分之二一·一；兩對及兩對以上夫婦與父母
同居的有八戶，占百分之八·一；父母已經去世，已婚兄弟同居的有十三戶，
占百分之一三·一，合計占到百分之四二·四。而且由於當時的籍帳主要爲
徵發徭役、徵收賦稅所用，因而難免存在著隱沒丁男、降低戶等等問題，這

---

⑩⑤　《宋書》（七），卷八二〈周朗傳〉，第二〇九七頁。

⑩⑥　宋·歐陽修、宋祁撰《新唐書·孝友傳》，卷一九五，中華書局一九七五年二月版，第
　　　五五七六－五五七七頁。下引本書版本同此。

⑩⑦　參何正勝〈編戶齊民－傳統的家族與家庭〉，見《中國文化新論·社會篇·吾國與吾民》，
　　　三聯書店一九九二年版。

就使得一些同居的家庭在籍帳上沒有反映出來。再加上池田溫先生所依據的主要是西域的敦煌、吐魯番的文書，這些鄙壤遠鄉所受孝悌之道的熏陶教化當然不如中原地區。據此估計，當時中原地區同財共居家庭當約居半數或半數以上⑩。我們從《舊唐書‧孝友傳》中摘錄兩例，藉以瞭解當時同居之概況：

> 劉君良，瀛州饒陽人也。累世義居，兄弟雖至四從，皆如同氣，尺布斗粟，人無私焉。大業末，天下饑謹，君良妻勸其分析，乃竊取庭樹鳥雛，交置諸巢中，令群鳥鬥競。舉家怪之，其妻曰：「方今天下大亂，爭鬥之秋，禽獸尚不能相容，況於人乎！」君良從之。分別後月餘，方知其計。中夜，遂攬妻髮大叫曰：「此即破家賊耳！」召諸昆弟，哭以告之。是夜棄其妻，更與諸兄弟同居處，情契如初。⑩

> 青州北海人呂元簡，四代同居，至所畜牛馬羊狗，皆異母共乳。⑩

> 鄆州壽張人張公藝，九代同居。北齊時，東安王高永樂詣宅慰撫旌表。隋開皇中，大使、邵陽公梁子恭亦親慰撫，重表其門。貞觀中，特敕吏加旌表。麟德中，高宗……親幸其宅，問其義由。其人請紙筆，但書百餘「忍」字。高宗為之流涕，賜以縑帛。⑩

從史籍記載看，以累世同居而被列入正史孝傳的，「《南史》十三人，《北史》十二人，《唐書》三十八人，《五代》二人，《宋史》五十人，《元史》五人，《明史》二十六人。」⑩宋代以後，與如火如荼的宗法家族制相應，在朝廷的旌表和理學家的鼓吹下，六世以上的「累世同居」的大家庭開始成批湧

---

⑩ 參魏承恩〈唐代家庭結構初探〉，《社會科學研究》一九八六年第五期；雷巧玲〈唐人的居住方式與孝悌之道〉，《陝西師大學報》一九九三年第八期。

⑩ 《舊唐書》（十五），卷一八九〈孝友傳〉，第四九一九頁。

⑩ 《舊唐書》（十五），卷一八九〈孝友傳〉，第四九一九頁。

⑩ 《舊唐書》（十五），卷一八九〈孝友傳〉，第四九二〇頁。

⑩ 趙翼《陔餘叢考》卷三九〈累世同居〉，河北人民出版社一九九〇年一月版，第七〇二頁。

現，同居世代的紀錄不斷被打破。十世同居的記載，在《宋史・孝義傳》中就有五宗，如大理學家陸九淵之家就是十世同居的典型。《宋史》中累世同居的最高紀錄竟然達到十九世。不過，最奇異的當數十三世同居的陳兢之家。《宋史・孝義傳》說：

> 江州有陳兢者⋯⋯九世同居，長幼七百餘口。⋯⋯每食必群座廣堂，未成人者別為一席。有犬百餘，共一牢食。一犬不至，群犬亦皆不食。⑬

不僅人和睦相處，連一百多隻狗也同時進食，這與犬豚同乳、烏鵲通巢的孝感傳說一樣，都反映了公眾對這類孝行的欽羨。明清時期同居世代雖有所減少，如《明史・孝義傳》中累世同居多為四世到七世，但歷代政府對同居共財的提倡，以及律例將別籍異財懸為厲禁，使數世同居漸成習俗。直到光緒年間，僅湖南省五世同居共財的家庭還有一二二九家⑭。所以四世、五世同堂在舊中國是常見的現象，也是家道興旺的表現。

當然，不論政府如何提倡、彰勵，由於普遍缺乏經濟條件，這種被稱作「義門」的理想家庭除了皇族和豪門大戶之外，在普通民眾中依然是屈指可數。事實上，從戰國到清末，核心家庭（夫妻及未婚子女組成的家庭）和主幹家庭（以夫妻、子女為基本單位，包括父母乃至祖父母也與之同居的家庭）是我國家庭的主要類型，五口或八口之家是傳統家庭的一般規模。如南北朝時，至少在南方，小家庭仍占上風，有的甚至父子兄弟陌如路人，「危亡不相知，饑寒不相恤。」⑮ 即使少數勉強歷代累世同堂的大家族，實際上也是難以為繼的。更何況社會上還存在著種種不利於同居的因素。比如在家庭規模最大的唐代，當時的賦役制度也對同財共居者有諸多的不利：均田制使之所交賦役較多；按財產定戶等的制度使之雜徭、戶稅加重；府兵制使之被徵

---

⑬　元・脫脫等撰《宋史》（三八），卷四五六〈孝義傳〉，中華書局一九七七年十一月版，第一三三九一頁。下引本書版本同此。

⑭　光緒《湖南通志》，轉引自王玉波《中國古代的家》，商務印書館國際有限公司一九九七年版，第八六頁。

⑮　《宋書》（七），卷八二〈周朗傳〉，第二○九七頁。

爲府兵的可能性增大。這樣，雖然同室共居在唐代一直占著上風，但其實到天寶年間已出現父母還健在兄弟就別籍異財的現象，至於父母過世後兄弟異財分居的就更爲普遍了。至宋代，已經有不少有識者覺察到義居同財的弊端，如袁采認爲，「兄弟義居，固世之美事。……義居而交爭者，其相疾有甚於路人。……兄弟相愛，雖異居異財，亦不害爲孝義。一有交爭，則孝義何在？」⑯反不如分居者，各惜其財，各勤其事。看起來，數世義居也誠非易事，個中矛盾糾紛、同室操戈等難言之苦滋味，只有當事人自己去體味了。

　　另外，值得注意的是，《新唐書》中說，「以孝悌名通朝廷者，多閭巷刺草之民。」⑰《舊唐書》中也稱前代史官著〈孝友傳〉所錄的多爲閭里鄉間微細之人，因此特意撿錄「衣冠盛德，眾所知者」⑱爲之作傳，但也不過二十多人。此前的《宋書·孝義傳》也說：「若夫孝立閨閨，忠披史策，多發溝畎之中，非出衣簪之下。」⑲可見，自漢魏以降，傳統孝道已經在社會下層民眾心中根深蒂固，成爲一種「理所當然」的習慣性行爲。不論社會意識、社會風氣如何變化，「孝」都是普通人最基本的行爲準則。據統計，在清代三四二名孝女孝婦中，出身或出嫁後屬官吏階層的十二人，孝廉二人，縉紳富豪二人，知識份子八十人，平民（包括農民、手工業者及其它社會最底層者）二四六人。平民占其總人數的百分之七十二⑳。可見，孝敬父母的優良傳統在下層百姓中延續不斷地得到了繼承和發揚。

　　再者，唐代子復父仇的事件層出不窮，孝道與法律的矛盾較前代更爲尖銳。我們接下來就詳細論述這個問題。

---

⑯　《袁氏世範·睦親》，《中國古代家訓四書》，山東友誼出版社一九九七年十二月版，第三四六頁。

⑰　宋·歐陽修、宋祁撰，《新唐書》（十八），卷一九五〈孝友傳·序〉，中華書局一九七五年二月版，第五五七五頁。下引本書版本同此。

⑱　《舊唐書》（十五），卷一八九〈孝友傳·序〉，第四九一八頁。

⑲　《宋書》（八），卷九一第二二五九頁。

⑳　李飛〈中國古代婦女孝行史考論〉，《中國史研究》一九九四年第三期。

第七章　魏晉至隋唐五代：
道敎的孝道倫理與傳統法律中的孝道思想（下）

　　孝道作爲傳統道德規範和倫理文化的基礎和核心，其觸角伸延到社會生活的方方面面，包括對法律領域的滲透。有學者認爲，中國法律有兩個主要特徵，一是家族主義，一是階級（等級）概念①。這兩個特徵也正是孝道在法律領域的集中體現。孝治的實施，僅有道德的倡導和政治權力的推行是不夠的，更離不開法律的保護。中國法律所著重維護的，就是家族主義制度和社會等級秩序。父子倫理關係向以父子權力和義務爲基本內涵的法律關係的轉化，使孝道獲得了國家權力機器的強制保護，從而如虎添翼。由此，以忠孝之道爲核心的封建綱常倫理化，就成爲傳統法律的特徵。這裏想通過對傳統法律文化的透視，以探討中國傳統法律與孝道的關係。

　　《唐律》是中國封建社會第一部最系統、最完備的法典，明律、清律都是在《唐律》基礎上進行損益增減而成的。以「一準乎禮」而著稱的《唐律》，無論在立法精神、立法原則，還是在法律條文、法律適用等方面，都表現出家族倫理本位的特徵，反映了傳統法律文化的最高成就。當然，《唐律》也是在前代法律理論和法律實踐活動基礎上制定的。因而，我們這裏以《唐律》爲軸心，兼及各朝各代律例，從縱向和橫向上考察孝道與傳統法律文化衝突、調和、交織、滲透的發展歷史。

第一節　援禮入法：傳統法律的儒家化

　　法律的儒家化、倫理化，禮與法的融合，是傳統法律最突出的特徵，也是中華法系的獨特風貌。

---

① 　瞿同祖《中國法律與中國社會·導論》，中華書局一九八一年十二月版。

　　西周是傳統文化的奠基時期。周公制禮作樂使禮在走向系統化、規範化的同時，又得到了國家政權和法律的支持和强制性保障，並且由此而形成中國社會獨特的具有濃厚家族主義色彩的禮治傳統。反映在法律領域，就是法律規範的宗法化、倫理化。

　　漢代是法律儒家化的孕育期。漢承秦制，漢律亦沿襲秦律②。但是，有鑒於亡秦嚴刑峻法之覆轍，西漢建立伊始，就著手進行糅合儒法、引禮入法的嘗試。如賈誼認爲禮、法各有所用，禮者禁於將然之前，法者禁於已然之後，「緣法循理謂之軌」③，所以應慶賞以勸善，刑罰以懲惡。法律之儒家化在漢初已啓其端緒。

　　儒學獨尊的地位確立之後，儒家文化加速了向法律領域滲透的進程。具體途徑有三條：一是通過直接參與立法來達到以儒家經典學說指導立法的目的。如以禮自奉的儒生叔孫通受命制定了宗廟的禮儀法規以及有關朝儀的專律「傍章」，其中貫穿著禮的精神。二是通過注釋和解釋現行法律，給法律輸入儒家的精神。經學家與律學家的互相滲透、身兼二任，私家注律盛行，諸家章句並存。據《晉書·刑法志》載：「叔孫宣，郭令卿，馬融，鄭玄諸儒章句，十有餘家，家數十萬言。凡斷罪所當由用者，合二萬六千二百七十二條，七百七十三萬二千二百餘言。」④所謂章句，就是依禮、援禮對成文的現行法律的解釋。浩如煙海的龐雜注律使得曹魏時不得不詔令：「但用鄭（玄）氏章句，不得雜用餘家。」⑤儒生通過注律，獲得了法律的解釋權。而漢代對章句法律價值及其實際效力的認可，無疑是對引禮入法的默認和鼓勵。三是直接把儒家經典與司法實踐相結合，以儒家經典作爲司法依據。即《禮記》所謂：「凡

---

②　《漢書·刑法志》說：「相國蕭何捃摭秦法，取其宜於時者，作律《九章》。」
　　《漢書·宣帝紀》注云：「蕭何承秦法所爲律令，律經是也。」《晉書·刑法志》
　　曰：「是時（指魏明帝定魏律以前）承用秦、漢舊律。其文始自魏文侯師李悝。
　　悝撰次諸國法，著《法經》。……商君受之以相秦。漢承秦制，蕭何定律。」
③　《賈誼集校注》，人民文學出版社一九九六年十一月版，第三○四頁。
④　《晉書》（三），卷三○〈刑法志〉，第九二三頁。
⑤　《晉書》（三），卷三○〈刑法志〉，第九二三頁。

聽五刑之訟，必原父子之親、立君臣之義以權之。」⑥最典型的是始自
董仲舒的「春秋決獄」。「春秋決獄」以「原情定過」、「論心定罪」爲基
本法律原則，闡發《春秋》所蘊藉的君臣父子之道，解釋法律，指導斷
罪量刑。董仲舒撰寫的《春秋決事》得到執法者的普遍歡迎，成爲事實
上的審判根據。漢代春秋決獄蔚然成風，在司法實踐中，凡法無明文規
定者，皆以禮爲準繩；法與禮相抵觸者，則捨法循禮。這實際上就是以
禮率法，以禮代律。漢以後用儒家經義來審判決獄成爲慣例。這一特殊
的審判制度是法律儒家化開始的標誌之一。引經決獄之風自兩漢開始，
經過七百餘年，到法制不斷完備的唐代才逐漸廢止，法律儒家化歷程之
漫長於茲可見。

　　由於法律頒佈之後，就不可能朝令夕改，所以第二、第三條途徑是
法律儒家化的主要渠道。漢代立法和司法實踐中儒家思想的摻入，是晉
律、唐律儒家化之前奏。

　　魏晉繼續沿著漢代法律儒家化的路子，爲制定系統的儒家化成文法
典奠定了基礎。陳寅恪先生說：「古代禮律關係密切，而司馬氏以東漢
末年之儒學大族創建晉室，統制中國，其所制定之刑律尤爲儒家化，既
爲南朝歷代所因襲，北魏改律，復採用之，輾轉嬗蛻，經由齊、隋，以
至於唐，實爲華夏刑律不祧之正統。」⑦魏律的制定者陳群、劉邵等都
是以儒學爲宗，晉律的起草者杜預、張斐皆爲兼通法經的大家。他們在
制定新律時，無不自覺地以禮的精神爲立法原則，如創八議制度、五服
定罪制度等⑧。司法中也是禮、律並舉，同具法律效力：「凡斷正臧否，
宜先稽之禮、律。」⑨這比漢代的把禮與律分開來斷案更進一步，是禮

---

⑥　《禮記·王制》。

⑦　陳寅恪《隋唐制度淵源略論稿·刑律》，中華書局一九六三年五月版，第一○○
　　頁。

⑧　服制本是以喪服確定親屬親等範圍的禮制。五服入律即以血緣親疏和尊卑長幼
　　之序來定罪量刑。明清時期更把五服圖列於律首，作爲司法的標準之一。晉以
　　後，服制就成爲法律的重要組成部分。

⑨　《晉書》（五），卷五○〈庚純傳〉，第一四○○頁。

的精神和規範已大量吸收入律的反映。北朝各代法律也均出自儒生之手，如北齊律首創作爲後世「十惡」雛形的「重罪十條」，另外還有存留養親及加重對倫理犯罪行爲的處罰等律文。

　　唐代完成了中國法律史上具有劃時代意義的禮法結合，《唐律》的制定和實施，標誌著傳統法律儒家化的完成。禮義以爲綱紀、明刑以爲輔助，是制定與修撰唐律的指導原則。禮典、禮文直接入律，也是唐律的一個特點，許多律文直接就是禮典的翻版或演繹。由於「於禮以爲出入」是最高的司法原則，所以定罪量刑的審判實踐中，也多見以禮折獄、棄律從禮的案例。至此，禮法不二，禮變得像法一樣對人具有強制性，法變得像禮一樣易於被人們認同和遵循。《唐律》作爲定型化的封建法律，被後世封建統治者奉爲圭臬。法律的禮治化，遂成爲整個封建法制的基本特徵。

第二節　傳統法律對孝道的保護

　　血緣宗法制度、家族本位主義是儒家學說的立足點，尊尊君爲首，親親父爲先，尊尊的等級原則和親親的宗法原則是禮、法的靈魂，家庭義務本位的立法原則使各種以孝爲本的法律制度得以設立。因而，各代律文之中，處處都體現著儒家的孝道精神。傳統法律的儒家化，或曰禮與法的結合，說到底，就是把儒家的忠孝觀念，特別是把儒家的孝道思想，滲透、揉合到法律之中。憑藉法律的力量推行孝道，通過對法律的左右，進而實現對整個社會的全方位控制，這是儒家以孝治天下的一個重要方面。

　　傳統法律對孝道的保護，既體現在法律條文的具體規定方面，也體現在司法審判活動以孝道爲準則方面。禮有孝親之義，律無仇祖之文。爲推行和維護孝道，歷朝法律都專門設立了保護父權、保護孝道的法律條款，由家庭財產到人身自由，從各個方面積極地防「不孝」於未然。

　　1.**財產制度上**。財產權是家長制的物質基礎和行使父權的經濟保證。剝奪卑幼者支配家庭財產的權利，是保護孝道的銅牆鐵壁。魏律就

廢除了商鞅變法以來成年之子必須分居的規定，將「父子無異財」定爲法律。晉律也規定：「除異子之科，使父子無異財也。」⑩《唐律》明文規定，祖父母、父母在，子孫不得別立戶籍，分異財產⑪。家長對內依法獨自享有對家庭財產的所有權，對外則代表家庭參與經濟交往和財產交換。子孫卑幼沒有擅自使用家庭財產或典賣家族田地、房產的權利，「尊長既在，子孫無所自專。若卑幼不由尊長，私輒用當家財物者」，罪可杖一百⑫。這樣，就從法律上保證了父親對家庭財產的支配權。雖然清律規定，「其父母許令分析者，聽」⑬，相對放鬆了限度，但前提仍然是「父母許令」，倘若父母不同意，子女要析財別產是不被法律所許可的。其實，進一步說，不僅家庭財產，就是子孫本人也是家長的財產。子女於自己的人身、人格是無法自主的，父親有權將其典質或出賣。漢高帝就曾頒佈「民得賣子」的詔令⑭，社會以及法律也都默認父母出賣子女的權力。所以，直到清代文獻中，賣兒鬻女的記載仍然屢見不鮮⑮。

　　2.**親屬容隱制度**。這是一個典型的爲孝而屈法的制度，是國法對家族的讓步。在以家爲本的宗法社會裏，「孝」是衡量個人社會行爲價值的最高準則，其結果就是更多地考慮某種行爲合不合宗法倫理，而很少考慮某種行爲合不合法律，更何況「子不言父過」是儒家的教條。因而，「同居相爲隱」的傳統由來已久。《國語》上就有「父子將獄，是無上下也」⑯的說法，孔子也極力反對「其父攘羊而子證之」，認爲「父爲

---

⑩　《晉書》（三），卷三〇〈刑法志〉，第九二五頁。

⑪　長孫無忌等撰《唐律疏議》卷十二，中華書局一九八三年十一月版，第二三六頁。

⑫　《唐律疏議》卷十二，中華書局一九八三年十一月版，第二四一頁。

⑬　《大清律例》卷八，天津古籍出版社一九九三年十二月版，第二〇一頁。

⑭　《漢書》（四），卷二四〈食貨志上〉，第一一七二頁。

⑮　馮爾康、常建華《清代社會生活》，天津人民出版社一九九〇年版，第一四七－一四八頁。

⑯　《國語·周語中》，第十五頁。

子隱，子爲父隱，直在其中矣。」⑰爲從法律上體現父慈子孝的倫理關係，漢代首先制定了「親親得相匿」的律文。漢宣帝詔令：「自今子首匿父母，孫匿大父母，皆勿坐。其父母匿子，大父母匿孫，罪殊死，皆上請廷尉以聞。」⑱以後歷代皆有親屬相隱的律條。《唐律》繼承並發展了這一訴訟原則，規定：同居大功以上親屬、外祖父母等等，有罪皆可相爲容隱⑲。告發尊親被列入「十惡」的「不孝」條，要治死罪。《隋書》載，梁武帝時有個叫景慈的人因出庭證實其母有拐賣人口之罪，而被法官欲以「陷親極刑」、有背孝道之名處死，後武帝詔令流放邊地⑳。唐代以後的法律都明文規定，於律相容隱的親屬不得爲證人，否則，官吏治罪。當然，爲維護法律的威嚴，法律嚴格限定了容隱的適用範圍，小功以下親屬，不得容隱。同時，「隱」也是有限度的，小罪可隱，告者有罪，以維繫家族的安寧；大罪不可隱，隱者同罪，以確保統治階級的根本利益。所以對於謀反、謀大逆、謀叛等嚴重政治性犯罪，不僅不能套用容隱制度，而且要施行族株。禮與法就這樣得到了協調。這既是儒家「不以親親害尊尊」精神在法律上的體現，也是封建社會後期強化集權專制的特點在法律上的體現。也就是說，當家國、君父、忠孝發生衝突時，以國、君、忠爲重，家族之私利必須服從以國君爲代表的國家之公利。㉑

⑰　《論語‧子路》。

⑱　《漢書》（一），卷八〈宣帝紀〉，第二五一頁。

⑲　《唐律疏議》，中華書局一九八三年十一月版，第一三〇頁。

⑳　《隋書》（二），卷二五〈刑法志〉，第七〇〇頁。

㉑　沙君俊、李鴻撰文提出並論證了傳統的「親親相隱」原則在現代社會活化的必要性和可能性。文章以「倫理道德是法律的根源和歸宿」為宏觀背景，從「親親相隱」的經濟效益、法律的合理性和有效性、各國的立法實踐等方面對這一原則在現代社會活化的必要性做了具體的分析，並且對「親親相隱」在當今中國如何活化提出了一些設想。見〈「親親相隱」在現代社會的活化〉，《江西社會科學》，一九九九年第二期。

　　3. **留存養親（或曰留養承祀）**。北魏律規定，犯死罪者，若祖父母、父母年已七十以上，家中沒有成年子孫或較近的親戚，經上請准允後，可留下來贍養老人，即免死充侍。犯流刑罪者，也可處鞭笞之刑後暫時留下。這是關於「留存養親」制度最早的法律條文。唐律也有類似的規定：「諸犯死罪非十惡，而祖父母、父母老疾應侍，家無期親成丁者，上請。」㉒「上請」即具狀上請緩免刑。明清律中始有「犯罪留存養親」的律文：「犯死罪，非常赦所不原，而祖父母、父母老無養者，得奏聞取上裁。犯徒流者，餘罪得收贖，存留養親。」㉓凡是符合留養條件的，止杖一百，餘罪收贖，存留養親。但留養之原意是以孝爲出發點的，是爲養親孝親，所以悖逆孝道的犯罪是被取消請免資格的。被殺者若爲獨子，或雖非獨子，而其弟尚小，其親無人侍奉，則殺人者也不得留養。後來清律又增加了合乎條件的孀婦之子也可留養的規定，不再僅限於父母年老廢疾。

　　4. **在婚姻制度上，祖父母、父母享有對子女、孫子女絕對的主婚權。**《唐律》規定，「諸卑幼在外，尊長後爲定婚，而卑幼自娶妻者，已成婚，婚如法；未成婚，從尊長。違者，杖一百。」㉔明清律規定：婚嫁皆由祖父母、父母主婚。祖父母、父母俱無者，從餘親主婚。同時，父母也可依據自己的好惡命令子孫離婚，而不必顧及子孫的意願。這種包辦婚姻制度，導演了歷史上無數的婚姻悲劇。另外，從漢律就有「七出」的休妻制度，其中「無子」㉕、「不事舅姑」兩條皆是以維護孝道爲宗旨的。婚姻的目的就是以祖宗嗣續爲重，所以「無子」的婚姻必然被解除。漢以後各代法律都有類似的條文，甚至還有這樣的規定：「某妻無

㉒　《唐律疏議》，中華書局一九八三年十一月版，第六九頁。唐、宋律中的「老」指八十以上，元、清改爲七十。

㉓　清・張廷玉撰《明史》（八），卷三九〈刑法志〉，第二二八五頁。下引本書版本同此。

㉔　《唐律疏議》卷一四，中華書局一九八三年十一月版，第二六七頁。

㉕　《唐律》指妻年五十以上無子。《周易・漸・九五》云：「婦三歲不孕，終莫之勝。」意即妻子三年無生育，夫得離異。這當爲後世「無子則去」的較早記載。

子而不娶妾，斯則自絕，無以血食祖父，請科以『不孝』之罪，離譴其妻。」㉖至於「不事舅姑」，則是沒有客觀標準的，全憑舅姑的愛惡。子女的婚姻完全被置於尊長的掌握之中。

　　5.**行政法上也浸潤著孝道倫理**。法律上有一系列要求官吏履行親情義務、恪守孝道的規定。例如：祖父母、父母年老或體弱多病，家中又別無侍丁，其子孫若仕宦在外，則必須棄官離職，居家侍親；為避親者諱，如果某一機構或官職的名稱中有與其父、祖姓名相同的字，該子孫則不得在此機構中任職，或不得就任該官職，否則，一經彈劾，即按律問罪；居父母喪，子女不能繼續在官府任職，而必須「丁憂」歸家，為父母服喪守孝除服後才得起復。與上述制度相適應，法律設立了「委親之官」、「犯父祖名諱」、「冒哀從仕」等罪名㉗，對貪戀官祿、不力盡孝道義務者嚴加懲處。

　　6.**子孫代刑制度**。法律對此雖無明文規定，但由於有利於孝悌倫常之道，所以實踐中是允許父子兄弟之間代刑的，而且對代刑者往往給予寬宥或赦免。漢明帝時詔曰：「徙邊者，父母、同產欲相代者，聽之。」㉘歷史上有許多為尊長代刑的案例。例如，漢代淳于公當刑，其女緹縈願沒官婢以贖父刑，漢文帝感其孝而廢肉刑㉙。北魏長孫慮「乞以身代老父命」，尚書奏云：「慮於父為孝子，於弟為仁兄，究其情狀，特可矜減。」孝文帝遂減其父死罪為流遠㉚。明代代刑案例尤多，如山陽有民父得罪當杖，子請代，明太祖認為今此人身代父母，出於至情，遂曰：「朕為孝子屈法。」㉛明憲宗時定制：「凡民八十以上及篤疾有犯，應永戍者，以子孫發遣。」㉜從此代刑就由子孫的權力而變成為子孫的責任和義務了。

㉖　《魏書》（二），卷一八〈太武五王列傳〉，第四二三頁。

㉗　《唐律疏議》，中華書局一九八三年十一月版，第五六、五七頁。

㉘　《後漢書》（一），卷二〈明帝紀〉，第一二一頁。

㉙　《漢書》（四），卷二三〈刑法志〉，第一〇九七─一〇九八頁。

㉚　《魏書》（五），卷八六〈孝感傳〉，第一八二二頁。

㉛　《明史紀事本末》，《四庫全書・史部・紀事本末類》。

㉜　《明史》（八），卷九三〈刑法志〉，第二二八九頁。

　　　7.**法律賦予家長以違犯敎令而敎誡子孫和移送司法機關懲罰之權**。父母與子女之間只有倫常關係，而無是非關係。根據古代法律，父家長對所屬卑親屬或家庭奴隸的傷害行為，被認為是與國家秩序無關的「非公室告」，「子盜父母，父母擅殺、刑、髡子及奴妾，不為『公室告』」。㉝法律不予干涉。以後隨著臣民生殺權完全被操縱在專制君主手裏，家長雖無權擅殺子女㉞，但對尊長殺死子孫的處罰極輕，祖父母、父母以刃故殺子孫者，按北魏律，處五年刑，毆殺處四年刑；唐、宋律刃殺處二年半，毆殺處二年；明、清律則僅處一年。唐律還規定：「祖父母、父母有所敎令，於事合宜」，子孫即須奉以周旋，不折不扣地執行，違犯敎令者處徒刑二年。㉟而所謂違犯敎令與否，並無客觀依據，只要父親說兒子違犯敎令即可。所以有些案件，咨文上根本不說明具體原由，只有因子孫違犯敎令而將其毆死的字樣㊱。若子孫違犯敎令，而被父母刃殺，唐宋律僅徒二年半，毆殺僅徒二年。若子孫有毆罵等不孝行為，父母殺之，或邂逅致死，父母尊長無罪。過失殺者也無罪。元、明、清律也都有類似的規定。對父權的維護及尊卑貴賤在法律面前的不平等由此可見。除擁有自行責罰權外，父母還有權以違反敎令或不孝的罪名呈控子女，請求官府代為懲處。對被送懲的忤逆子孫，按明清律，一般處杖刑一百，也可以根據父母的意見懲處。《睡虎地秦墓竹簡》中已有父母將不孝子女送交官府要求給予刑罰的案例：

　　　　免告老人以為不孝，謁殺，當三環之不？不當環，亟執勿失。
　　㊲

㉝　《睡地虎秦墓竹簡・法律答問》，文物出版社一九七八年十一月版，第一九五頁。

㉞　《白虎通義・德論》云：「父煞其子死，當誅何？以為天地之性人為貴，人皆天生也，托父母氣而生耳。王者以養長而敎之，故父不得專也。」

㉟　《唐律疏議》卷二四，中華書局一九八三年版，第四三八頁。

㊱　《刑案彙覽》四四：一〇ａ，轉引自瞿同祖《中國法律與中國社會》，第九頁。

㊲　《睡地虎秦墓竹簡・法律答問》，文物出版社一九七八年十一月版，第一九五頁。「免告」指六十歲以上的老人。意為：老人控告子不孝，要求判以死刑，是否要經過三次原宥的手續？不應原宥，要立即拘捕，勿令逃走。

　　某里士五（伍）甲告曰：「甲親子同里士五（伍）丙不孝，
謁殺，敢告。」即令令使己往執。㊳

　　還有一個父親要求將親生兒子斷足流放到蜀郡邊遠地，叫他終生不
得離開流放地㊴。劉宋法律，「母告子不孝，欲殺者皆許之。」㊵唐時
李傑爲河南令，有寡婦告子不孝，其子雖然並無不孝行爲，但云：「得
罪於母，死所甘分。」李問寡婦是否後悔，寡婦曰：「子無賴，不順母，
寧後悔乎？」㊶父要子死，子不死爲不孝，不孝還是必須死。這樣，倫
理上的「父要子死，子不得不死」就得到了法律上的保障。這就是封建
法律所維護的父權。清代父母還有呈送發遣之權，即要求官府將其不孝
子女發配之雲貴或兩廣。這一類的犯人爲常赦所不原，但若父母呈請，
則可望得到釋放，「凡觸犯祖父母、父母發譴之犯，遇赦，查詢伊祖父
母、父母願令回家，如恩赦准其免罪者，即准釋放」㊷，以順衰老之情。
從清代遺留的案牘中，可以看到父母呈送觸犯之案多係情節較輕者，大
抵是因不服管束、酗酒滋事、出言頂撞或偶缺供養、竊父母錢財一類小
事㊸。父母借助法律的力量，可以剝奪或給予子孫身體的自由。於此可
見，個人是完全屬於家族、屬於父母的。

　　除了法律條款的明文規定外，引經決獄、原心援情定罪量刑的法律
操作活動，也無不以孝道爲準繩，即所謂爲孝屈法。《舊唐書》說：「《王
制》稱五刑之理，必原父子之親以勸之，愼測深淺之量以別之。」㊹如
唐長慶二年，對爲救父而殺人的康買得一案，即原於孝道而從輕發落：

㊳　《睡地虎秦墓竹簡・封珍式・告子》，文物出版社一九七八年十一月版，第二六
　　二頁。

㊴　《睡地虎秦墓竹簡・封珍式・遷子》，文物出版社一九七八年十一月版，第二六
　　一頁。

㊵　《宋書》（六），卷六四〈何承天傳〉，第一七〇二頁。

㊶　趙宋儼點校《朝野僉載》卷五，中華書局一九七九年十月版，第一〇七頁。

㊷　《大清律例》卷四，天津古籍出版社一九九三年十二月版，第一〇五頁。

㊸　瞿同祖《中國法律與中國社會》，第一三一一四頁。

㊹　《舊唐書》（六），卷五〇〈刑法志〉，第二一五五頁。

「康買得尙在童年，能知子道，雖殺人當死，而爲父可哀。從沈命之科，
恐失原情之意，宜付有司，減死罪一等。」《明史・刑法志》也說，立
法斷案要「原父子之情，立君臣之義以權之者也。」㊺對一些出於孝道
卻觸犯法律的案例，司法官員在決獄時，往往曲法全孝，或以疑獄上報，
最終多得到寬宥赦免。接下來就要講到的爲父復仇問題中，更突出地表
現了法律對孝道的屈就。

第三節　傳統法律對「不孝」的懲罰

　　與「孝爲百善先」的倫理觀念相對應，有「罪莫大於不孝」的法律
意識。因而，懲罰「不孝」，就成爲保護孝道的一項重要的法律內容。

　　資料顯示，在中國這個古老的宗法制農業文明國度裏，以「不孝」
爲罪，並對不孝行爲實施法律上的制裁，是很早的事情。迄今爲止，商
朝是我國歷史上第一個有成熟文字可考的朝代。《呂氏春秋・孝行覽》
引《商書》說：「刑三百，罪莫大於不孝。」如果此說可引以爲據的話，
則說明商朝已經定「不孝」爲罪，只不過這時「孝」的對象不是祖父母、
父母，而是已死的祖先神而已。從神治時代的殷人對於鬼神的畢恭畢
敬、誠惶誠恐推測，殷人對褻瀆祖先神的不孝行爲施以最嚴酷的懲罰，
是完全合乎邏輯的。西周時期，「尊尊」、「親親」既是周禮的基本原則，
也是立法的指導思想，所以「孝」自然也就既是倫理道德規範，又是法
律規範。而且，由於西周主要依靠以孝爲基礎的宗法道德來維護其世襲
統治，所以「不孝不友」被看作「元惡大懟」，罪大惡極，要「刑茲無
赦」㊻，如《周禮》列「不孝」爲「鄉八刑」之第一刑㊼，從而開創了
以刑罰手段來維護宗法倫理的先例。

　　先秦儒家繼承了西周宗法道德以孝爲本的基本精神，一方面把「孝」
提升爲眾德之本、百行之先，另一方面，視「不孝」爲大逆不道，宣稱

㊺　《明史》卷九三，第二二八五頁。
㊻　《尚書・周書・康誥》。
㊼　《周禮・地官司徒・大司徒》，第二九頁。

「五刑之屬三千，罪莫大於不孝。」⑱法家也主張以威嚴、暴力等高壓政策來「禁暴止亂」，包括以法律手段懲戒不孝，維護社會等級秩序。秦建立後，沿著嚴刑峻法的方向將法家學說推向極端，秦始皇獨操權柄，對不忠不孝者自然不會心慈手軟。《睡虎地秦簡·法律答問》中就有不孝罪處死的規定，毆祖父母、曾祖父母，「黥爲城旦舂」，即受黥刑並到築城的地方舂米五年。當然，秦律處死或重懲不孝，只是爲了威嚇兒子服從父親，以利於安分守己地耕戰納租。由兩漢至於清代，歷代封建王朝都競相標榜以孝治天下，並從立法和司法實踐上致力於禮法結合，所以「不孝」就被正式定爲罪名列入律書。漢代蕭何所作《九章律》詳細內容已不可考，但漢律中有不孝罪卻證據確鑿。漢武帝時，太子爽等人「坐告王父，不孝，皆棄市」⑲即爲其例。考古發現證實了文獻記載的準確性。〈江陵張家山漢簡《奏讞書》〉中載有關於處置「不孝」的律文：「孝人不孝，次不孝之律。不孝者棄市。棄市之次黥爲城旦舂。」⑳這顯然是對秦律的繼承。由此看來，《禮記》所言「五刑之屬三千，罪莫大於不孝」當爲時人及後人的普遍觀念。魏晉以「不孝」罪名處死或貶謫者更是比比皆是。《魏書》載，高祖十一年詔曰：「三千之罪，莫大於不孝。而律不遜父母，罪止髡刑，於理未衷」，遂加重了對「不孝」罪的處罰㉑。南朝劉宋律規定：「傷毆父母，梟首；罵詈，棄市；謀殺夫之父母，亦棄市。」㉒北齊律首創「重罪十條」，納「不孝」罪於其中第八，成爲「十惡」之罪的雛形，也是後世法典的重要內容。北周、陳律中也都有「不孝」之罪。隋《開皇律》正式確定了「十惡」之罪名，「不孝」列第七。此後「不孝」就成爲「十惡不赦」的重罪，標明於卷

⑱　《禮記·曲禮上》。

⑲　《漢書》（七），卷四四〈衡山王劉賜傳〉，第二一五六頁。

⑳　〈江陵張家山漢簡《奏讞書》釋文〉，《文物》一九九五年第三期。

㉑　《魏書》（八），卷一一一〈刑法志〉，第二八七六頁。

㉒　《宋書》（五），卷五四〈孔季恭傳〉，第一五四三頁。

首的名例中，「五刑之中，十惡尤切，虧損名教，毀裂冠冕，特標篇首，以爲明誡。」⑤

　　唐、宋、元、明、清各代都沿用「十惡」罪名。《唐律》中，「不孝」仍被列入「十惡」罪之第七。《唐律疏議》明確地規定了「不孝」的內容及相應的刑罰，即下列幾項：

　　1. 「告言、詛罵祖父母、父母。」⑭子之事親，有隱無犯。若父母有違失，理當諫諍，無使其陷於罪惡。所以，《唐律》規定，除祖父母、父母犯有謀反、大逆、謀叛等罪可例外開禁之外，至若其他罪責，子女若忘情棄禮而告祖父母、父母者，處絞刑⑮。元英宗時，斡魯思攻訐其父母，駙馬許納的兒子速怯告揭發其父親謀反、母親跟人私奔，英宗曰：「人子事親，有隱無犯。今有過不諫，復訐於官，豈人子之所忍爲？」遂下令斬首處死⑯。明清律對子孫控告尊長的所謂「干名犯義」罪的處罰較前代稍輕，誣告論死，得實則杖一百，徒三年。值得注意的是，法律還規定，雖然控告尊長、干名犯義的子孫要受刑，但被告的尊長則同於自首而免罪⑰。這就使子孫可以爲免陷親於刑戮，不惜以身觸犯告言父祖之律，換句話說，這就給子孫以死救親盡孝提供了機會。法律爲保護孝道，眞可謂殫精竭慮、面面俱到了。子孫詈罵祖父母、父母者，也要處以絞刑。明、清律甚至把「罵詈」專列一門，不僅罵祖父母、父母者絞，連妻妾罵夫之祖父母、父母者也「並絞」⑱。

---

⑤　《唐律疏議》，中華書局一九八三年十一月版，第六頁。

⑭　《唐律疏議》卷一，中華書局一九八三年十一月版，第十二頁。

⑮　《唐律疏議》卷二三，中華書局一九八三年版，第四三二頁。

⑯　《新元史・刑法志》，《歷代刑法志注譯》，吉林人民出版社一九九四年十月版，第八二一頁。

⑰　《唐律疏議》卷二三，中華書局一九八三年十一月版，第四三二頁。

⑱　《大清律例》卷二九，天津古籍出版社一九九三年十二月版，第五○四頁。唐律規定，「諸妻妾詈夫之祖父母、父母者，徒三年。」見《唐律疏義》卷二三，中華書局一九八三年十一月版，第四一五頁。

2.「諸祖父母、父母在，而子孫別籍、異財者，徒三年。」⑤《禮記》上屢屢提到「父母在，不有私財」⑥，禁止子孫擁有私有財產，可以說是儒家禮治的一貫要求。《唐律疏議》認為，子孫本應出告返面，就養無方。若有異財、別籍，則「於情無至孝之心，名義以此俱淪，情節於茲並棄」⑥，所以罪惡難容。宋代有時處罰更重，可以論死。明律在這一條上稍微寬鬆些，經祖父母、父母告訴始受理，且只是杖一百，清律杖八十。同居卑幼若無家長應允，擅自使用家庭財產，要按所動用的財物的價值當笞杖之刑。為保護家長財產，《大清律例》還特別規定：「有服卑幼圖財謀殺尊長、尊屬，各按服制依律分別凌遲、斬決，均梟首示眾。」⑥

3.「若供養有闕。」贍養父母乃是孝道的基本要求，如果家道「堪供而故有缺」，能贍養父母卻不盡為子之道，只要「祖父母、父母告，乃坐」⑥。

4.「居父母喪，身自嫁、娶，若作樂，釋服從吉。」⑥「作樂」指自己或遣人擊鐘鼓、彈絲竹之類；「釋服從吉」指喪制未終，就換衰裳為吉服。依據唐律，居父母喪的二十七月內，身自嫁、娶者，徒三年。釋服從吉、忘哀作樂，徒三年，即使遇樂而聽者，也要杖一百。居父母喪生子，即在居喪的二十七月內妊娠生子者，以及兄弟別籍異財者，徒一年⑥。

5.「聞祖父母、父母喪，匿不舉哀，及詐稱祖父母、父母死。」⑥

---

⑤　《唐律疏議》卷一二，中華書局一九八三年十一月版，第二三七頁。

⑥　見〈曲禮上〉、〈坊記〉、〈內則〉等篇。

⑥　《唐律疏議》卷一，中華書局一九八三年十一月版，第一三頁。

⑥　《大清律例》卷二六，天津古籍出版社一九九三年十二月版，第四三九頁。

⑥　《唐律疏議》卷一，中華書局一九八三年十一月版，第一三頁。

⑥　《唐律疏議》卷一，中華書局一九八三年十一月版，第一三頁。

⑥　《唐律疏議》一○，中華書局一九八三年十一月版，第二○四頁。

⑥　《唐律疏議》，中華書局一九八三年十一月版，第一四頁。

由於父母之喪「創劇尤切」⑥，所以「聞喪不舉」之罪流二千里。若詐言餘喪不解官居喪，則徒兩年半；妄稱祖父母、父母死，徒三年。若祖父母、父母犯死罪，被囚禁，而子孫及妻妾作樂者，以其不孝、不義罪而徒一年半⑥。

　　6.**毆斃祖父母、父母，殺無赦**。「十惡」中的第四條「惡逆」，是情節最爲嚴重的不孝行爲，即毆打及謀殺祖父母、父母。「父母之恩，昊天無極。……五服至親，自相殘戮，窮惡盡逆，絕棄人理」⑥。甚至連「詛欲令父母死及疾苦者」，也「以謀殺論」，爲「惡逆」罪⑦。犯此罪，除元律規定毆傷者處死刑外，各代都是不論故殺誤殺，不論有傷無傷、傷勢輕重，只要有「毆」、「殺」的行爲，一律斬而不赦。如清律規定，「凡子孫毆祖父母、父母案件，審無別情，無論傷之輕重，即行奏請斬決。」⑦若毆父母致死，元、明、清律加至凌遲處死。唐宋明清律，過失殺父母者，流三千里；過失傷者徒三年。乾隆時定例，過失殺父母者立絞；毆死父母者，即使已經畏罪斃命，也要以屍示眾。同時，明律規定，若子孫威逼祖父母、父母致死，則依毆祖父母、父母罪問斬。清律更具體地規定，若因子孫觸忤干犯以致祖父母、父母自盡者，斬決；若因違反教令而使祖父母、父母輕生者，絞候。有這樣兩個在我們今天看來匪夷所思的案例：

　　　　某甲因不聽母親喝阻，其母欲稟官送究。甲苦苦哀求，其母不允。赴縣呈控後，其母又追悔莫及，投井自盡。甲因此而被判絞侯。

　　　　劉某平日極為孝順。其母索要非分之財，劉某力諫不果，遂私自湊錢退還，其母得知後羞憤自殺。按律應擬絞。後來實因情

---

⑥　《唐律疏議》，中華書局一九八三年十一月版，第一四頁。

⑥　《唐律疏議》，中華書局一九八三年十一月版，第二〇四－二〇六頁。

⑥　《唐律疏議》卷一，中華書局一九八三年十一月版，第八頁。

⑦　《唐律疏義》卷一，中華書局一九八三年十一月版，第一二頁。

⑦　《大清律例》卷二八，天津古籍出版社一九九三年十二月版，第四九七頁。

有可原，才「照違犯教令致母自盡例量減一等，杖一百，流三千里。」⑦

即使父母並非故意尋死，只是無意跌斃，只要起因於子孫，子孫也仍要負同樣的刑事責任⑦。這是所謂「天下無不是的父母」的倫理觀念在法律領域的典型體現。

綜觀歷代法律，對不孝罪的處罰，皆採取加重主義的原則，即所謂「『君親無將，將而必誅。』謂將有逆心，而害於君父者，則必誅之」⑦。凡有獄訟，必先論其尊卑上下、長幼親疏之分，而後才聽其曲直之辭，對於以下犯上、以卑凌尊者，都嚴懲不貸。例如依前所講，罵人在常人不算什麼，但罵祖父母、父母，則要處絞；常人過失殺傷罪可以收贖，但子孫過失殺傷祖父母、父母則科以重罪。皇帝在對不孝罪的申報批復中也往往任意加重刑罰。如唐代京官李均、李鍔兄弟，二十餘年不回故里，母死不報，被憲司上報後，皇帝令處以當時早已經廢止的車裂之刑⑦。這正是儒家家族主義、倫理本位原則在法律領域的體現。

最後，特別要強調的是中國古代的家法族規。家庭、家族是中國封建社會的基本構成單位，法律賦予族長、家長以治族、治家的特權。《唐律疏議》開篇總論就引古語曰：「刑罰不可弛於國，笞捶不得廢於家」。家法族規同封建國家的法律本質上是一致的，即所謂：「家之有規猶國之有典也，國有典則賞罰以飭臣民，家有規寓勸懲以訓子弟，其事殊，其理一也。」⑦家規族法除了維護家族內部秩序、調整族裏關係、履行國家的包括法律義務在內的諸項義務外，還用嚴厲的懲罰手段從道德上思想上控制著家族成員循規蹈矩，不犯上作亂。在維護孝道方面，有時

---

⑦　皆見《刑案彙覽》四四，轉引自瞿同祖《中國法律與中國社會》，第三四頁。

⑦　瞿同祖《中國法律與中國社會》，第三六－三七頁。

⑦　《唐律疏議》卷一，第六頁。

⑦　《冊府元龜》第十八冊，中華書局一九六五年版，第二三九頁。

⑦　安徽《仙原本溪項氏族譜》卷一〈祠規引〉，轉引自張晉藩《中國法律的傳統與近代轉型》，法律出版社一九九七年版，第一一五頁。

甚至起著國法所不能代替的作用。特別是在政權鞭長莫及的的法律眞空地帶，如閉塞的邊隅山區，家法族規更是懲治非禮、禁惡揚善的主要手段。其中最突出的是對不孝的處罰。例如安徽《刑氏家譜・家規》曰：「若有不孝舅姑、不和妯娌，……必懲之。」《江西臨川孔氏支譜家規條例》：「誅不孝。不孝之罪：遊惰、博奕、好酒、私愛妻子、貨財與好勇鬥狠、縱欲，皆不孝之大。一經父母喊出、族長察出，重責革並，犯忤逆，處死。」借助法律的強制，家與國進一步溝通，倫理和政治進一步結合，家（族）長既是家族內的立法者，又是裁判者和法律的執行者，父權和族權完全成爲專制王權的縮影。

第四節　爲父復仇：情與法的衝突

　　禮法都是維護封建宗法等級制度的工具，出禮則入刑，即舉凡悖禮、違禮的行爲，也就是違法的行爲。這表達了情與法、刑與禮的統一，也是法律儒學化的旨歸。但是，法律和倫理同歸而殊途，它們畢竟分屬於兩個領域，具有不同的形式、標準和特點。法律規範注重人的社會性，旨在調整普遍存在的一般社會關係；倫理規範則適用於特定的倫理關係，並賦予關係人一種超社會的親情義務。因而，倫理和法律在實現各自功能的過程中，不可避免地要發生衝突。歷代法律，尤其是《唐律》，把以禮入律作爲解決親情與法律衝突的基本途徑，並用一系列法律條文規定作爲處理孝道與國法矛盾的基本模式。但是，繁縟的律文在多樣複雜的現實面前黯然失色，一切努力都不可能從根本上消解矛盾的客觀、必然存在。爲父（母）親復仇，就是典型的雖違法卻合禮的行爲，它集中體現了家族與國家、孝道與國法的對立，是一個令歷代統治者都傷腦費神，卻始終沒能完滿解決的棘手問題。

一、血親復仇的淵源

「復仇是一種野生的裁判。」⑦復仇的觀念和習慣，普遍地存在和流行於原始社會和古代社會中，由個人復仇到家與家、族與族之間的復仇，規模大小不一。遠古時期，復仇甚至是一種爲子者責無旁貸、義不容辭的神聖義務，例如印第安人的復仇觀念如同宗教信仰一樣牢固而神聖；在古代的斯堪的納維亞，子不報父仇，是不能享受繼承權的。歷史上的希臘人、希伯萊人、阿拉伯人、印度人都允許復仇；古代許多國家像羅馬、英國、法國、義大利、日本也都曾有過准許復仇的法律⑦。其所以如此，原因在於，在一個缺乏政治力量維持公正的社會中，只能允許私人自行平冤矯枉，「以直報怨」⑦，尋求公正的賠償。因而復仇本身就帶有正義的性質。當國家的權力發達到足以主持公道、限制自救時，禁止復仇的法律才會出現。

中國的情況也不例外。血親復仇是中國古代社會中一種常見的社會習俗，它以血緣關係爲基礎，是約定俗成的正當報復行爲。上古時代的文獻中依然保留著許可復仇的記載。唐代韓愈說：「伏以子復父仇，見於《春秋》，見於《禮記》，又見於《周官》，又見於諸子史，未有非而罪之者也。」⑧西周宗法制度的確立和完善，不僅使作爲氏族社會孑遺的血親復仇之風延續下來，而且使之得到了倫理道德上的合理性說明，得到了國家政權和法律的合法性保護。《周禮》對於報仇有專門的規定，有法定的手續，即只要事先到朝士處登記仇人的姓名，然後再殺之，就可無罪（反復復仇者無效）。西周還設有專司避仇和解的官職。《周禮》云：「父之仇，辟諸海外；兄弟之仇，辟諸千里之外；從父兄弟之仇，不同國；君之仇視父，師長之仇視兄弟，主友之仇視從兄弟。」⑧《周

---

⑦　《培根論說文集》，商務印書館一九五八年版，第一六頁。

⑦　瞿同祖書《中國法律與中國社會》，第六五－六九頁。

⑦　《論語‧憲問》。《左傳‧襄公七年》：「正直爲正，正曲爲直。」

⑧　《舊唐書》（六），卷五〇〈刑法志〉，第二一五三頁。

⑧　《周禮‧地官司徒‧調人》，第三八頁。

禮》同時還規定：「凡殺人而義者，不同國，令勿仇，讎之則死。」⑧
復仇的一般原則是：父不受誅即父罪不當至死而死，爲子是可以爲父復
仇的，如伍子胥躬耕待時，志在雪父兄之仇；父受誅即父若犯死罪，則
不准復仇，否則必然招致反復仇殺。法律的許可，更助長了一直延續不
絕的復仇風尚。至戰國後期，復仇依然蔓延風行於東方諸國。孟子所謂
的「殺人之父，人亦殺其父；殺人之兄，人亦殺其兄」⑧就是對當時復
仇狀況的眞實描述。唯有法家強調國家法律高於一切，堅決反對復仇。
及至重刑法而輕經義、行專制而蔑人倫的秦一統天下，給奴隸制宗法制
以毀滅性的打擊，一度使與宗法制相伴的復仇風尚幾近滅絕。

　　漢承秦制，專制國家操縱著對臣民的生殺予奪之權，法禁復仇是毫
無疑義的⑧。但是，具有悠久歷史的宗法傳統很快就在封建制的龐大軀
體內找到新的生長點，封建宗法制粉墨登場，復仇觀念得到新的權力和
理論支撐。儒家將作爲原始心態孑遺和個體情感衝動的復仇意識與傳統
宗法制度相結合，賦予復仇以親情孝道的倫理內核和肯定性的道德評
價。儒學的獨尊，禮對法的干預，法向禮的屈從，更使復仇者贏得了合
法的道義依據。唐代荀悅云：「復仇者，義也」⑧，直到王夫之還認爲：
「父受誅，子讎焉，非法也；父不受誅，子弗讎焉，非心也。」⑧所以
有學者認爲：「儒家倫理重視復仇，因爲有時這是完成孝道所不能或缺
者。」⑧

　　儒家的親親、尊尊原則是復仇制度的倫理基礎。按照儒家的宗法倫
理，五倫親疏等差觀念決定了報仇責任輕重緩急的不同。五倫之中，君
最尊，父最親。所以，《公羊傳‧隱公十一年》上說：「君弒，臣不討賊，

---

⑧　《周禮‧地官司徒‧調人》，第三八頁。

⑧　《孟子‧盡心下》。

⑧　據學者研究，至少在西漢末年已經有禁止復仇的法令。　見瞿同祖《中國法律與
　　中國社會》，第七〇頁。

⑧　《新唐書》(一八)，卷一九五〈孝友傳〉，第五五八六頁．

⑧　《讀通鑒論》卷十一，嶽麓書社一九八八年版，第四二三頁。

⑧　張德勝《儒家倫理與秩序情結》，臺灣巨流圖書公司一九八九年版，第一八七頁。

非臣也；父弒，子不復仇，非子也」；《禮記》云：「父之仇弗與共戴天」⑧。若居父母仇未報，則「寢苫枕塊，不仕，弗與共天下也。遇諸市朝，不反兵而鬥。」⑧復仇的主導動機是盡孝，復仇成為盡孝的極至。儒家帶有強烈宗法家族主義色彩的復仇觀，奠定了復仇意識作為傳統文化心態有機組成部分的根基。

儒家的宗法倫理觀念為社會所普遍接受認同，復仇意識深入民心，復仇之風甚囂塵上。「俗稱豪健，雖有怯弱猶勉而行之」，「人相殺傷，雖已伏法，而私仇怨結，子孫相報，後忿深前，至於滅戶殄業」⑨，以至於漢人把「怨仇相殘」列為漢代百姓七大死亡原因之第五⑨。可見復仇摧殘了多少無辜的生命。漢章帝建初年間，有孝子為復父仇而殺人，章帝免去其死刑而予以寬大，以後發生的類似案件，均依此從輕發落，並由此而形成一個正式的法律——輕侮法。輕侮法的實施，使正在蔓延興盛的復仇風氣愈發不可遏制，「『輕侮』之比，寢以繁滋，至有四五百科，轉相顧望，彌復增甚」⑨，以至和帝時不得不詔令廢止此法，恢復殺人者死之舊制。

二、法律對復仇的禁止和縱容：禮與法的衝突

在諸多的復仇案件中，為父復仇作為禮法衝突的焦點，是最普遍和最重要的一種。據統計，漢代已知的為父復仇的有二十六例，男子所為二十二例，女子所為四例⑨，其中最有名的是趙娥的故事。趙娥殺死父仇後到縣裏自首，在守尉預備棄官解綬而釋放她的情況下，她卻執意不

---

⑧　《禮記・曲禮上》。

⑧　《禮記・檀弓上》。「反兵」即回家取武器，「不反兵」意為隨身攜帶武器，不假思索、刻不容緩地與仇人搏鬥。

⑨　《後漢書》（四），卷二八〈桓譚傳〉，第九五八頁。

⑨　《後漢書》（十），卷七二〈鮑宣傳〉，第三〇八八頁。

⑨　《後漢書》（六），卷四四〈張敏傳〉，第一五〇三頁。

⑨　周天游《古代復仇面面觀》，陝西人民出版社一九九二年版。

肯貪生以負朝廷，「偷生以枉國法」，情願爲「肅明王法」而「隕身朝市」(94)。禮與法的衝突開始凸顯。

連卑微民女也深知復仇與國法的不相容，可見漢代法律是絕對禁止此類行爲的。以後列朝也多次爲此頒佈詔書，屢加嚴禁。如曹操、魏文帝、梁武帝都曾詔令禁止復仇(95)，魏律對於復仇的處罰重至誅族，北魏律對於復仇者的處罰更嚴酷，誅及宗族和鄰伍。除元律外，唐宋以後的法律也都嚴禁復仇(96)。明、清律稍加變通，祖父母、父母爲人所殺後，若子孫出於激忿而立即將兇手殺死，則無罪；若事過境遷再殺仇人，則要論罪杖六十(97)。總之，在生殺權操於君主的封建君主專制下，「國家設法，焉得容此？」(98)禁止私人蔑棄國法、擅自殺人復仇乃是各朝政府必然和一貫的選擇。

嚴懲私自復仇，是法律禁止復仇的積極方面。另一方面，政府還通過法律手段消極地從各方面防範復仇事件的發生，以迴避孝道與國法的矛盾。最有代表性的就是「殺人移鄉」避仇的規定。這個規定主要是針對已經伏法的兇手。雖然國法已伸，私恨已泄，但若有幸遇上大赦，惟恐被害人家屬於心不甘，爲避免再度復仇，遂制定此法。移鄉避仇與周代「調人」所司顯然是一脈相傳的。另外，自秦漢至清代，對復仇均有種種限制條件，力圖使之回歸並遵循公正的原則，同時把生殺之權牢牢地把握在國家手裏，如「人君誅其臣民無報復之理」(99)，這是二千年封建社會復仇制度中不可動搖的原則。又如「殺人而義」、「父受誅」，既父獲罪該殺，子不得復仇；過失殺人，不得復仇；已受國法制裁、逢赦免者不得復仇；復仇對象只限於仇人本身，不能濫殺無辜，等等。

---

(94) 皇甫謐《列女傳》，轉引自瞿同祖《中國法律與中國社會》，第七一頁。

(95) 《三國志・魏志・武帝紀》、《三國志・魏志・文帝紀》、《梁書・武帝紀》。

(96) 元代對儒家孝道倫理的尊崇可謂至矣。元律規定：父為人所殺，子毆殺仇人，不但不抵罪受刑，而且殺父之家須付燒買銀五十兩。見《元史》（九），卷一五〇〈刑法志〉，第二六八七頁。

(97) 《大清律例》卷二八，天津古籍出版社一九九三年十二月版，第五〇一頁。

(98) 《舊唐書》（十五），卷一八八〈孝友傳〉，第四九三三頁。

(99) 丘濬《大學衍義補》卷一一〇。

　　既然歷朝政府都三令五申禁止復仇，甚至對復仇者嚴加懲處，爲何人們依然對此置若罔聞，收不到殺一儆百的實效呢？

　　這是因爲，首先，最主要的是有一個不可忽視的社會存在：中國是一個倫理本位的宗法制國家。按照儒家傳統的道德觀念，爲成仁可以殺身，爲取義不惜捨生。「孝」爲仁義之首，百行之先，若對不共戴天的殺父之仇視而不見，則何以爲人？何以面對列族列宗？何以有面目立足於世？若不爲被人所殺的父母復仇伸冤而苟且偷生，則不但於情於理所不容，而且爲世人所譴責和不齒。在這種情況下，有父母仇者除了爲報仇雪恨而以身試法、爲成全孝道而犧牲自己的身家性命外，別無選擇。其次，在以孝治天下的社會氛圍下，爲行孝道而置個人生死安危於度外，這就使復仇行爲本身染上了一抹悲壯、亮麗的色彩，「且夫不忘仇，孝也；不愛死，義也」[100]，因而極易博得輿論的同情和讚譽，甚至獲得執法者的矜憐和寬宥。更何況在許多執法者看來，「殺一罪人，未足引憲；活一孝子，實廣風德。」[101]另外，作爲人類最具恒常性質的恩怨情感糾葛，血親復仇意識中正義對邪惡的無畏討伐，經過先秦儒家的倫理定位和理性闡釋，逐步醞釀產生了以懲惡揚善、伸張正義爲表現模式的復仇主義文學主題。對邪惡的鞭撻，對正義的嚮往，對復仇者的同情、褒美和謳歌，是復仇文學，特別是武俠小說的核心內容。這反過來進一步激發了社會普遍的復仇心理，造成了有利於復仇者的社會氛圍。

　　道德的自我肯定和社會的贊許這兩個方面是密切相關的，前者是後者的基礎，後者是對前者的進一步強化。如果說，從道德的自我肯定講，尚有孝子迫於孝道倫理的內在壓力，以及社會輿論的外在壓力，從而不得不選擇復仇的話，那麼，社會的贊許，即眾人的譽美褒獎、法律的寬大處理、聖上的賜爵賞物，無疑等於對復仇行爲的縱容、鼓勵和慫恿，從而使居父母仇的孝子們更加有恃無恐，並且義無反顧地奔赴復仇之

---

[100]　《新唐書》（十八），卷一九五〈孝友傳〉，第五五八六頁。

[101]　《南齊書》（三），卷五五〈朱謙之傳〉，第九六三頁。

途。復仇的習俗本已源遠流長，根深蒂固，再加上孝道倫理的深入人心，朝廷官吏的宥赦縱容，這樣，即使朝廷三令五申，法律嚴懲不貸，仍不能根絕復仇現象，也就不足為怪了。而且，從歷代正史〈孝義傳〉、〈孝行傳〉皆載有為父復仇的孝子事跡來看，各朝政府也從來沒有真正去禁止復仇，復仇禁令在一定程度上形同虛設。在《清史稿‧孝義傳》中，我們還看到十多個為父復仇的孝子案例。復仇事件的屢禁不止，原因蓋在於此。

當然，復仇本是一種自發性的懲惡行動，它帶有蔑視政權法律、無視官吏權威的意味，若自首則表達了對法律、權威的尊重，這就在一定意義上既盡了一個孝子復仇的倫理義務，又盡了一個臣民守法的責任，「揮刀酬冤，既申私禮；繫頸就死，又明國法。」⑩所以復仇者受寬宥一般是以自首為前提的。

復父仇而被宥的案例歷代皆有所聞，即使在法律嚴懲復仇的時代也不例外。例如前引趙娥復仇自首後，鄉人「為之悲喜慷慨嗟歎」，「海內聞之，莫不改容讚譽，高大其義」⑩；漢郅惲替友復父仇後坦然就獄，縣令為其傾倒，竟至於以拔刀自殺相要挾，逼令郅惲出獄；晉代桓溫因手刃父仇而揚名光祖，一時尊寵無比；魏孫男玉、孫益德、劉宋錢延慶、隋孝女王舜、唐王君操、梁悅、宋劉玉、金張錦、明何竟等等⑩，舉不勝舉，書不勝書。

更有甚者，不少復父母仇者非但沒有受到法律的制裁，反而因禍得福，名利雙收。如魏韓暨以仇人頭祭父而名重當時，屢辟孝廉而不就⑩；淳于誕手刃仇凶後，「州里歎異之，頤益州刺史劉俊召為主簿，蕭衍除

⑩　《南齊書》（三），卷五五〈朱謙之傳〉，第九六三頁。

⑩　皇甫謐《列女傳》，轉引自《中國法律與中國社會》，第七一頁。

⑩　分別見《後漢書‧郅惲傳》、《太平御覽》卷四八一、《魏書‧列女傳》、《魏書‧孝感傳》、《宋書‧孝義傳》、《隋書‧列女傳》、《舊唐書‧孝友傳》、《舊唐書‧刑法志》、《宋史‧刑法志》、《金史‧刑法志》、《明史‧孝義傳》。

⑩　《三國志》（三），卷二四《魏志‧韓暨傳》，第六七七頁。

步兵校尉」⑩；梁簡文帝嘉歎張景仁復仇之孝義，下敕減其一戶租調，以襃旌其孝行⑩，等等。而且，即使法律對復仇有種種限制，基於孝道，實際上司法過程中對這些規定的執行並不嚴格。如《清史稿》載：李復新擊殺遇赦的殺父仇人賈成倫後，依律當判殺人罪，但縣議以爲：「《禮》言父母之仇不共戴天，……赦罪者一時之仁，復仇者千古之義。成倫之罪，可赦於朝廷，復新之仇，難寬於人子。」最後不僅無罪釋放李復新，而且表其門曰「孝烈」⑩。又如，王恩榮父親被仇人毆死時，恩榮年方九歲。其後他「以斧自隨」，志在復仇。二十多年後終於如願以償。他詣縣自首，按察使議曰：「律不言復仇，然擅殺行兇人，罪止杖六十，即時殺死者不論，是未嘗不許人復仇也。而榮父死時未成童，其後屢復仇不遂，非即時，猶即時矣。……」於是王恩榮被「特予開釋。」⑩我們看到，歷代正史〈孝義傳〉、〈刑法志〉中，多有爲履行孝道復父母仇後自縛詣郡、慷慨就死，而反得皇上下詔減刑、免刑以至恩賜，且以孝名垂青史的例子。

「復仇的正義性倫理性所激發的情感化傾向，又決定了一些復仇者報復手段的殘忍多樣及擴大範圍的合理性、以及這種非理智行爲的不受譴責。」⑩實際的案例證實了這一點，復父仇者爲泄不共戴天之深仇大恨，往往傾向於採用極其殘忍的手段，且往往爲斬草除根而株連無辜。即使如此，自首伏法者一般仍可得到寬宥。如梁代成某報父仇後，又「鳩殺其子弟，噍類俱盡，武帝義之，每爲屈法」⑪；杜某殺仇人後，又「斷首刳腹，解其肢體……太祖嘉其志氣，特命赦之」⑫；王頒報父仇，挖

---

⑩　《魏書》（五），卷七一〈淳于誕傳〉，第一五九二頁。

⑩　《南史》（六），卷七四〈孝義傳〉，第一八四三頁。

⑩　《清史稿》（四五），卷二八五〈孝義傳〉，第一三七八〇頁。

⑩　《清史稿》（四五），卷二八五〈孝義傳〉，第一三七八四頁。

⑩　王立〈法與魏晉南北朝復仇文學〉，《社會科學研究》一九九一年第三期。

⑪　《南史》（六），卷七四〈孝義傳〉，第一八四四頁。

⑫　唐・令狐德棻《周書》（三），卷四六〈孝義傳〉，中華書局一九七一年十一月版，第八三九頁。下引本書版本同此。

墳掘屍，「焚骨取灰，投水飲之。」⑬爲申明孝道，甚至連惡性的連環復仇、冤冤相報也能得到赦減。南齊朱謙之殺父仇後，被世祖赦其死罪，卻又被所殺仇人之子惲伺殺，接著，謙之之兄又刺殺惲。武帝聞知這一連串的仇殺事件後，竟認爲「此皆是義事，不可問」，遂悉皆赦之⑭。

　　當然，人治、專制傳統下，法律、孝道都是統治者股掌之上的玩物，臣民的生死往往是在君王談笑嬉戲之間決定的。所以歷史上被依律擬罪、不加赦宥的復仇者也大有人在。據《唐書》載，由唐初到穆宗二百年間，作爲特例上報皇帝的復仇案件共八件，判決結果，死與減各四。《舊唐書·孝友傳》中有三例爲父復仇事件，其中兩例復仇者皆被處斬。如張瑝、張琇二兄弟復父仇殺人後，雖然張九齡等懷矜宥之意，但玄宗以爲：「復仇須禮法所許，殺人亦格律俱存。孝子之情，義不顧命，國家設法，焉得容此？殺之成復仇之志，赦之虧律格之條。」不少大臣也持此論。玄宗下敕處決張氏兄弟，並告示民眾曰：「國家設法，事在經久，蓋以濟人，期於止殺。各伸爲子之志，誰爲徇孝之夫？展轉相繼，相殺何限？咎繇作士，法在必行。曾參殺人亦不可恕。」⑮這些都是在當時轟動較大、爭議較多的案子。事實上，一般史書所記的多爲復仇後得寬宥的較典型的案例，以此弘揚孝道，並昭顯皇帝的仁慈和皇恩的浩蕩。我們可以推斷，一定還有更多的無名的復仇者淪爲仇人或法律的刀下鬼，成爲封建孝道和封建國法的犧牲品和點綴品。

三、屈國法而就孝道：禮與法的調和

　　從情的角度而言，在孝道倫理熏陶下的孝子烈女們爲恪盡孝心、表顯孝志，甘願繫獄下牢、引頸就死，或者臥薪嘗膽、處心積慮數年數十年，誓殺父仇而後快，其志可歎，其勇可欽，其情可矜，殺之難免有傷孝子之心，有虧孝悌之道，有礙孝治天下的實施。但站在法的立場上看，

---

⑬　《北史》（九），卷八四〈孝義傳〉，第二八四五頁。
⑭　《南齊書》（三），卷五五〈朱謙之傳〉，第九六三頁。
⑮　《舊唐書》（一五），卷一八八〈孝友傳〉，第四九三三頁。

原無允許復仇之法，殺人抵罪乃勿用置疑、天經地義之事。若有法不依，有禁不止，無疑是對國法的蔑視和踐踏，是對國君的不順不敬。這是專制國家和專制君主所不能容忍的——特別是在需要強化君權的時期。法既不可侮，禮也不能虧，「復仇據禮經則義不同天，徵法令則殺人者死」，「不許復仇，則傷孝子之心，而乖先王之訓；許復仇，則人將依法專殺，無以禁其端矣。」⑯禮法難分仲伯，法就於情則損法，情就於法則傷情，二者均不利於社會秩序的規範化。所以歷代對於復仇事件的處理皆無定律，或者即使有律也難以遵循。法律對私人復仇從認可、允許，到限制、禁止，經歷了一個漫長而艱難的過程。直到法律相當健全完備的唐代，社會上層對禁止復仇一事仍久議不決，民間當然更是從不懷疑復仇的正義性和道義性。歷代法律對復仇的時禁時縱，統治者的舉棋不定、無所適從，恰恰表明國法與孝道矛盾的極度棘手。

「如何協調親情與法律的關係，減少二者之間的衝突，使它們能夠更有效地共同維護社會的存續，這是不同的社會文明一直在探尋的問題。」⑰唐代試圖較大幅度地加強法律的強制性，因而使以復仇為典型的禮法的矛盾格外突出，於是圍繞著是否允許復仇的問題，從朝廷、官府到民間，展開了一場廣泛的討論，提出了一系列處理復父仇事件的折衷調和的辦法。比較有影響的有這樣幾種：

一是荀悅提出堅持「制之以義，斷之以法」的原則，採取移鄉避仇的辦法使「義法並立」，使「守法者不以禮廢法，居禮者不以法傷人。」⑱

二是陳子昂提出禮、法雙重標準同時採納的變通方案：殺之以正國法，旌之以明孝義。唐徐元慶報父仇後投官服罪，陳子昂建議，一方面，對徐的殺人行為依律定死罪；另一方面，朝廷出面，為其設區立碑，對

---

⑯　《舊唐書》（六），卷五〇〈刑法志〉，第二一五四頁。

⑰　朱勇等〈衝突與統一——中國古代社會中的親情義務與法律義務〉，《中國社會科學》一九九六年第一期。

⑱　《新唐書》（一八），卷一九五〈孝友傳〉，第五五八六頁。

徐的捨身盡孝行爲予以表彰。陳子昂還建議將這種禮法兩不相害的折衷處理辦法「編之於令，永爲國典。」⑲這個建議獲得了君臣上下多數人的默認，但遭到了柳宗元的激烈反對。柳宗元站在經義與法律相統一的立場上認爲，「旌與誅莫得而並焉」，誅其可旌則瀆刑，旌其可誅則壞禮，因此，這種既誅又旌的首鼠兩端的做法，會使趨義者不知所向，違法者不知所立⑳。

三是韓愈建議依據具體案情具體處理。他就梁悅復仇案上書曰：「復讎之名雖同，而其事各異」，所以，「凡有復父讎者，事發具其事由，下尚書省集議奏聞，酌其宜而處之」，這樣就能使禮法兩不相虧，經律各得其旨㉑。

不難看到，爭來議去，並沒有產生一個禮法兼得、切實可行的議案。事實上，也不可能有這樣一個議案。而且，他們所謂的「並立」，所謂的孝道與國法並行不悖，實質上依然是法對情的退讓和屈從。因爲從法律的立場講，既然並無復仇的規定，那麼殺人就該償命，一切附加條件都是對法律的虧損。從這個意義上說，雖然關於復父仇上的禮法之辯表面上沒有定論，但事實上孝道顯然已壓倒法律而佔據了上風。瞿同祖先生一語破的：「一切辯理上的困惑都由於不肯採取單一的立場，中國的學者，除法家外，都偏向於禮經，不肯否認復仇的道義。」㉒

法律對「私和罪」的規定，更微妙而清楚地表明官方屈國法而就孝道的傾向和立場。復仇雖然有違國法，尚不失孝子之心，有補孝道倫理；與殺父母的仇人私自和解，則既虧國法，又悖孝道，於道德和法律兩不相容。所以，私和罪規定：祖父母、父母及夫爲人所殺，若不告官請求伸冤，而忘大痛之心，捨枕戈之意，私下和解，依唐、宋律，流二千里

⑲　《新唐書》（一八），卷一九五〈孝友傳〉，第五五八六頁。
⑳　《新唐書》（一八），卷一九五〈孝友傳〉，第五五八六頁。
㉑　《新唐書》（一八），卷一九五〈孝友傳〉，第五五八八頁。
㉒　瞿同祖《中國法律與中國社會》，第八三頁。

⑫；明、清律杖一百，徒三年；若貪利忘仇，受財私和，則更惡劣不可饒恕，唐、明、宋、清律皆按盜賊從重發落。可以說，嚴禁私和的法律條文既强化了父母之仇不共戴天的倫理意識，又逼迫人們鋌而走險，作出復仇的行爲選擇。

不可否認，以血親復仇的盡孝償恩爲核心，經過漢代移孝作忠倫理模式的傳揚，復仇被賦予了廣泛的社會道德價值：「忠孝者，立身之大節，爲臣而洗君之恥，父仇而子復之，人之至情也。度不可爲，不顧而爲之者，抑吾之情不可不伸也。逆計而不爲，人烏知吾心猶愧耳！況卒不免於死，則將藉口謂何哉！」⑫中國人以國爲家，以君爲父，國恨即是家恥，君仇就是父仇。從這個意義上說，强烈的爲父復仇意識，對昂揚民族正氣、凝聚民族情感、激勵民族鬥志，是具有一定的積極意義的。近代有人激切地呼籲：

> 忠孝之道一也，知行孝而復母仇，則必知矢忠以報國恥。若云天下孝子之母，皆當遇不幸之事，吾望其斤斤於復仇，以增廣國史孝義之傳，為吾國光……蓋願世上圖雪國恥，一如孝子湯麥司之圖報親臭者，則吾中國人為有志矣⑫！

綜而觀之，傳統法律從兩個方面强化著孝道倫理，一方面對違反孝悌作爲犯法科以重罪，另一方面又對爲孝悌而犯法者網開一面。於是，在宗法制的肥田沃土中滋長的孝道，不僅得到倫理政治的倡導和支援，又得到了傳統法律的雙重羽翼的呵護。在禮法不可兼顧的宗法制度下，對禮經、人情、孝道的偏祖，以道德評價代替或掩蓋法律應有的公正和嚴肅，無可避免地要損害法律的威嚴，對法律的實施及法律觀念的發展產生消極的影響。這是中國古代將基於國家統治而形成的法律義務與基

---

⑫　《唐律疏義》卷一七，中華書局一九八三年十一月版，第三三三頁。

⑫　《陳亮集・史傳序・忠臣傳序》，中華書局一九七四年版，第一五三頁。

⑫　林紓〈英孝子火山報仇錄・序〉，《晚清文學叢鈔・小說戲曲研究卷》，中華書局一九六〇年版，第二一三頁。

於道德倫理而產生的親情義務硬性結合，即傳統法律儒家化的必然後果
⑫。鑒古爲今，梳理分析傳統法律文化與孝道的關係，對我們推進法律
現代化進程、建設有中國民族特色的社會主義法制體系，是有現實的借
鑒意義的。

---

⑫　朱勇等撰文認為，一是這種結合本身以及因此而引起的衝突，使法律不能完整
　　地遵循從自身性質和邏輯結構來對有關事件進行處理；二是這種結合不利於全
　　民法律觀念的形成，既容易使人們從道德角度理解已經受道德原則支配的法律
　　體系，又容易導致法律與道德二者相互對立觀念的萌生。見〈衝突與統一──中
　　國古代社會中的親情義務與法律義務〉，《中國社會科學》一九九六年第一期。

第八章　兩宋至明清：

理學的孝道論證與佛教的孝道建構（上）

　　由唐而宋，既是封建社會發展的轉折時期，也是封建孝道的完備和定型時期。宋、元、明、清，中國封建社會進入後期發展階段，逐步從鼎盛走向式微、從繁榮走向衰落。與之相適應，孝道在這一時期呈現出封建社會後期的總體特徵，即：理論上趨於本體化、形而上學化，實踐上則走向了極端化、愚昧化。封建孝道的這一新特徵，是伴隨著宋明理學的興盛而成型，以宋明理學家的孝道理論爲代表的。孝道理論在元、明、清時期基本上沿襲了宋明理學的路數，沒有大的突破。因而我們對封建社會後期孝道的研究以宋代爲重點，兼及元、明、清時期。

第一節　宋明理學家對封建孝道的哲學論證

　　宋代雖然是中國封建社會走向衰落的開端，但在哲學理論上卻得到長足的發展，達到前所未有的高度。由北宋張載、程顥、程頤創立，南宋朱熹集其大成而形成的程朱理學，是封建社會後期的正統思想。尤其是理學中的封建倫理思想，上承漢代三綱五常，對後世產生了廣泛、深遠的影響。我們現在所說的封建思想意識，其實主要是程朱理學的思想內容。其所以如此，原因在於，一方面，封建道德理論自漢代以後就無大的發展，董仲舒等對綱常名教的神學論證早已經失去鉗制人心的力量，佛、道對儒家綱常也有一定的衝擊力。另一方面，到了封建社會後期，封建道德對於維護封建專制統治所起的作用更爲重要，高度發展的封建專制制度需要更加精緻圓熟的封建道德理論作支援。佛教、道教強大的理論攻勢也威脅到儒家思想的統治地位，起衰振蔽，收拾人心、道心，整頓綱常名教的理論任務迫在眉睫。同時，宋代經濟的繁榮，科技的發達，儒家入佛教道學之殿堂，襲其本體論、方法論之精義，理論水平和思維能力大大提升，也都爲封建道德理論的重構提供了充足的條件。

　　孝道作爲封建道德理論的核心和基礎，是理學體系的重要內容。儒學之優勢向來在政治、倫理思想方面，而在本體論方面則少有系統、深入的發揮。至於把本體論植入倫理學，賦予道德規範以本體論依據，更是思想家所企望已久的。理學家們以「理」或「天理」爲最高理念，構建了一個具有濃厚理性思辯色彩的天理與人道合一的倫理模式。給人倫找出宇宙的總根源，同時賦予自然界的法則以道德屬性，爲封建道德建立嚴密的世界觀基礎，把孝等封建道德本體化，這既是理學的宗旨，也是封建社會後期孝道的基本理論特徵。理學家站在宇宙論高度對孝道等封建道德根源性、合理性的哲學論證，使封建孝道具有了更完備成熟的理論形態。

一、從宇宙論高度爲孝道提供本體論依據

　　理或天理是宋明理學的最高理念，它既是自然界的本體，也是客觀的倫理本體。封建社會後期的孝道理論是建立在客觀唯心主義的天理論基礎上的。

　　二程認爲，天理是一個絕對完滿自足的精神實體，「天理云者，……元無少欠，百理具備。」①理充滿宇宙之中，萬物人倫中也都蘊涵著天理：「凡眼前無非是物，物物皆有理。如火之所以熱，水之所以寒，至於君臣父子間皆是理。」②天理是宇宙萬物的最高本體，人事社會的最高原則，因而也是整個人類社會和封建倫理綱常的終極根源和最高準則，「禮即是理也」③，「天下善惡皆天理」④，「君君臣臣，父父子子，夫夫婦婦，皆是實理流行」⑤。

　　朱熹以「理一分殊」的方法論原則，把普遍的、唯一的理和具體的個別的政治、倫理規範連接起來，從而更徹底地把這種「理一元論」的世界觀貫徹到倫理學中。他認爲，「萬物皆有此理，理皆同出一原。但所居之位不同，則其理之用不一。如爲君須仁，爲臣須敬，爲子須孝，爲父須慈。物物各具

①　《二程集・遺書》卷二上，第三一頁。
②　《二程集・遺書》卷十九，第二四七頁。
③　《二程集・遺書》卷十五，第一四四頁。
④　《二程集・遺書》卷二上，第一七頁。
⑤　《朱子語類》卷六三《中庸二》，第一五三八頁。

此理，而物物各異其用，然莫非一理之流行也」⑥。宇宙之間，一理而已，人倫萬物都同源於一個「理」，這是「理一」；埋張之爲三綱，紀之爲五常，三綱五常皆是「理」的流行表現，孝慈仁敬皆是理的功用：「君君臣臣，父父子子，夫夫婦婦，皆是實理流行」⑦，這是「分殊」。「理只是這一個。道理則同，其分不同。君臣有君臣之理，父子有父子之理」⑧，不同等級、地位、身份的人，有不同的理、道、德，人們應當各守其理，各行其道，各遵其德，這是天理所規定的名分。

這樣，儒家倫理思想和本體論被緊緊地結合在同一個系統、嚴密的體系中，本來是作爲封建政治、經濟、社會關係反映的忠孝倫理道德就被昇華到普遍、一般的天理的高度。具體說來，程朱對孝道的宇宙論論證包括以下幾個方面的內容：

首先，由「理」的先驗性而強調孝道的先驗性、至上性。作爲世界的最高本體，理是先驗於天地萬物而存在的：「未有天地之先，畢竟也只是理。有此理，便有此天地；若無此理，便亦無天地，無人無物，都無該載了！」⑨同樣，作爲天理體現的孝道等封建倫理綱常也就被賦予了先驗的性質：

> 未有這事，先有這理。如未有君臣，先有君臣之理；未有父子，先有父子之理。⑩

> 如「父子有親，君臣有義」，固是合當親，合當義。更知得天初命我時，便有個親，有個義在。⑪

> 天教你「父子有親」，你便用「父子有親」，天教你「君臣有義」，你便用「君臣有義」。不然，便是違天矣。⑫

---

⑥　《朱子語類》卷十八《大學五》，第三九八頁。
⑦　《朱子語類》卷六三《中庸二》，第一五三八頁。
⑧　《朱子語類》卷六《性理三》，第九九頁。
⑨　《朱子語類》卷一《理氣上》，第一頁。
⑩　《朱子語類》卷九五《程子之書一》，第二四三六頁。
⑪　《朱子語類》卷二三《論語五》，第五五八頁。
⑫　《朱子語類》卷六○《孟子十》，第一四二八頁。

　　程頤對「孝，天之經」的解釋是：「本乎天者親上，輕清者是也。本乎地者親下，重濁者是也。天地之常，莫不反本。人之孝，亦反本之謂也。」⑬於是忠孝也就成爲臣子與生俱來的、先天的倫理屬性。

　　第二，由「理」的客觀必然性而強調孝等倫理規範的客觀必然性。理學家把理看作一個客觀的、不以人的意志爲轉移的精神本體，「孝」是天理發散流行的結果，所以也就和天理一樣具有了客觀必然性，如同自然萬物都有自己的運行規律：「君臣父子皆定分也。鳶必戾於天，魚必躍於淵。」⑭二程講，「父子君臣，天下之定理，無所逃於天地之間。」⑮子孝父既然是天經地義、不可違抗的定理，順之則易，逆之則難，人只有安分守己地服從天命的安排，否則就會招致天譴人殃：「君明臣忠，父慈子孝，人之分也。僭天之分，必有天災；失人之分，必有人殃」，「故違君之言，臣不順也；逆父之命，子不孝也。不順不孝者，人得而刑之；順且孝者，人得而賞之。」⑯

　　客觀必然屬性的確立，就使人們所應當遵守的倫理道德規範，變成爲人們所必須依循的宇宙法則。「道者，古今共由之理，如父之慈，子之孝，……德，便是得此道於身」⑰，「理之所當爲者，自不容已。……如爲臣而必忠，非是謾說如此，蓋爲臣不可以不忠；爲子而必孝，亦非是謾說如此，蓋爲子不可以不孝也。」⑱對必然的、完美無缺的天理而言，是無所謂是非曲直的，天理就是絕對的道德律令：「『父爲子隱，子爲父隱』，本不是直。然父子之道，卻要如此，乃是直。凡言『在其中矣』者，道理皆如此。」⑲所謂「父子之道，卻要如此」，也就是天理要如此，因而只需遵循奉行，不必也不能去理會追究其合理與否。通過這樣的論證，就使道德規範具有了客觀必然性，也使天理具有了道德屬性。

---

⑬　《二程集・外書》卷十一，第四一三頁。

⑭　《朱子語類》卷六三《中庸二》，第一五三六頁。

⑮　《二程集・遺書》卷五，第七七頁。

⑯　《司馬溫公文集》卷七四《迂書・士則》。

⑰　《朱子語類》卷一三《學七》，第二三一頁。

⑱　《朱子語類》卷一八《大學五》，第四一四頁。

⑲　《朱子語類》卷二四《論語六》，第五九〇頁。

　　第三，從「理」的永恒性強調孝道的永恒性。在理學家看來，理作爲獨立於自然界之外的絕對精神，是不生不滅的，「且如萬一河山大地都陷了，畢竟理卻只在這裏。」⑳。歷史的變遷，朝代的更替，都無損於理的完滿自足：「天理具備，無所欠少，不爲堯存，不爲桀亡。」㉑三綱五常作爲天理之必然，人倫之極則，也是永恒不變的，即所謂：「父子君臣，常理不易，何曾動來？」㉒「君臣父子，定位不易，事之常也；君令臣行，父傳子繼，道之經也。」㉓君臣父子、尊卑貴賤，天下之定理，每個人在社會倫理綱常中所處的地位是不可移易、不可改變的，就像自然界春夏秋冬四時的運行規律「終改不得」一樣，「三綱五常，終變不得，君臣依舊是君臣，父子依舊是父子」，「亘古亘今不可易」，「綱常千萬年磨滅不得」㉔。

　　經過程朱站在天理高度對孝道全面系統的理論闡發，孝道的權威性和合理性獲得了理性的、邏輯的保證，而不再僅僅只是由神學信仰和情感體驗來支撐。「天理」也成爲一種無所不在、無所不察的倫理監督力量，強有力地維繫著世俗的倫理生活和倫理秩序。

二、從人性論角度展開對孝道的新詮釋

　　孟子曾經從人性論方面對孝道進行哲理論證，爲先秦儒家孝道的理論昇華和孝道的社會化做出了貢獻。孟子的道德理論是建立在性善論基礎上的，其局限性也是顯而易見的。如他對人之性善的論證帶有明顯的經驗論特徵，對人性中何以會有「四端」，缺乏邏輯的、理論的說明，這就使其理論根基的穩固性大打折扣。程朱理學把至善的本性溯源於天理，彌補了孟子人性論的這一理論缺陷，從而爲孝道提供了更爲堅實的人性論依據。

(一)性理關係

⑳　《朱子語類》卷一《理氣上》，第四頁。

㉑　《二程集·遺書》卷二上，第四三頁。

㉒　《二程集·遺書》卷二上，第四三頁。

㉓　《朱熹集》第二冊，四川教育出版社一九九六年版，第五四三頁。

㉔　《朱子語類》卷二四《論語六》，第五九七頁。

　　宋明理學的重要奠基者張載，在其著名的《西銘》中，從宇宙觀、人性論等方面，闡述了孝道的必然性、合理性。他講道：

　　　　乾稱父，坤稱母；予茲藐焉，乃混然中處。故天地之塞，吾其體；天地之帥，吾其性。民吾同胞，物吾與也。大君者，吾父母宗子；其大臣宗子之家相也。尊高年，所以長其長；慈孤弱，所以幼吾幼。聖其合德，賢其秀也。……於時保之，子之翼也；樂且不憂，純乎孝者也。㉕

　　這裏，張載以闊大的胸懷、宏大的氣魄，把「爲天地立心，爲生民立命，爲去聖繼絕學，爲萬世開太平」㉖的人文理念納入孝道之中，所以備受後儒的推崇。程朱把張載提出的「乾稱父，坤稱母」的宇宙論原則奉爲圭臬，「仁孝之理，備於《西銘》之言。學者斯須不在，是即與仁孝遠矣。」㉗天地萬物本然一體，天地好比人的父母，構成我們的身體，統帥我們的本性；人人都是我們的同胞，萬物都是我們的同伴：「若以父母而言，則一物各一父母；若以乾坤而言，則萬物同一父母矣。」㉘對父母的敬愛之情，是與生俱來的，孝道是建立在人的愛的天性的基礎上的：「性天經然後仁義行，故曰『有父子、君臣、上下，然後禮義有所錯。』」㉙由對父母的孝敬出發，到尊老撫幼，愛天下所有的人，進而愛天下萬物，即由等差之愛擴展爲「博愛」，這才是「純孝。」張子還提出了「天地之性」和「氣質之性」的新概念，認爲天地之性是純一無缺的，是善的，也是先驗的、永恒的；氣質之性則有善有惡，但通過變化氣質即可改過遷善，知禮成性。較之前人，張載對人性善惡作了全新的、相對圓滿的解釋。

　　在繼承張載人性論的基礎上，程朱以天理爲本體，提出了其「性即理」的人性學說。程朱認爲，「性即理也，所謂理，性是也。天下之理，原有所自，

㉕　《張載集・正蒙・乾稱》，第六二頁。

㉖　《張載集・拾遺・近思錄拾遺》，第三七六頁。

㉗　《二程集・粹言》卷一，第一一七九頁。

㉘　《朱熹集》第三冊，四川教育出版社一九九六年版，第一五六七頁。

㉙　《張載集・正蒙・至當》，第三四頁。

未有不善」㉚，「性即理也。在心喚做性，在事喚做理」㉛，「性者，即天理也，萬物秉而受之，無一理之不具。」㉜理是性之本源，「性」是「理」在人身上的體現，理是善的，性自然也是善的。這就使程朱的人性論具有了深厚的宇宙論基礎，同時也修補了孟子性善論的缺漏。

朱熹認為，「性，便是合當做底職事」㉝，孝弟也是「合當底職事，不是要仁民愛物方從孝弟做去」㉞。孝是理的本然體現，是人子的本分，也就是人性：

　　　人之所以有此身者，受形於母而資始於父。雖有強暴之人，見子則憐；至於襁褓之兒，見父則笑，果何為而然哉？初無所為而然，此父子之道，所以為天性而不可解也。㉟

　　　故發而為孝弟忠信仁義禮智，皆理也。㊱

　　　看來人生便自然如此，不待作為。如說父子欲其親，君臣欲其義，是他自會如此，不待欲也。父子自會親，君臣自會義，既自會恁地，便活潑潑地，便是仁。㊲

　　　蓋有父子，則便自然有親；有君臣，則便自然有敬。……人熱，自會搖扇，不是欲其搖扇也。㊳

　　　天命處，未消說在人之性。且說是付於事物，乃是事物所以當然之故。如父之慈，子之孝，須知父子只是一個人，慈孝是天之所以與我者。㊴

㉚　《二程集・遺書》卷二十二上，第二九二頁。

㉛　《朱子語類》卷五《性理二》，第八二頁。

㉜　《朱子語類》卷五《性理二》，第九六頁。

㉝　《朱子語類》卷四《性理一》，第六四頁。

㉞　《朱子語類》卷二○《論語二》，第四六二頁。

㉟　《朱熹集》第二冊，四川教育出版社一九九六年版，第五○一頁。

㊱　《朱子語類》卷四《性理一》，第六五頁。

㊲　《朱子語類》卷六《性理三》，第一一二頁。

㊳　《朱子語類》卷一三《學七》，第二三二頁。

㊴　《朱子語類》卷二三《論語五》，第五五二。

　　朱子還從心與性的差別上對孝道進行闡述：「靈底是心，實底是性。如向父母則有那孝出來，向君則有那忠出來，這便是性。如知道事親要孝，事君要忠，這便是心。」⑩

　　程朱承繼張載，把天地之性和氣質之性⑪的概念引入其倫理道德學說，認為天地之性是至善的，人之所以有善與不善之別，「只緣氣質之稟各有清濁。」⑫朱熹認為，孟子言性善，是極本窮源之性，孔子言「性相近」，是氣稟之性。這既圓滿地解釋了先秦儒家的人性學說，也對「既然孝乃天理人性，何以會有不孝之人」這個問題作出了回答。程朱認為，天理人心若被人欲、物欲所蔽所昏便忘其孝：「人心本明，天理素眞，但為物欲所昏，利害所蔽，故小則傷恩害義而不可開，大則滅天亂倫而不可救」，比如孟子所講的「或好飲酒，或好私財，或好聲色」等不孝行為「皆物欲也。」⑬因而必須捐棄物欲之私、利害之蔽，才能恢復本然至善之孝。程朱進一步認為，「氣雖是理之所生，然既生出，則理管他不得。……又如父子，若子不肖，父亦管他不得。聖人所以立敎，正是要救這些子。」⑭這就為封建孝道敎化作了理論鋪墊。所以，「朱子所揭於白鹿洞學者，五敎之目：父子有親，君臣有義，夫婦有別，長幼有序，朋友有信。」⑮

　　㈡仁孝關係

　　仁孝關係也是宋明理學家從人性論闡發孝道的一個重要方面。程朱認為，仁是人之性，孝是仁之用，作為天理體現的仁性中涵括著孝悌之德，「仁便包攝了孝悌在其中，但未發出來，未有孝悌之名耳。非孝悌與仁各是一物，性中只有仁而無孝悌也」⑯。宋明理學家對至聖先師的仁孝觀有特別的體認，這主要體現在他們對《論語》中「孝悌為仁之本」的闡幽發明上。

---

⑩　《朱子語類》卷一六《大學三》，第三二三頁。

⑪　二程稱之為「天命之性」和「氣稟之性」。

⑫　《朱子語類》卷四《性理一》，第六八頁。

⑬　《朱熹集》第二冊，四川教育出版社一九九六年版，第五〇一頁。

⑭　《朱子語類》卷四《性理一》，第七一頁。

⑮　《海瑞集》上冊《敎約》，中華書局一九六二年版，第一三頁。

⑯　《朱熹集》第四冊，四川教育出版社一九九六年版，第一八〇頁。

1.「論性則仁爲孝弟之本」

宋明理學家們把孝和仁與天地萬物的最高本質和精神本體「天理」聯繫起來進行反省，納仁於性之中，納孝於仁之中。如二程認爲，仁是天理的本性，孝則是仁的外在表現。仁爲孝之體，孝爲仁之用。仁在心中未發之時，涵容著包括孝在內的所有美好的道德品性；已發之後，表現爲包括孝在內的各種道德行爲，「論性則仁爲孝弟之本。」[47]這就是二程提出的仁性孝用說。

朱熹依然沿襲二程的觀點，他講：「有這性，便有這仁，仁發出來，方做孝弟」[48]，仁就理就性上說，孝弟就事就用上說，「仁是理，孝弟是事。有是仁，後有是孝弟」[49]，「仁是性，孝弟是用。用便是情，情是發出來底。論性，則以仁爲孝弟之本。」[50]仁乃是性中之事，孝弟乃是仁性之發用。性中只包含仁義禮智，並沒有孝弟尊賢之類，但孝源自於人之仁性：「孝根原是從仁來。仁者，愛也。愛莫大於孝親，於是乎有孝之名」[51]。「孝弟滿體是仁。……若說孝弟非仁，不知何從得來。」[52]仁可發而爲各種德行，如在父則爲孝，在君則爲忠等等，孝弟只是仁性中的一事而已：「百行各有所屬，孝弟是屬仁者也。」[53]自親親至於愛物，都是性之用、仁之用：「道理都自仁裏發出，首先是發出爲愛，愛莫切於愛親，其次便到弟到兄，又其次便到事君以及於他，都從這裏出。如水相似，愛是個源頭，漸漸流出。」[54]若不以仁爲根、爲源，則孝弟就成爲無源之水，無粟之苗，無根之木，「譬如一粒粟，生出爲苗。仁是粟，孝弟是苗，便是仁爲孝弟之本。」[55]　「仁是孝弟之母子，有仁方發得孝弟出來，

---

[47]　《二程集・經說》卷六，第一一三三頁。

[48]　《朱子語類》卷二〇《論語二》，第四八一頁。

[49]　《朱子語類》卷二〇《論語二》，第四六二頁。

[50]　《朱子語類》卷二〇《論語二》，第四七一頁。

[51]　《朱子語類》卷二〇《論語二》，第四七二頁。

[52]　《朱子語類》卷二〇《論語二》，第四七八頁。

[53]　《朱子語類》卷二〇《論語二》，第四七四頁。

[54]　《朱子語類》卷二〇《論語二》，第四七二頁。

[55]　《朱子語類》卷二〇《論語二》，第四七二頁。

無仁則何處得孝弟？」⑯若是把孝弟喚做仁之本，就是本末倒置，把枝葉當作了本根。

　　正因爲孝弟與仁性不二，所以當有人問爲何「盡性至命，必本于孝弟」時，二程回答：

　　　　後人便將性命別作一般事說了，性命孝弟只是一統底事，就孝弟中便可盡性至命。至如灑掃應對與盡性至命，亦是一統底事，無有本末，無有精粗，卻被後來人言性命者別作一般高遠說。故舉孝弟，是與人切近者言之。然今時非無孝弟之人，而不能盡性至命者，由之而不知也。⑰

2.「論行仁，則孝弟爲仁之本」

　　孔子對孝作爲行仁根本途徑的論證，總體上偏重於純實踐的方面，或者說，主要是從形而下的道德實踐層面來展開的。從這個意義上，程朱承認而且強調孝乃是爲仁、行仁之本。二程指出，「德有本，本立則其道充大。孝弟於其家，而後仁愛及於萬物，所謂親親而仁民也，故爲仁以孝弟爲本」⑱，孝弟是行仁的起點，「行仁自孝弟始。孝弟，仁之事也。……謂孝弟爲行仁之本則可。」⑲朱熹繼承二程的仁孝觀，認爲論行仁，則孝弟爲仁之本。他把仁比作水之流，孝則是流水所必經的第一池，「仁如水之源，而孝弟便是第一池，仁民是第二坎，愛物則三坎也。」⑳行愛行仁自親自孝始，由親親而仁民而愛物，親親是第一件事。朱熹重點重申了「孝弟乃推行仁道之本」㉑的儒家傳統觀點：

㉖　《朱子語類》卷二〇《論語二》，第四七四頁。

㉗　《二程集‧遺書》卷十八，第二二五頁。

㉘　《二程集‧經說》卷六，第一一三三頁。

㉙　《二程集‧粹言》卷一，第一一七三頁。

㉚　《朱子語類》卷二〇《論語二》，第四六三頁。

㉛　《朱熹集》第四冊，四川教育出版社一九九六年版，第一八五二頁。

本，猶根也。仁者，愛之理，心之德也。……德有本，本立則其道充大。孝行於家，而後仁愛及於物，所謂親親而仁民也。故為仁以孝弟為本。⑫

論行仁，則孝弟為仁之本。如親親，仁民，愛物，皆是行仁底事，但須先從孝弟做起，捨此便不是本。⑬

又如木有根，有幹，有枝葉，親親是根，仁民是幹，愛物是枝葉，便是行仁以孝弟為本。⑭

愛親、仁民、愛物，無非仁也，但是愛親乃是切近而真實者，乃是仁最先發去處；於仁民、愛物，乃遠而大了。⑮

朱熹還在二程的基礎上進一步闡發說，孝弟不僅是行仁之本，也是行義、禮、智之本。他說：「只孝弟是仁之本，義禮智之本皆在此：使其事親從兄得宜者，行義之本也；事親從兄有節文者，行禮之本也；知事親從兄之所以然者，智之本也。……捨孝弟則無以本之矣。」⑯「知得事親不可不孝，事長不可不弟，是為義之本；知事親事長之節文，為禮之本；知事親事長，為智之本。」⑰王陽明則以樹之抽芽來形象地比喻孝對行仁的本源價值：「譬之木，其始抽芽，便是木之生意發端處，抽芽然後發幹，發幹然後生枝生葉，然後是生生不息。……父子兄弟之愛，便是人心意發端處，如木之抽芽，自此而仁民，而愛物，便是發幹生枝生葉。」⑱

---

⑫　《論語集注・學而》，朱熹《四書章句集注》，中華書局一九八三年十月版，第四八頁。

⑬　《朱子語類》卷二〇《論語二》，第四七二頁。

⑭　《朱子語類》卷二〇《論語二》，第四七二頁。

⑮　《朱子語類・孟子六》，第一三三三頁。

⑯　《朱子語類》卷二〇《論語二》，第四六一頁。

⑰　《朱子語類》卷二〇《論語二》，第四六一頁。

⑱　《傳習錄》上，《王陽明全集》（上）卷一，上海古籍出版社一九九二年十二月版，第二六頁。下引本書版本同此。

正如學者所指出的：「孝在儒家哲學中乃是一切仁心流行之根源」，因爲「一切仁心之流行固可遍及一切，然仁心之起點，必原自一人始。」⑥仁以孝爲邏輯起點逐步擴展開來，最終達到物我一體、「民胞物與」的最高境界。這也正是程朱極力推崇《西銘》「乾稱父，坤稱母；……民吾同胞，物吾與也」的用意所在。

對仁孝關係，朱子一言以蔽之曰：「『爲仁以孝弟爲本』，這個『仁』字，是指其周遍及物者言之。『以仁爲孝弟之本』，這個『仁』字，是指其本體發動處言之。」⑦總之，不論如何，如同「性即理」一樣，仁與孝弟也是相通無礙的：「孝弟便是仁。仁是理之在心，孝弟是心之見於事。」⑦盡得仁之理，方可盡得孝弟之行；有了孝弟的自覺行動，才能達到和實現仁：「盡得仁，斯盡得孝弟；盡得孝弟，斯盡得仁。」⑦

三、從認識論上爲孝道提供哲學基礎

理學家認爲，理是萬物的原理和原則，是事物之「所以然」。理及其所體現的孝道等倫理綱常是認識和實踐的客體；窮究天理，臻於至善，是認識的最終目的和修養的最高目標。人的認識就是要認識先驗的天理；人的實踐，就是要踐行以三綱五常爲核心的封建倫理道德；人的修養，就是要使自己的行爲達到從心所欲而不逾封建綱常倫理之矩的境界。

㈠格物致知

理學家把「明庶物」與「察人倫」結合起來，所謂「格物」，「格」的對象，即認識的對象雖然並不排除草木蟲魚等物理，但歸根結底重點是後者，即忠孝仁義等事理。這是因爲，求學明理的「功夫所施有序，而莫不以愛親

---

⑥　王祥齡《中國古代崇祖敬天思想》，臺灣學生書局一九九二年版，第一八七頁。

⑦　《朱子語類》卷二〇《論語二》，第四七二頁。

⑦　《朱子語類》卷二〇《論語二》，第四七四頁。

⑦　《二程集・遺書》卷二十三，第三一〇頁。

敬長爲先」⑦，若只務觀物理，則如遊騎無所歸。因而，程朱要求人們於君臣父子兄弟朋友夫婦上求道求理，即窮究三綱五常之理。

所謂「致知」，即認識的目標，「便是要知父止於慈，子止於孝之類」。「知止，只是知有這個道理，業須是得其所止方是。……知止，如知爲子而必孝，知爲臣而必忠。能得，是身親爲忠孝之事。」⑦而格物的極至就是踐履三綱五常、孝悌忠信：「至言仁則當如堯，言孝則當如舜，言敬則當如文王。」⑦即事父母則當盡其孝，處兄弟則當盡其友。「知至，謂天下事物之理知無不到之謂。……謂如親其所親，長其所長，而不能推之天下，則是不能盡之於外；欲親其所親，欲長其所長，而自家裏面有所不到，則是不能盡之於內。須是其外無不周，內無不具，方是知至。」⑦也就是要達到張載所謂的「民胞物與」的崇高境界。

爲通過「格物」而實現「致知」，程朱還提出了類推的方法：「格物非謂盡窮天下之理，但於一事上窮盡，其他可以類推。」⑦以孝爲例，朱熹指出：「盡得個孝底道理，故忠可移於君，又須去盡得忠。以至於兄弟、夫婦、朋友，從此推之而無不盡窮，始得。」⑦類推到一定程度，就會脫然領悟，豁然開朗，「今日格一件，明日格一件，積習既多，然後脫然自有貫通處」⑦，從而達到觸類旁通的理想境界：「遇事觸物，皆撞著這道理，事君便遇忠，事親便遇孝，……無往而不見這個道理。」⑧這就實現了認識上的貫通和實踐上的自由，從而完成了對形而上的天理的體認。

　㈡知先行後

---

⑦　《朱熹集》第五冊，四川教育出版社一九九六年版，第二七二六頁。

⑦　《朱子語類》卷一四《大學一》，第二七九、二八〇頁。

⑦　《朱子語類》卷一四《大學一》，第二七九頁。

⑦　《朱子語類·大學二》，第二九六頁。

⑦　《朱子語類》卷一八《大學五》，第三九七頁。

⑦　《朱子語類》卷一八《大學五》，第三九七頁。

⑦　《二程集·遺書》卷十八，第一八八頁。

⑧　《朱子語類》卷一五《大學二》，第二八九頁。

　　程朱還提出了認識過程中的知先行後、知輕行重說：「知、行常相須，如目無足不行，足無目不見。論先後，知為先；論輕重，行為重。」⑧這裏的「知」和「行」主要是指道德認識和道德踐履。

　　從先驗論出發，程朱認為理在事先，認識事物必須先認識事物的理，否則就會如瞎子摸象，無所適從，甚至迷失方向而誤入歧途：「義理不明，如何踐履？」⑧　「不致知，如何行得？勉強行得，安能持久？」⑧若不明道德知識，縱使有最好的道德行為，也不值得推崇。

　　「行」必須以「知」為前提，比如欲行孝道，則必須先清楚為孝的道理，如何為孝，然後才能去盡孝道：「且如欲為孝，不成只守著一個孝字？須是知所以為孝之道，所以侍奉如何，溫清當如何，然後能盡孝道也。」⑧朱子講：「萬事皆在窮理後。經不正，理不明，看如何地持守，也只是空。」⑧　「若講得道理明時，自是事親不得不孝，事兄不得不弟」⑧，「若不學文，則無以知事理之當否。如為孝為弟亦有不當處。孝於事親，然事父之敬與事母之愛便別了。」⑧這裏，程朱看到了理性認識對人的自覺實踐活動的指導意義，但卻把認識和理論的來源歸為天理，而不知道實踐對認識的決定作用。

　　在知先行後的前提下，理學家不僅不否認行的作用，相反，他們極為強調道德倫理實踐的重要性，認為行重於知：「知之之要，未若行之之實」⑧，「既知此理，更須是審思而行。且如知孝於事親，須思所以為事親之道。」⑧忠孝之道最終還是要落實在「鐘鼓鏗鏘之節、進退揖遜之儀」⑩之類的實

⑧　《朱子語類》卷九《學三》，第一四八頁。

⑧　《朱子語類》卷九《學三》，第一五二頁。

⑧　《二程集‧遺書》卷十八，第一八七頁。

⑧　《二程集‧遺書》卷十八，第二〇六頁。

⑧　《朱子語類》卷九《學三》，第一五二頁。

⑧　《朱子語類》卷九《學三》，第一五二－一五三頁。

⑧　《朱子語類》卷二一《論語三》，第四九九頁。

⑧　《朱子語類》卷一三《學七》，第二二二頁。

⑧　《朱子語類》卷一四《大學一》，第二七六頁。

⑩　《朱子語類》卷一五《大學二》，第二八六－二八七頁。

際行動上。「若無事親事君底事，何處得忠孝！」⑨凡日用之間，動止語默，皆是行孝之處，「自家既知所以孝，便將此小心依古禮而行之。」⑫程朱認爲道德踐履是道德認識的目的。若沒有事君孝親的行爲，則滿腹經綸、滿口忠孝皆是徒然無用的，「若徒知這個道理，至於事親之際，爲私欲所汩，不能盡其孝；事君之際，爲利祿所汩，不能盡其忠，這便不是能得矣。」⑬朱子有時也把「知」放在具體的「行」之後，如他認爲曾子之所以理解孔子的忠恕之道，是因爲他「遇事必反諸身，所謂孝，所謂禮，必窮到底。若只守著個約，卻沒實處。」「件件曾做來，所以知。若不曾躬行踐履，如何識得？」⑭可見，程朱所謂的先於行的「知」，只是指那些先驗的「理」，如三綱五常之類，並不包括具體的知識。

(三)誠孝與至善

就道德修養而言，理學家特別强調「誠」。所謂「誠」，就是不雜一絲私欲，內外一致，表裏如一：「誠是天理之實然，更無絲毫作爲。」⑮誠是孝中應有之意，「孝而不誠於孝則無孝，弟而不誠於弟則無弟。」⑯爲此，必須掃盡氣秉之私欲，使胸次洞徹虛靈，方可臻於誠孝：「誠，實也。且如人爲孝，若不實是孝，便是空所，無這孝了」⑰，「不誠，是不曾有此心。如事親以孝，須是實有這孝之心。若外面假爲孝之事，裏面卻無孝之心，便是不誠矣。」⑱聖人與天合一，自然「誠」，而一般人則須通過博學、審問、愼思、明辨、篤行，「直待得仁義禮智與夫忠孝之道，日用本分事無非實理，然後爲誠。」⑲要通過「致曲」，即逐事上著其力，逐事上致其極的工夫，「件件致得到誠

---

⑨　《朱子語類》卷一五《大學二》，第二八八－二八九頁。

⑫　《朱子語類》卷一五《大學二》，第二八七頁。

⑬　《朱子語類》卷一四《大學一》，第二八〇頁。

⑭　《朱子語類》卷二七《論語九》，第六七六頁。

⑮　《朱子語類》卷六四《中庸三》，第一五六三頁。

⑯　《朱子語類》卷六四《中庸三》，第一五八〇頁。

⑰　《朱子語類》卷六四《中庸三》，第一五八〇頁。

⑱　《朱子語類》卷六四《中庸三》，第一五六三頁。

⑲　《朱子語類》卷六四《中庸三》，第一五六三頁。

孝誠弟處。」⑩程顥本人就是「誠」的典範。《明道先生行狀》曰：「先生得聖人之誠者也。……故推而事親則誠孝，推而事君則忠，友於兄弟則綽綽有裕，信於朋友則久而不忘，修身慎行則不愧於屋漏，臨政愛民則如保乎赤子。」⑩程朱認為，若能於日用言動中涵養至「誠」的境界，就離天理不遠了：「理之實然者，至簡至易。既已至之，則天下之理，如開目睹萬象，不假思慮而後知，此之謂誠則明。致知以窮天下之理，則天下之理皆得，卒亦至於簡易實然之地，而行之所無事，此之謂誠則明。」⑩

　　理學家還把孝感說融入其理學體系當中，並作了進一步的發揮。在理學家看來，孝弟神明不二，孝弟之行中就有神明之理在，而「誠」則是孝弟神明貫通合一的仲介。匹夫至誠感天地，人們只要能夠誠心誠意地行孝，自然就會感格神明，昭彰天理。二程曰：「事天地之義，事天地之誠，既明察昭著，則神明自彰矣。」「孝悌之至，通於神明。神明孝悌，不是兩般事，只孝悌便是神明之理。」⑩比如針對王祥孝感故事，程朱認為，天地間只有一個天理道德，神明感格就是從王祥的孝的至誠中來的：「此亦是通神明一事。此感格便是王祥誠中來，非王祥孝於此而物來於彼也。」⑩孝感雖然是自《孝經》、董仲舒以來封建孝道的傳統觀念，但理學家的論說無疑又進一步強化了這種觀念，這是封建社會後期愚孝泛濫的一個重要原因。

　　格物窮理、修身養性的終極目標就是要達到「至善」。所謂「至善」，就是「事理當然之極也」。「至善是個最好處」⑩，即為人子止於孝，為人父止於慈之類。「且如孝，冬溫夏清，昏定晨省，雖然是孝底事，然須是能『聽於無聲，視於無形』，方始是盡得所謂孝。」⑩程朱認為，自君臣父子推之於萬事，無不各有所止。至、止，都是講要到那極至處而後止，「如欲為孝，雖有七分孝，只中間有三

---

⑩　《朱子語類》卷六四《中庸三》，第一五七二頁。

⑩　《二程集・遺書・附錄》，第三三一頁。

⑩　《二程集・經說》卷八，第一一五八－一一五九頁。

⑩　《二程集・遺書》卷十八，第二二四頁。

⑩　《二程集・遺書》卷十八，第二二四頁。

⑩　《朱子語類》卷一四《大學一》，第二六八頁。

⑩　《朱子語類》卷一四《大學一》，第二六七－二六八頁。

分未盡，固是不實；雖有九分孝，只略略有一分未盡，亦是不實」。⑩人子「須要如舜之事父，方盡得子之道。若有一毫不盡，便是道理有欠闕，便非子之道矣。」⑱朱子進一步舉例說：

> 孟子說「博奕好飲酒，不顧父母之養」，此是不孝。到得會奉養其親，也似煞強得這個，又須著如曾子之養志，而後為能養。這又似好了，又當如所謂「先意承志，諭父母於道，不遺父母惡名」，使國人稱願道：「幸哉有子如此」，方好。又云：「孝莫大於尊親，其次能養。直是到這裏，方喚做極是處，方喚做至善處。」⑲

「至善」中還包含著恰如其分、無過無不及的中庸精神在內，也就是朱熹所謂「只恰好地便是」⑩，既不能未當止而止，也不能當止而不止。「且以孝言之，孝是明德，然亦自有當然之則。不及固不是，若是過其則，必有刲股之事。須是要到當然之則田地而不遷，此方是『止於至善』。」⑪程頤認為堯舜之行是孝弟的極至：「孝弟非堯舜不能盡。自冬溫夏清，昏定晨省，以至聽於無聲，視於無形，又如事父孝故事天明，事母孝故事地察，天地明察，神明彰矣，直至通於四海，非堯舜大聖人，不能盡此。」⑫不難看出，所謂「至善」，無非就是忠孝仁義封建倫理秩序。

　　總的來看，理學家對孝道的哲學論證主要是圍繞著天道和人道兩個方面展開的。

　　天道和人道是中國古代哲學的兩個終極性支柱，是一切理論、觀念、價值、行為規範合理性的來源和依據。「天」是一個有意志的道德實體。從本質上看，「天」是人間生活的寫照，天的道德屬性來源於人倫之理，天道秩序是人倫秩序的「副本」；但從形式上看，天道又高於人道，人道來源於天道，因

---

⑩　《朱子語類》卷一六《大學三》，第三五八頁。

⑱　《朱子語類》卷六三《中庸二》，第一五四二頁。

⑲　《朱子語類》卷一七《大學四》，第三七八－三七九頁。

⑩　《朱子語類》卷一六《大學三》，第三二〇頁。

⑪　《朱子語類》卷一四《大學一》，第二七一頁。

⑫　《二程集・外書》卷十二，第四三一頁。

而「天道」常常被置於人道之上，作爲最終極性的價值根據。於是，把人道
上升爲天道，上升爲神聖的先驗的本體，然後再從天道中派生引申出人道，
就成爲「天人合一」的哲學背景下思想家們慣用的思辯技巧。而天人合德，
即倫理是由人性決定的，人性又是由天即自然決定的，就成爲儒家道德思想
的理論基礎。道德理論、倫理規範若能被追溯爲天道和人性，便獲得了神聖
不可懷疑的支援。這正是歷代思想家論證孝道合理性的方向和目標。

　　由孔孟經董仲舒到理學家，對孝道合理性論證的一脈相承性，就表現在
他們都是試圖由自然法則的實然中，推導出孝道的當然。如果說，孟子沿著
感性經驗的途徑，把孝道奠基於人不學而知、不慮而能的良知良能，即人的
善性，其根據因缺乏理性而不夠理直氣壯；《孝經》中孝道「天經地義」性的
邏輯推理環節被付之闕如；董仲舒循依天命論傳統和陰陽五行爲孝道張目，
從宗教性的「天」中找尋道德根源和道德信仰的力量，其神學色彩又過於濃
厚；那麼，理學家從宇宙論、人性論、認識論等方面對孝道的先驗性、客觀
性、永恒性所作的哲學的、理性的、系統的、精緻的論證，從客觀法則與內
在法則即天理與人性的結合上，給孝道提供的堅實的形而上基礎，則克服了
幾者的弊端，消除了孝道來源理論上捉襟見肘的窘迫，使孝道的合理性、神
聖性具有了天經地義、無可辯駁的性質，行孝完全被視爲自然而然、勿庸置
疑的事情。孝終於無懈可擊地成爲人類與生俱來的天性。更確切地講，孝終
於被思想家熔鑄爲中國人的第二天性。從此，孝道只是被當做天然合理的規
則來遵循，再也沒有人去追問它的價值依據所在。這就是封建社會後期愚孝
泛濫的思想根源。

　　一般人往往從經驗出發，認爲孝是子女對父母的天然情感，更兼思想家
的形而上論證，孝道教育的熏陶，使孝這種外在的社會規範遂逐漸內化爲個
人的道德情操，以至於人人都認爲盡孝是天經地義的，是天性。「孝是人的天
性」，這種思想影響如此深遠，以至於至今我們在不少學者論孝的文章中，仍
然時時見到諸如「孝是人類誕生以來父母子女之間相生相養的一種自然感情」

⑬，「每一個人的孝心，原都是與生俱有，自性自足，一遇父母，即自覺地流露出來」⑭等等說法。我們認爲，人類親子之間的自然情感固然是孝觀念產生的心理基礎，但這種情感本身並不是孝，孝是以自然情感爲基礎的社會性行爲，是一種理性的規範。這是必須澄清的。

四、程朱孝道理論中的其他相關問題

理學家對孝道的理論重構，除了上述內容之外，需要注意的還有以下幾點：

第一，程朱論孝道總是與其對忠道的論述結合在一起的。

程朱認爲，「以孝弟推說君臣等事，……皆天然合當如此底道理。」⑮忠孝不可偏廢：「如爲臣則忠，爲子卻不能孝，便是偏比不周遍，只知有君而不知有親。」⑯同樣，只知孝親而不知忠君，也是「偏比」，只有忠孝兼備才是「周而不比」。這是維護封建專制統治的必然，也是程朱理學能夠成爲正統思想的原因所在。在程朱看來，雖然父子以恩合，君臣以義合，但愛君之心絲毫不該輕於愛父。當有人以「君臣父子，同是天理，愛君之心，終不如愛父，何也」這樣的問題來咨問朱熹時，朱熹對「愛君之心，終不如愛父」的事實視而不見，答道：「離畔（叛）也只是庶民，賢人君子便不如此。」⑰朱熹還以文王雖知紂之無道，卻堅持「天王聖明」爲例指出：「看來臣子無說君父不是底道理，此便見得是君臣之義處。」⑱

忠孝並提，並不表明忠孝同等重要。事實上，正如前面我們所說，封建社會後期，君主集權專制的需要使忠道的實際價值遠遠地高於孝道。理學家對孝道的關注，重點在於孝倫理的政治價值，即在於「忠」。這一點，觀之於

⑬　陳川雄〈論孝〉，《孔子研究》一九九八年第三期。
⑭　董彭平《中國文化與孝道》，黎明文化事業公司印行，第一七頁。
⑮　《朱子語類》卷一三《學七》，第二三四頁。
⑯　《朱子語類》卷二四《論語六》，第五八一頁。
⑰　《朱子語類》卷一三《學七》，第二三三頁。
⑱　《朱子語類》卷一三《學七》，第二三三頁。

唐宋及後來的諸史，就可以一目了然。如《宋史》中「忠義」部分的內容是「孝義」部分的十倍之多，《元史》、《金史》、《明史》中也都或多或少地存在著這種情況。思想家們也沒有避諱這種事實。朱熹就明確地說，「如在君旁，則爲君死；在父旁，則爲父死」，但是，「如在君，則父雖有罪，不能爲父死。」⑲君與父孰輕孰重，於此再清楚不過了。

第二，程朱孝道中積極合理的因素

構築理論體系自然是思想家的事，但如何使理論變成現實，變成什麼樣子的現實，則往往是思想家所無法左右的。它更多地是由思想理論的操縱者，即統治階級按照自己的利益需要進行取捨改造的結果。解釋學告訴我們，一種理論有一千種解讀結果。歷史經驗也一再顯示，變成現實的理論一般都是經過改造了的，它並不完全是理論的原來面目，有許多內容甚至與原來的理論是相悖的。

對程朱等理學家，就存在著不少這樣的誤區。如關於「存天理、滅人欲」，這是宋明理學的一個重要命題，歷代統治者都在程朱所謂的「滅人欲」上大作文章，卻對「人欲」的確切含義有意無意地視而不見，避而不談。直到現在，我們爲批判封建流毒，依然回避這個問題。其實，程朱所謂的人欲，指的並不是人的一般欲望。他們認爲，「人欲中自有天理」⑳，主張「滅人欲」，只是要棄絕人的非分的、不合理的欲望，而不是對人的一切欲望都全盤否定。人的欲望的無節制的膨脹必然要導致社會的混亂，所以荀子就已經提出了以禮養欲、以禮制欲的思想，主張把人類欲望的合理滿足引入禮的規範之內。程朱也是要求用道德規範來約束限制人的不合理欲望。我們若不論「合理」與否的具體標準，那麼，程朱的思想對遏制市場經濟下人欲的泛濫依然有其現實意義。在孝道方面，同樣也存在著一些需要澄清的地方。程朱強調臣忠君、子孝父的絕對性，這是其思想的主導方面，但與此同時，程朱也堅持「反經」、「貴權」的原則：「理有正，有權」㉑，「如君令臣從，父慈子孝，此經

---

⑲　《朱子語類》卷一三《學七》，第二三五頁。

⑳　《朱子語類》卷一三《學七》，第二二四頁。

㉑　《朱子語類》卷一五《大學二》，第二九〇頁。

也。若君臣父子皆如此，固好。然事有必不得已處，經所行不得處，也只得反經」，「所以貴乎權也。」⑫比如：

其一，對孔子「三年無改於父道」的孝道，朱熹給予了全新的解釋。朱熹對「無改於父道」的傳統孝道觀念發出這樣的質問：「三年無改於父所行君子之道可也，若其所行小人之道，其亦三年無改乎？適所以重父於不義，孝子果如是乎？」⑬因而，不能拘泥於「無改」的形式，只要存得孝心，「則父之道或終身不可改，或一日不可行，皆隨其事之重輕而處之不失其宜矣，……豈計歲月而論施報之爲哉？」⑭

其二，程朱繼承由孔子到《孝經》都極力主張的「諫爭」原則，認爲「尊者雖可敬，但有不當處，亦合有幾諫時。」⑮不以訐爲直，能犯顏而諫、格君心之非者才是忠臣。同樣，雖然孝悌是順德，但由於父母之命，有時出於人欲之私，並非一貫正確，所以，朱熹講：

> 須是知父之命當從，也有不可從處。蓋「與其得罪於鄉黨州閭，寧熟諫」，「諭父母於道」，方是孝。⑯

> 人情自有偏處，所親愛莫如父母，至於父母有當幾諫處，豈可以親愛而忘正救！所敬畏莫如君父，至於當言而正諫，豈可專持敬畏而不敢言！⑰

> 至如子從父之令，本似孝，孔子卻以為不孝。與其得罪於鄉閭，不若且諫父之過，使不陷於不義，這處方是孝。⑱

> 父子是當主於愛，然父有不義，子不可以不爭。⑲

---

⑫　《朱子語類》卷三七《論語十九》，第九九二頁。
⑬　《朱熹集》第五冊，四川教育出版社一九九六年版，第二六二○頁。
⑭　《朱熹集》第四冊，四川教育出版社一九九六年版，第二○一一頁。
⑮　《朱子語類》卷一六《大學三》，第三五六頁。
⑯　《朱子語類》卷一四《大學一》，第二六三頁。
⑰　《朱子語類》卷一六《大學三》，第三五二頁。
⑱　《朱子語類》卷一四《大學一》，第二六三頁。
⑲　《朱子語類》卷一六《大學三》，第三五二頁。

人之子諫父母，或貽父母之怒⋯⋯此是孝裏面事，安得為犯？⑬

朱熹還以「諫」作為處理父子關係的準則之一，對孔子的「又敬不違」作了新的解說：「上不違微諫之意，切忌唐突以觸父母之怒；下不違欲諫之心，務欲置父母於無過之地。」⑬對父子間相對關係的承認，對諫諍原則的推崇，顯然是值得肯定的。

第三，為張揚忠孝之道，自張載開始，理學家們就極力倡導恢復、重振宗法制。

張載認為，立宗子法的利處在於：一者，宗法立，則宗族睦，孝道張：「管攝天下人心，收宗族，厚風俗，使人不忘本，須是明譜系世族與立宗子法。」⑬現實的情況卻是：「宗子法廢，後世譜牒，尚有遺風。譜牒又廢，人家不知來處，無百年之家，骨肉無統，雖至親，恩亦薄。」⑬因而立宗法勢在必行，刻不容緩。二者，宗法立，則忠義立，朝廷固：「公卿各保其家，忠義豈有不立？忠義即立，朝廷之本豈有不固？」否則，「宗子之法不立，則朝廷無世臣」⑬，專制統治難以維繫。張載進一步把家族宗法推及國家社會，把君臣、君民關係視為宗主與家相、宗子與眾子的關係，他說：「大君者，吾父母宗子；其大臣，宗子之家相也。」⑬應該說，由弘揚家族倫理而服務於政治倫理，這才是張載等主張立宗法的真正意圖。

程朱也深切地意識到立宗子法對鞏固封建統治的重要性，「宗子之法不立，則朝廷無世臣。若立宗子法，則人知尊祖重本。人既重本，則朝廷之勢自尊。⋯⋯只有一個尊卑上下之分，然後順從而不亂也。」⑬他們甚至以天理來為立宗子法做論證：「且立宗子法，亦是天理。譬如木，必從根直上一幹，

⑬　《朱子語類》卷二〇《論語二》，第四五九頁。
⑬　《朱子語類》卷二七《論語九》，第七〇五頁。
⑬　《張載集‧經學理窟‧宗法》，第二五八頁。
⑬　《張載集‧經學理窟‧宗法》，第二五九頁。
⑬　《張載集‧經學理窟‧宗法》，第二五九頁。
⑬　《張載集‧正蒙‧乾稱》，第六二頁。
⑬　《二程集‧遺書》卷十八，第二四二頁。

亦必有旁枝。又如水，雖遠，必有正源，亦必有分派處，自然之勢也。」⑬
宗法儼然成了先驗的、不可違逆的自然規則。朱熹甚至還設計了具體的宗子
法方案。理學家的這些努力，一方面是對宋以後族權不斷完善發展的社會現
實的理論概括，另一方面也隨著理學正統地位的確立而成爲強化族權、强化
孝道的重要理論力量。

五、陸王心學中的孝道

　　除了程朱理學之外，宋明理學還包括一個重要內容，這就是陸九淵、王
陽明所建立的心學理論。

　　從救治社會道德的墮落著手，來解決社會矛盾和衝突，實現治國、平天
下的理想，這是理學家們的共識。在這一點上，程朱與陸王並無分歧。不同
之處在於，如果說程朱是從外在的天理，從天理的客觀必然性中來尋求救治
社會道德的根本的話，那麼，陸王則是從人自身，從人先驗的主觀精神、主
觀能動性上來爲包括孝道在內的封建道德提供一種全新的理論支柱。

　　陸王認爲，作爲先驗的、純粹的道德本體，「心」或「良知」，是孝、忠
等封建道德的來源，「天理即是良知，千思萬慮，只是要致良知。」⑬與程朱
相反，他們認爲政治、倫理規範的本源和根據不在外物當中，而就在人心之
內，就是人心良知之發明。陸王把程朱的「理」解釋爲「心之理」，認爲「理」
不是外在的精神客體，「理」就在「心」中，有孝之「心」方有孝之「理」：「心
之體，性也，即理也。故有孝親之心，即有孝之理；無孝親之心，即無孝之
理矣。……理豈外於吾心邪？」⑬　「事親便要窮孝之理，事君便要窮忠之
理」⑭。這樣，陸王就把宇宙的本原和萬物的本體還原爲人自己的良知，把
人心看作封建道德的最高原則。這既是對思孟學派的繼承和發揮，也是對禪
宗思想的吸收和運用。

---

⑬　《二程集・遺書》卷十八，第二四二頁。
⑬　《傳習錄》下，《王陽明全集》（上）卷三，第一一〇頁。
⑬　《傳習錄》中，《王陽明全集》（上）卷二，第四二頁。
⑭　《傳習錄》上，《王陽明全集》（上）卷一，第三三頁。

　　在道德認識論、修養論上，心學的核心是「致良知」。良知也就是善心，就是天理。陸王認爲，良知中就蘊涵著「孝」：「以此純乎天理之心，發之事父便是孝，發之事君便是忠」，「知是心之本體，心自然自知，見父母自然知孝，見兄弟自然知弟，見孺子入井自然知惻隱。此便是良知，不假外求。」⑭所以，在陸王看來，事父母自能孝，事兄自能弟，本無可缺，不必他求。孝理就在各人的心中，只需在心上、在良知上用工夫即可，「且如事父，不成去父上求個孝的理」⑭，致良知的過程就是求孝道的過程：「盡良知只是一個天理，自然明覺發見處，只是一個眞誠惻怛，便是他本體。故致此良知之眞誠惻怛以事親便是孝。」⑭這與程朱在事物上求「理」、在父母身上求「孝」是截然不同的。爲表明這一點，王陽明反問道：「求孝之理於其親，則孝之理其果在於吾之心邪？抑果在於親之身邪？假而果在於親之身，則親沒之後，吾心遂無孝之理歟？」⑭

　　陸王認爲，由於良知爲私欲所蒙蔽，所以只有去掉私欲，才能復歸良知本體，實現道德自覺，達到至善、至孝的境界。從道德先驗論出發，依據人先天資質的差異，王陽明認爲實現孝道有三個層次：一是「生而知之」者，「只是依此良知，實落盡孝而已」；二是「學而知之」者，「只是時時省覺，要依此良知，盡孝而已」；三是「困而知之」者，「蔽錮之深，雖要依此良知去孝，又爲私欲所阻，是以不能，必加人一己百，人十己千之功，方能依此良知，以盡其孝。」⑭

　　王陽明還提倡知行合一論，「知行之合一並進，而不可分爲兩節事矣」⑭，這也涉及到孝的知和行。他認爲，「未有知而不行者」⑭，溫清定省之類的孝行必須是發自誠孝誠敬之心的，先有了這無纖毫私欲的至純孝心，則自

⑭　《傳習錄》上，《王陽明全集》（上）卷一，第六頁。

⑭　《傳習錄》上，《王陽明全集》（上）卷一，第二頁。

⑭　《傳習錄》中，《王陽明全集》（上）卷二，第八四頁。

⑭　《傳習錄》中，《王陽明全集》（上）卷二，第四五頁。

⑭　《傳習錄》下，《王陽明全集》（上）卷三，第一一一頁。

⑭　《傳習錄》中，《王陽明全集》（上）卷二，第四六頁。

⑭　《傳習錄》上，《王陽明全集》（上）卷一，第四頁。

然會有噓寒問暖的孝行：「須有這誠孝的心，然後有這條件發出來。譬之樹木，這誠孝的心便是根，許多條件便是枝葉。須先有根然後有枝葉，不是先尋了枝葉然後去種根。」⑭進而他又主張，「知」當中就包含著「行」：「只說一個知自有行在」⑭，「一念發動處，便即是行了」⑮。就孝悌來說，「如吾心發一念孝親，即孝親便是物。」⑮同樣，沒有「行」的「知」也不是真知：「稱某人知孝，某人知弟，必是其人已經行孝行弟，方可稱他知孝知弟」⑮，「未有學而不行者。如有言孝，則必復勞奉養、躬行孝道，則後謂之學，徒懸空口耳講說，而遂可以謂之學孝乎？」⑮王陽明強調道德意識與道德實踐的一致性，有其合理之處。

顯然，與程朱理學相比，心學更強調個人的道德自覺，更注重人子行孝的主觀能動性。當然，總的來看，除了把客觀的「理」轉換為主觀的「心」之外，程朱理學與陸王心學的孝道觀並無本質的區別。

第二節　封建社會後期孝道的主要特點

理學家全面、完整、嚴密的論證，無疑使孝道對人們具有更強勁的說服力和更有效的束縛力，這也正是理學家孜孜於對封建綱常倫理論證的目的所在。理學孝道理論既是現實需要的反映，反過來，又必然促使和導致社會現實中孝道實踐的新變化。同時，儒釋道三教倫理的互攝互補而形成的合流局勢，使孝道倫理在價值觀念上達到了空前的統一，在社會控制力上也達到了空前的強度。與前朝相比，封建社會後期「孝治天下」的宗旨並沒有變化，但行孝方式上卻走向畸形，體現出封建社會後期孝道絕對化、極端化、愚昧化、泛濫化等末世特徵。

---

⑭　《傳習錄》上，《王陽明全集》（上）卷一，第三頁。
⑭　《傳習錄》上，《王陽明全集》（上）卷一，第四頁。
⑮　《傳習錄》下，《王陽明全集》（上）卷三，第九六頁。
⑮　《傳習錄》上，《王陽明全集》（上）卷二，第二四頁。
⑮　《傳習錄》上，《王陽明全集》（上）卷一，第四頁。
⑮　《傳習錄》中，《王陽明全集》（上）卷二，第四五頁。

一、家族制度的日趨完善和族權的空前膨脹

作爲孝道社會基礎的家族制度日趨完善，家族族權空前膨脹，族權與孝道交互強化，成爲鞏固封建制度的強勁支柱。這是封建社會後期孝道發展歷程中最突出的表現。

宋代家族制度是繼唐代以來逐漸衰落的士族制度之後興盛起來的。兩晉南北朝是宗族勢力大盛的時期。但是，自隋唐以來，下面幾種因素造成了一度強盛的宗族士族制度的土崩瓦解：一是，經濟制度的變化，即唐代租佃制的發展，使士族宗族逐漸失去了其經濟力量；二是，戰爭及政治力量的打擊，使魏晉發達的宗族制度遭到重創；三是，科舉制的實行也給士族壟斷政壇的局面以致命衝擊，科舉出身者成爲官僚的主要來源。這幾種因素的綜合作用，使得魏晉時期權傾一時、飛揚跋扈的高門士族迅速退出了歷史舞臺。因而唐代新貴迭出，宗族開始向官僚化方向過渡，至宋元遂發展爲完善的、以官僚爲宗族主體的官僚宗族制。這也就是張載、二程所深爲憂慮的「朝廷無世臣」局面的出現。宋代理學家對宗法制的鼓吹，正是基於這一特殊的社會背景。

事實上，宗法制是中國古代最基本的社會結構，在封建經濟還依然強盛的時期，要動搖這一社會基礎是不可能的，充其量只能改變或充實一下它的形式。隋唐宗法制的暫時衰落和沈寂中，孕育著宋代宗法制發展的又一個高峰，並一直延續至清代而久盛不衰。

與文化各層面普遍出現的世俗化、平民化的傾向相應⑮，宗法制度的平民化，即平民家族制度的完成，是這一時期宗法制發展的主要特點，具體表現在以下幾個方面：

其一，組建和開展宗族活動興盛。

---

⑮　錢穆認爲，南北朝、隋、唐的學者，都帶有一種「狹義性的貴族氣味」，超然於一般社會之上，而宋代的學者則「既不講出世，亦不在狹義的門第觀念上來講功業、禮教」，他們是把一個比較更接近平民性的原則來應用於各個方面的。見其《國史大綱》下冊，商務印書館一九九四年版，第七九四—七九五頁。

首先是組建宗族成爲社會風氣。宋元時代的官僚對組建宗族表現出極大的興趣。《宋史》、《元史》「列傳」部分屢見組建宗族之類的記載。平民也紛紛建設宗族，並形成一定的社會力量，僅《宋史》記錄的義門就達五十家，且多係平民家族。這反映出宋代宗族發展的盛況。

其次，宋元宗族宗親活動頻繁多樣。宗族、家族是一個相對自足的小社會，是一個集政治、經濟、宗敎、文化功能於一體的結構。如許多有經濟實力的宗族設立義田，資助、供給族人；主持祭祖儀式和族譜編撰、族規制定；依照宗族倫理處理族內糾紛、族外事務；興辦義塾，以儒家倫理敎育族中子弟等等。特別是北宋參知政事范仲淹建設義莊，首創宗族贍養族人的新方式。范氏義莊在朝廷得到立案保護，成爲義莊的模式和典範。其後許多有權有勢者，如大理評事劉暉、南宋宰相張俊等也都爭相效仿，紛紛設置義莊，供養族人和姻親。

其二，傳統的祭祖範圍和祭祖方法也發生了不少變化。

按照傳統祭祖行孝的禮制，不同等級的人要祭祀不同的祖先。這種制度在宋代遭到理學家的抨擊和社會各階層的抵觸。如程頤就認爲，不准官民祭祀五代祖先不僅不合宗法和情理，也不利於孝道倫理的推行和孝治天下的貫徹。民間違制私祭先祖的情況相當普遍，甚至出現祭祀始祖的僭禮行爲。宋徽宗時不得不徇流俗之情，放鬆祭祖方面的有關規定。明朝初年規定，官僚貴族可以設立家廟，祭祀高、曾、祖、禰四代先人，士庶人只能祭祖、父兩代。嘉慶時又擴展爲士庶人也可以祭四代祖先，同時允許官民於冬至日祭祀始祖。

至於祭祖的辦法，二程有詳盡的描繪：「設席坐位**皆如事生**。……太祖之設，其主皆刻木牌，……每月告朔，茶酒。四時：**春以寒食，夏以端午，秋以重陽，冬以長至，此時祭也。**」⑮時祭中，民間最重視的是清明和冬至兩次家族祭祀。其他各種形式的特殊祭奠，如科舉題名、升官進爵時都要去祠堂行禮等，就不一而足了。一般地說，木主（又稱神主、牌位、木牌、神牌等）和畫像作爲祭祀對象的化身象徵，被恭奉在祠堂正中接受子孫的膜拜。

---

⑮　《二程集‧外書》卷一，第三五二頁。

至今有些家族仍然保留和供奉著先人的牌位，許多流傳下來的宗譜前面也可見先人逼眞的畫像。至於祭祖的參與者以及供品、程式、禮儀等，也都有嚴格的規定。

其三，**與從觀念上突破大小宗法制對官民祭祖的限制相應，宗族祠堂始現於宋元，昌盛於明清，成爲封建社會後期，特別是明清時期一個可觀的社會現象。**

唐末五代動亂之後，以前用於祭祀的家廟也隨著士族的消失而幾盡毀絕，四時的祭祀只能在宅內進行，這遠遠不能適應日益擴展和越來越頻繁的祭祖活動的需要，於是宋元出現了居於廟祭與寢祭之間的過渡形態的家族祠堂。祠堂本是一組建築，是族人祭祀祖先的地方，到了明清時期，它還兼成爲族長施政、族人集體活動的主要場所。所以，凡是有經濟力量的宗族，都設有宗祠。尤其到了清代中期以後，祠堂普及到社會各個階層，即所謂「族必有祠，合姓祖先統萃於此」，以至市鎮鄉村祠堂林立。如乾隆時福建、江西、湖南人「皆聚族居，族皆有祠」；浙江奉化人也「多聚族而居，每族多建族祠以供主」；廣東番禺「每千人之族，祠數十所；小姓單宗，族人不滿百戶者，亦有祠數所。」有些地方甚至把祠堂看得比自家房屋還重要，如廣東潮州人「營宮室，必先祠堂，明宗法，繼絕嗣，重祀田」，福建莆田人也是「營室先營宗廟，蓋其俗然也」，以至莆田縣城內五分之一的地方被宗祠佔據了⑯。祠堂的興盛是宗族規模擴大的表現，「祠堂的功能是對祖先作季節性的祭祀，並對族中的重大事件作自治的決定，其對子孫們的行爲，特別是對孝行的監督，自然是主要的作用之一。祠堂及其功能的出現，保證孝道實踐的貫徹。」⑰

其四，**私修譜牒活動興起。**

---

⑯　分別見嘉慶《寧國府志・風俗》，《清朝經世文編》卷一五八陳宏謀〈寄楊樸園景素書〉，光緒《潮州志・風俗》，光緒《奉化縣志・風俗》，同治《番禺縣志・風俗》，光緒《潮州志・風俗》，乾隆《莆田縣志・風俗》。參馮爾康《中國古代的宗族與祠堂》，商務印書館國際圖書有限公司一九九六年版，第四三一四六頁。

⑰　冉雲華〈中國佛教對孝道的受容及後果〉，傅偉勳《從傳統到現代——佛教倫理與現代社會》，臺北東大圖書公司一九九〇年十月版，第一一一頁。

　　譜牒是宗族活動的文字記錄，興修族譜與宗族活動的興盛是一致的。唐代以前，主要是官修族譜，即由政府指定史官或專人治譜，體例上以世系爲主，分列宗族淵源、世系、地望、代表人物傳記等等，其時的族譜主要表達宗族的政治和社會地位，具有強烈的政治功能。

　　宋以後私家撰譜盛行，且體例、內容方面也由簡約而漸趨完整乃至繁雜。如北宋歐陽修修撰的《歐陽氏譜圖》和蘇洵修撰的《蘇氏族譜》都完好地留傳下來，上面有序、跋、世系圖、世系表、傳記等，成爲後世修譜的範本。明清時代譜例大發展，類目眾多，祠堂、墳塋、族規、祠產、畫像、文書等，都各以專類進入譜書。私修族譜所包含的宗族史和宗法倫理的內容，既可以增強宗族凝聚力，防止異姓亂宗，又可以激發族人效法先人，光宗耀祖，特別是孝道方面的內容，「被宗族上層用作對族人進行思想倫理教育的教材，也是個人修養的工具，起著維繫和強化作爲社會群體的家族和家庭的作用，也就是說這時族譜主要能夠發揮社會功能。當然，家譜維護族權，進而維護政權，從這個角度看，近古族譜也有著某種政治功能。」⑱目前保存的種類繁多的族譜，是研究我國傳統社會、傳統文化的珍貴遺產。

　　總之，無論是宗族的組建、宗族活動的開展，還是祭祖範圍的擴大、方式的增多，乃至祠堂的興建，族譜的修撰，都是宗法制興盛的表現形式，是平民家族制度過程的完成。宗法精神以全社會規模的重新高漲，既是封建社會後期孝道「變本加厲」、空前昌盛的體現，又是傳播孝道理論和促進孝道實踐的得力工具，並成爲封建社會後期孝道歷史發展的重要特點。

　　同時，爲維護宗法統治，維護大家族的團結，五花八門的家範、家書、家禮、家訓等也競相問世，泛濫成風。明清以後，幾乎所有的大戶人家都有自己的家法、家規。保留至今的清代家訓仍然汗牛充棟。

二、愚孝的泛濫

⑱　馮爾康《中國古代的宗族與祠堂》，商務印書館國際有限公司一九九六年版，第一六九頁。

　　隨著理學正統地位的日趨鞏固，孝道被極端異化，愚孝之風愈煽愈烈，並成為封建社會後期孝道的一個重要特徵。主要表現在兩個方面：

　　其一，**孝的專一性、絕對性、約束性進一步增強，對父母無條件的順從已經成為孝道的基本要求**。這既是極端專制集權在道德領域的體現，也是**張載、程朱**等理學家鼓吹愚孝的結果。

　　理學家當中，以張載對孝道的論述最少，卻最帶有「愚孝」的性質。他**強調對**父母之命要無原則、無條件地順從，「聚百順以事君親，故曰『孝者畜也』，又曰『畜君者好君也』。事父母『先意承志』，故能辨志意之異，然後能教人。」⑲他舉例說：「無所逃而待烹，申生其恭也；體其受而歸全者，參乎！勇於從而順令者，伯奇也。」⑯順從父命自縊而死的申生，尊親保身的曾參，被父驅逐而無怨的伯奇，張載列舉的都是些寧肯自己受委屈而死，也不對父母申辯、不校君親之命的孝子，其旨就在於要人們服服貼貼地順從君親之命，而不管父母的意志是否正確合理。張載還把這種「孝順」的原則加以推廣，認為人們安於天地父母的安排，逆來順受而不加反抗，就是「純乎孝者也」：「富貴福澤，將厚吾之生也；貧賤憂戚，庸玉女於成也。存，吾順事；沒，吾寧也。」⑯天下無不是的父母，父母之意志、命令總是最合理的，貧賤富貴都是天地父母對人的恩澤，人只有感恩戴德，順從天命，恬然處世。

　　理學家認為，孝是人子的本分，純孝的人不問父母是否慈愛，只須對所應盡孝的對象盡孝悌之道，即使不能博得父母的慈愛歡心，也絲毫不應有怨懟不平之情。所以，當「人不幸處繼母兄弟不相容，當如何」這樣的問題擺在朱熹面前時，他隨手拈起「以父頑母嚚而克諧以孝」的舜為例子答曰：「從古來自有這樣子。公看舜如何。後來此樣事多有。只是『為人子，止於孝。』」⑯二程對「事兄盡禮，不得兄之歡心，奈何」的回答也是：「但當起敬起孝，

⑲　《張載集・正蒙・有德》，第四五頁。
⑯　《張載集・正蒙・乾稱》，第六二―六三頁。
⑯　《張載集・正蒙・乾稱》，第六三頁。
⑯　《朱子語類》卷一三《學七》，第二三二―二三三頁。

盡至誠，不求伸己可也。」⑯更何況歷史上許多卓越的孝子，其孝行都是通過父母的拂逆而愈益彰著的。因而，「爲人子不幸而事難事之親，則於舜與薛苞事，可不勉而師之乎？」⑯子的義務就是**父母的權利**，而父母的權利是可以無限制地膨脹的。所以，朱熹甚至把萬章的問題拿來設問道：「且如父母使之完廩，待上去，又捐階焚廩，到得免死下來，當如何？父母**教他去下井**，待他下去，又從而掩之，到得免死出來，又當如何？」⑯朱子認爲，**即使父母眞的這樣做了**，也不能怨忿不滿，而是應該像舜那樣，「一心所慕，惟知有親」⑯，老老實實地盡爲子的孝道。這分明是在公開地大肆宣揚「父要子亡，子不得不亡」，而且還要對父母無怨無尤、感激涕零。

　　個人的身體不屬於自己，個人的意志當然更是屬於父母、家庭、家族的。個人的理想、追求、一切行爲都應該以家庭利益，以孝道爲中心，不可違逆父母之心。比如，理學家雖然明知「科舉累人不淺，人多爲此所奪」，但又認爲個人必須爲踐履孝道而犧牲自己：**家貧親老，仰事俯育，或先祖遺願，父母責望，**「故不可不勉爾。」⑯若是「**硬要拂父之命，如此則兩敗，父子相夷**矣，何以爲學！讀書是讀甚底？」⑯

　　不過，程朱與張載還是有所區別的，程朱不是以百依百順的曾子或待烹的申生作爲行孝的典範，而是處處把舜當成孝子的榜樣。有問：「曾子之孝與舜之孝，優劣如何？」程頤曰：「家語載耘瓜事……孔子聞而怒。曾子至孝如此，亦有些失處。若是舜，百事從父母，只殺他不得。」有問：「如申生待烹

---

⑯　《二程集・遺書》卷十八，第二四三頁。

⑯　宋鄭玉道、彭仲剛《琴堂諭俗編・卷上》。薛苞事跡見《後漢書》卷三九，第一二九四頁：薛苞「以至孝聞。及父娶後妻而憎苞，分出之，苞日夜號泣不能去，至被毆杖。不得已廬於舍外，旦入而灑掃。父怒，又逐之。乃廬於里門，晨昏不廢。積歲餘，父母慚而還之。」

⑯　《朱子語類》卷五八《孟子八》，第一三五七頁。參《孟子・萬章上》。

⑯　《朱子語類》卷五八《孟子八》，第一三五七頁。參《孟子・萬章上》。

⑯　《朱子語類》卷一三《學七》，第二四六頁。

⑯　《朱子語類》卷一三《學七》，第二四七頁。

之事，如何？」答曰：「此只是恭也。若舜，須逃也。」⑯可見，程朱對張載所主張的走向極端的孝行，即「愚孝」，還是稍有修正的。這與程朱的「貴權」原則是一致的。

　　無論如何，宋代以後，在統治者的慫恿和理學家的鼓噪下，封建孝道作爲綱常禮教的核心，已經暴露出其「殺人」、「吃人」的猙獰面目。「蓋父母者，子之天地也」，若違背或怠慢天地的意願，則必有「雷霆之誅」、「幽明之譴」⑰。所以，對父母的任何無理要求，人子都只有俯首貼耳，垂目而受。「母雖不慈，子不可以不盡子道，……母生之身而母殺之死者，且不敢怨……孝子之於親，縱受其虐，不敢疾怨。」⑰封建社會後期，「天下無不是底父母，父有不慈而子不可以不孝」⑰成爲世人的普遍觀念，並被列入《幼學瓊林》等蒙學教材中。子女完全喪失了獨立的自我，淪爲父家長的奴隸：「子之於父，弟之於兄，猶卒伍之於將帥，胥吏之於官曹，奴婢之於雇主，不可相視爲朋輩，事事欲論曲直。……若以曲理而加之子弟，尤當順受而不當辯。」⑰；封建孝道完全墮落爲「父要子亡，子不得不亡」的蒙昧主義：「子弟受長上訶責，不論是非，但當俯首默受，毋得分理」⑭，「父母即欲以非禮殺子，子不當怨。蓋我本無身，因父母而後有，殺之，不過與未生一樣。」⑮甚至連黃宗羲也說：「故父行未必盡是道，在孝子看來，則盡是道，所謂『天下無不是底父母』，實實如此。就如世俗之父母，嘻嘻嗃嗃，非是望我太切，則是慮患太深，原

⑯　《二程集・遺書》卷二十三，第三一〇頁。
　　真德秀《潭州諭俗文》，轉引自向燕南、張越編注《勸孝・俗約》，中央民族大學出版社一九九六年版，第一七一頁。
⑰　〈魏孝文論〉，轉引自《中國文化新論・敬天與親人》，三聯書店一九九二年版，第四九〇頁。
⑰　宋・鄭玉道、彭仲剛《琴堂諭俗編・卷上》，轉引自向燕南、張越編注《勸孝・俗約》，中央民族大學出版社一九九六年版。
⑰　袁采《袁氏世範》卷上〈睦親〉，四庫全書本。
⑭　鄭太和《鄭氏規範》學海類編，民國涵芬樓影印本，轉引自吳楓主編《中華思想寶庫》，吉林人民出版社一九九〇年版，第三四六——三四七頁。
⑮　明・魏禧《日錄》，海粟樓叢書本。轉引自吳楓主編《中華思想寶庫》，吉林人民出版社一九九〇年版，第二五二頁。

無有不是處。未有捨父母而別求所謂聖賢者。從來弒父與君，只見得君父不是，遂至於此。」⑰這是封建孝道理論和孝道實踐發展的必然，是封建孝道走向沒落的表現，也是封建制度行將就木的預兆。

　　其二，造端於唐代的割股療親的愚孝之風到宋元時代越刮越劇，而且花樣翻新。失去了理智的孝子們把孝道作為自己生命的精神支柱，對行孝表現出一種宗教信仰式的狂熱，如同宗教徒為證明自己對造物主的崇敬而齋戒、禁欲一樣，自傷、自殘、自戕以全孝心、成孝道，遂為屢見不鮮之事。從這個意義上講，孝道，尤其是封建社會後期的孝道，在世俗社會的確具有宗教的功能。孝道被異化到面目全非、登峰造極的地步。

　　傳統儒家孝道認為，身體髮膚，皆是父母所遺，毀傷乃是不孝的行為，因而才有樂正子春傷足不出、自憐涕泣的故事。粗略地翻檢前代史書，也沒發現有以自己體肉為父母藥餌的記載。唐代以後，隨著三教合流趨勢的明朗化，隨著佛教對孝道宣傳力度的加大，佛教傳說中捨身供養、以血肉療病的習俗也隨之而膾炙人口，並導致中土民眾的由信仰而仿效。佛經裏有許多以己身布施眾生的本生故事，如「薩埵捨身」、「尸毗割股」、「割肉貿鴿」等。據《彌勒菩薩所問本願經》載：「有王太子，……道見一人，得疾困篤，見已有哀傷之心。問於病人：以何等藥，得療即瘥？病人答曰：唯王身血，得療我病。爾時太子，即以利刃刺身出血，以與病者。至心施與，竟無悔恨。」⑰四川寶頂山大佛灣所見的《大方便報恩經變相》中，有忍辱太子剜眼出髓醫父王疾病的故事畫，圖中所刻經文曰：「釋迦因地行孝，剜眼出髓為藥。大藏佛言：忍辱太子知其父身嬰重病，……太子問曰：藥是何物？大臣答言：是不瞋人眼睛及其骨髓。若得此藥，病可得救。」也許是在此類傳說影響下，唐人遂以為人肉可以療痼疾。更兼「唐時陳藏器著《本草拾遺》，謂人肉治羸

---

⑰　《孟子師說》，《黃宗羲全集》第一冊，浙江古籍出版社一九八五年一一月版，第九八頁。

⑰　《大正藏》卷一二，第一八八頁中。

疾，自是民間以父母疾，多刲股肉而進。」⑱盛行於封建社會後期的割肉療親的愚孝行爲由此而濫觴、蔓延。

《新唐書‧孝友傳‧序》中，列舉了「京兆張阿九、趙言，奉天趙正言、滑清泌」等共二十九位割肉療親的孝子。「孝友傳」中也有數例此類孝行記載。如池州何澄粹，「親病日錮，俗尙鬼，病者不進藥。澄粹剔股肉進，親疾爲療。」⑲安豐李興，「父披惡疾，歲月就亟，興自刃股肉，假託饋獻，父老病已不能噉」。後來柳宗元爲之作《孝門銘》⑳。涪城章全益，「少孤，爲兄全啓所鞠。母病，全啓刲股膳母而愈。及全啓亡，全益服斬衰，斷手一指以報。」㉑

如果說割股療親在唐代尙屬「新生事物」，甚至往往能夠驚世駭俗、起到轟動效應的話，那麼，宋代以後，這種少數人的「特立卓行」已經演變爲人們司空見慣、習以爲常的行孝方式，只要父母頑疾染身，久治不愈，孝子不僅割肉噉親，或抉眼斷乳、剖腹探肝以爲藥餌，甚至自焚、自殉以禱天顯靈，祈愈父母。

僅《宋史‧孝義傳》就載有十多個這樣的令人瞠目結舌的孝子事例。如劉孝忠「母病經三年，孝忠割股肉、斷左乳以食母；母病心痛劇，孝忠然（燃）火掌中，代母受痛。母尋愈。」㉒張伯威九十八歲的祖母患痢疾而生命垂危，「伯威剔左臂肉食之，遂愈。」接著繼母因姑病而驚急成疾，「伯威復剔臂肉作粥以進，其疾亦愈。」他的妹妹也剔臂肉作粥爲其公婆治病。㉓另有一個叫楊慶的，爲父病割股之後，後母又「病不能食，慶取右乳焚之，以灰和藥進焉。」㉔這些孝子孝女往往受到立「純孝坊」、「孝婦坊」、「崇孝坊」等形式的嘉獎。《金史‧孝友傳》中孝友見於旌表者僅有六人，其中三人皆是以割股療親而載於史冊的。這既表明金王朝對孝道觀念的倡導，也顯示出孝道對

⑱　《新唐書》（十八）卷一九五《孝友傳‧序》，第五五七七頁。

⑲　《新唐書》（十八）卷一九五〈孝友傳〉，第五五八九頁。

⑳　《新唐書》（十八）卷一九五〈孝友傳〉，第五五八九頁。

㉑　〈孝友傳〉，《新唐書》（十八）卷一九五，第五五九一頁。

㉒　《宋史》（三十八）卷四五六，第一三三八七頁。

㉓　《宋史》（三十八）卷四五六，第一三四一四頁。

㉔　《宋史》（三十八）卷四五六，第一三四一一頁。

少數民族的同化和影響。元代一邊以嚴刑禁之：「諸爲子行孝，輒以割肝、刲股、埋兒之屬爲孝者，並禁止之」⑱，一邊大肆旌表宣揚。僅《元史・孝友傳》中就載有七例，甚至還有慘不卒讀的「鑿腦」醫親者。《元史・烈女傳》云：河南秦氏二女，「父嘗有危疾，醫云不可攻，姊閉戶默禱，鑿已腦和藥進飲遂愈。父後復病欲絕，妹刲股肉置粥中，父小啜既蘇。」⑱迨至明朝，剖肝剔臂依然是行孝的重要方式，如沈德四「祖母疾，刲股療之愈。已而祖父疾，刲肝作湯進之，亦愈。」姚金寶、王德兒「亦以刲肝愈母疾」，三人都受到旌表⑱。

　　被載入正史的僅是極少數受到「國家級」表彰者，至於地方旌表或不聞於世的就更多了。據李飛〈中國古代婦女孝行史考論〉一文依據《古今圖書集成・明倫彙編閨媛典・閨孝部》所作的統計，明代六二二個孝女孝婦中，除少數割胸、膝、肋以及割耳、割乳或斷指者外，割股者二五七人，割臂者三十人，　割肝者十九人，共計三〇六人，占總人數的百分之四九；清代三四二個孝女孝婦中，割股者二三三人，割臂者四人，割肝者八人，占總人數的百分之七二⑱。這是一個叫人怵目驚心、不敢置信的數字！眞德秀《潭州諭俗文》中提到：「數月以來，累據諸廂申到，如黃章取肝以救母，劉祥取肝以救父。近又有……（周）宗强割肱救療，母遂平復。」⑱僅數月時間，在一個小小的地方就上報了數例割股探肝者，管中窺豹，可知當時剔肝剖股療親孝親已經成爲社會風氣，這也證實了百分之四九、百分之七二比例的可靠性。

　　這種「越禮以加敬，輕生以致養」的自摧自殘的愚孝行爲，在唐代即激起了不少有識之士的強烈反感。諸多的抗議聲中，韓愈的觀點是最有代表性的。他說：「父母疾，亨藥餌，以是爲孝，未聞毀肢體者也。苟不傷義，則聖

---

⑱　《元史》（九）卷一五〇〈刑法志〉，第二六八二頁。

⑱　《元史》（十五）卷二〇〇〈烈女傳〉，中華書局一九七六年四月版，第四四八六頁。

⑱　《明史》（二十五），卷二九六〈孝義傳〉，第五五八九頁。

⑱　李飛〈中國古代婦女孝行史考論〉，《中國史研究》一九九四年第三期。

⑱　真德秀《潭州諭俗文》，轉引自向燕南、張越編注《勸孝・俗約》，中央民族大學出版社一九九六年版，第一七一頁。

賢先眾而爲之。是不幸因而且死，則毀傷滅絕之罪有歸矣，安可旌其門以表異之？」⑩陳堯也對這種「折體斷肢，密置於味」的愚孝行爲表示憤慨：「苟居疾以剝膚，由味而喪軀，則所謂陷之於不義者也。禽之相食，尚曰無有，安在爲人父母而食其子者乎！」⑪顯然，韓愈、陳堯等是站在正統儒家的立場上，認爲毀傷父母所遺是大不孝的有罪行爲，決不應該去表彰。史官雖然也同意韓愈的觀點，但同時又爲愚孝行爲開脫曰：「委巷之陋，非有學術禮義之資，能忘身以及其親，出於誠心，亦足稱者。」⑫朱熹也持同樣的看法：「今人割股救親，其事雖不中節，其心發之甚善，人皆以爲美。」⑬這種開脫中溢滿稱道之情，代表了社會上一般人的普遍看法，再加上「旌表門閭」、「名在國史」的官方鼓勵，越發使得這種愚孝行爲泛濫起來。

明洪武二十七年，山東日照江伯兒「母疾，割肋肉以療，不愈。禱岱嶽神，母疾療，願殺子以祀。已果療，竟殺其三歲兒。」⑭爲作孝子不僅自傷，還殃及無辜幼兒，毀倫滅嗣之罪不容誅。皇帝聞訊震怒曰：「父子天倫至重。《禮》父服長子三年。今小民無知，滅倫害理，亟宜治罪。」並詔令眾臣議旌表之例。禮臣議論曰：

> 人子事親，居則致其敬，養則致其樂，有疾則醫藥籲禱，迫切之情，人子所得為也。至臥冰割股，上古未聞。倘父母止有一子，或割肝而喪生，或臥冰而致死，使父母無依，宗祀永絕，反為不孝之大。皆由愚昧之徒，尚詭異，駭愚俗，希旌表，規避里徭。割股不已，至於割肝；割肝不已，至於殺子。違道傷生，莫此為甚。自今父母有疾，療治無功，不得已而臥冰割股，亦聽其所為，不在旌表例。⑮

---

⑩　《新唐書》（十八），卷一九五〈孝友傳·序〉，第五五七七頁。

⑪　《宋文鑒》卷九三陳堯《原孝》，四庫全書本。

⑫　《新唐書》（十八）卷一九五〈孝友傳·序〉，第五五八八頁。

⑬　《朱子語類》卷五九《孟子九》，第一三九〇頁。

⑭　《明史》（二十五），卷二九六〈孝義傳〉，第七五九三頁。

⑮　《明史》（二十五），卷二九六〈孝義傳〉，第七五九三頁。

　　自此，明朝官方雖然沒有嚴令禁止割股臥冰之類的有傷身體的愚孝行爲，但一般也不再公開表彰。

　　當然，一紙空文並不能阻止此類孝行的發生。《清史稿‧孝義傳》中仍然有近二十例剮肝剖心以療親疾者。如汪灝四兄弟相繼爲父兄割股、割臂、斷指，有司表其門曰「一門四孝友」[196]。七歲兒呂某因「母病將殆，思肉食」，即割股啖母，被稱爲孝童，其父也曾割股愈父疾[197]。直到福建的李盛山割肝救母，傷重而卒，這種行孝方式是否應該得到表彰的問題才再次提了出來。禮部以其輕生愚孝而不予旌表。接著世宗諭曰：

　　　　視人命為至重，不可以愚昧誤戕；念孝道為至弘，不可以毀傷為正。……父母愛子，無所不至，若因己病而致其子割肝割股以充飲饌、和湯藥，縱其子無恙，父母未有不驚憂惻怛慘惕而不安者，況因此而傷生，豈父母所忍聞乎？父母有疾，固人子盡心竭力之時，倘能至誠純孝，必且感天地、動鬼神，不必以驚世駭俗之為，著奇於日用倫常之外。……倘訓諭之後，仍有不愛軀命，蹈於危亡者，朕亦不概加旌表，以成激烈輕生之習也。[198]

　　但是，孝子們對此充耳不聞，依然是我行我素。究其原因，一是愚孝觀念對人性之束縛，已經使人不能自拔；二是孝感傳說的神異靈驗令孝子們心動；三是社會輿論對此從來都是褒揚有加；四是宋代又復設了隋唐廢止的「舉孝廉」制度，並一直延續到清代，聲名利祿的內在刺激不可忽略，「上以孝取人，則勇者割股，怯者廬墓」[199]；五是官方「雖未定例，仍許奏聞，且有邀恩於常格之外者」[200]，所謂的「聽其所爲」實際上是一種變相的慫恿和鼓勵。古人自己總結說，割肉愈父母疾者，「大者邀縣官之賞，小者集鄉黨之譽。訛

[196]　《清史稿》（四十五），卷四九七〈孝義傳〉，第一三七三三頁。

[197]　《清史稿》（四十五），卷四九七〈孝義傳〉，第一三七四五頁

[198]　《清史稿》（四十五），卷四九七〈孝義傳〉，第一三七三九—一三七四〇頁。

[199]　《宋史》（十一），卷一五五〈選舉志〉，第三六一七頁。

[200]　《清史稿》（四十五），卷四九七〈孝義傳‧序〉，第一三七三一頁。

風習習，扇成厥俗，通儒不以言，執政不以禁。」⑳所以民間割股取肝者仍樂此不疲。直到清末民國，這種事情在民間仍然時有所聞。

三、其他

(一)與侍父母疾相關的還有一個問題，就是孝道觀對傳統醫學產生了相當大的影響，其中尤以宋明理學孝道觀的影響為甚。

救死扶傷、懸壺濟世本是醫生的職責，但父母生病時，孝子卻除了尋醫問藥、奉孝病榻，除了寄希望於孝感而去祈禱、割肝、臥冰之外，就無能為力了。尤其是若把生病的父母交到庸醫手中，則與親手戕害父母性命無異。在宋代極端強調孝道的社會背景下，孝子們深感這是對父母的大不孝。理學家也持同樣的看法，二程就認為：「疾而委身於庸醫，比之不慈不孝，況事親乎？」⑳所以，「事親者，亦不可不知醫。」⑳人子事親學醫「最是大事。……今人視父母疾，乃一任醫者之手，豈不害事？必須識醫藥之道理，別病是如何，藥當如何，故可任醫者也。」⑳二程的這段話並非空穴來風，而是宋明醫學界流行的知醫為孝、醫孝合一觀念的反映。

這種觀念對傳統醫學所發生的影響是雙重的。

從正面看，一大批儒者棄學從醫，投身杏林。如元代名醫朱震亨本為朱熹四傳弟子許謙的門人，連明泰州學派創始人王艮也曾行醫救世。他們都把醫學看作濟眾救世的「仁術」，強調以仁孝為行醫準則，這無形中從整體上提高了醫德水平。同時，醫家無不談「孝」，視知醫為孝子份內之事，如金元四大家之一的張從正，就直接把其醫學著作命名為《儒門事親》。還有不少孝子學醫的動機是出於「孝」。這些從一定程度上推動了傳統醫學的發展。

孝道對傳統醫學的負面影響也是顯而易見的。權且不論「人肉治羸疾」一言，就引得閭閻相效割股，使多少人喪生斃命於愚孝之下；只說「身體髮

---

⑳　皮日休《皮子文藪》，上海古籍出版社一九八一年版，第八一頁。

⑳　《二程集・粹言》卷一，第一二二一頁。

⑳　《二程集・外書》卷十二，第四二八頁。

⑳　《二程集・遺書》卷十八，第二四五頁。

膚，受之父母，不敢毀傷」⑳一語，就直接阻礙著解剖學的發展，進而阻礙傳統醫學的發展。解剖是對身體的直接毀傷，無論對自己還是對他人，都爲儒家孝道所不容。清代名醫王清任對此深爲反感，但囿於禮教壓力，也只能扼腕長歎。中醫之所以不能像西醫那樣精確無誤地「對症下藥」，與此不無干係。愚孝的枷鎖就這樣拖住了傳統醫學發展的步伐。

㈡與前代相比，明清有關代父母兄弟受死方面的孝行記載明顯地多了起來。

不計其他各種筆記、雜錄在內，僅《明史・孝義傳》中就載有數十個例子，《清史稿・孝義傳》中也有不少。這種孝行又可分爲三種情況：一是爲保護父母而犧牲自己的生命。由於倭寇作亂、盜賊滋事、農民起義等原因，社會動亂頻仍，時常殃及無辜。許多孝子在父母遭到强人盜匪或散兵遊勇殺戮時挺身而出，引頸代死，有的感動賊寇而被兩釋，有的雙雙被殺，有的則自己身亡而保全了父母。二是在父母遭遇不測時，捨生救護父母。比如父母身陷虎口時，孝子們置自己的安危於度外，孤身赤膊上陣，與之進行殊死搏鬥。三是代父兄受刑。這個內容我們在「傳統法律與孝道」一章中已經述及，此不贅言。

另外，哭泣、悲傷的程度亦爲孝心輕重多寡的尺規。明清因悲哀過度而身殉親喪的記載大大地多於前代。僅《清史稿・孝義傳》就載有近二十個聞喪殞命或身殉父母的孝子事例。如五歲曹孝童「嗚咽匍匐死父側」⑳；薛氏兄弟哀母喪，「數日皆死」⑳；丁某母卒後諦視母肖像良久，「仆地遽絕」⑳；襄城「嘗糞孝子」劉宗洙母歿後，「五內裂」而遂卒，其兄亦嘔血而死⑳；潘氏姊弟「家遇火」，因母親未及被救，遂跳入烈焰中與母親同歸於盡⑳；林氏兄

---

⑳　《孝經・開宗明義章》，第二頁。
⑳　《清史稿》（四十五），卷四九七〈孝義傳〉，第一三七三八頁。
⑳　《清史稿》（四十五），卷四九七〈孝義傳〉，第一三七三八頁。
⑳　《清史稿》（四十五），卷四九七〈孝義傳〉，第一三七三八頁。
⑳　《清史稿》（四十五），卷四九八〈孝義傳〉，第一三七六八頁。
⑳　《清史稿》（四十五），卷四九八〈孝義傳〉，第一三七六六頁。

弟在父親被海潮溺死後，雙雙自沈身亡⑪。前引〈中國古代婦女孝行史考論〉一文統計，明代六二二個孝婦中，殉死者爲四七人，清代三四二人中殉死者爲二十一人⑫。《孔府內宅佚事》上提到一個孔府本家，在八國聯軍時期父親戰敗後自刎殉國，兒子爲對父親盡孝而上吊自盡，兒媳收夫屍後也自縊殉夫，爲此而得到皇帝一塊「滿門忠孝」的賜匾⑬。於這些連篇累牘、不絕於書的所謂的孝子事跡中，愚孝對人性的摧殘和禮教殺人的本質了然可鑒。

　　除此之外，宋元明清時期民間所流行和官方所旌表的孝行與中古時期並沒有多大區別，無非還是「親存親歿能盡禮」，比如：「親存，奉侍竭其力；親歿，善居喪，或廬於墓；親遠行，萬里行求，或生還，或以喪歸」；「或遭家庭之變，能不失其正；……或爲親復仇，友於兄弟，同居三五世以上」⑭；或吮疽嘗痢，或乞傭養親，或自鬻葬親，學老萊子作孺子嬰兒狀取悅父母者也大有人在。總之，視孝道爲人生之全部意義的孝子們爲盡孝而挖空心思地自摧、自慘、自虐，無所不爲，無所不用其極。

　　當然，在明清之際社會動蕩和社會啓蒙思潮中，封建孝道也被注入了若干積極的因素。例如黃宗羲的孝道觀中就浸潤著濃厚的民族主義、愛國主義精神。針對曾子「保身」的孝道主張，黃宗羲認爲，守孝道應該「如城守之守。父母生我，將此降表之理，完全付我。……故須血戰孤城，待得夕死，交割還與父母，始謂之全歸。不待身體髮膚，受之父母而已矣。」⑮也就是說，爲抗擊外族侵略，爲國家民族利益而捨生取義，這才是對父母最好的報答，才是大孝。王夫之從「辱大臣爲辱國」的角度提出：「子之於父母，可寵、可辱，而不可殺。身者，父母之身也。故寵辱聽命而不慚。至於殺，則父母之自戕其生，父不可以爲父，子不能免焉，子不可以爲子也。臣之於君，可

⑪　《清史稿》（四十五），卷四九八〈孝義傳〉，第一三七六六頁。

⑫　〈中國古代婦女孝行史考論〉，《中國史研究》一九九四年第三期。

⑬　《孔府內宅佚事》，天津人民出版社一九八四年版，第一六頁。

⑭　《清史稿》（四十五），卷四九七〈孝義傳·序〉，第一三七三〇頁。

⑮　《黃宗羲全集·孟子師說》，浙江古籍出版社一九八五年版，第九八頁。

貴、可賤、可生、可殺，而不可辱。」⑯袁枚對「郭巨埋兒」的盡孝方式進行激烈抨擊，嗤之以「貪詐」：「不能養，何生兒？既生兒，何殺兒？……殺所愛以食之，是以犬馬養也。母投箸泣矣，奈何？……殺子則逆，取金則貪，以金飾名則詐，烏孝乎？」⑰戴震的批判尤爲激烈，他認爲愚孝之論是以理殺人，比之酷吏殺人更爲殘酷惡劣：「尊者以理責人，長者以理責幼，貴者以理責賤，雖失，謂之順；卑者、幼者、賤者以理爭之，雖得，謂之逆。於是下之人不能以天下之同情、天下所同欲達之於上；上以理責其下，而在下之罪，人人不勝指數。人死於法，猶有憐之者；死於理，其誰憐之？」⑱這種前所未有的理性反思，在大力倡導愚忠愚孝的專制時代，無疑是振聾發聵之論，也是近代文化批判中檢討孝道之先聲。

---

⑯　《讀通鑒論》卷二，第一〇七頁。

⑰　〈郭巨論〉，清・袁枚著，周本淳標校《小倉山房詩文集》（下），上海古籍出版社一九八八年三月版，第一五九五頁。

⑱　〈孟子字義疏證・理〉，《戴震全集》（一），清華大學出版社一九九一年四月版，第一六一頁。

第九章　兩宋至明清：

理學的孝道論證與佛教的孝道建構（下）

第一節　孝道：儒佛衝突的焦點

　　佛教自兩漢之際傳至中國內地以後，就在這片古老的土地上艱難而頑強地存活下來並且逐漸發展壯大，其間雖數遭劫難而始終堅韌不拔，最終「入鄉隨俗」，與中華文化水乳交彙，融爲一體。特別是到了兩宋時期，隨著三教合流歸一，中國佛教倫理基本成熟定型，成爲傳統封建倫理的重要內容，佛教系統的孝道觀也成爲封建孝道理論的一個重要內容。正因如此，本文把佛教孝道理論作爲中國封建社會後期孝道思想的重要組成部分，闢專章進行論述。但爲了從總體上對佛教孝道觀有一個比較全面的瞭解，我們的論述並不僅限於封建社會後期，而是由漢至唐，著眼於對中國佛教孝道發展歷程的整體考察。

　　佛教作爲一種域外異質文化，最終成爲中國傳統文化的重要組成部分，經歷了一個與傳統文化由矛盾衝突到逐漸調和、融通的漫長歷程。從一定意義上講，佛教在中國的傳播過程，實際上是佛教中國化的過程；佛教中國化的一個重要層面，就是佛教倫理的中國化，進一步講也就是佛教倫理儒家化的過程；而孝道是儒家倫理的核心內容，所以，中國佛教倫理在很大程度上就是一種孝道倫理，或者說，是以孝道爲核心的。儒佛衝突對話的過程，也正是佛教孝道觀形成、發展和成熟的過程。

一、儒佛衝突的必然性

　　文化生態根源的根本差異決定了儒佛矛盾存在的必然性，決定了佛教在中土立足的艱難性。畢竟，佛教是古代印度社會政治、經濟和社會關係的反映，它的教義、戒律、禮俗與中國傳統倫理規範、社會習俗有著重大差別。所以，追求出世、解脫的佛教與注重社會倫常、以濟世救

民爲目標的儒家思想發生激烈的矛盾衝突是必然的，這是兩種社會結構、兩種文化傳統、兩種價值體系的衝突。

　　首先，與一家一戶的小農經濟和君主專制政治相適應，封建宗法等級制度是中國古代社會上層建築的關鍵性組成部分，這種獨特的社會組織結構決定著思想意識形態的基本精神。其次，宗法制度派生出宗法觀念，體現在倫理規範上，就是以家庭、家族爲核心的孝道倫理。孝是傳統倫理文化的核心和基礎，是維護家族組織和封建秩序的槓桿。再次，自漢代開始，爲配合君主專制統治，三綱五常就成爲封建孝道的重要內容，子對父的絕對服從成爲封建孝道的重要特徵。所有這些，都是與印度佛教原本的宗旨相頡頏的。

　　佛教形成的社會前提是反對種姓制度，它是對維護種姓制度的婆羅門教至高無上權威的挑戰。按照印度佛教教義，眾生都是平等的，沒有尊卑貴賤之分，沒有怨親遠近之別，因而利樂、救濟一切眾生就成爲佛教的根本要求。這與墨家的兼愛有相通之處，卻與儒家以家族主義爲核心的道德價值觀是截然不同的。

　　比如，原始佛教認爲，人是受因果報應規律支配的，父母對子女並沒有特別的恩德。「父母自言，是我所生，是我之子。子非父母所致，皆是前世持戒完具，乃得作人」①，所以父母與子女之間只是一種寄住須臾的關係。依據緣起說和六道輪回轉生說，任何眾生在過去世中都有可能是自己的父母親人，如《梵網經》上說：「一切男子是我父，一切女子是我母，我生生無不從之受生，故六道眾生皆是我父母。」②《廣弘明集‧辨證論》中也講，眾生於六道中互爲父子：「識體輪迴，六趣無非父母；生死變易，三界孰辨怨親」③，既然眾生互爲父母子女，怨親難辨，所以不必執著於世俗的父子之道。這種六親不認、恩斷義絕的

①　《中本起經》卷上，《大正藏》第四卷，第一五三頁上。
②　《大正藏》卷二四，第一○○六頁中。
③　《大正藏》卷五二，第五二九頁中。

思想不但與儒家的「親親爲大」的觀念恰恰相反，而且等於否定了孝道的自然情感基礎，從而也就否定了孝道。

事實也正是如此。在原始佛教裏面是沒有「孝」這個辭彙的，子女對父母的敬養只是人與人之間一種普通的、相互的義務關係而已，父母與子女的關係完全是平等的、相對的，是坦誠相待、互敬互愛的。如原始佛教經典《屍迦羅越六方禮經》中，就把父母對子女的義務與子女對父母的義務等量齊觀，提出「父母視子亦有五事：一者當念令去惡就善；二者當教計書疏；三者當教持經戒；四者當早與婚娶；五者家中所有當與之。」④除此之外，在漢譯的其他許多傳本，像《善生經一》、《善生經二》、《善生子經》等等上面也都有關於父母對子女應盡義務的詳細記載⑤。《長阿含善生經》在提出子以五事敬順父母的同時，也提出「父母復以五事敬親其子」：「一者制子不聽爲惡；二者指授示其善處；三者慈愛入骨徹髓；四者爲子求善婚娶；五者隨時供給所須。」⑥由此可見，初期佛教所講的親子關係是雙向的，親子完全處於平等獨立的地位，這與中國封建社會的宗法等級制度形成鮮明的對照和尖銳的對立。

站在這樣的立場上，佛教進一步提出，父母如果不執行對子女的慈愛和教養的職責，也就相應地不能得到子女的尊敬和贍養。這種親子間相互尊重、相互愛護的觀念與儒家只講孝敬而不論慈愛、只強調子對父的敬養和順承的孝道觀念是相違背的。

同時，佛教的一些外在的禮儀規範也直接損害了儒家的孝道，如佛教徒的剃髮毀形與《孝經》「身體髮膚，受之父母，不敢毀傷」⑦的教訓相悖；出家修行與孝道居家養親的要求相違；不婚娶、無後嗣更是不孝之尤；佛教主張出家人不禮敬在家人，僧人對父母尊長素不行跪起之

---

④　《大正藏》卷一，第二五一頁中。

⑤　參《初期佛教與家庭倫理》，法鼓文化事業股份有限公司一九九七年版，第一〇五—一〇六頁表。

⑥　《大正藏》卷一，第七一頁下。

⑦　《孝經・開宗明義章》，第二頁。

禮，如《梵網經》云：「出家人法，不向國王禮拜，不向父母禮拜，六
親不敬，鬼神不禮。」⑧這也極乖於儒家禮儀。

　　可見，在以家庭、家族爲社會基本細胞的封建宗法制度下，佛教與
中國社會政治、經濟、文化的矛盾，突出地體現在作爲宗法倫理基礎的
孝道上。儒佛孝道觀上的矛盾分歧，又集中表現在出家修行與居家孝
親、無妻無後與絕嗣爲大不孝、剃髮毀形與不得毀傷父母所遺身體髮膚
等幾個方面。一句話，即無君無父與親親尊尊的矛盾。也有的學者從「中
國佛教對孝道的受容」的角度提出，「中國政治、社會、文化對孝道的
重視，遠超過在印度的傳統；中國佛教人士所承受的孝道壓力，要比印
度沈重甚多；孝道與中國官僚政治的結合，是印度歷史所沒有的現象。」
⑨總之，佛教自其傳入中土起，就冒不忠不孝之韙而遭到了來自世俗階
層的輿論壓力、來自知識階層的理性批判以及來自權力階層的政治抵
制，各方面的批佛、排佛無不以佛教的逆情背禮、違孝乖忠作爲靶子。
孝道觀成爲佛教在中土立足、傳播的重大障礙。

二、儒佛交鋒的過程

　　作於漢末的《牟子理惑論》一書，就是對儒家和佛教在孝道倫理觀
念上的種種分歧的最早反映。對於無後、剃度、違禮等責難，牟子均以
「苟有大德，不拘於小」爲由，進行了機智的辯解：「至於成佛，父母
兄弟皆得度世，是不爲孝，是不爲仁，孰爲仁孝哉？」⑩這就爲以後佛
教「大孝」勝於儒家「小孝」的觀點埋下了伏筆，爲中土佛教的護法理
論奠定了基調。

---

⑧　《大正藏》卷二四，第一〇〇八頁下。

⑨　冉雲華〈中國佛教對孝道的受容及後果〉，傅偉勳主編《從傳統到現代——佛教
　　倫理與現代社會》，臺北·東大圖書公司一九九〇年十月版，第一〇七頁。

⑩　《弘明集》卷一，《大正藏》卷五二，第四頁上。

大規模的倫理層面的爭論則始自東晉，以庾冰、桓玄向「沙門不敬王者」的乖禮行為發難而開其端。作為回應，孫綽在其《喻道論》中為佛教的孝親觀作了有力的辯護：

> 父隆則子貴，子貴則父尊。故孝之為貴，貴能立身行道、永光厥親。若匍匐懷袖，日御三牲，而不能令萬物尊己，舉世我賴，以之養親，其榮近矣！夫緣督以為經，守柔以為常，形名兩絕，親我交忘，養親之道也。⋯⋯昔佛為太子，棄國學道，⋯⋯還照本國，廣敷法音，父王感悟，亦升道場。以此榮親，何孝如之？⑪

以人們普遍認同的儒家的顯親揚名、光祖耀宗的孝道觀念立論，孫綽認為，世俗之孝只是盡一些瑣碎的、微不足道的養親義務，這並不能遠榮、永榮雙親，只有**學道弘法、修德成佛**，才是真正的榮親孝親。這也是佛教僧人護法的**基本理論思路**：一是強調佛教也講孝道，與儒家忠孝觀並不矛盾；二是強調**佛教孝道**比儒家世俗孝道更高深遠大。後來的護法者無不循此而行。

東晉南方佛教領袖慧遠也寫了〈沙門不敬王者〉等文，全面地闡述了自己的主張。他把佛教義理與名教相調和，認為佛教離家修道、不拜君親並非棄親背尊，「內乖天屬之重，而不違其孝；外闕奉主之恭，而不失其敬。」⑫在慧遠看來，佛法不僅與儒家孝道旨趣相通，而且能在更高的層次上盡忠守孝。他認為踐履佛法是實現孝道的最佳途徑，歸於佛道是孝道的最高境界。顯然，佛教高僧已經在著手從理論上進行調和儒佛對立、納攝孝道於佛法的努力，試圖以此為佛教在宗法倫理的重圍中爭取一方生存的空間。

南北朝時期，由於社會危機的加重使儒家倫常陷入窘境，特別是人生苦短、禍福無常的末日情緒使宗教對士人階層的精神生活產生強大的

---

⑪　《弘明集》卷二，《大正藏》卷五二，第一七頁中、下。
⑫　《大正藏》卷五二，第三〇頁中。

吸引力，加之上層統治集團的庇護支持等諸多原因，佛教獲得了難得的發展契機而迅速蔓延，寺院林立，盛極一時。「南朝四百八十寺，多少樓臺煙雨中」，就反映了當時佛教繁榮的盛況。佛教的孝親觀念也隨之而得到廣泛傳播。

　　佛教的興盛，對以儒家思想爲主導的本土文化帶來了很大的挑戰，也使綱常名教與佛法之爭更加頻繁而激烈，儒家對佛教的抨擊因之更加猛烈。蕭梁時荀濟曾上書武帝，斥責佛教蔑棄忠孝，「傲君陵親，違禮損化」，「使父子之親隔，君臣之義乖，夫婦之和曠，友朋之信絕。」⑬齊時有個託名張融的道士，作〈三破論〉，指責佛教入身破身、入家破家、入國破國，是罪不容恕的「鬼教」。因此，他們力主禁佛。而佛教的護法者們則展開了針鋒相對的辯護和回應。劉勰作〈滅惑論〉，認爲捨髮修道、棄跡求心才是眞孝。劉勰反擊說：「夫佛教之孝，所苞蓋遠，理由乎心，無繫於髮，若愛髮棄心，何取於孝？」⑭並且認爲佛家之孝能解救父母、澤被天下：「瞬息盡養，無濟幽靈；學道拔親，則冥苦永滅。」⑮

　　反駁雖然理直氣壯，但卻擋不住政權力量的強力干涉。王權的至尊無上，決定了中國佛教只能匍匐在專制皇帝的裙裾之下，一旦煊赫到危及封建專制統治的地步，則必然招致滅頂之災。北周武帝繼北魏太武帝滅佛之後，又以「父母恩重，沙門不敬，悖逆之甚，國法不容」⑯爲由，再次發動滅佛事件。一時間北方寺廟毀廢殆盡，僧徒顛沛流離。

　　兩次「法難」不但沒有消滅佛教，反倒從客觀上起了縱風止燎的作用。儒佛交融已經是勢不可擋。及至隋唐，隨著佛教向民間社會的全面滲透，佛法又如日中天，隆盛空前。於是，儒釋之爭再度升級，進入白熱化狀態。在實踐上，有唐武宗爲摧毀佛教寺院經濟而進行的大規模的

⑬　《廣弘明集》卷七，《大正藏》卷五二，第一二八頁下，第一二九頁中、下。
⑭　《大正藏》卷五二，第四九頁下。
⑮　《大正藏》卷五二，第五〇頁上。
⑯　《廣弘明集》卷一〇，《大正藏》卷五二頁，第一五三頁中。

滅佛事件。在理論上，則先有太史令傅奕七次上疏，以佛教「不事二親，專行十惡」⑰而力主廢佛，後有韓愈對佛教發起猛烈攻擊：「口不言先王之法言，身不復先王之法服，不知君臣之義，父子之情」⑱，「今其法曰：『必棄而君臣，去而父子，禁而相生相養之道，以求其所謂清淨寂滅者。』」⑲

　　面對打擊和責難，名僧法琳撰〈破邪論〉、〈辯正論〉等文，承襲前人的理論思路進行護法。他認爲佛教廣仁弘濟的精神與儒家綱常倫理並行不悖，「雖形闕奉親，而內懷其孝；禮乖事主，而心戢其恩。」⑳不止於此，法琳還認爲佛教的孝道是澤及眾生、不匱不乏的大孝：「澤被怨親以成大順，福沾幽顯豈拘小違。」㉑法琳譽佛教之孝爲能指點世間迷津、普照寰宇萬物的「巨孝」：「故教之以孝，所以敬天下之爲人父也；教之以忠，敬天下之爲人君也。化周萬國，乃明辟之至仁；刑於四海，實聖王之巨孝。」㉒其後道世在其編撰的《法苑珠林》中專設〈忠孝篇〉、〈不孝篇〉、〈報恩篇〉，揉和儒佛孝道，以儒家二十四孝中的人物爲倫理題材宣講論說佛教孝親觀，表示了對世俗孝道的認同和贊許。道宣在其編撰的《廣弘明集》中儒佛互攝、僧俗兼顧，也把孝養世俗父母與沙門不拜俗結合起來。他認爲拜或不拜的形式是無關緊要的，報答父母之恩才是孝的實質性內容，強調儒佛孝道的融合。

　　此外，善導、惠能、宗密、神清等人也都通過撰述弘揚佛家孝道，論證佛教倫理與儒家忠孝觀的一致性。《觀無量壽經》經過善導的疏注和延伸，由孝事父母擴展而至於叔伯、師長等各個方面，行孝道甚至成爲佛教徒修行進入天國的必備條件之一：「欲生彼國者，……當修三

---

⑰　〈論佛骨表〉，《廣弘明集》卷一一，《大正藏》卷五二，第一六〇頁下。

⑱　〈原道〉，《韓昌黎文集校注》，上海古籍出版社一九八六年版，第六一五一六一六頁。

⑲　《韓昌黎文集校注》，上海古籍出版社一九八六年版，第一六頁。

⑳　《破邪論》，《大正藏》卷五二，第四八九頁中、下。

㉑　《破邪論》，《大正藏》卷五二，第四八九頁下。

㉒　《辯正論》，《大正藏》卷五二，第五二九頁中。

福，……一者孝養父母……」㉓。在強調父母由懷胎生育到三年哺養的艱辛後，善導說：「不行恩孝者，即與畜生無異也……以此義故，大須孝養父母。」㉔禪宗六祖慧能還將佛教的修行與儒家的忠孝倫理聯繫起來，他說：「恩則孝養父母，義則上下相鄰，讓則尊卑和睦，忍則眾惡無喧。」㉕宗密更是把孝提到與儒家不分軒輊的地步，他不但認爲孝是至德大本，「釋教以孝爲本」「聖人之德，又何以加於孝乎？」而且還聲稱：「始於混沌，塞乎天地，通人種，貫貴賤，儒釋皆宗之，其唯孝道矣。」㉖這就把孝抬高到遍佈時空、又超越時空的普遍高度，與《禮記》講「夫孝，置之而塞乎天地，敷之而橫乎四海，施諸後世而無朝夕」㉗相發明印證，孝不僅僅是倫理上的中心，也是宇宙性的眞理。宗密還把佛教戒律的本質精神作了與儒家孝觀念相合的根本性的調適，把戒規歸宗爲孝：「戒雖萬行，以孝爲宗。」並提出「孝名爲戒」的命題：「孝順父母，師僧三寶，孝順至道之法。孝名爲戒，亦名制止。」㉘宗密對中土孝親觀所作的理論化、系統化的初步論述，爲宋代契嵩進一步的理論總結打下了基礎。

　　與此前佛教徒多以在家、出家、方內、方外、大孝、小孝來進行辯釋護法不同的是，法琳、道宣、慧能等護法者不再僅僅滿足於護法自衛，而是有意識地把護法與佈道、弘法相結合，既憑藉孝道來肯定佛教，爲佛教爭取生存之地，又主動地借助佛教來宣傳孝道，爲佛教開拓廣闊的倫理教化空間。佛教已不僅是在儒家倫理的夾縫中求生存，而是在積極地爭奪世俗領地，求得發展。這表明佛教已經在一定程度上與儒家倫理

㉓　《觀無量壽佛經疏》，《大正藏》卷三七，第二五九頁上。

㉔　《大正藏》卷三七，第二五九頁中、下。

㉕　《壇經・疑問品三》，石峻等編《中國佛教思想資料選編》第二卷第四冊，第四三頁。中華書局一九八三年版。

㉖　《佛說盂蘭盆經疏》卷上，《大正藏》卷三九，第五〇五頁上。

㉗　《禮記・祭義》。

㉘　《佛說盂蘭盆經疏》卷上，《大正藏》卷三九，第五〇五頁中。

綱常達成一致。經過這種自覺的調節和變通，佛教加速了其中國化、儒家化的進程。佛教與孝道的結合，使中國化的佛教更適合中國社會。

　　唐高宗時發生了一次關於沙門致拜君親的大規模辯論。高宗頒佈了《僧尼不得受父母及尊者禮拜詔》和《令僧道致拜父母詔》㉙等，並召集文武百官千餘人就此發表議論。結果群臣聚訟，莫衷一是。表請合拜者依然抓住佛教無君無親的小辮子不放，表請不合拜者則看到了佛教倫理敎化世俗的功用。高宗遍覽群議、權衡利弊後，下詔取消了拜王者之令，改爲只拜雙親㉚。至此，儒佛忠孝觀的辯論大體上宣告終結。

第二節　孝道：儒佛融合的契點

　　反覆的駁難與抗爭向佛教昭示了這樣一個眞實：面對以宗法制度爲基礎的儒家綱常倫理的不可逾越性，任何保持本位觀念、或與儒家倫理分庭抗禮的念頭都是不現實的妄想、空想。佛教要想在儒家思想占統治地位、孝道觀念深入人心、孝治被奉爲國策的中土生根開花，除了向封建孝道靠攏、妥協、屈服之外，別無選擇。

　　這一點，聰明敏銳的佛教學者早就意識到了。比如，調和儒佛的先驅者康僧會在其編譯的《六度集經》中，就聲稱「施及飯諸賢聖，不如孝事其親」㉛，將儒家的孝置於佛家的佈施之上。他們積極地尋求著佛教與中土文化相結合的最佳切入點。

　　解鈴還需繫鈴人。其實從一個角度看，孝道是儒佛交鋒的焦點，從另一個角度看，孝道又是儒佛融合的契合點。也就是說，佛教只要在孝道觀上向儒家妥協，儒佛兩家就可能拋開其他問題上的分歧不計，而在服從和服務於宗法等級制度這一原則問題上達成默契，從而實現兩種異質文化的交融。這也是當時佛教在中土生存下去的唯一選擇。爲此，佛教從翻譯印度佛經中與孝有關的經典開始，繼而製造重孝的「僞經」，

㉙　《全唐文》，中華書局九八三年十一月影印，第一四七頁上，第一四八頁上。

㉚　《全唐文》，中華書局九八三年十一月影印，第一四八頁下。

㉛　《六度集經‧佈施度無極經》，《大正藏》卷三，第一二頁中。

最後把重孝的觀點融入佛經的疏著和齋儀之內，提出了系統的孝道理論。儒佛融合的過程與佛教孝道觀的建構過程同步進行。

一、佛教孝道觀的建構

為了被主流文化接納，佛教積極自發地改變自己的原始形態以適應中國宗法社會的實際，依附、適應儒家的忠孝觀，開始了其儒家化的演變歷程。特別是在挖掘、增益、宣傳孝道上，更是不遺餘力，有些方面甚至連儒家也自愧弗如。他們所採取的具體措施有如下幾種：

第一，在翻譯佛經的過程中，採用刪改、增節等靈活多樣的形式，使譯文與中國以孝道為核心的家族倫理相協調一致。翻譯佛典是佛教傳播的首要途徑。為了與中國家族倫理觀念相吻合，以便為佛教在中土的傳播爭取地盤，早期漢譯佛典《六方禮經》、《善生子經》、《善生經》、《華嚴經》、《遊行經》中，許多涉及人際關係如男女關係、夫妻關係、父子關係、主僕關係的方面，譯者都作了或多或少的改造和調整。比如刪略了許多關於主人敬婦僕等主從平等關係的內容，增添了大量與家族倫理相關的內容。體現在父子關係方面，《善生經》添加了印度原本中所沒有的這樣幾句話：「凡有所為，先白父母」，「父母所為，恭順不逆」，「父母正令不敢違背」㉜。《六方禮經》還具體地敘述了為人子者對父母的義務：「一者當念治生；二者早起敕令奴婢做飯食；三者不益父母憂；四者當念父母恩；五者父母疾病，當恐懼求醫師治之。」㉝不難發現，這些專門添加的內容，其旨皆在於強調子女對父母無條件的恭敬和順從，強調父母對子女所擁有的絕對權威。《初期佛教家庭倫理觀》一書列表例舉了《善子經》、《養生經》、《六方禮經》、《善生子經》上子女對父母應盡的義務在漢譯傳本中不同的記載後也指出：「從上表的內容中很明顯地看出漢

㉜　《大正藏》卷一，第七一頁下。

㉝　《大正藏》卷一，第二五一頁中。參方立天《中國佛教與傳統文化》，上海人民出版社一九八八年四月版，第二五九——二六三頁。

語傳本具體的表現出了子女對父母的孝敬。」㉞經過增刪的佛經的孝道觀念與《孝經》如出一轍，卻與印度佛教由眾生平等而推致的親子間的相對關係大相逕庭，而一些有悖於儒家倫理的內容則被改頭換面或者乾脆被省略不譯。這正是孝道等儒家倫理觀念對漢譯佛典影響的表現。

第二，把佛教中與孝道相關的經典、義理拿來大肆加以重墨渲染和引申、演繹，或者編撰宣揚孝道的「僞經」，以此與本土思想求同。一批體現菩薩孝順心腸和宣揚報答父母恩德的佛經，如《梵網經》、《大智度論》、《佛說父母恩難報經》、《佛說盂蘭盆經》、《佛說孝子經》、《佛說睒子經》等相繼問世，特別是《佛說盂蘭盆經》、《佛說睒子經》被譽爲中國佛教的「孝經」，成爲僧俗兩界勸孝的經典題材。前者講述的是釋迦弟子目犍連入地獄救拔餓鬼身母親倒懸之苦的故事㉟。經中佛所開示的於七月十五眾僧安居圓滿，和百味飯供奉三寶及十方佛僧，救度現今乃至七世父母的盂蘭盆會，自梁武帝率先舉行盂蘭盆供後，逐漸流行於民間。至於由此而演繹的《目連救母變文》、《目連緣起》等變文，對佛教孝道倫理的普及更起著其他佛經所不能替代的作用。後者通過至孝睒子死而復生、盲父盲母重見光明的故事，啓示世人報恩行孝：

> 父母恩重，孝子所致；今得爲佛，並度國人，皆由孝順之德。……人有父母，不可不孝。道不可不學，濟神離苦，後得無爲，皆由慈孝，學道所致。㊱

《父母恩重經》是「僞經」的代表作，該經一掃佛教經典的玄奧高深，站在世俗的立場上，在平淡祥和的日常生活背景下，以父母與子女之間溫馨慈愛、母見兒歡、兒見母喜、其樂融融的人倫生活細節來打動、激發子女對父母的報恩、孝敬之心：

㉞　繼雄法師《初期佛教家庭倫理觀》，法鼓文化事業股份有限公司一九九七年一月版，第九四頁。

㉟　《大正藏》卷一六，第七七九頁

㊱　《大正藏》卷三，第四三八頁上、中。

　　　　佛言，人生在世，父母為親。非父不生，非母不育，是以寄
託母胎懷身十月。歲滿月充，母子俱顯生墮草上。父母養育，臥
則蘭車。父母懷抱，和和弄聲，含笑未語。饑時須食，非母不哺；
渴時須飲，非母不乳。……嗚呼慈母，云何可報？㊲

　　以佛的口吻對世俗倫常生活的這種真切描繪，拉近了佛教與世俗社
會的距離，既增強了民眾對佛法的親近感，又強化了孝道倫理的宗教信
仰力量。《佛說父母恩重經》還引入傳統孝道中丁蘭、郭巨等孝子的故
事來宣揚孝道，並且把盡世俗孝道與獻身佛道結合起來，認為能為父母
作福造經、燒香請佛、供養三寶，才是對父母恩德的真正報答。該經「自
南北朝末期以降至宋代，在中國流行的程度不是我們可以一言道盡說完
的。敦煌遺書中所記的《父母恩重經》之俗文學及變文寫經種類就有五
十五種之多。」㊳如敦煌遺書所見的《父母恩重經》的丙種版本，系統
地將父母對於子女的恩德歸納為十種，即：

　　　　一者懷胎守護恩；二者臨產守護恩；三者生子忘憂恩；四
者咽苦吐甘恩；五者推乾就濕恩；六者洗濯不淨恩；七者乳哺
養育恩；八者遠行憶念恩；九者為造惡業恩；十者究竟憐憫恩。
㊴

　　《父母恩重經》流傳廣遠，再加上其異文、變文、俗文、變相圖等
等，成為輔助儒家教化庶民百姓的主要的通俗道德讀物。甘肅省博物館
至今還保存有一幅宋太宗淳化三年（九九一年）所製的巨型「報父母恩
重經變畫」的絹畫。

　　第三，佛教徒採取豐富多彩的宣傳、傳播形式，對孝道的內容大加
渲染，頗有青出於藍而勝於藍之勢。最重要的形式有兩種：

㊲　《大正藏》卷八五，第一四〇三頁中、下。

㊳　古正美〈大乘佛教孝觀的發展背景〉，傅偉勳主編《從傳統到現代——佛教倫理
　　與現代社會》，臺北・東大圖書公司一九九〇年十月版，第六一頁。

㊴　轉引自孫修身〈儒釋孝道說的比較研究〉，《敦煌研究》一九九八年第四期。

　　一是把抽象的佛經變成絢麗多姿、引人入勝的圖像，如壁畫、石刻藝術等。如中國僧人編輯的《佛說父母恩重經》，在敦煌石窟壁畫和藏經洞遺畫中，所見者即有六鋪（幅）之多⑩，在四川大足石窟也有一組以宣揚孝親爲主題的《父母恩重經變像》群雕，從佛前祈嗣恩、懷胎守護恩直到遠行憶念恩、究竟憐憫恩，十一龕石刻作品以生動的形象、感人的畫面、精彩的詩句解說，宣揚了父母的生育教養之恩。《大方便報恩經》中須闍提太子割肉濟父以及金獅子王的故事也見於敦煌壁畫，婆羅門擔父母行乞、轉輪王剜肉燃燈、釋迦詣父視病及抬棺葬父、睒子孝事父母、鸚鵡採穀行孝、忍辱太子剜眼出髓和藥治父病等孝道故事也都見於四川大足寶頂山石窟中。

　　二是把佛教經典中的孝道內容改編爲通俗易懂的的講唱形式，在民間廣爲講說，以擴大其影響。變文就是在佛教寺院裏發展起來的一種通俗文學形式，佛教徒利用這種邊唱邊講的形式弘揚孝道。如敦煌莫高窟藏經洞中出土有《佛說父母恩重經講經文》、《目連救母變文》等，前者上面有這樣的話：

　　　　百行之先，無以加於孝矣。夫孝者，天之經，地之義。孝感於天地而通於神明，孝至於天則風雨順序；孝至於地則百穀成熟；孝至於人則重來者；孝至於神則冥靈佑助。⑪

　　在敦煌遺書中，還有大量的謳歌父母恩德的詩歌、曲子詞的作品，如敦煌曲子詞中所見的《十恩德》、《孝順樂》、《十種緣》等。

　　另外，佛教還把孝道融入其佛事活動中，如由《佛說盂蘭盆經》而來的盂蘭盆會是佛教傳揚孝道的的特定節日，「每年七月十五，常以孝慈憶所生父母乃至七世父母，爲作盂蘭盆會，施佛及僧，以報父母長養

---

⑩　孫修身〈儒佛孝道說的比較研究〉，《敦煌研究》一九九八年第四期。
⑪　《敦煌變文集》，轉引自孫修身〈儒釋孝道說的比較研究〉，《敦煌研究》一九九八年第四期。

慈愛之恩。」㊷盂蘭盆會至今仍是佛教的一個盛大節日。與此相應，目
連救母的故事也被移植到文學、繪畫、戲劇之中，即目連變文、目連變
相圖、目連戲等，如《目連救母出地獄升天寶卷》言：「普勸後人，都
要學目連尊者，孝順父母，辛問明師，念佛持戒，生死不息，堅心修道，
報答父母養育深恩。……眾生欲報母深恩，仿效目連救母親。」㊸佛教
的一些禮俗也深入民間，爲世人所普遍接受。如父母死後，請僧人頌經
薦福，超度亡靈，就成爲民間習俗。五彩繽紛的佛教藝術以生動活潑、
民眾所喜聞樂見的形式傳播孝道，開闢了弘揚孝道的新途徑，對封建道
德教化、對儒家以孝治天下，起到了不可忽視的補充作用。

　　第四，佛教徒不但論孝、講孝、宣傳孝，而且也仿效儒家，樹立孝
子楷模，並身體力行孝道。釋迦牟尼佛被尊爲佛教孝子的最高典範，「悉
達太子，不紹王位，捨親去國，本爲修行得道，報父母恩。」㊹四川大
佛灣即有「大孝釋迦佛親擔父王棺」圖。釋迦佛不僅有探視父病、負棺
趨葬之類的世俗孝行，而且捨國離親，矢志成佛，弘揚佛法，度化父兄
子弟，普救眾生，揚名顯親，在佛教看來，這更是爲儒家世俗之孝所不
能企及的大孝、巨孝。目連是佛教所樹立的另一個孝子典型，他也是爲
度父出母、報乳哺之恩才出家修行的，他捨身救母於倒懸的故事廣爲流
傳，家喻戶曉。於是，佛教徒分減衣缽、割肉充饑以孝養父母之類孝行
時有所聞。僧人孝子亦此亦彼，孝親念佛相得益彰。隋唐以後就出現了
一批以行孝而著名的所謂「孝僧」。如隋代「僧傑」敬脫就「以孝行清
直而知名」。唐代高僧實中也是因母喪服闋而遁入空門的。元皓、道縱、
道丕也都是名噪一時的「孝僧」。元代詩僧與恭《思歸憶母詩》云：「霜
落萱花淚濕衣，白頭無復倚柴扉。去年五月黃梅雨，曾典袈裟糴米歸。」
明代名僧行徹《秋日懷母》詩云：「不見慈闈秋信來，籬邊黃菊帶霜開。

㊷　　《佛說盂蘭盆經》，《大正藏》卷一六，第七七九頁下。

㊸　　轉引自鄭振鐸《中國俗文學史》，東方出版社一九九六年版，第四九五頁。

㊹　　宗密《佛說盂蘭盆經疏》，《大正藏》卷三九，第五〇五頁。

爲憐消息無人寄，一日峰頭望幾回。」㊺赤子對慈母的追念之情、孝敬
之心溢於筆端，感人肺腑，比世俗凡人毫不遜色。

二、《孝論》：佛教孝道理論的完成

通過附和儒家孝道的種種努力，**佛教向世人昭示了佛教並非不講孝
道，佛教中也蘊涵著豐富的孝道內容，佛教的孝道教化甚至比儒家更具
實效。佛教倫理向儒家孝道的迎合趨附不僅使佛教在中土站穩了腳跟**，
而且加快了佛教全面中土化的步伐。到了隋唐，儒釋道三教合流已經是
思想史發展的大勢所趨。但是，對於佛教來說，還有一些實質性的工作
有待進行。

要使佛教進一步得到發展，真正成爲中土文化的一個有機組成部
分，僅僅靠被動地自衛、消極地護法，僅僅靠從文字上尋找儒釋的一致
處，擬或從教義上與儒家相銜接，而不從哲學理論高度實現儒釋的根本
融通，顯然是不行的。而且，**隨著佛教的全面中土化，佛法與名教在孝
親觀方面激烈的論戰已偃旗息鼓，取而代之的是儒釋聯手，尋求更有效
的方式來論證和宣揚孝道。所以，吸收儒家思想來充實佛教，創建自己
獨具特色的孝道理論以與儒家孝道相補充，就成爲佛教倫理發展的一項
迫切的理論任務。

這個任務是由北宋禪僧契嵩完成的。對於來自中土社會各方面的攻
訐和詰難，以前的佛教學者們也曾積極地撰寫論著，由牟子、孫綽到法
琳、宗密，或帶強辯色彩地與儒家孝道相牽附，或在大孝不匱上與儒家
論高低，或護法正名與弘法佈道並舉。理論上的回應和答辯雖然一直持
續不斷，但總的來看，都不夠系統和全面，沒有形成獨立的、成熟的理
論。

佛教系統的孝道理論完成於契嵩的《孝論》。契嵩，史稱「儒僧」，
是個受熏於儒學的佛教高僧。契嵩順應以儒爲主、儒釋道三教鼎立的文

㊺　轉引自寧業高等《中國孝文化漫談》，中央民族大學出版社，一九九五年版，第
　　一〇〇－一〇一頁。

化格局，大量地援儒入佛。他吸收儒家以孝爲綱常倫理之核心的精神，
站在佛教勸世行孝的立場上，總結前代高僧護法弘道的理論成果，模仿
儒家《孝經》，發明佛意，著《孝論》一卷。契嵩力主以佛教五戒配儒
家之五常，並發揮《梵網經》所提出的「孝名爲戒」的命題，從理論上
全面地論證了孝與戒、善的統一，從而大大提高了孝道在中國佛教教義
中的地位，在理論上完成了佛教孝道倫理的儒家化轉變。《孝論》的撰
就，標誌著中國佛教孝親觀念理論化、系統化的大功告成。從此，孝親
思想就成爲中國佛教倫理的核心內容。

　　契嵩首先從心性論的哲學層次找到了儒佛兩家的理論結合點。他堅
持「心生萬法」的禪宗宗旨，認爲作爲宇宙本原的「心」，是佛教和其
他一切世俗的道德體系的終極根據，「心則一，其跡則異」㊻。百家聖
人不過是從不同角度發明本心，雖異跡而同心，雖殊途而同歸。在此理
論基礎上，契嵩打通方內方外、此岸彼岸，對儒釋進行了全面的調和。

　　契嵩的《孝論》由一篇序言和十二章正文組成。

　　第一章〈明孝章〉開篇，契嵩就發揮《梵網經》「孝名爲戒」的思
想，並從孝、戒、善三者的互攝關係來確定「孝」在佛法中的至上地位：

　　　　孝名為戒，蓋以孝而為戒之端也。子與戒而欲亡孝，非戒也。
　　夫孝也者，大戒之所先也。戒也者，眾善之所以生也。為善微戒，
　　善何生耶？為戒微孝，戒何自耶？㊼

　　孝爲戒之先，戒爲善之源。這就把孝納入了佛教戒律的範疇，認爲
無孝就無戒，無戒就無善，於是孝就成爲僧人所必須遵守的最基本的道
德準則和行爲規範，成爲修道成佛之本，「使我疾成於無上正眞之道者，

㊻　　《鐔津文集・輔教編・廣原教》，《大正藏》卷五二，第六六〇頁上。

㊼　　《鐔津文集・輔教編下・孝論》，《大正藏》卷五二，第六六〇頁中。

由孝德也」㊽。「孝名爲戒」的倫理旨趣於此得到詮釋和論證。所以契嵩語重心長地告誡佛教徒：「佛子情可正，而親不可遺也。」㊾

〈孝本章〉著重闡述以孝爲本之理：「夫道也者，神用之本也；師也者，教誥之本也；父母也者，形生之本也。是三本者，天下之大本也。」㊿契嵩從天地大本的高度來論證孝道，認爲孝是宇宙的根本，報恩行孝是做人行事的根本，「白刃可冒也，飲食可無也，此不可忘也。」孝順父母乃是「至道之法」(51)。

〈原孝章〉引用《孝經》文說：「夫孝，天之經，地之義，民之行也」，對儒家貫古通今、天經地義的孝道法則表示認同。《原孝章》以理和行來論孝，認爲「理」是「孝之所以出」，「行」是孝的具體表現，「行」孝以「誠」爲貴：「必先誠其性，然後發諸其行也。……夫以誠而孝之，其事親也全，其惠人恤物也均。」反之，若「行不以誠，則其養有時而匱也。」因而佛教所謂孝行，其貴在誠：「是故聖人之孝，以誠爲貴也。」(52)契嵩把「誠」作爲孝行的內在要求加以特別强調，與理學家不謀而合。這也從一個側面顯示出儒佛孝道的一致性。

〈評孝章〉將佛教孝行與世俗孝行相對比後認爲，佛教孝道不僅孝敬此生父母，而且恩及一切眾生，「不使暴一微物」(53)，「應生孝順心，愛護一切眾生」(54)，所以遠較世俗孝道高深廣大。

〈必孝章〉從孝與善的關係來論述佛教孝道觀。契嵩認爲，佛道以善爲用，而孝爲眾善之端：「聖人之道，以善爲用；聖人之善，以孝爲端。爲善而不先其端，無端也。」出家人奉行諸善，首先應該奉親孝親，「聖人之爲善也，未始遺親」，應該把父母當作菩薩一般供奉孝養：「夫

㊽　《鐔津文集·輔教編下·孝論》，《大正藏》卷五二，第六六○頁中。
㊾　《鐔津文集·輔教編下·孝論》，《大正藏》卷五二，第六六○頁中。
㊿　《鐔津文集·輔教編下·孝論》，《大正藏》卷五二，第六六○頁中。
(51)　《鐔津文集·輔教編下·孝論》，《大正藏》卷五二，第六六○頁中、下。
(52)　《鐔津文集·輔教編下·孝論》，《大正藏》卷五二，第六六○頁下。
(53)　《鐔津文集·輔教編下·孝論》，《大正藏》卷五二，第六六○頁下。
(54)　《鐔津文集·輔教編下·孝論》，《大正藏》卷五二，第六六一頁上。

出家者，將以道而溥善也，溥善而不善其父母，豈曰道耶？……經謂，父母與一生補處菩薩等，故當承事供養。」⑤⑤

〈廣孝章〉認爲，儒家站在入世的立場上說明孝道，佛教從出世的立場上神化孝道，所以佛教之孝道是對儒家孝道的擴展和補充，「以儒守之，以佛廣之；以儒人之，以佛神之，孝其至且大矣。」契嵩還舉元德秀、李觀刺肌瀝血繪佛像書佛經之例，來證實佛道之「妙乎死生變化」、「徹乎天地神明」⑤⑥。這對儒家傳統的孝感觀念起著一種強化作用，在南北朝以後的正史孝傳中，爲求久病的父母痊癒或給父母追冥福而刺血寫佛經、畫佛像的孝子事跡時有所見，在野史筆記中這類例子更是多不勝收。這是佛教孝道觀念深入世俗社會、影響百姓生活的反映。

〈戒孝章〉也是極爲重要的一章，它從佛教的五戒與儒家的五常的關係，對「戒孝合一」作了更強有力的說明和論證。佛教把作爲維護封建等級制度的道德教條的「五常」拿來與「五戒」相比附，「夫不殺，仁也；不盜，義也；不邪淫，禮也；不飲酒，智也；不妄言，信也」。契嵩還把儒佛孝道結合起來，用佛教思想改造儒家孝道，認爲五戒之中就蘊含著孝道，「夫五戒，有孝之蘊」。修戒者成己顯親，光宗耀祖，這就是孝：「是五者修，則成其人，顯其親，不亦爲孝乎？是五者，有一不修，則棄其身，辱其親，不亦不孝乎？」所以，契嵩認爲，戒孝不二，修道求福不如行孝，而持戒修行則是行孝篤孝的最佳手段和途徑：「今夫天下欲福，不若篤孝；篤孝不若修戒。」⑤⑦

以下各章仍然是從不同方面、不同角度反覆論證佛教孝道觀的高遠深奧。如〈孝出章〉強調孝出於善，而人皆有善心，佛道廣其善心而成大孝：「爲善則昆蟲悉懷，爲孝則鬼神皆動。」⑤⑧〈德報章〉、〈孝略章〉講說佛教之孝、聖人之孝的至純至極：「養不足以報父母，而聖人以德報之；

⑤⑤　《鐔津文集・輔教編下・孝論》，《大正藏》卷五二，第六六一頁中、下。
⑤⑥　《鐔津文集・輔教編下・孝論》，《大正藏》卷五二，第六六一頁中。
⑤⑦　《鐔津文集・輔教編下・孝論》，《大正藏》卷五二，第六六一頁中。
⑤⑧　《鐔津文集・輔教編下・孝論》，《大正藏》卷五二，第六六一頁下。

德不足以達父母，而聖人以道達之」，所以，「天下之報恩者，吾聖人可謂至報恩者也；天下之爲孝者，吾聖人可謂純孝者也。」⑤〈孝行章〉則以道紀、慧能、道丕、智藏等僧人不遺其親、不忘其本爲例，來進一步說明出家修行與世俗行孝並不相斥⑥。最後一章〈終孝章〉談的是佛教的喪制。居喪守喪是儒家孝道的重要內容，契嵩認爲出家人雖不宜披麻戴孝，寢苫枕塊，但必須以心服喪，即在心裏默默追慕悼念父母，靜居修法，爲父母修造冥福：「三年必心喪，靜居修我法，贊父母之冥。過喪期，唯父母忌日，孟秋之既望，必營齋，講頌如蘭盆法。是可謂孝之終也。」⑥以此敎誡佛家弟子慎終追遠，不忘世情。

　　總的來看，《孝論》的作者會通儒佛孝論，站在「夫孝，諸敎皆尊之，而佛敎殊尊也」⑥的立場上，通過分析孝與戒、孝與善、孝與行等各方面關係，對中國佛敎孝道觀的基本理論問題進行了集中的論述，體現了中國佛敎孝道觀的最高成就。特別是其「孝爲戒之先」、「戒有孝之蘊」等命題，在佛敎倫理發展史上具有重要意義。我們知道，佛敎有戒、定、慧三學之說，由戒生定，由定生慧，戒被列爲三學之首。戒律是宗敎道德規範的結晶，是防惡修善的道德修持實踐，《孝論》把孝與作爲佛敎敎義最重要內容之一的戒聯繫起來，從孝、戒、善三者的合一，論證了「孝名爲戒」、「孝爲戒之先」、「戒有孝之蘊」，以及「聖人之善，以孝爲端」等命題，這與儒家孝爲百德之首、百善之源、百行之先有異曲同工之趣。這一方面等於取消了佛敎倫理與世俗倫理的界限，另一方面使孝的德目和準則在佛敎中的至上地位得到理論上的確證。同時，這種以戒攝孝、以佛融儒的努力也表明，佛敎開始立足於中土，主動地闡述、宣傳孝道，這是已經完全中國化了的佛敎關注現實、注重倫理敎化

⑤　《鐔津文集・輔敎編下・孝論》，《大正藏》卷五二，第六六一頁下。
⑥　《鐔津文集・輔敎編下・孝論》，《大正藏》卷五二，第六六二頁上、中。
⑥　《鐔津文集・輔敎編下・孝論》，《大正藏》卷五二，第六六二頁中。
⑥　《鐔津文集・輔敎編下・孝論》，《大正藏》卷五二，第六六○頁上。

的必然要求，是中國佛教倫理實踐化、世俗化特點的表徵。儒家與佛教、出世與入世、宗教與世俗以孝道爲契合點達到有機的統一。

至此，佛教已經完全克服了中國社會的異體排斥，成爲中國傳統思想文化的一個重要內容，孝道也就成爲僧俗兩界共同持有的道德意識和共同奉行的道德行爲。佛教的孝親觀以其獨特的因果報應的宗教色彩而對廣大百姓產生了強烈的吸引力和震懾力，孝道倫理被賦予了內在的、信仰的力量，傳統綱常名教的社會功能和政治功能借助佛教得到了進一步的強化。

三、宋元以降佛教孝道的主要內容

宋元以降，以戒孝關係爲主要思路的佛教孝道觀得到進一步闡發。而且，隨著佛教由盛而衰的發展，佛教更加注重對傳統倫理思想的調和。以孝爲戒的觀點在元代普度的《蓮宗寶鑒》中就有明確的反映：

> 念佛乃諸法要門，孝養為百行之先。孝心即是佛心，孝行無非佛行。欲得道同諸佛，先須孝養二親。故賾禪師云：孝之一字，眾妙之門。佛語以孝為宗，佛經以孝為戒。[63]

明代袾宏大師也強調，「戒雖萬行，以孝爲宗」[64]。他認爲，孝含攝一切法門，只要具備孝順之德行，就可以往生淨土，「以要言之，但能孝順，自然梵行具足。戒之得名，良以此耳。捨孝之外，寧有戒乎？」[65]稍後的智旭大師也撰〈孝聞說〉、〈廣孝序〉等文宣揚孝道，表達了戒以孝爲宗、以孝爲本的看法：

---

[63] 普度《蓮宗寶鑒》卷一，《大正藏》卷四七，第三〇六頁下。引文中的「賾禪師」指宋代宗賾。宗賾曾著《孝友文》一百二十篇。前一百篇論述世間小孝，後二十篇論述出世 間大孝。其文已佚。

[64] 雲棲《梵網經心地品菩薩戒義疏發隱》卷二，《卐續藏經》第五九冊，第七〇三頁下。

[65] 雲棲《梵網經心地品菩薩戒義疏發隱》卷二，《卐續藏經》第五九冊，第七〇五頁上。

　　　　欲修孝順者，尤須念念與戒相應。如曾子云：無故而殺一蟲
蟻，非孝也。世孝尚爾，況出世大孝乎！以要言之，真能孝順父
母師僧三寶，決不敢犯戒造惡。經言孝名為戒者，正欲人以戒為
孝故也。⑥⑥

　　智旭從佛教比儒家更重視孝道的前提出發，認爲儒家之孝尚能不殺
生作惡，佛教徒若能孝順三寶，則自然不會犯戒造惡。這與儒家講爲人
孝悌則不會爲非作歹、犯上作亂頗爲相近。因而，行孝是行持戒法的前
提和基礎，由此智旭進一步提出孝爲「至道之宗」、「菩提之基」，他說：
「儒以孝爲百行之本，佛以孝爲至道之宗。蓋報恩心出於萬不可解之
情。……　是情也，謂爲世法，實是菩提之基。」⑥⑦

　　宋明以後佛教孝道發展史，特別需要提一下偏重在積德修善上用功
的淨土宗。淨土宗繼承並發展了契嵩戒孝合一的思想，主張念佛爲孝，
把孝順父母、奉事師長看作往生淨土的正因，把孝親與念佛並舉，「念
佛乃諸法之要，孝養爲百行之先，孝心即是佛心，孝行無非佛行。欲得
道同諸佛，先須孝養二親。」⑥⑧孝敬雙親成爲念佛修淨土的必要條件，
「念佛修淨土者，不順父母，不名念佛。」⑥⑨違背孝道，棄親念佛是無
功之舉。「今子以念佛而能令母心安且樂，樂且久，豈非無量壽耶？」
⑦⑩念佛是最高最好的孝行，行孝是最基本的念佛，念佛與行孝的統一，
成爲淨土宗修行的信條。所以，袾宏建議：「家有父母，孝順念佛可也，

---

⑥⑥　智旭《靈峰宗論》卷四〈孝聞說〉，石峻等《中國佛教思想史資料選編》第三卷
　　第二冊，中華書局一九八七年版，第四五二頁。

⑥⑦　智旭《靈峰宗論》卷七〈題至孝回春傳〉，轉引自郭朋《明清佛教》，福建人民
　　出版社一九八二年版，第二八二頁。

⑥⑧　普度《蓮宗寶鑒》卷一，《大正藏》卷四七，第三〇六頁下。

⑥⑨　雲棲《梵網經心地品菩薩戒義疏發隱》卷二，《卐續藏經》第五九冊，第七〇五
　　頁下。

⑦⑩　轉引自石峻等編《中國佛教思想資料選編》，第三卷第二冊，中華書局一九八七
　　年版，第三〇一頁。

不必外弛聽講。」⑦直到近代印光法師還承淨土遺風，力倡孝順念佛爲一。他說：「念佛之人，必須**孝養父母**，奉事師長，慈心不殺，修十善業」⑫，「若屏棄一切能不缺父母妻室之養則可，否則便與孝道相背。雖曰修行，實違佛教，是又不可不知也。」⑬其後的太虛法師也把孝順父母、培本報恩視爲「人生應作的第一要事。」⑭因而，在淨土宗看來，勸父母念佛，往生淨土，就是最大的孝行：「人子於父母，服勞奉養以安之，孝也。立身行道以顯之，大孝也。勸以念佛法門，俾得生淨土，**大孝之大孝也**」⑮。

　　顯然，淨土宗簡易的「孝順念佛」，更切合於中國農業宗法社會的實際情況，也更切合於儒家孝道的居家孝親的**倫理要求，特別是更適合**於普通民眾的修行實踐。宋元之後，**與佛教學理上的漸次衰落**形成鮮明對照的，倒恰恰是民間佛教的**蓬勃興盛。愈是往後，以孝道觀**爲核心的佛教倫理儒家化、世俗化、人間化的傾向愈是明顯，**甚至有「學佛，須克盡人道方可趨向，學佛者應出於忠孝之門」**⑯的主張；其於民間社會也愈貼近，並日漸成爲普通百姓日常生活中無法游離的組成部分，語默動靜，人倫日用，盡是佛事，現實倫理生活與宗教解脫生活完全融彙在一起，以至於家家拜觀音、人人念彌陀成爲街巷村里常見的景觀。

　　總之，經過佛教學者的理論熔鑄，中土佛教倫理趨於成熟和定型。佛教孝道倫理以孝爲戒之先、戒之宗，以孝爲善之源、善之端，並把孝道融彙於其持戒念佛的修行實踐中，從而最大限度地調和了與儒家孝道

⑦　張曼濤主編《現代佛教學術叢刊》卷六六，大乘文化出版社一九七八　年版，第一三九頁。

⑫　《印光法師文鈔》三編，〈復陳伯達居士書〉，福建莆田廣化寺本，第五七四頁。

⑬　《印光集·復鄧伯誠居士書》，中國社會科學出版社一九九六年版，第一〇二－一〇三頁。

⑭　《太虛集》，中國社會科學出版社一九九五年版，第二三五頁。

⑮　袾宏《雲棲法彙·竹窗二筆·出世間大孝》，《明嘉興大藏經》第三三冊，第五一頁上。

⑯　《印光集》，中國社會科學出版社，一九九五年版，第八五頁。

倫理的矛盾。這是佛教各宗各派共同的理論風貌。這表明，中土佛教與儒家宗法倫理已經融爲一體，佛教的孝道觀不只是停留在理論層面，而是切切實實走向現實的人間生活，走向世俗的人倫關係。這是宗教倫理與世俗倫理的親和，是出世型宗教的世俗化、人間化。佛教藉此而在中土贏得了更廣泛的信仰者和理解者，並藉此而全面、徹底地與中土文明融會貫通，成爲傳統文化的一個有機的組成部分。

第三節　佛教孝道觀的基本特徵

在與儒家孝道倫理靠攏、調和、融彙的過程中，佛教一方面積極地吸收儒家世俗孝道的內容，使之與佛教道德理論和道德實踐融爲一體，另一方面始終保持著自己宗教倫理的基本特色，從而形成了既迥異於印度佛教倫理、又與儒家孝道相區別的、獨具風貌的中國佛教孝道觀。中國佛教是在與儒家孝道的衝突和融和中不斷形成自己的特點的，因而，下面我們就從與儒家孝道的對比中，來探討佛教孝道觀的基本特徵。

第一，行孝主體有特殊與普遍、狹窄與寬泛之分。

儒家認爲，人是最高貴的動物。荀子說，只有人才有生有知亦且有仁有義。孔子、孟子在講到孝中所蘊的「敬」的內涵時，都把「敬」視爲人與禽獸的區別[77]。不難看出，儒家是把孝道看作人所特有的本性，是人和動物相揖別的根本標誌之一。在儒家看來，孝的主體只能是人，而不包括動物。所以人們習慣上把不忠不孝的逆子叛臣稱爲「禽獸」。

佛教則不然。佛教從萬物平等的基本思想出發，認爲眾生皆有佛性，孝意識是佛性之一，所以是有生之靈的共同本性。如《大方便報恩經變相》中，就有鸚鵡採穀孝敬盲父母的故事：

> 有一鸚鵡，父母都盲，常取好花果，先奉父母。爾時有一田主，初種穀時，而作願言：所種之穀，要與眾生而共噉食。時鸚鵡……採取稻穀，以供父母。是時田主按行苗稼，見諸蟲鳥剪穀

---

⑰　《論語・爲政》，《孟子・盡心上》。

穗處，嗔恚懊惱，便施網羅捕得鸚鵡。鸚鵡子言：田主先有好心，施物無吝，……如何今者而見網捕？……田主問鸚鵡言：汝取此穀，竟復為誰？鸚鵡答言：有盲父母，願以奉之。田主答言：自今以後，常於此取，勿復疑難。……爾時世尊說偈言：善哉鸚鵡有智慧，能懷孝養供父母。我從今日以稻施，任汝供養於二親。⑦⑧

此外，像金色獅子王的故事等等，亦是講動物行孝。可見，佛教已經將孝道由人而擴大至於動物，從而模糊混淆了人和動物的界限。這是儒家人性論與佛教佛性論的區別在孝道觀上的體現。

第二，孝的對象有時空範圍遠近大小之別。

儒家思想是即世間的，佛教思想是出世間的。即世間與出世間的分野，反映在孝道上，從時間上看，孝的對象有生者與死者、此生與來生的不同。儒家孝道，主要是針對生者此生的孝事，而佛教的孝道則主要是針對死者來生的孝事。孔子把孝的含義規定為：「生，事之以禮；死，葬之以禮，祭之以禮。」⑦⑨這由生到死的整個過程，都是對父母今生今世而言的，即對父母在世時的敬養孝事和死後的緬懷哀思。人子所有的孝道行為都是社會性、倫理性的。佛教有因果報應、三世輪回之說，所以其行孝的對象雖然不排除世俗的父母，但主要是父母死後的靈魂。無論是造經、讀經，還是請僧人作法事，都是為讓父母的靈魂早離苦海，過上幸福安詳的生活。

從空間上看，儒家孝的對象是父母及祖先，佛教則是是以芸芸眾生為行孝對象。這裏的眾生既包括自己的父母，也包括他人的父母，乃至其他生命。如華嚴宗法藏大師說：

　　於誰孝順？略出三境：一、父母生育恩；二、師僧教訓恩；三、三寶救護恩。然父母有兩位，一、現生父母；二、過去父母。

---

⑦⑧　《雜寶藏經》卷一，《大正藏》卷四，第四四九頁中。
⑦⑨　《論語・為政》。

謂一切眾生，悉皆曾為所生父母。今由持戒於父母，竭誠敬養，
令修善根發菩提心，今世後世離苦得樂。又由發菩提心，持菩薩
戒，救一切眾生，悉令成佛。是故二位父母皆為孝順。⑧

雖然父母有遠近之別，恩德有輕重之分，報答有分全之異，但「二
位父母皆孝順」、度脫父母及眾生這一點，卻是確鑿無疑的，即「應生
孝順心，愛護一切眾生。」⑧否則，「便是不孝罪人。」⑧

可見，佛教的孝道事實上是超出了血緣關係的鏈條，擴展到佛法所
及的整個有情世界。這也正是佛教倫理所謂「大孝」的一種意義。

第三，**儒佛孝道理論出發點的不同，決定了孝的內涵上有報母恩與
順父權的不同。**

佛教最初的孝道觀念是從報恩觀念延伸而來的。佛教奉行廣泛無
垠、願力無盡的報恩主義。對於父母也不例外。所以，印度佛教並不特
別注重孝親觀念的宣揚，甚至可以說「根本不存在儒家所謂孝的概念」
⑧，「在印度文獻中並沒有『孝』的單字，所以在梵、巴文獻並沒有孝
的辭彙出現」⑧，只是從佛教的報恩思想出發，才在一些後世的佛經中
引發出孝親的主張。

佛教認為，父母為孩子的出生和成長經受了無盡的痛苦，付出了無
盡的辛勞，父母托胎生產和乳哺養育之恩深比巨海，子女報恩乃理所當
然，因而才有「各人堂上有二尊活菩薩，一尊是父親，一尊是母親」的
名言流傳於世。為報答父母的生育、教養之恩，為子者必須盡自己的義
務來敬養父母。如印度佛教的原本《對辛加拉的教導》就強調孩子應當
這樣侍侯雙親：⑴「雙親養大我們，我們養雙親」；⑵「為了他們（雙

---

⑧　《梵網經菩薩戒本疏》卷一，《大正藏》卷四〇，第六〇七頁中。

⑧　《鐔津文集‧輔教編下‧孝論》，《大正藏》卷五二，第六六一頁上。

⑧　《佛說盂蘭盆經疏》，《大正藏》卷三九，第五〇八頁上。

⑧　范文瀾《唐代佛教》，人民出版社一九七九年版，第八六頁。

⑧　繼雄法師《初期佛教家庭倫理觀》，法鼓文化事業股份有限公司一九九七年一月
　　版，第九四頁。

親），我們要做應做的事」；⑶「保留家系」；⑷「承繼財產」；⑸「在適
當的時候供奉祖先」等等㊄。這種對父母恩德的報答與中國人的道德觀
念是相符的。

可以說，佛教孝道的本質內涵就是對父母恩德的報答，尤其是對母
恩的報答。《佛說盂蘭盆經疏下》云：「然寄託（此身）之處，惟在母胎。
生來乳哺懷抱亦多是母。故偏重母。是以經中但云報乳哺之恩也。」㊅
《佛說父母恩重經》中也說：「計論母恩，昊天無極。嗚呼慈母，云何
可報？」㊆這種對父母恩德的報答純粹是情感性的，是自覺自願的，是
單純的道德行為，是一種神聖的精神責任，而且子女與父母之間是一種
橫向平等而非上下尊卑的關係。這種內在的、自覺的道德行為與儒家強
制性的義務是不同的，是對儒家孝道的理論補充。

儒家孝道雖然也以報父母恩為自然情感基礎，「也是一種『報恩思
想』的信仰，但是，佛教孝觀所側重的內容和行法卻與中國儒家孝觀的
行法，在信仰上有很大的區別。」㊇從根本上來說，儒家孝道是農業自
然經濟的產物，是宗法等級制度的產物，是父權制、君權制的產物，是
經濟行為和道德行為的統一。所以儒家孝道更著意強調的是對父權的絕
對順從，對母親的孝敬服膺於對父權的恭順。這是儒佛孝道觀的一個重
要區別。當然，中土化了的佛教孝道倫理也是以維護封建宗法等級制
度、維護君主專制統治為旨歸，這與儒家是沒有分別的。

第四，儒家與佛教所追求的孝道的最高價值是不同的。

儒家孝道既注重精神上的孝敬，也極為關注對父母物質上的奉養，
而佛教則認為物質上的養親孝親只是小孝，對父母精神上的孝敬才是大

㊄　轉引自方立天《中國佛教與傳統文化》，上海人民出版社一九八八年版，第二六
　　二頁。

㊅　《大正藏》卷三九，第五〇八頁上。

㊆　《大正藏》卷八五，第一四〇三頁下。

㊇　古正美〈大乘佛教孝觀的發展背景〉，傅偉勳主編《從傳統到現代——佛教倫理
　　與現代社會》，臺北·東大圖書公司一九九〇年十月版，第六一頁。

孝：「孝之大者在樂親之心。」(89)儒家以香火傳續、功成名就、光宗耀祖爲最大的孝行，而佛教則把救濟父母、普渡眾生看作是捨小孝而行大孝的行爲，以勸導父母皈依三寶、爲父母作福造經、度父母脫離六道輪迴之苦海爲大孝，「能爲父母作福造經、燒香請佛、禮拜供養三寶，或飲食眾僧，當知是人能報父母其恩」(90)，其宗教色彩還是相當濃厚的。這又是儒家與佛教孝道觀的一個重要區別，也是佛教僧人認爲佛教孝道高於儒家孝道之處。

袾宏就認爲，世俗的養親、榮親、顯親都比不上勸親念佛，實現精神上的解脫：

> 世間之孝三，出世間之孝一。世間孝，一者承歡侍彩而甘味以養其親；二者登科入仕而爵祿以榮其親；三者修德勵行，謂成聖賢以顯其親。是則世間之所謂孝也。出世間之孝，則勸其親齋戒奉道，一心念佛，求願往生，永別四生，長辭六趣，蓮胎托質，親覲彌陀，得不退轉。人子報親，於是為大。(91)

> 人子於父母，服勞奉養以安之，孝也；立身行道以顯之，大孝也。勸以念佛法門，俾得生淨土，大孝之大孝也。」(92)

德清大師也說：「能令父母之餘年，從此歸心於淨土，致享一日之樂，猶勝百年富貴。」(93)

在佛教看來，竭盡股肱之力孝養父母，或爲依廬守喪而形瘦骨銷，甚至爲救治父母疾病而割股剜目，爲父母而赴湯蹈火，歷盡劫難，都不足以報答父母大恩大德，只有爲父母造經、頌經，勸父母皈依三寶，離

---

(89) 德清《示容玉居士》，石峻等編《中國佛教思想資料選編》第三卷第二冊，中華書局一九八七年版，第三〇二頁。

(90) 《佛說父母恩重經》，《大正藏》卷八五，第一四〇四頁上。

(91) 《竹窗二筆・出世間大孝》，《明嘉興大藏經》第三三冊，第五一頁上。

(92) 《竹窗二筆・出世間大孝》，《明嘉興大藏經》第三三冊，第五一頁上。

(93) 石峻等編《中國佛教思想資料選編》，第三卷第二冊，中華書局一九八七年版，第三〇二頁。

惡向善，勤修戒、定、慧，使其見佛聞法，超脫生死流轉，才是眞正的
孝子。如《根本說一切有部毘奈耶》上說：

> 假使其子一肩持母，一肩持父，經於百年不生疲倦……如是
> 諸寶咸持供養令得富樂，或居尊位。雖作此事亦未能報父母之
> 恩。若其父母無信心者，令住正信；若無戒者，令住禁戒；若性
> 慳者，令行惠施；無智慧者，令起智慧。子能如是於父母處，善
> 巧勤愉，令安住者，方曰報恩。⑨

敦煌遺書Ｓ・三九一九號卷子上說：

> 汝等當知，假使有人，左肩擔父，右肩擔母，皮穿至骨，骨
> 穴出髓，繞須彌山，經百千劫，流學沒膝，由（猶）不能報父母
> 恩；假使有人，遭饑遭劫，為於父母，盡以其身，臠割碎壞，……
> 為於耶娘，手執利刀，剜其眼睛，……打骨出髓，百千年載，一
> 時刺身，……吞熱鐵丸，遍身焦爛，……懺悔罪孽；為於父母，
> 讀頌此經；為於父母，施修福；若能如此，名曰孝子。⑨

據考察，山東成武縣大田鄉石刻上也刻道：

> 若有善男子、善女子，為於父母，敬造斯經，是真報父母恩
> 也。能造百卷，得見百佛；能造千卷，得見千佛；能造萬卷，得
> 見萬佛。緣此人經造力故，是諸佛等，咸當護擁，令其父母，得
> 升天上，離地獄苦。⑨

《北史》中就記載了一個念佛經而感通天地者。芮城張元祖父雙目
失明，張元晝夜誦讀佛經以祈求福佑，又請僧燃燈轉《藥師經》七日七
夜，並虔誠地禱告：「元為孫不孝，使祖喪明。今以燈光普施法界，願

---

⑨　《大正藏》卷二三，第六四二六頁中。
⑨　轉引自孫修身〈儒釋孝道觀的比較研究〉，《敦煌研究》一九九八年第四期。
⑨　見孫修身〈儒釋孝道觀的比較研究〉，《敦煌研究》一九九八年第四期。

祖目見明，元求代闇。」⑨⑦幾天後祖父果然雙眼復明。這一時期的誌異、小說中也常見類似的例子。

　　第五，儒佛兩家孝道教化的方式不盡相同。

　　儒佛兩家都擔負著扶世助化、勸世化俗的倫理使命，但佛教是以善惡業報輪迴的宗教理論作爲調節人的倫理行爲的槓桿，善惡果報說是佛教孝道觀的重要理論基礎，也是佛教孝道化俗的理論根據。佛教倫理的因果律是一種必然的倫理律令和倫理規則，而且是一種把業因與果報關係延伸於前世、今世、後世的「三世二重因果」的業報輪迴鏈，即今生的禍福取決於前世的修行，現世的善惡作業則決定來生的善惡果報。若不持戒行善，忠孝仁慈，就會墮入地獄。佛教倫理的果報理論，不僅把中土「積善餘慶、積惡餘殃」的傳統觀念納入其業報輪迴流程中，豐富了中土善惡報應思想，增強了報應理論的圓通性和解釋現實問題的變通能力，更爲重要的是，與道教一樣，佛教以宗教信仰的力量加強了對民衆倫理生活的約束，喚醒民衆的道德自覺和道德自律，更有威懾力地規範人們的孝道行爲。這是對世俗倫理教化的重要補充。特別是在世道不古、人心澆漓之時，儒佛道三教「各以其道善世礪俗，猶鼎足之不可缺一也。」⑨⑧

　　第六，與以上幾點相對應，儒佛行孝的具體形式也不完全一樣。具體表現在以下幾個方面：

　　其一，儒家是居家孝親，人子不僅要昏定晨省，扇床溫席，而且在父母年邁無人侍奉時要爲孝親而棄官離職、承歡膝下。佛教徒則離鄉出家修道，所以把修持守戒與行孝相結合，認爲持戒念佛就是行孝。

　　其二，父母離世，儒家棺槨厚葬，三年喪依墓居廬，寢苦枕塊，極盡精神和肉體兩方面的痛苦；佛家則追薦超度，三年行心喪，也就是在心裏默默地思親、懷親。

---

⑨⑦　《北史》（九），卷八四〈孝行傳〉第二八三四頁。

⑨⑧　張商英〈護法論〉，見石峻等編《中國佛教思想資料選編》第三卷第三冊，中華書局一九八七年版，第一三三頁。

其三，儒家的孝與祖先崇拜相聯，四時拜祭父母及祖先亡靈，以寄託追念哀悼之情；佛教則通過放生、盂蘭盆會來救度七世父母乃至眾生。

宗密的《佛說盂蘭盆經疏》對儒佛行孝方式的不同作了比較全面的概括：

> 侍養異者，儒宗則慎護髮膚，揚名後代。故樂春不出，曾子開衾；釋教則祝髮壞衣，法資現世。……歿後異者，復有三異。一居喪異。儒則棺槨宅兆安墓留形；釋則念誦追齋薦其去識。二齋忌異。儒則內齋，外定想其聲容；釋則設供講經，資其業報。三終身異。儒則四時殺命，春夏秋冬；釋則三節放生，施戒盆會。⑨⑨

幾　點　啓　示

由對佛教孝道觀發展歷程和基本特徵的粗略翻檢，我們可以得到下面幾點啓示：

1.傳統文化強大的包容性及儒佛孝道的互補性。 在儒佛辯論、交融的過程中，「雖然佛教也力圖保持自己宗教倫理的個性和特徵，但是在長期封建社會中始終採取迎合、附會、調和、融合儒家倫理的基本立場，成爲儒家倫理的附庸和補充」⑩⑩，這既顯示出儒家孝道倫理在中國古代社會根基之深厚、力量之巨大，也表現出傳統文化兼容並蓄、海納百川的開放特性和大家氣度。如《牟子理惑論》就主張「書不必孔丘之言，藥不必扁鵲之方，合義者從，愈病者良，君子博取眾善以輔其身」，並對沙門棄親出家、落髮異服等廢倫背禮、絕嗣違孝之舉加以辯解曰：「苟有大德，不拘於小」⑩⑪。唐代以李師政爲首的官僚士大夫對佛教的助世教化功能津津樂道：「佛之爲教也，勸臣以忠，勸子以孝，勸國以治，

---

⑨⑨　《大正藏》卷三九，第五〇五頁中、下。

⑩⑩　方立天《中國佛教與傳統文化》，上海人民出版社一九八八年版，第五頁。

⑩⑪　《弘明集》卷一，《大正藏》卷五二，第二頁中、下，第三頁上。

勸家以和。弘善示天堂之樂，懲非顯地獄之苦」⑩，「通道歸心，願君
親之多福；苦其身意，修出家之眾善，遺其君父，以曆劫之深慶。其爲
忠孝，不亦多乎？」⑩所以，嚴格地講，儒佛二家的忠孝倫理是經歷了
一個雙向趨同的過程的。佛教對儒家倫理的納攝在不待言，佛教倫理對
儒家孝道倫理的補充也不可忽略。比如佛教孝親觀中的地獄觀念、輪迴
觀念、善惡果報觀念，都强化著人們棄惡從孝、積善成德的道德信念，
加强了孝道意識和孝道行爲的自覺性和自律性。同時，佛教孝道的勸世
行孝，無疑是開拓了封建倫理教化的一片新領地，並賦予孝道以信仰的
力量，而以戒律形式表達的佛教孝道，也大大增强了孝道的强制性。另
外，儒家也接受了佛教孝道的一些文化禮俗，如前面說過的請僧人念佛
作法、超度父母亡靈以及盂蘭盆會等等。總之，佛教孝道起著補充、支
持和穩固儒家孝道倫理的作用。尤其是現代佛教，在闡釋與弘揚孝道方
面，更是世俗道德教化的一種有效補充，如四川文殊院倡印的《二十四
孝果報圖》中所附佛教徒「孝順父母十六要」云：

> 一要全天性以樂親生，二要和兄弟以慰親心，三要教妻子以
> 解親憂，四要擇交遊以免親慮，五要怡顏色以博親歡，六要善奉
> 養以適親身，七要勤復事以替親勞，八要審冷熱以防親疾，九要
> 受偏憎以隱親過，十要用幾諫以冀親悟，十一存天理以報親恩，
> 十二全廉恥以保親名，十三多為善事以親福，十四放生命以永親
> 年，十五慎斂殯以護親膚，十六急營葬以安親靈。⑩

　　2.儒佛兩種異質文化的內在融合之所以能夠實現，是多方面的因素
共同起作用的結果。縱觀佛教在中土的發展歷史，以及佛教與儒教衝突
鬥爭、交織滲透、融匯合一的過程，不難看到，佛教中國化的過程既是
出世與入世、宗教與世俗相調和的過程，更是佛教倫理向儒家孝道妥協

⑩　《大正藏》卷五三，第一九〇頁下。
⑩　《大正藏》卷五二，第一九〇頁中。
⑩　成都市新聞出版局准印，佛教內部圖書，佛曆二三五七年二月印。

的過程。這種融合之所以能夠實現，裏面既有佛教向儒家的主動、積極的靠攏，也與中國文化相容並包的特性有關。除此之外，還有一個不可忽略但卻極易忽略的因素，這就是儒佛兩家有相通之處。一般地說，我們對儒佛關係的討論，總是圍繞著出世與入世、解脫與成聖、人倫道德與宗教信仰、博愛濟眾與親親尊尊等等的矛盾、衝突和調和而展開。其實，同爲東方文化，儒學與佛教並非迥然對立，水火不融。中國社會是一個倫理社會，對人生的關懷、對善的向往，是中國文化的靈魂，也是民眾精神生活的憑藉、支柱。在這一點上，佛教與中土是一致的。佛教具有強烈的宗教倫理精神，它關注人生，是一種「倫理色彩最濃厚之宗教」[105]，「諸惡莫作、眾善奉行」是佛教戒律的基本精神和佛教徒道德行爲的基本準則，慈悲博愛、自利利他是佛教對於眾生的基本態度。對善的共同追求，在一定意義上彌合了儒佛兩家之間的理論鴻溝，爲兩種文化的交流對話提供了話題和思想資源。「在歷史表象背後，這兩種文化的締造人有著對人類命運的共同關注，對人的覺悟的無限渴求，對人類理想的福樂境界的無限嚮往，從而就都表現出注重人倫道德的傾向，這與西方注重對自然探求的傾向迥然異趣。」[106]正是這種共同的傾向，促成了獨具一格的中土佛教孝道觀；也正是這種共同的傾向，促成了中國與印度兩種異域文化、世俗與宗教兩種異質文化交融貫通的成功嘗試。可見，從根本上說，共同的倫理旨趣是儒佛融通的深層依據，孝道則是二者交融的直接契合點。

　　3. **中國佛教倫理資源的可借鑒性。**上面我們僅僅談到佛教孝道對儒家孝道的補益，其實，孝道只是中國佛教倫理的重心，遠遠不能囊括佛教倫理的全部內容。中國佛教倫理是以印度佛教倫理爲基礎並結合中國固有倫理而形成的完整體系，它豐富的倫理內涵不但是建設當代中國道德文明的重要資源，而且對構築當代人類社會普遍倫理也具有現實的借

---

[105]　張曼濤主編《現代佛教學術叢刊》卷六九，大乘文化出版社一九七八年版，第二二五頁。

[106]　王月清《佛教倫理研究》，南京大學出版社一九九九年版，第二三二頁。

鑒意義。佛教倫理的現代價值和普遍意義主要表現在：⑴佛教倫理去惡從善、平等慈悲、自利利他的基本準則有助於推動人心向善、提升人類道德境界、維護世界和平、緩和社會矛盾、保持生態平衡⑩、協調人際關係等。⑵佛教倫理中五戒、十善、四攝、六度等道德規範，反映的是維護人類存在與發展的根本要求，因而對世俗社會的道德行爲也具有普遍的規範意義，是人類社會生活的共同準則和普遍的社會公德。⑶作爲佛教倫理的信仰基礎的果報論、心性論等，促成了個體道德行爲的自覺選擇，使之成爲內在的、具有巨大驅使力量、支配理論化約束力量的道德自律，對於主體的道德修養也具有方法論意義。⑷從總體上看，佛教倫理對精神價值的追求，有助於緩解或消除現代文明危機，包括價值危機和精神危機等；佛教的道德準則、道德規範、道德理想有助於公民樹立對社會的責任和義務意識；佛教高僧大德的人格魅力，在社會道德實踐上也具有示範和榜樣的作用⑩。

---

⑩　于君方教授在〈戒殺與放生——中國佛教對於生態問題的貢獻〉一文中說，「如果放生戒殺是行孝順心，那麼對生態環境的愛護、尊重、珍惜及關注是不是可以看作『行大孝』呢？這就把中國人傳統對父母應行的孝，廣泛地推廣到對所有眾生及生態環境行大孝。」傅偉勳主編《從傳統到現代－佛教倫理與現代社會》，臺北·東大圖書公司一九九○年十月版，第一四四頁。

⑩　參方立天〈中國佛教倫理思想論綱〉，《中國社會科學》，一九九二年第二期。

第十章　傳統孝道的批判及其現代價值

第一節　傳統孝道的內在矛盾

省察傳統孝道，其間不乏道德上的自相矛盾之處。一是角色規範的衝突。任何一個社會人都同時兼有多重身份，每一個身份都有相應的權利、義務和應當遵循的行為規範，由於規範的指向不同，人們在遵守這一規範的同時，往往會違背另一規範，於是就造成了角色混亂和規範衝突。前面所述孝與忠的衝突正是這種角色衝突的典型表現。二是基於對不同行孝主體、不同行孝情境的不同要求，使孝道規範自身出現了混亂，導致了傳統孝道內在矛盾的出現。這就是我們下面所要討論的內容。

一、保生全體與捨生取義

道德評價既是對人之道德動機的價值評判，也是對人之道德效果的價值評判。但是，動機與效果常常是不一致的，這就造成了道德評價的複雜性。孝道的許多悖論就來自於動機與效果的背離。

比如，使父母所遺身體不受傷害，這是孝道的重要價值規定。《孝經》要求孝子居喪「無以死傷生，毀不滅性」[1]，唯其如此，才能為敬養父母、恪盡孝道提供最起碼的保障，「父母全而生之，死全而歸之，可謂孝矣」[2]，「能全支（肢）體，以守宗廟，可謂孝矣」[3]。但是同時，為盡喪而毀身滅性卻又是孝的表現，是歷代表彰孝行的重點內容。這裏就存在著動機與效果的矛盾。居喪者廬墓數載，乃至毀身滅性、悲鬱而死，是出自對父母的哀思追念，動機是「孝」；但從效果上說，孝子除晝夜悲哭外無所事事，既沒有愛護父母所遺之體，也不能成家立業，結婚生子，更不能繼先人之志，述先人

---

[1]　《孝經譯注・喪葬》，第八六頁。

[2]　《禮記・祭義》。

[3]　《呂氏春秋・孝行覽》，陳奇猷《呂氏春秋校釋》，學林出版社一九八四年四月版，第七三三頁。

之事，完成傳宗接代、顯耀門庭的使命，不孝之罪誠爲大矣。割肝剔骨療親疾也是同樣的情況。但是，這類「不孝」行爲雖然有乖於先王之典制，所造成的後果卻僅僅牽涉到行爲者自身，對社會不但沒有危害，而且觀過知仁，對孝道的倡揚大有裨益，所以歷代對此類孝行的表彰都是從動機論出發的，也極少爲此而發生異議④。這與復父仇者的情況不同。復父仇屬於角色衝突，其動機雖然是「孝」，但其效果卻違「忠」，爲私孝而損公法，這就不可能僅考慮動機而置效果於不顧，因而爲處理復仇案件而爭執不下，就是很自然的事了。⑤

　　同樣地，如果僅僅從保生全體爲孝的效果論出發，那麼，捨生取義、殺身成仁顯然乃是不孝之舉。但是，奉行孝道的中國人是把道德價值看得高於一切的：「夫生不可不惜，不可苟惜。涉險畏之途，幹禍難之事，貪欲以傷生，讒慝而致死，此君子之所惜哉；行誠孝而見賊，履仁義而得罪，喪身以全家，泯軀而濟國，君子不咎也。」⑥眞正的愛身、保身、不辱其身，並不是消極地無所事，而要積極地有所爲，不是怕傷、怕死，關鍵是死傷要有價值。爲道德理想、公利大義而死，死得其所。爲公爲忠而殺身捨生、名垂丹青、光耀門第，這是孝道價值的最高實現形式。這就涉及到孝道中的道義原則。

　　孝道中蘊涵著道義的原則。道義是封建社會政治、倫理價值的凝聚，它與父家長的根本利益是一致的，是指導父子關係的最高原則。具體的倫理規範都應該服從和服務於這個原則。所以，所謂「傷足不出」、「拔矢啖睛」、「全屍而死」之類均屬於愛身和不辱的低層次，也是孝道的低層次，更重要的是把保身、守身與立身、立志、守道、守義統一起來，這才是眞正的「大孝」。

　　道義同樣也是把握孝道中順與不順、諫與不諫的最高標準。一般地說，子女應當順從父母，這是孝道的基本要求之一。但是，像曾子那樣，「事父母，

---

④　有識者也敏銳地覺察到其中的矛盾和危害，異議也時有發生。參見第八章第二節。

⑤　參見第七章第四節。

⑥　《顏氏家訓集解・養生》，王利器解《顏氏家訓集解》，上海人民出版社一九八〇年七月版，第三三三頁。

委身以待暴怒，殪而不避，既身死而陷父於不義，其不孝孰大焉」。爲了不陷父母於不義，真正的孝子應該像舜那樣，「小棰則待過，大伏則逃走」，使父「不犯不父之罪」，子「不失蒸蒸之孝」⑦。再以進諫來說，指出父母之過、頂撞父母本身是不合孝道的，然而，進諫是爲救親之過，親之命可以從而不從，是悖戾；不可從而從之，則陷親於大惡，則是視父母爲路人。所以，「從而不諫，非孝也；諫而不從，亦非孝也」⑧，「畏鞭笞之嚴而不敢諫其父，非孝子也。懼斧鉞之誅而不敢諫其君，非忠臣也。」⑨由此，漢代仲長統提出了「父母可違」的倫理命題：「不可違而違，非孝也；可違而不違，亦非孝也」⑩。從表面上看，諫父、不從父似乎與敬順之孝道要求相抵牾，但在「不從命」的表象背後，卻是對父家長根本利益和長遠利益的積極維護，符合孝道中的道義原則，是「大孝」。

有矛盾才有辯證法，有矛盾才有發展。其實，這種在孝道的實際操作過程中針對不同情況而形成的特殊價值準則和具體行爲規範，正是儒家「經」、「權」辯證關係在孝道中的體現。「孝子唯巧變」⑪，人子行孝要審時度勢，隨機應變，這是在近乎封閉的孝道樊籬中爲孝子們留下的一方極爲有限的自由空間。也唯因具備了這種靈活性和適變性，孝道才不但沒有因其絕對化而走向僵死，反而進一步增強了它對各階層的實際約束力。這也正是傳統孝道的生命力所在。

通觀歷代孝子的孝行，尤其是孝子們喪心病狂的自虐自殘行爲如臥冰、嘗糞、恣蚊、燃指、割股、剖肝，或虐人殘人如休妻、埋兒、賣女、殺子等

---

⑦ 《孔子家語・六本》，北京燕山出版社一九九五年四月版，第一〇五頁。

⑧ 《大戴禮記解詁・曾子事父母》，第八六頁。

⑨ 韓嬰《韓詩外傳集釋》卷一〇，中華書局一九八〇年六月版，第三五九頁。

⑩ 《昌言》，《全後漢文》卷八九。仲長統還歸納了子可違父母的數種情況：「父母怨咨人不以正，正審其不然，可違而不可報也；父母欲與人以官位爵祿，而才實不可，可違不可從也；父母欲爲奢泰侈靡，以適心快意，可違而不可許也；父母不好學問，疾子孫爲之，可違而學也；父母不好善士，惡子孫交之，可違而友也；士友有患，故待己而濟，父母不欲甚行，可違而往也。」

⑪ 《大戴禮記解詁・曾子事父母》，第八六頁。

愚孝行爲，我們認爲，傳統孝道最大的悖論就在於：它在誘導、獎掖、歌頌
人子之孝的同時，卻把封建家長的愚昧、暴虐、刻薄、寡恩的醜態盡展無遺，
無形之中將爲人父母者陷於不慈不義之境地。從傳統孝道「勿陷父母於不義」
的要求來看，這本身就是大不孝。如朱熹的弟子就曾提出這樣的疑問：「舜不
能掩父母之惡，如何是大孝？」對此，朱熹搪塞道：「公要如何與他掩？他那
個頑嚚，已是天知地聞了，如何地掩？」⑫袁枚也譏刺埋兒盡孝的郭居曰：「擬
以埋聞，母弗禁，似母勿愛兒也。以惡名懟母，而以孝自名，大罪也。」⑬
這個悖論又該如何解決呢？

二、權利與義務的背離與統一

尊卑長幼代際關係具有相對性。如果僅僅就一代親子關係而言，孝道固
然是子對父單方面的、片面的義務，但若從家族生命鏈的角度看，孝道其實
依然保持著權利與義務的平衡。只不過這種平衡是在代際之間完成的：倫常
之網在自然力的推動下，緩慢地垂直移動，隨著時間的推移，親屬倫理自然
更替，爲人子者成爲人父，爲卑幼者成爲尊長。「人莫不有在我之上者，莫不
有在我之下者，如親在我之上，子孫在我之下」⑭，這樣，每一個人都機會
均等地經歷著先行孝、後被孝的身份輪換。這也就是俗話說的「千年的古道
變成河，多年的媳婦熬成婆」。一個「熬」字，透出卑幼者對自己卑幼身份的
不滿和無奈，以及對獲得尊長身份的期盼和欣慰。

這種期盼和欣慰裏面，暗含著一種要求「補償」和「回報」的心理。補
償的要求來自於自己做孝子時所付出的一切，「回報」的要求則源於爲撫育下
代子女而在物質上、精神上的付出。因而，他們理所當然地期望得到子女的
雙重補償和回報。

---

⑫　《朱子語類》卷五八〈萬章上〉，第一三五八頁。
⑬　〈郭巨論〉，清・袁枚著，周本淳標校《小倉山房詩文集》（下），上海古籍出版社一九
　　八八年三月版，第一五九五頁。
⑭　《朱子語類》卷一六〈大學三〉，第三六五頁。

　　子女的孝就是對他們的補償和回報。孝道正是以反本回報作爲運作邏輯的。

　　就前者而言，斗轉星移，以自己爲卑幼者時對上代所行之孝作爲資本，必然要求自己的孩子去做孝子。「孝順應生孝順子，忤逆還生忤逆兒」。若自己沒有對上代盡孝，也就失去了要求「補償」的權利：「每常人責子，必欲其孝於我，然不知我之所以事父者果孝否？」⑮你怎樣對待上輩，下輩便怎樣對待你，「不孝其親，而欲子孫事我以孝，豈可得也？」⑯元谷行孝的故事戲劇般地耐人尋味：「元谷者，不知何許人。祖年老，父母厭患之，意欲棄之。谷年十五，涕泣苦諫，父母不從，乃作輿舁棄之。谷乃隨收輿歸。父乃謂曰爾焉用此凶具？谷乃曰：恐後父老，不能更作得，是以取之耳。父感悟愧懼，乃載祖歸侍養。」⑰這個故事每每令不孝子們驚怵愧怍，惟恐從元谷父母身上映射出自己晚年淒涼的景況。

　　就後者來說，「投我以桃，報之以李」，父子之間存在著對等的回報和互惠：「夫禮與律皆尚往來，借人一錢者必當償之，受人一飯者必當報之；借錢不償，則法有刑；受飯不報，則俗有議。……受恩之重大莫過於父母，故酬恩之重大當責之於人子矣。……若不孝者，其律可依欠債不還，科而罪之。」⑱富貴者指望兒孫光耀門戶，貧賤者亦望其反哺，中國人根深蒂固的「養兒防老」、「多子多福」觀念便是孝的產物。我們甚至可以說，封建社會人們對生育的熱情一半出於傳宗接代的倫理需要，一半則來自養老送終的功利目的。只是在父母一方，幾乎是一次性付出的，即給予子女最珍貴的生命：「父母，子之天地與？無天何生，無地何形？」⑲更何況父母對子女還有撫育之恩。對子女而言，對這種生育恩情的「還本付息」式的回報則需要一生，「萬

---

⑮　《朱子語類・中庸二》。

⑯　鄭玉道、彭仲剛《琴堂諭俗編・卷上》，轉引自向燕南、張約編注《勸孝・俗約》，中央民族大學出版社，一九九六年版。

⑰　《太平御覽》（三），卷五一九，中華書局影印本，第二三六〇頁上。

⑱　康有爲《大同書》，古籍出版社一九五六年版，第一七五頁。

⑲　汪榮寶撰，陳仲夫點校《法言義疏》卷一三〈孝至〉，中華書局九八七年三月版，第二五四頁。

愛千恩百苦，疼我孰如父母」，「從來親恩報當先，說起親恩大如天」，「父母恩情似海深，人生莫忘父母恩」，所以孝也就成為人子的終身行為。即使如此，還是不能達到「養」與「孝」之間的平衡：「子雖終身承顏致養，極盡孝道，終不能極其少小愛念撫育之恩」⑳，「想汝身從何而來？即使捐生報答，也只當欠債還錢」㉑，盡心竭力地孝敬父母尚且不能回報父母的恩德，何況孝道還有不盡者。

這樣，雖然從理論上說，補償和回報都應該是對等的，但實際上父母孝先輩和養子女行為在時間緯度上的優先，已潛在地決定了對等的不可能性。因而，生長在孝道環境中的子女唯一的選擇，就是把自己「奉獻」給作為尊長和家族象徵的父母，即心甘情願地交出原本屬於自己的一切權力，包括自由和生存的權力，作為對父母的補償和報答。尊長也理所當然認為自己以孝敬上一代和養育下代一作為預付資本的艱難付出，足夠任意享用和揮霍兒孫的孝順，因而「變本加利」、濫用權力的現象極易發生。這樣，每一代做父母的都要求自己的孩子做孝子，而且一代一代都在孝的鏈條上增添新的環節、新的內容。這種循環效應使得孝道愈發走向異化，走向極端。

三、孝順父母與家無二尊

我們一般只是籠統地說，「孝」的對象是祖父母、父母，這固然是沒有問題的，社會、法律也要求子孫對他們同樣地孝順，「以一家言之，父母固皆尊」㉒。但是，若把「君父各有疾，有藥一丸」的假設㉓移借為「父母各有疾，有藥一丸」，選擇就不免再次陷入兩難境地：這粒救命的藥丸是給父親，還是給母親呢？

---

⑳　袁采《袁氏世範》卷一〈睦親・人不可不孝〉，叢書集成本。

㉑　清無名氏〈道情勸孝歌〉，轉引自向燕南、張約編注《勸孝・俗約》，中央民族大學出版社，一九九六年版，第一三一頁。

㉒　《朱子語類》（五），卷六八〈易四〉，第一六八三頁。

㉓　參第六章第一節。

　　對於普通人來說，君父之間的選擇也許倒不困難，於父母之間如何忍心進行取捨？但是，依照傳統孝道，父母間的選擇比起君父間的選擇要容易多了。這是因爲，國無二隆，家無二尊，父親雖然「尊而不親」，母親則是「親而不尊」，父親才是眞正的「家長」。嚴格地說，父權與夫權的結合決定了母親在家庭中的地位。妻對夫的「從」，決定了母對父的「從」。相應地，母權是得之於父的，是父權的延續，《禮記・哀公問》云：「妻也者，親之主也，敢不敬與？」夫敬妻僅僅植於倫理的要求、孝道的需要，與對妻的情感毫無關係，夫所敬的並不是妻本人，而是她所代表的親，因爲她負有上事宗廟下繼後世的神聖責任，夫自然不得不敬之。母親之尊，是借自於父親的，如《儀禮・喪服》要求「繼母如母」，原因是「繼母之配父，因與母同，故孝子不敢殊也。」女子缺乏獨立的人格和相應的社會地位。因而母權既不是最高的，也不是絕對的。當母權與父權發生衝突時，父親的話才是最高的絕對的命令，「兼一家只容有一個尊長，不容並，所謂『尊無二上』也」，「母終不可以並乎父」㉔。

　　喪服制度是很能體現父尊母卑的禮敎觀念的。如《禮記・喪服四制》規定，爲君、爲父都是服斬衰三年，母親則是齊衰。而且，在相當長的一段時期內，父親在世，則只爲母親服期喪，唐代開元年間經過一場激烈的辯論後，改爲齊衰三年，一直到明代才「定制子爲父母斬衰三年，後爲定制。」㉕個中原因，《禮記》坦言：「父在爲母齊衰期者，見無二尊也」㉖；張載也說得很明白：「父在，母服三年之喪，則家有二尊，有所嫌也。處今之宜，但可服齊衰，一年外方可以墨衰從事，可以合古之禮，全今之制。」「禮，子於母則不忘喪，若父不使子喪之，爲子固不可違父，當默持心喪，亦禮也。若父使

㉔　《朱子語類》（五），卷六八〈易四〉，第一六八三頁。

㉕　趙翼《陔餘叢考・父在為母斬衰》，卷三二，河北人民出版社一九九〇年一月版，第五五四頁。

㉖　《禮記・喪服四制》。

之喪而喪之，亦禮也。」㉗清人也講：「至尊在，不敢伸其私尊。」㉘同時，法律也毫不掩飾地置父權於母權之上。例如，親屬容隱制度規定，子女應爲犯罪的父母隱匿罪行。但若遇到母親殺害父親的情況，子女該如何處置呢？對此，法律採取了重情壓輕情的原則，規定：母殺父，不論是繼母還是嫡母，子女皆不能再履行爲母容隱的義務，必須向官府告發母親的罪行。相反，父親殺害母親，則可適用容隱制度。如清律規定：「父爲母所殺，其子隱忍，於破案後始行供明者，照不應重罪，杖八十。……若母爲父所殺，其子仍聽依律容隱免科。」㉙

一個有趣的、也極容易造成誤解的現象是，在二十四孝孝親事跡中，被孝的對象，除父母雙孝的六例外，孝母者爲十四例㉚，孝父者僅四例，對母親的孝占了絕對優勢。在歷代正史的「孝行傳」、「孝義傳」中，也存在著同樣的情況。但這並不能說明母親比父親更受尊重，只是表明在傳統親子關係上女性具有較強的影響力而已。傳統家庭中父母的一般形象是「嚴父慈母」，母子關係要比父子關係親密得多。因而不難想像，與對作爲一家之長的父親的「孝」相比，子女對母親的「孝」中所蘊涵的情感因素應該多些。「親」與「尊」本來都是孝道的要求，但父親的尊而不親與母親的親而不尊，恰好反映了禮法與情感的不一致。同時我們也應該注意到另一個與此相應的現象：二十四孝中，孝親的主體幾乎清一色地是男性，歷代孝子傳中記述的也幾乎都是孝「子」，孝「女」或孝「媳」只占了很小的比例，而野史、筆記、小說中因不孝而受到種種報應的卻多是媳婦。這是否可以看作是對母親在孝道中的地位的又一種變相的詮釋呢？

四、傳統孝道中的血緣優先原則

㉗　《經學理窟・喪紀》，《張載集》第三○○頁。

㉘　趙翼《陔餘叢考》，卷三二〈父在爲母斬衰〉，河北人民出版社一九九○年一月版，第五五四頁。

㉙　《大清律例》卷五，天津古籍出版社一九九三年十二月版，第一三四頁。

㉚　其中兩例為孝繼母，一例為婆母。

　　傳統孝道中的血緣優先原則主要表現於兩個方面，一是父子關係優先於夫妻關係，一是兄弟關係優先於夫妻關係。

　　從起源上看，父子關係是由夫妻關係衍生而來的，即《易傳‧序卦》所謂「有男女然後有夫婦，有夫婦然後有父子」。但是，在古人看來，夫妻關係乃「人合」，只是一種社會的或法律的關係，與有天然血緣聯繫的「天合」的父子關係是不可同日而語的。婚姻的目的即是盡孝，妻子的責任就是事父母、奉祭祀、繼後世。所以，孝子「常語其婦曰：汝事吾母，小不謹必逐汝。」㉛即使謹小慎微，妻子爲雞毛蒜皮之類小事招惹姑舅不歡，繼而被丈夫遺棄的事仍屢屢發生，而且這種休妻行爲被當作孝行而大加褒揚，被譽爲美談而千古流傳。如「姑前叱狗」講鮑永妻因當著婆婆的面斥狗而被休㉜；「緣壁掛履」講劉瓛妻穿壁掛履，土落在婆母孔氏床上，孔氏不悅，劉即逐其妻㉝；「蒸藜出妻」講曾子妻因把沒有蒸熟透的野菜給後母吃而被休㉞。孝子姜詩「母好飲江水，水去舍六七里，妻常溯流而汲。後值風，不時得還，母渴，詩責而譴之。」㉟可見這些所謂「美談」的背後，浸透了多少個無辜女子的淚水。有些孝子爲避免娶婦不孝父母的可能性，索性終身不娶。據《清史稿‧孝義傳》記載，孝子湯某就聲稱：「何忍分養母力以養婦？」㊱四十多歲的夏某勉強成親才半年，即因「婦與姑詬於室」而出妻。當別人問他「出妻，如無後何」時，他坦言：「有婦，欲其孝；有子孫，亦欲其孝。苟不孝，安用婦？安用子孫？」㊲

　　兄弟關係也以其血緣性質而優先於夫妻關係。沒有血緣關係的夫婦之情是不能與兄弟之情等量齊觀的：「兄弟，手足也，妻妾，外舍人耳。奈何先外

㉛　宋鄭玉道、彭仲剛《琴堂諭俗編‧卷上》，轉引自向燕南、張約編注《勸孝‧俗約》，中央民族大學出版社一九九六年版，第一七九頁。

㉜　《後漢書》（四），卷二九〈鮑永傳〉，第一〇一七頁。

㉝　《南齊書》（二），卷三九〈劉瓛傳〉，第六七九頁。

㉞　《孔子家語‧七十二弟子解》，北京燕山出版社一九九五年四月版，第二二九頁。

㉟　《後漢書》（十），卷八四〈列女傳〉第二七八三頁。

㊱　《清史稿》（四十五），卷四九七〈孝義傳〉，第一三七五〇頁。

㊲　《清史稿》（四十五），卷四九七〈孝義傳〉，第一三七四六頁。

人而後手足乎？」㊳家族血緣體系天然地具有排外性。傳統倫理認爲，由來自地緣關係的婚姻所帶來的血緣異己成分，是破壞宗族和諧團結，導致兄弟疏離分析、別籍異財的主要力量：「蓋兄弟之不和，多起於妻子之離間。」㊴

後世單純作爲家庭倫理的「悌」觀念，重點是針對已婚的兄弟，目的是維護血緣家族的生命。所以有些特立獨行之士爲免兄弟相疏而不娶妻，如唐代陽城兄弟㊵。更有些已婚的兄弟仍然同床共臥，只是爲了生子立嗣的需要，才與妻子同居。基於家族倫理的至上性，這種不近人情的教化風行於世。近代有人依照《二十四孝》編撰了《二十四悌》㊶，可謂深得「悌」之要領。這樣，以孝來保證縱向的延續，以悌來保證橫向的蔓延，則家族之大樹何以不繁茂？

第二節　近現代知識界對傳統孝道的批判和重建

從實踐價值上來說，孝道具有兩重性。一方面，它具有陶育家庭美德、和諧代際關係、促進社會公德的正向價值，這是傳統孝道的主導方面，也是其生命力之所在。另一方面，它具有否定個人價值、鉗制個性自由的負向價值。這雖然是傳統孝道實踐價值次要的方面，但其流弊深遠，成爲撻伐否棄孝道的焦點和根據。近現代史上的文化批判者們和文化重建者們分別從這兩個方面出發，或對傳統孝道進行了激烈批判，或對張揚其現代價值提出了各自的主張。

一、文化批判者們對傳統孝道的批判

鴉片戰爭的炮火，驚醒了依然在男耕女織、自給自足的田園牧歌聲中陶醉的封建帝國，西方文化裹攜著洋槍利炮的硝煙滾滾而來。有識者悲憤之餘，

㊳　《宋史》（三十），卷三二〇〈張存傳〉，第一〇四一四頁。

㊴　鄭玉道等《琴堂諭俗編》上，轉引自向燕南等編注《勸孝‧俗約》，中央民族大學出版社一九九六年六月版，第一八〇頁。

㊵　見《新唐書‧卓行傳》。

㊶　黃宗禹編善書《八德須知》，北京天華館一九三〇年版。

由審視中國落後的原因開始，進而把批判的目光集中到包括孝道在內的傳統道德、傳統文化上，以期爲中華民族、中國文化找到一條新的出路。

以康有爲、梁啓超、嚴復、譚嗣同等爲代表的維新派思想家兼采中西，以獨特的視野對中國傳統倫理道德作了初步的思考，用自由、平等等觀念批判封建忠孝綱常，體現了一代先驅文化批判的自覺，標誌著近代新倫理思想的萌芽。其後，伴隨著資產階級民主革命思潮的到來，民主主義者開始清理傳統倫理道德。其中的一個重要方面，就是對傳統家庭倫理道德觀的改造與更新。如《江蘇》雜誌於一九〇四年發表的〈家庭革命〉一文，就把攻擊的鋒芒指向了作爲孝道社會基礎的家族制度：

> 中國兩千年來，家庭之制度太發達，條理太繁密，父子、兄弟、夫婦之間愛情太篤摯，家法族制、喪禮祀典、明鬼教孝之說太發明；以故使民家之外無事業，家之外無思慮，家之外無交際，家之外無社會，家之外無日月，家之外無天地。……則皆由家族主義之腳跟點而來也。㊷

所以，作者呼籲：「欲革政治命，先革家族命。」㊸《新世紀》發表的〈三綱革命〉一文則直接把矛頭指向封建孝道：

> 暴父之待其子也，當其幼時，不知導之以理，而動用威權，或詈或毆，……更使之崇拜祖先，信奉鬼神，以成其迷信，而喪其是非，更教以敬長尊親，習請安跪拜，以練其奴隸禽獸畏懼之性質。及其壯也，婚配不得自由，惟聽父母之所擇。……及其父母死，而復以繁文縟節以暴之，臥草食素，寬衣縛其身，布冕蔽其目，逢人哭拜，稱曰罪人。㊹

㊷　轉引自張岂之等《中國近代倫理思想的變遷》，中華書局一九九三年十月版，第三〇九頁。下引本書版本同此。

㊸　轉引自張岂之等《中國近代倫理思想的變遷》，第三〇九頁。

㊹　轉引自張岂之等《中國近代倫理思想的變遷》，第三〇九—三一〇頁。

就僞道德言之，父尊而子卑；就法律言之，父得殺子而無辜；
就習慣言之，父得毆詈其子，而子不敢復。㊺

這種「父爲子綱」的道德、法律和習慣，是既不公正也不合情理的。文
章還指出，父母與子女在倫理上的地位應該是平等的，父家長的專制使得爲
子者「自幼及長，不能脫於迷信與强權之範圍」，嚴重地妨礙了人類對幸福的
追求。接著，文章將「孝」、「慈」與「博愛」觀念相對照，揭示孝道的自私
和虛僞。總之，作者認爲必須實行「家庭革命」，破除封建倫常綱紀。㊻

一九一一年的辛亥革命，結束了幾千年的封建君主專制制度，傳統的以
家族爲本位的社會走向解體。作爲孝道保障的家族本位和皇權專制的終結，
是傳統孝道在近現代社會遭受批判的根本原因。所以，在以《新青年》作者
群爲代表的知識界對儒家傳統倫理道德的全面批判和否定中，孝道首當其
衝，成爲被討伐的重點和突破口。陳獨秀、魯迅、吳虞等是批判孝道的代表
人物。他們對孝道的批判，主要集中在以下幾個方面：

一是宗法家族制度。宗法家族制度是孝道的社會基礎，作爲倫理規範的
孝，其直接目的就是維護家族制度的穩固。《新青年》把「以自身爲本位」作
爲旗號，對家族本位、社會本位、國家本位論進行廣泛的批判。陳獨秀率先
對家族制度發動了攻擊。他認爲，家族制度下，一家一族之人悉聽命於獨斷
專行的家長，這樣必然在社會生活中產生諸多的惡果，如：「損壞個人獨立自
尊之人格」；「窒礙個人意志之自由」；「剝奪個人法律上平等之權利」；「養成
依賴性，戕賊個人之生產力」。這四種惡果進而又成爲社會上種種卑劣不法等
醜陋現象的原因。所以，陳獨秀呼籲要「以個人主義，易家族本位主義。」
㊼吳虞也對以父權爲中心的家族制表示激烈的憤慨。他認爲，在這種制度下，
家長擁有無限的權利，「爲家長者，可以犧牲一家。有上下之分，無是非之準。

㊺　轉引自張豈之等《中國近代倫理思想的變遷》，第三〇九頁。
㊻　轉引自張豈之等《中國近代倫理思想的變遷》，第三〇九頁。
㊼　〈東西民族根本思想之差異〉，見《獨秀文存》，安徽人民出版社一九八七年版，第二九
頁。

法律命令，出入自由，生殺與奪，談笑而定」，而子女只是「無自主」、「無自治」、「無自由」的「奴隸」。㊽

二是忠孝合一。忠孝合一是君主專制制度的理論基礎，這也是陳獨秀、吳虞批判孝道的重點。陳獨秀認爲，儒家學說是以「倫理政治、忠孝一貫，爲其大本」，忠與孝的混同，使孝道不僅具有穩固家族制度、調節社會秩序之倫理、社會功能，更重要的是同時兼有維護君主專制之政治作用：「國必尊君，如家之有父。」㊾吳虞也清楚地看到了孝聯結家族制度和君主專制的紐帶作用。他說：「儒家以孝悌二字爲兩千年來專制政治與家族制度聯結之根幹，而不可動搖」，「孝之範圍，無所不包，家族制度之與專制政治，遂膠固而不可分析」，「其實他們就是利用忠孝並用、君父並尊的籠統說法，以遂他們專制的私心。君主以此爲教令，聖人以此爲學說，家長以此爲護符。」㊿所以，徹底批判封建孝道，就等於推翻了專制政治的理論基石：「夫孝之義不立，則忠之說無所附；家庭之專制既解，君主之壓力亦散。如造穹隆然，去其主石，則主體墜地。」(51)

三是國民劣根性。魯迅對國民劣根性的解剖和鞭笞入木三分，在對孝道的批判方面也不例外。在他看來，中國國民的盲目順上敬長、逆來順受、不敢爲天下先的麻木和卑怯等奴性道德的形成，與孝道是有直接關係的。家族生活的封閉，使家族成員恪守「父母在，不遠遊」的古訓，講求「不失祖宗舊業」，以「終身慕父母」、「三年無改於父道」爲孝道，養成一種尊古卑今的守舊心態。魯迅對此痛心疾首：「中國人何以於舊狀況那麼心平氣和，於新的機運就這麼疾首蹙眉，於已成之局那麼委曲求全，於初興之事就這麼求全責備。」(52)魯迅認爲，這種「奴才主義道德」已經滲透到國民道德的潛意識當中，必須進行徹底的改造。吳虞也揭露道，孝與「順」同義，孝道的本質就

㊽　《吳虞集》，四川人民出版社一九八五年版，第六八頁。.

㊾　〈復辟與尊孔〉，《獨秀文存》，安徽人民出版社一九八七年版，第一一二頁。

㊿　《吳虞集》，四川人民出版社一九八五年版，第一七三頁。

(51)　《吳虞集》，四川人民出版社一九八五年版，第六三、六五頁。

(52)　〈這個與那個〉，《魯迅全集》第三卷，人民文學出版社一九八一年版，第一四三頁。

是順從，孝道的一個重要作用，便是製造順民和奴隸：「教一般人恭恭順順地聽他們一干在上的人愚弄，不要犯上作亂，把中國弄成一個製造順民的大工廠。孝字的大作用，便是如此」(53)。吳虞認爲孝道的目的就是扼殺人的主體意識，讓活人做死人的奴隸。正是這種以犧牲卑幼人格爲代價的家庭倫理，嚴重地扼制了中國社會的發展。

四是愚孝。兩漢以後，爲配合「孝治天下」的實施，封建孝道被百般神化，於是吸瘡舔糞、恣蚊臥冰、割肝取腎之類背離人道、殄滅人性的愚孝行爲屢見於史冊。宋元以後，對愚孝的提倡更加變本加厲。魯迅譏諷老萊子彩衣娛親、佯裝嬰孩哭的令人作嘔，並戲謔地說自從知道了郭巨埋兒孝母的故事之後，不僅自己不再奢望做孝子，而且也怕父親去做孝子，因爲倘若他的父親眞的學了郭巨，那麼首先該埋的正是自己，所以，「我從此總怕聽到我的父母愁窮，怕看見我的白髮的祖母，總覺得她和我不兩立，至少也是一個和我的生命有些妨礙的人。」(54)吳虞也揭露了愚孝的殘暴：「不但做出活埋其子，大悖人道的事，又有自割其身，以奉父母爲孝的」，「政府且從而褒揚，文士亦爲之歌頌」，這「眞是糊塗荒謬極了」(55)。

吳虞還對「不孝有三，無後爲大」的孝道觀念所造成的一系列後果進行了鞭辟入裏的剖析：「凡無子的人，無論他有養育子女的智識能力與否，都必不可不養子」；「使數千男女常陷於貧困，辛辛苦苦，苟全性命，以度無聊的生活」；「必行一夫多妻和蓄妾的制度」；「因崇拜祖先而以有後爲孝，遂流於保守，使四萬萬人作億兆死人之奴隸不能自拔」；「必會重男輕女」，「溺女之風又因之而起」(56)。

五是所有對孝道的批判集中在一點，即是對綱常禮敎吃人本質的揭露。禮敎是忠孝觀念的理論形態。譚嗣同認爲，禮敎之嚴酷，「足以破其膽而殺其

(53) 《吳虞集》，四川人民出版社一九八五年版，第一七三頁。

(54) 〈二十四孝圖〉，《魯迅全集》第二卷，人民文學出版社一九八一年版，第二五六頁。

(55) 《吳虞集》，四川人民出版社一九八五年版，第一七五頁。

(56) 《吳虞集》，四川人民出版社一九八五年版，第一七六頁。

靈魂」(57)。所以，要喚醒民眾的覺悟，必須從衝破綱常禮教的束縛入手。三綱是封建禮教的根本，「父爲子綱」又是三綱的根本，孝道的推行，也主要靠名目繁多的禮教來維持，推翻孝道的根本是打倒封建禮教。魯迅在其《狂人日記》中十分精闢地用「吃人」二字來揭示傳統禮教扼殺人性的實質。所謂「吃人」，也就是對子女獨立人格的剝奪。父親的權利是絕對的權利，子女的義務是單方面的義務，孝道的兇殘主要表現在家長不把子女當作具有獨立人格、獨立權利的人，而是當作自己的附屬物。陳獨秀也認爲，「忠孝節義，奴隸之道德也」，「解放云者，脫離夫奴隸之羈絆，以完其自主自由之人格之謂也。」他疾呼：「我有手足，自謀溫飽；我有口舌，自陳好惡；我有心思，自崇所信，絕不任他人越俎，亦不應主我而奴他人。……一切操行，一切權利，一切信仰，唯有聽命各自固有之智慧，斷無盲從隸屬他人之理。」(58)爲了使青年人從禮教的束縛下解放出來，魯迅發出「救救孩子」的强烈呼聲。他們還試圖用西方近代的人權觀念剖析傳統孝道，强調個人的價值、尊嚴、個性。魯迅深刻地指出：禮教下的孩子「只是他父母福氣的材料，並非將來的『人』的萌芽。」(59)在〈我們現在怎樣做父親〉一文中，魯迅進一步論述了「解放子女」的問題。他說，封建孝道「以爲父子關係，只須『父兮生我』一件事，幼者的全部，便應爲長者所有。尤其墮落的，是因此責望報償，以爲幼者的全部理該做長者的犧牲。」(60)他認爲父母與子女之間的責任、義務是相互的，子女有贍養父母的義務，「健全的產生、盡力的教育、完全的解放」(61)則是父母對子女應盡的責任。吳虞也認爲，「父子母子不必有尊卑的觀念，卻當有互助扶助的責任。同爲人類，同做人事，沒有什麼恩，也沒有什麼德。要承認子女子有人格，大家都向『人』的路上走。」表達了覺醒者對孝道的否棄和對未來的期望。

---

(57)　《譚嗣同全集》，中華書局一九八一年版，第三四八頁。

(58)　〈敬告青年〉，《獨秀文存》，安徽人民出版社一九八七年一二月版，第四一五頁。

(59)　〈熱風·隨感錄二十五〉，《魯迅全集》第一卷，人民文學出版社一九八一年版。

(60)　《魯迅全集》第一卷，人民文學出版社一九八一年版，第一三六頁。

(61)　《魯迅全集》第一卷，人民文學出版社一九八一年版，第一三六頁。

　　總的來說，以陳獨秀、魯迅、吳虞等爲代表的五四知識分子既是舊道德的叛逆者，也是新道德的探索者。他們對傳統孝道的批判，作爲對傳統文化批判的一個重要內容，在當時起了更新觀念、解放思想的偉大歷史作用，這些批判至今仍然不失其現實意義。但是，應該看到，在當時特定的歷史條件和文化背景下，魯迅等對孝道的批判，一方面帶有情緒化的成分，因而難免有偏頗；另一方面，這種批判基本上停留在制度層次，而對於孝道的理論層次，則較少涉及。這就給三十年代以後的現代新儒家從理論的深層次入手，通過理性的分析，來闡發孝道的精髓，重建儒家新孝道留下了一方廣闊的空間。

二、現代新儒家重建傳統孝道的努力

　　從三十年代後期開始，在傳統思想文化領域興起了一場轟轟烈烈的儒學復興運動，以梁漱溟、牟宗三等爲代表人物的現代新儒家用理性的眼光重新審視儒家文化，力圖尋繹、挖掘舊傳統中隱藏的新價值，以重建儒學體系，重振國民信心。馬一浮、賀麟、徐復觀等對傳統孝道的重建，就是這一運動所取得的重要理論成果之一。

　　馬一浮對孝道的新詮釋主要集中在他的《孝經大義》一書中。馬一浮極力推崇《孝經》，把《孝經》拔高到眞善美人文敎化之根本和總會的崇高地位。他還從「以德論爵」的角度指出，《孝經》中由天子到庶人的五等之孝，實際上就是五德。處五位而各行其職，各盡其責，則既是立身，也是行道，這就是盡孝；反之，則爲不孝。這樣，在馬一浮的解析下，盡孝成了恪盡職守、做好本職工作的同義語，其積極的現實意義不言而喻。

　　賀麟對重建孝道的最大貢獻，在於他對三綱理論的新解釋。賀麟認爲，若站在客觀的文化思想史立場上，用哲學的觀點分析三綱，就會發現其價值所在。在他看來，三綱說的本質是補救君臣、父子相對關係的不安定，要求臣、子、婦絕對遵守其位分，實行單方面的愛，履行單方面的義務。賀麟認爲，這與西方近代精神有相符合之處，「就三綱說之注重盡忠於永恒的理念或常德，而不是奴役於無常的個人言，包含有柏拉圖的思想；就三綱說之注重

實踐個人單方面的純道德義務，不顧經驗中的偶然情景言，包含有康得的思想。」(62)堅持眞理，篤守眞善，不爲物移，不隨人遷，這就是賀麟從陳腐的三綱說中所發現的永恒的精神。

徐復觀撰寫了〈中國孝道思想的形成、演變及其歷史中的諸問題〉等文，對傳統孝道做了相對系統的研究。把以孔孟爲代表的先秦儒家的孝道思想與《孝經》所宣揚的孝治思想明確地區分開來，這是徐復觀論述孝道的一個顯著特點。他認爲，孔孟言孝，總是歸結到人們內心的德性要求，是從德性上來說的；而《孝經》言孝則是與忠結合在一起，將事親與事君相混同，孝道成爲君主專制政治的附庸，這是孝道演變過程中的最大流弊。所以，孔孟孝道應該成爲重建現代孝道的思想根源。徐復觀通過對先秦孝道的理性闡發，凸現了其道德價值和理性精神，特別是指出了孔孟孝道在傳統政治生活中的積極作用及其對人類未來政治的啓示，「在消極方面，限制並隔離了專制政治的毒素，成爲中華民族所以能夠一直延續保存下來的最基本的力量；在積極方面，可能在政治上爲人類啓示出一條新的道路，也即是最合理的民主政治的道路。」(63)這就賦予了傳統孝道以嶄新的現代意義。當然，孝治思想與孔孟孝道是一脈相傳的，斷言孔孟孝道與專制政治沒有一點關係，甚至還限制、隔離了專制政治，恐怕過於武斷，也不符合歷史事實。而且，中華民族能夠延續下來，是自然條件、經濟、政治、文化、道德各方面因素綜合作用的結果，不能僅僅歸結爲孝道一個因素。

此外，現代新儒家的其他人物如韋政通、謝幼偉等人也都曾撰文從不同方面論述傳統孝道思想，此不一一列舉。應當肯定，現代新儒家對傳統孝道所做的正本清源、開陳佈新的努力，是傳統文化現代化的具體嘗試。因而不管他們的觀點是否正確、結論是否合理，都對建構新孝道有積極的現實意義。其思路對我們研究傳統孝道很有啓發，應予認眞研究和借鑒。

---

(62)　賀麟〈五倫觀念的新檢討〉，《文化與人生》，商務印書館一九九六年版，第五一—六二頁。

(63)　《中國思想史論集》，學生書局一九七四年版，第一六八頁。

第三節　傳統孝道的現代價值

　　知古是爲鑒今。儘管傳統孝道已經不能適應現時代的要求，儘管它裏面包含著不少鉗制人性、爲專制制度服務的糟粕，儘管近現代文化批判者們對傳統孝道進行了無情的鞭撻乃至徹底的否定，然而，批判地繼承，在繼承中創新和發展，這是我們研究傳統文化所應遵循的基本原則，也是我們對待傳統孝道的科學的、理性的態度。

一、孝道的普遍價值及其對於中國社會的特殊意義

　　傳統孝道是一個彈性的倫理規範，它具有極大的擴展性、伸縮性，也具有很強的適應性和開放性。這是實現傳統孝道現代轉換、賦予孝道現代價值的前提。

　　物質文明的高度發展，使得現代人對於更高層次精神生活的追求成爲必然。然而現代人卻面臨著許多的精神困頓。家庭倫理關係的緊張，特別是代際衝突的存在，無疑是其中一個重要的方面。就協調代際關係、建立人際和諧這一點而論，中國傳統孝道對現代社會文明具有普遍的精神資源意義。

　　現代社會，家庭依然是社會的基本單位，自然的血緣紐帶、生育和撫養的聯繫以及家庭成員之間的共同生活、勞動、相助相濟等，使個人同父母之間結成所有社會關係中最爲密切、經常、直接和深厚的關係。從理論上來說，任何時代、任何階層、任何年齡的人都可以在孝道中找到適合自己的內容。特別是就「奉養父母」這個基本含義而言，孝道具有超越時空的普遍性。比如，由於小的、老的需要扶助才能生存，所以，「父慈子孝」的倫理要求既是人生自然規律的反映，也符合人類社會延續發展的需要；親子之情的存在，親子之間的衝突，使孝道具有了連接「代溝」的「代橋」的功能；世界性的老齡化問題，使孝道成爲減輕社會負擔、解決社會問題的重要選擇方式之一。這樣看來，只要家庭作爲社會的基本細胞而存在，只要親子、長幼關係作爲一種基本的社會關係而存在，那麼，處理代際關係的倫理需要就存在，孝道中所蘊涵的超越時空的普遍倫理精神也就有其存在價值。

傳統本來就是割不斷的。從中國的具體國情來看，傳統孝道養親、事親、敬親的基本內涵不僅要保留、繼承，更需要要大力提倡和弘揚。孝道對於中國當代社會仍然具有特殊的價值。這主要表現在：

1.倡揚和踐行孝道是當今時代社會道德的內在要求。當今時代的道德建設，包括社會公德、職業道德和家庭美德建設三個方面。孝是家庭美德建設的基礎，也是社會公德、職業道德建設的重要組成部分。孝及由而衍生的友愛精神（悌－友）、忠誠觀念（忠於職守），對當今時代精神文明建設具有十分積極的意義。憲法第四十九條規定：「父母有撫養教育未成年子女的義務，成年子女有贍養扶助父母的義務」。這是對傳統孝道的繼承和改造，是一夫一妻制的家庭形式下，父母與子女血親關係以及彼此權利和義務關係的道德反映和法律保證。

2.倡揚和踐行孝道的社會現實基礎依然存在。從家庭結構看，三世同堂仍然是中國當代家庭的重要模式。特別是在廣大的農村地區，父母一般仍然跟子女住在一起。即使父母子女分居，不同代際之間仍然有廣泛的經濟、生活聯繫，這是中國核心家庭與西方核心家庭的區別。重視親情，是普遍的社會心理，孝敬父母仍然是家庭倫理的重要內容。

3.倡揚和踐行孝道是解決老齡社會問題的重要途徑。中國是人口大國，並且已經進入老齡化國家的行列，老人在全國人口中的比例已經達到百分之十，在可以預見的將來，這個比例還會更高。從我國經濟發展的現實看，指望社會保險和養老院來完全解決沈重的養老任務是不現實的。人口的嚴重老齡化與社會養老保障體系的不健全形成尖銳的矛盾。緩和代際危機，解決老人問題，除了提高經濟水平，逐漸發展社會福利事業、增加社會性服務外，最重要的還是發揮傳統孝道倫理的現代價值，發展社會保障，繼續鼓勵和實施傳統的反哺式循環養老模式，而不像是西方那樣的接力式循環模式，把老人推向社會。贍養父母是子女的道德義務，也是老人安度晚年的倫理保障。隨著物質生活水平的提高，對父母精神上的贍養，會逐漸成爲孝道的主要方面。家庭養老是主要途徑，但未來以少養多，即兩個子女養四個老人，也是一個嚴重的社會問題。

4.最重要的一點是，社會代際關係的道德困境使孝道成爲建構新道德體系的道德資源。二十世紀九十年代的中國，「道德滑坡論」與「道德爬坡論」的爭執一度沸沸揚揚。應當說，當今社會倫理道德、家庭倫理道德的主流是積極健康、蓬勃向上的，但也面臨著不少的道德困境。比如就家庭倫理道德的實際狀況而言，一者，隨著改革開放的深入，隨著市場經濟體制的發展和完善，極端個人主義、享樂主義、拜金主義盛行起來，市場經濟的利益原則被一些人泛化爲處理一切社會關係的普遍原則，親子關係被扭曲，家庭內部因利益關係引起的矛盾糾紛司空見慣。二者，目前我國正處在由主幹家庭向核心家庭轉變的過程中，家庭重心由父子關係向夫妻關係偏移，由此而造成家庭縱向倫理關係的移位，其直接結果就是親子關係的疏遠和孝親觀念的淡化。視老人爲包袱的觀念滋長起來，遺棄老人、强索老人財物住房、虐待毆打老人、干涉老人婚姻等侵犯父母權益的現象日趨嚴重。有人把社會上「啃老榨老」的「倒孝」現象概括爲吃、拿、要、養四種主要形式，「吃，即不交、少交或象徵性地交點『生活費』，名正言順地在父母家裏吃」；「拿：即把父母處當做『免費購物中心』，看上什麼拿什麼，需要什麼拿什麼」；「要：即向父母張口要錢要物」；「養：即把孩子交由爺爺、奶奶或外公、外婆撫養。」(64)家庭內部代際關係的和諧與否，小而言之，關係到每個家庭成員的幸福；大而言之，關係到社會的安定團結。因而，建立新條件下家庭倫理道德體系的任務已勢在必行。傳統孝道中養老、敬老的基本內涵應成爲建構新的代際關係的重要內容，新孝道應成爲新的家庭倫理體系的一個組成部分。

提高民族素質包括德性的完善，道德的提升是社會健全發展的必要條件。孝道不僅具有維持家庭穩定的功能和作用，它對社會道德體系的建構同樣具有重要的意義。體現家庭私德的家風與體現社會公德的社會風氣是和諧一致的。人的道德情操的培養，有一個由近及遠的過程，若道德教育立足點太高，不從愛父母開始，則不免有抽象空乏之弊，不具有可實施性。孝是一種最基本、最起碼的道德，是培養道德情感的起點，若由孝親開始，先易後

(64)　朱林〈青年「啃老」已成為令人憂慮的社會現象〉，《報刊文摘》一九九一年一月八日。

難，循序漸進，由此擴充到職業道德、社會公德建設，從而收事半功倍之效；孝道中「親親、仁民、愛物」的內容，對處理人際、國際關係，處理人與自然的關係也有借鑒價值。所以家庭道德乃是社會道德的生長點，是社會道德建設的起點。如重視孝道的韓國人至今仍然認爲，「尊敬和誠實的孝，在社會就成爲對師長和長者的恭敬，在工作場所就成爲恭敬而誠實地履行職責。因此，孝不僅在體現家庭倫理中，而且在體現社會倫理和國家倫理中起著核心的作用。」⑥⑤

二、建構現代新孝道

從對孝道形成、發展、演進整個歷史進程的梳理中，我們可以看到，孝道在中國傳統社會對於協調父子、君臣關係，穩定社會秩序，發展生產力，培養個人對家庭、社會、國家的責任心和義務感，有著某種程度的進步作用。但是，任何文化都是歷史的產物。隨著社會日益的現代化生產力有了巨大發展，社會有了巨大變革，孝道的內容、形式、功能也必然隨之而改變。從經濟基礎上說，孝道是以自給自足的小農經濟爲其基礎的，如今中國也開始向工業社會邁進；從社會基礎說，家族制度已經成爲歷史；從意識形態上說，孝道本質上是維護封建宗法等級制度，當今時代，封建宗法等級制已不存在，民主、法制取代了專制；從具體內容上說，傳統孝道中蘊含著許多與現代精神背道而馳的東西，如對個人獨立人格和獨立價值的剝奪、踐踏、否定，對進取心和創造精神的扼殺，權威主義，政治上的裙帶關係等等。所有這一切都意味著，只有以新的時代精神爲主導，經過創造性的轉換，傳統孝道才能煥發活力，爲我所用。

第一，現代社會孝之倫理應該歸位，即回歸恢復其家庭倫理的地位。古代中國宗法制的存在、家國一體的社會結構，使孝由家庭倫理而泛化爲社會倫理、政治倫理，孝道不僅在道德領域居於核心地位，在社會政治、經濟、法律領域同樣具有巨大的影響力。時代的變遷，使儒家的家庭倫理道德日漸

---

⑥⑤　【韓國】金吉洛〈儒學與二一世紀家庭倫理〉，《國外社會科學》，一九九五年第二期。

式微，在範圍上已經從社會的公領域退回到家庭的私領域，相應地，孝的規範、調整對象、範圍也必須縮小。也就是說，孝應該只作爲調整家庭人際關係的倫理規範而存在，尤其重要的是應該消解其在政治領域的影響。

第二，孝之倫理內涵應作新的調整。傳統孝道是建立在父子經濟、政治、人格不平等的基礎上的，孝是人子對父母尊長單方面的義務，強調「順」。傳統家庭宗法結構體系的瓦解，現代家庭父子間人格平等關係的確立，使「孝」中「尊尊」、「順從」這一層含義基本喪失了現實的根據，相應地，「親親」、「敬親」這一層含義也就凸現出來，並成爲「孝」文化歷史積澱的主要傳統。因而，平等性應成爲新孝道的特徵，即慈孝相對舉，父子互相幫助、互相愛護、互相尊重、互相信任，變「孝順」爲「孝敬」。

第三，行孝的方式以贍養、敬養爲主。中國古代倫理社會「以孝治天下」的政治綱領、法律思想中孝道精神的摻入，事實上使傳統孝道成爲一種強制性的社會道德規範，使孝道的異化成爲必然。因而，居喪廬墓、哀毀滅性，或千里負骨、以死護柩，或臥冰恣蚊、割股療疾，就成爲歷代孝子盡孝的普遍形式。新孝道應強調以親子感情爲基礎，變強制性爲自覺性、自律性，化社會規範、輿論監督爲內心自願。要摒棄愚孝方式，把孝心化作贍養和愛敬父母的實際行動，尤其要注重對父母精神上的「孝敬」，使父母眞正老有所養、老有所醫、老有所樂、老有所終。

孝道倫理的歸位，孝道內涵的調整，行孝形式的變化，並不意味著現代社會孝道的萎縮。相反，我們相信，經過創造性的轉換，現代孝道會獲得新的、廣闊的自我延伸和自我發展空間。這也正是我們研究傳統孝道的意義所在。

參 考 文 獻

A 類①

二十五史　中華書局本

《二程集》，中華書局一九八一年版

《十三經注疏・禮記》，中華書局一九八〇年版

《大正藏》第一、三、四、十二、二四、三七、三九、四〇、五二、五三、五八冊。

《大唐新語》，劉肅著，中華書局一九八四年版

《大清律例》，天津古籍出版社一九九三年版

《大戴禮記解詁》，王聘珍點校，中華書局一九八三年版

《小倉山房詩文集》，袁枚著，上海古籍出版社一九八八年版

《中華思想寶庫》，吳楓主編，吉林人民出版社一九九〇年版

《中國古代家訓四書》，山東友誼出版社一九九七年版

《中國佛教思想資料選編》第二卷，石峻等編，中華書局一九八三年版

《中國現代思想史資料簡編》第一卷，浙江人民出版社一九八二年版

《書經》，上海古籍出版社一九八七年版

《歷代刑法志注譯》，吉林人民出版社一九九四年版

《太平經合校》，王明校，中華書局一九六〇年版

《太平御覽》，中華書局影印本

《日知錄集釋》，顧炎武著，黃汝成集釋，嶽麓書社一九九四年版

《王陽明全集》，上海古籍出版社一九九二年版

《藝文類聚》，歐陽詢編，上海古籍出版社一九八一年版

《世說新語》，劉義慶著，嶽麓書社一九八九年版

《史記》，司馬遷著，嶽麓書社一九八八年版

《四書章句集注》，朱熹集注，中華書局一九八三年版

---

① A類參考文獻按書名筆畫排序。

《左傳》，嶽麓書社一九八八年版

《幼學瓊林》，程登吉著，新疆青少年出版社一九九六年版

《正統道藏》第二冊、第五冊、第三〇冊、第四一冊，臺灣新文豐出版公司版

《白居易集》，中華書局一九七九年版

《白虎通義》，班固著，上海古籍出版社一九九〇年版

《皮子文藪》，皮日休著，上海古籍出版社一九八一年版

《印光集》，中國社會科學出版社一九九六年版

《呂氏春秋校釋》，陳奇猷校釋，學林出版社一九八四年版

《朱子語類》，中華書局一九八一年版

《朱子家訓》，中州古籍出版社一九九五年版

《朱熹集》，四川教育出版社一九九六年版

《老子注譯》，高亨注譯，河南人民出版社一九八〇年版

《臣軌》，武則天主編，商務印書館一九三六年版

《論語譯注》，楊伯峻譯注，中華書局一九八〇年版

《論衡》，王充著，上海人民出版社一九七四年版

《貞觀政要》，吳兢著，上海古籍出版社一九七八年版

《孝經大全》，江元祚訂，山東友誼書社一九九〇年版

《孝經譯注》，汪受寬譯注，上海古籍出版社一九九八年版

《張載集》，中華書局一九七八年版

《周易大傳今注》，高亨注，齊魯書社一九七九年版

《周易外傳》，王夫之著，中華書局一九七七年版

《國語‧戰國策》，嶽麓書社一九八八年版

《孟子譯注》，楊伯峻譯注，中華書局一九八四年版

《忠經‧孝經精解》，北京燕山出版社一九九一年版

《抱朴子內篇校釋》，葛洪著，王明校釋，中華書局一九八五年版

《法言義疏》，揚雄著，汪榮寶疏，中華書局一九八七年版

《詩經通譯新詮》，黃典誠著，華東師範大學出版社一九九二年

《陔餘叢考》，趙翼著，河北人民出版社一九九〇年版

《戰國策》，上海古籍出版社一九八五年版

《春秋繁露》，董仲舒著，上海古籍出版社一九八九年九月版

《荀子簡釋》，梁啓雄釋，中華書局一九八三年一月版

《說文解字》，許愼著，中華書局一九六三年版

《唐律疏議》，長孫無忌等撰，中華書局一九八三年版

《鹽鐵論》，桓寬著，上海古籍出版社一九九〇年版

《賈誼集》，上海人民出版社一九七六年版

《資治通鑒》，司馬光著，改革出版社一九九一年版

《郭店楚墓竹簡》，文物出版社一九九八年版

《陶淵明集》，逯欽立校注，中華書局一九七九年版

《清實錄》，中華書局一九八五年版

《清稗類鈔》，徐珂著，中華書局一九八四年版

《船山全集》第一〇冊《讀通鑒論》，王夫之著，嶽麓書社一九八八年版

《黃宗羲全集》，浙江古籍出版社一九八五年版

《朝野僉載》，趙宋儼點校，中華書局一九七九年版

《焚書・續焚書》，李贄著，中華書局一九七五年版

《道藏要籍選刊》第一冊、第八冊、第一〇冊，上海古籍出版社一九八九年版

《韓昌黎文集校注》，上海古籍出版社一九八六年版

《韓詩外傳集釋》，韓嬰著，許維遹集釋，中華書局一九八〇年版

《韓非子集釋》，陳奇猷釋，學林出版社一九八四年版

《新語校注》，陸賈著，王利器校注，中華書局一九八六年版

《睡地虎秦墓竹簡》，文物出版社一九七八年月版

《管子今注今譯》，李勉注譯，臺灣商務印書館一九八八年版

《墨子校注》，吳毓江校注，中華書局一九九三年版

《潛夫論箋校正》，王符著，汪繼培箋，彭鐸校正，中華書局一九八五年版

《顏氏家訓集解》，顏眞卿著，王利器集解，上海人民出版社一九八〇年版

《戴震全集》，清華大學出版社一九九一年版

B 類②

方立天　《中國佛敎與傳統文化》，上海人民出版社一九八八年版

方立天　《佛敎哲學》，中國人民大學出版社一九九一年第二版

方立天　《魏晉南北朝佛敎論叢》，中華書局一九八二年版

王月清　《佛敎倫理研究》，南京大學出版社一九九九年版

王亞南　《中國官僚政治研究》，時代文化出版社一九四八年版

王滬寧　《當代中國村落家族文化》，上海人民出版社一九九一年版

王國維　《觀堂集林》，中華書局一九五九年版

王祥齡　《中國古代崇祖敬天思想》，臺灣學生書局一九九二年版

韋政通　《中國文化與現代化》，水牛出版社一九七四年版

韋政通　《中國倫理思想的突破》，臺灣水牛出版社一九七四年版

韋政通　《中國哲學辭典》，水牛出版社一九九三年版

馮友蘭　《三松堂全集》，河南人民出版社一九八九年版

馮友蘭　《中國哲學史》，中華書局一九六一年版

馮友蘭　《中國哲學簡史》，北京大學出版社一九八五年版

馮天瑜等《中華文化史》，上海人民出版社一九九〇年版

馮天瑜等《中國古文化的奧秘》，湖北人民出版社一九八六年版

馮爾康　《中國古代的宗族與祠堂》，商務印書館國際有限公司一九九六年版

馮爾康等《清代社會生活》，天津人民出版社一九九〇年版

史衛民　《元代社會生活》，中國社會科學出版社一九九六年版

史鳳儀　《中國古代婚姻與家庭》，湖北人民出版社一九八七年版

甯業高等《中國孝文化漫談》，中央民族大學出版社一九九五年版

劉　翔　《中國傳統價值觀詮釋學》，三聯書店一九九二年版

劉澤華主編《中國傳統政治思維》，吉林敎育出版社一九九一年版

劉曄原等《中國古代的祭祀》，商務印書館國際有限公司一九九六年版

---

② B類參考文獻按作者姓氏筆畫排序。

向燕南、張越編注《勸孝・俗約》，中央民族大學出版社一九九六年版

呂　澂　　《中國佛學源流略講》，中華書局一九七九年版

呂思勉　　《中國制度史》，上海教育出版社一九八五年版

朱　勇　　《清代宗族法研究》，湖南教育出版社一九八七年版

朱鳳瀚　　《商周家族形態研究》，天津古籍出版社一九八九年版

朱伯昆　　《先秦倫理學概論》，北京大學出版社一九八四年版

朱貽庭　　《中國傳統倫理思想史》，華東師範大學出版社一九八九年版

吳　怡　　《中國哲學發展史》，三民書局一九八四年版

吳　虞　　《吳虞集》，四川人民出版社一九八五年版

吳龍輝　　《原始儒家考述》，中國社會科學出版社一九九六年版

宋德金　　《金代的社會生活》，陝西人民出版社一九八八年版

張立文　　《宋明理學研究》，中國人民大學出版社一九八五年版

張光直　　《中國青銅時代》，三聯書店一九八三年版

張豈之等《近代倫理思想的變遷》，中華書局一九九三年版

張國華等《中國法律思想史綱》，甘肅人民出版社一九八四年版

張岱年　　《中國哲學大綱》，中國社會科學出版社一九八二年版

張岱年、程宜山《中國文化與文化論爭》，中國人民大學出版社一九九〇年版

張晉藩　　《中國法律的傳統與近代轉型》，法律出版社一九九七年版

張曼濤主編《現代佛教學術叢刊》卷六九，大乘文化出版社一九七八年版

張德勝　　《儒家倫理與秩序情結》，臺灣巨流圖書公司一九八九年版

李亞農　　《李亞農史論集》，上海人民出版社一九七八年版

李亞農　　《殷代社會生活》，上海人民出版社一九七八年版

李宗桂　　《文化批判與文化重構》，陝西人民出版社一九九二年版

李澤厚　　《中國古代思想史論》，人民出版社一九八六年版

李澤厚　　《美的歷程》，文物出版社一九八二年版

李曉東　　《中國封建家禮》，陝西人民出版社一九八六年版

楊向奎　　《宗周社會與禮樂文明》，人民出版社一九九七年版

楊國樞、黃光國主編《中國人的心理》，臺灣桂冠圖書公司一九九一年版

楊榮國　《中國古代思想史》，人民出版社一九七三年版

沈善洪、王鳳賢《中國倫理學史》，浙江人民出版社一九八五年版

陸益龍編著《中國歷代的家禮》，北京圖書館出版社一九九八年版

陳　來　《古代宗教與倫理》，三聯書店一九九六年版

陳少峰　《中國倫理學史》，北京大學出版社一九九六年版

陳寅恪　《唐代政治史述論稿》，上海古籍出版社一九九七年版

陳寅恪　《隋唐制度淵源略論稿》，中華書局一九六三年版

陳夢家　《殷墟卜辭綜述》，中華書局一九八八年版

周天游　《古代復仇面面觀》，陝西人民出版社一九九二年版

周蘇平　《中國古代喪葬習俗》，陝西人民出版社一九九一年版

周桂鈿　《董學探微》，北京師範大學出版社一九八九年版

尚秉和　《歷代社會風俗事物考》，上海書店一九九一年版

岳慶平　《中國的國與家》，吉林文史出版社一九九○年版

龐萬里　《二程哲學體系》，北京航空航天大學出版社一九九二年版

林安弘　《儒家孝道思想研究》，文津出版社一九九二年版

林安梧　《儒學與中國傳統社會之哲學省察》，學林出版社一九九八年版

武樹臣　《中國傳統法律文化》，北京大學出版社一九九四年版

范文瀾　《唐代佛教》，人民出版社一九七九年版

金觀濤、劉青峰《金觀濤、劉青峰集》，黑龍江教育出版社一九八八年版

金春峰　《漢代思想史》，中國社會科學出版社一九八七年版

侯外廬等《中國思想史》，人民出版社一九八○年版

侯外廬等《中國思想通史》，人民出版社一九五七年版

姜　生　《漢魏兩晉南北朝道教倫理論稿》，四川大學出版社一九九五年版

柳詒徵　《中國文化史》，東方出版中心一九八八年版

賀　麟　《文化與人生》，商務印書館一九九六年版

鍾肇鵬　《讖緯論略》，遼寧教育出版社一九九一年版

卿希泰　《道教文化新探》，四川人民出版社一九八八年版

唐長孺　《魏晉南北朝史論拾遺》，中華書局一九八三年版

徐復觀　　《中國思想史論集》，臺灣學生書局一九七四年版

徐復觀　　《徐復觀集》，群言出版社一九九三年版

繼雄法師《初期佛教家庭倫理觀》，法鼓文化事業股份有限公司一九九七年版

袁濟喜　　《兩漢精神世界》，中國人民大學一九九四年版

郭　朋　　《明清佛教》，福建人民出版社一九八二年版

郭沫若　　《十批判書》，人民出版社一九五四年版

錢　穆　　《國史大綱》下冊，商務印書館一九九四年版

陶毅、明欣《中國婚姻家庭制度史》，東方出版社一九九四年版

顧頡剛　　《古史辨》第二冊，上海古籍出版社一九八二年版

高成鳶　　《中國尊老文化探究》，中國社會科學出版社一九九九年版

康學偉　　《先秦孝道研究》，文津出版社一九九二年版

梁漱溟　　《中國人：社會與人生》，中國文聯出版公司一九九六年版

焦國成　　《中國倫理學通史》，山西教育出版社一九九七年版

童書業　　《春秋左傳研究》，上海人民出版社一九八〇年版

傅偉勳主編《從傳統到現代－－佛教倫理與現代社會》，臺北東大圖書公司一九九〇年版

葛兆光　　《七世紀前中國的知識、思想與信仰的世界》，復旦大學出版社一九九八年版

魯　迅　　《魯迅全集》，人民文學出版社一九八一年版

蔡元培　　《蔡元培哲學論集》，河北人民出版社一九八五年版

魏承恩　　《中國佛教文化論稿》，上海人民出版社一九九一年

瞿同祖　　《中國法律與中國社會》，中華書局一九八一年版

《二十世紀中國禮學研究論集》，學苑出版社一九九八年版

《中國文化與孝道》，黎明文化事業公司印行

《中國文化新論・天道與人道》，三聯書店一九九二年版

《中國文化新論・社會篇》，三聯書店一九九二年版

《中國文化新論・宗教篇》，三聯書店一九九二年版

《文化危機與展望》，中國青年出版社一九八九版

《儒學與二一世紀》，華夏出版社一九九五年版

《魏晉隋唐史論集》第二集，中國社會科學出版社一九八三年版

《普列漢諾夫哲學著作選集》，三聯書店一九六二年版

馬克斯・韋伯《儒教與道教》，江蘇人民出版社一九九五年版

季塔連科《馬克思主義倫理學》，中國人民大學出版社一九八〇年版

黑格爾《哲學史講演錄》第一卷，商務印書館一九八三年版

致　謝

感謝生活。

本書是由我的博士論文修改而成的。出版之際，我由衷地發出這樣的感歎。

在對傳統孝道的研究中，我深切體會到，傳統孝道中至為根本的是報本反始、回饋感恩的觀念。從報答父母的生育之恩始，延伸至於報答師長教誨之恩、朋友的知遇之恩，直至乾父坤母、天地自然的澤養之恩，人沒有理由不懷著感恩的心情去面對生活。

我正是懷著這樣的感念，來回看自己的攻博士生活，展望自己的人生之路。

能夠在心儀已久的中國人民大學度過三年寧靜而充實的讀書歲月，首先要感謝我的導師方立天先生。高山仰止。先生的學術思想、治學態度、師表風範，是我受用終身的精神財富。我的博士論文從選題擬綱到修改定稿，無不凝結著先生的心血。

離家求學時，聰穎漂亮的女兒只有三歲。遠隔千山萬水，我只能遙寄給她一個歉意的吻。家人的支持，給了我很大的精神動力。沒有這一點，我的學業和書稿不可能順利完成。

拙著能夠較快付梓，要特別感謝蘭臺出版社以及郝冠儒先生。雖然未曾謀面，但在一次次的通信來注中，郝先生的博學、謙遜、認真、細緻，給我留下了深刻的印象。

子欲養而親不待，這是我心中永遠的傷痛和抱憾。

「思卻千思與萬思，音容無復見當時。」如果這部關於孝道的論著能作為一個紀念的話，我願把它獻給我已仙逝數年的父母，告慰雙親在天之靈。

投我以木桃，報之以瓊瑤。帶著這份感激，我會更加珍惜生活，回報生活。

錢穆選輯新書簡訊

全新修訂本 25K

中國學術思想史小叢書

書　　名	頁數	定價
中國學術思想史論叢(一)	280	220
中國學術思想史論叢(二)	530	370
中國學術思想史論叢(三)	375	300
中國學術思想史論叢(四)	405	320
中國學術思想史論叢(五)	366	290
中國學術思想史論叢(六)	261	210
中國學術思想史論叢(七)	430	340
中國學術思想史論叢(八)	530	370
中國學術思想史論叢(九)	261	210
中國學術思想史論叢(十)	270	220

孔學小叢書

書名	頁數	定價
論語新解	600	420
孔子與論語	395	310
孔子傳	245	200
四書釋義	372	300

中國學術小叢書

書名	頁數	定價
學術思想遺稿	231	190
經學大要	626	630
學籥	233	180
＊國學概論	333	270
中國學術通義	338	270
現代中國學術論衡	297	240

中國史學小叢書

書名	頁數	定價
中國歷代政治得失	182	110
＊中國文化史導論	249	170
中國史學名著	362	250
＊政學私言	262	180
中國歷史精神	208	150
中國史學發微	304	210
中國歷史研究法	207	150
國史新論	336	240

（＊者恕不單賣）

中國思想史小叢書

書　　名	頁數	定價
甲編		
中國思想史	233	190
宋明理學概述	327	260
朱子學提綱	249	200
陽明學述要	116	110
中國思想通俗講話	126	120
乙編		
靈魂與心	185	160
雙溪獨語	431	360
人生十論	237	200
湖上閑思錄	150	150
晚學盲言(上)	710	530
晚學盲言(下)	648	460

中國文化小叢書

書名	頁數	定價
中國文化精神	237	200
文化與教育	364	300
歷史與文化論叢	421	350
世界局勢與中國文化	384	300
中國文化叢談	409	320
中國文學論叢	310	250
文化學大義	204	170
民族與文化	172	170
中華文化十二講	172	170
從中國歷史來看 中國民族性及中國文化	144	160
八十憶雙親師友雜憶合刊	428	290

經學大要—最後遺著，首次出版。

蘭臺叢書簡訊㈠

蘭臺叢書簡訊(二)

中國上古史研究期刊　16K

（編者:中國上古史研究編輯委員會）

	頁數	定價
創刊號	163	680
第二號	214	680

中國中古史研究期刊　16K

（編者:中國中古史研究編輯委員會）

創刊號	279	680
第二期	276	680

宋史研究叢刊　25K

（編者:宋史座談會）

宋史研究集第三十一輯	586	680
宋史研究集第三十二輯	576	680
宋史研究集第三十三輯	614	780

台灣宗教研究通訊　25K

（編著者:李世偉 等）

第四期	338	520
第五期	298	520

史學彙刊　16K

（編者:史學彙刊編輯委員會）

第十八期	298	680

蘭臺文化館　18K

書　名	作者	頁數	定價
中國傳統孝道的歷史考察	朱　嵐	355	680

協助新作家・成就老學者

蘭臺出版社

徵稿啟示

一、主旨:凡與學術、研究有關之個人或團體之著作或升等
　　論文,不分文史哲、理工等範疇,均可出版。

二、辦法:

① 欲出版之著作,須經本社出版編審委員會審核,若經
　核准,則由本社負責出版經銷,並分級付稿酬。

② 若未經本社編審委員會之核准,作者欲自行出版者,
　則由作者自費出版,本社代爲製作、申請書號、經銷

三、有意出版者,歡迎來電洽詢。電話:(02)2331-0535
　　欲出版之稿件請寄到下列地址:

100台北市中正區懷寧街74號4樓

蘭臺出版社　　收

蘭臺出版社　　謹啓

國家圖書館出版品預行編目資料

中國傳統孝道的歷史考察／朱嵐著. －－ 初版
－－ 臺北市：蘭臺，2003 [民 92]
面： 公分
參考書目：面
ISBN 957-9154-95-3(平裝)
1. 孝道－中國
193.1   92004938

蘭臺文化館	中國傳統孝道的歷史考察

圖書目錄：LTC001（02-01）

作　　者：朱　嵐

總 審 訂：蘭臺編審委員會

編　　輯：蘭臺編輯部

封面設計：黃翠涵

發 行 人：盧瑞琴

出 版 者：蘭臺網路出版商務股份有限公司
　　　　　行政院新聞局出版事業登記臺業字第六二六七號

地　　址：台北市中正區懷寧街七十四號四樓

電　　話：(02)2331-0535　　傳　　真：(02)2382-6225

劃撥戶名：蘭臺網路出版商務股份有限公司

帳　　號：18995335

總 經 銷：成信文化事業股份有限公司

地　　址：台北縣中和市橋和路 112 巷 10 號 2 樓

電　　話：(02)2249-6108

香港總代理：文星圖書有限公司

地　　址：香港九龍新蒲崗大有街 34 號(新科技廣場 10 樓
　　　　　1020 室）

電　　話：(852)2789-1736

網路書店：www.5w.com.tw

E-MAIL　：lt5w.lu@msa.hinet.net

出版日期：2003 年 6 月　　初版

定　　價：新台幣 680 元

ISBN：957-9154-95-3